JN496505

윌리엄 파이너와 교육과정이론

정정훈 · 김영천 편역

William F. Pinar

아카데미프레스

Autobiography, Politics and Sexuality:

Essays in Curriculum Theory 1972-1992

by William F. Pinar

© Peter Lang Publishing, Inc., New York 1994
KOREAN language edition © 2013 Academy Press Published by Arrangement with Peter Lang Publishing, Inc.
All rights reserved.

이 책의 한국어판 저작권은 에이전시 원을 통해 저작권자와의 독점계약으로 아카데미프레스에 있습니다. 저작권법에 의해 한국 내에서 보호를 받는 저작물이므로 무단전재와 무단복제를 금합니다.

역자 서문

이 책은 윌리엄 파이너(William Pinar)의 책, 『Autobiography, Politics and Sexuality』의 한국어 번역판이다. 이 책의 주역자인 정정훈은 캐나다 벤쿠버에 있는 University of British Columbia에서 윌리엄 파이너의 지도를 받으며 박사과정을 수료하여 현재 박사학위논문을 쓰고 있다. 박사과정 중에 파이너의 수업을 들으면서 이 책의 한국어 번역판이 필요하다는 생각을 하였고 지난 1년간 박사과정을 수학하면서 힘든 여정 속에서 책을 마무리할 수 있었다. 특히 책의 저자가 스승인 관계로 여러 가지 번역하기 어려운 표현들을 직접 물어 확인하고 설명을 들을 수 있어서 번역작업이 다른 저서 작업에 비하여 어렵지 않았을 것이다. 그럼에도 불구하고 이 책이 갖는 난해함과 자유로운 글쓰기, 상상력을 자극하는 다양한 메타포의 활용, 그리고 우리에게 익숙하지 않은 문학작품들의 인용으로 우리 한국의 학자와 연구자들에게는 그렇게 쉽지 않은 텍스트일 것으로 생각한다.

이 책의 중국어판 다음으로 한국어판을 맡게 된 두 역자들은 이 작업의 완성에 깊은 감사를 드리며 특히 번역을 허락해준 출판사와 그 과정에서 도움을 주신 윌리엄 파이너 교수에게 진심으로 감사드린다. 왜냐하면 우리는 이 책의 출판을 통하여 이 시대 가장 저명하고 교육과정의 이론화를 선도하는 학자의 글을 한국의 연구자들에게 소개할 수 있기 때문이다. 아울러 교육과정의 재개념화라고 알려진 교육과정의 역사적 변환이 어떻게 일어났는지를 저자인 파이너의 개인적인 자서전과 함께 읽을 수 있다는 장점이 그의 후기 교육과정 이론화가 어떻게 일어났는지를 이해할 수 있는 배경자료가 되기 때문이다. 이에 우리는 한국에 소개된 파이너의 일련의 책들(교육과정 담론의 새로운 지평, 교육과정 이론이란 무엇인가?)에 이어 이 책의 한국어 출판은 그의 학술적 이론화가 있기까지의 여정을 잘 이해시켜 줄 수 있다는 점에서 매우 귀중한 자료라고 생각한다.

역서의 여러 부분에 어색하고 부족한 표현이 존재하기는 하지만 그러한 단점에도 불구하고 이 책의 내용이 갖는 중요성을 생각하면서 읽어주기 바란다. 아울러 파이너의 글 자체가 그렇듯이 그 어떤 논리적 순서나 결말 또는 체제를 갖추기보다는 매우 자유스럽고 개인적이며 연상적인 글쓰기를 한다는 특징은 번역을 맡은 우리 연구자들에게도 하나의 도전이 아닐 수 없었다. 이에 원문과 번역본의 의미에 큰 차이가 없을 것으로 추정하지만 그러한 어감이나 표현의 부족함은 원문 자체에도 존재한다는 점을 밝히지 않을 수 없다.

이 책을 읽기 위하여 사전지식으로 알아야 할 몇 가지 가이드라인을 제공하는 것이 우리 번역자의 역할이라고 생각하면서 이 책을 어떻게 효과적으로 읽을 것인지에 대하여 이야기하겠다. 그러한 가이드라인은 이 책을 더 정확하게 읽고 더 풍부하게 읽기 위한 배경지식으로 활용하면 좋을 것이다. 특히 책의 각 chapter들이 독립적인 내용을 다루고 있으면서도 아울러 전체적으로 하나의 주제를 이루고 있다는 점을 주지하는 것은 이 책의 내용을 감상할 수 있는 포인트가 될 것이다.

첫째, 이 책의 내용은 윌리엄 파이너 교수가 전 세계적으로 그의 학술적 명성을 알리게 된 책, 『Understanding Curriculum』이 어떻게 만들어졌으며 그 책에 담겨 있는 핵심 주제나 이슈를 이해하기 위한 좋은 읽기 자료이다. '교육과정 이해' 또는 '교육과정 담론의 새로운 지평' 으로 번역되는 이 책의 주요한 내용이 우리가 번역한 책의 많은 부분을 직접적으로 그리고 간접적으로 다루고 있다. 그의 책에서 모더니즘 개념으로서 랄프 타일러(Ralph Tyler)의 이론화와 대비하여 포스트모더니즘적 개념화로서 교육과정을 이론화한 작업들이 고스란히 이 번역서에 들어있다. 그 대표적인 예를 들면, 젠더, 게이-레즈비언. 탈구조주의 현상학, 정신분석학 등이다. 이에 『Understanding Curriculum』에 포괄적으로 소개된 주요한 연구 전통, 또는 새로운 교육과정 이론화 작업에 대하여 파이너가 어떻게 작업을 하였는지, 그리고 어떤 내용들이 있는지를 더 알고 싶다면 이 책이 매우 큰 도움이 될 것이다.

둘째, 이 책에 소개된 쿠레레 방법은 파이너의 교육과정 재개념화의 핵심 개념이기 때문에 우리의 이해에 중요하다. 목적이나 결과로서가 아니라 경험과 과정으로서 쿠레레의 개념을 이론화한 사람이 바로 파이너인데, 이 책에서 그가 직접 설명한 쿠레레 방법에 대한 네 단계를 살펴보며 우리는 쿠레레에 대한 그의 서술적 설명의 도움을 받을 수 있다.

셋째, 그의 교육과정 이론화를 이해하기 위해서는 미국의 교육과정 탐구의 역사가 알려주는 것처럼 전통주의자 교육과정 연구(Tyler, Taba, Wraga 등)에 대비하여 재개념주의 교육과정 연구를 이해하려는 노력이 필요하다. 항상 실증주의와 과학주의에 기초한 타일러의 교육과정 이론화 그리고 그에 기초한 교사교육과 학교평가 등에 불만과 비평을 쏟아온 그였기에 그의 새로운 교육과정 이론화 또는 포스트모던 교육과정 이론화를 읽기 위해서는 그의 많은 책과 논문의 도입부에 나타난 글쓰기에서처럼 우리가 신적으로 믿고 있는 목표 중심 교육과정 연구 또는 합리적 교육과정 연구가 그 어떤 문제점과 딜레마를 가지고 있는지를 먼저 아는 것이 중요하다.

넷째, 영문학을 전공한 파이너의 글쓰기에 우리 역시 좌절하면서 읽겠지만 그의 시도처럼 그러한 글쓰기 작업이 갖는 묘미와 매력이 무엇인지 생각하면서 읽는 것이 필요하다. 그가 곳곳에서 인용하는 영문학 작품들은 우리의 한국 연구자들처럼 학부에서 대부분 사범대학, 교육대학, 교육학을 공부한 학자들로서는 이해하기 힘든 부분이 많다. 그리고 그러한 지적 배경의 차이는 그의 읽기를 풍부하게 만드는 데 제약을 가한다. 그러나 그러한 제약을 불편하게 생각하지 말고 대신 우리가 그 동안 배웠던/실천하고 있는 전통적인 실증주의적 글쓰기의 문제점이 무엇인지를 깨닫게 해주는 계기로 삼기 바란다. 아울러 그러한 글쓰기가 상상적이고 문학적이고 예술적으로 변화하였을 때 교육과정 연구와 교육과정 이론화가 얼마나 새롭고 개방적이며 창의적일 수 있는지를 그의 글을 통하여 생각해 볼 수 있다. 그러한 점에서 그가 강조하는 자서전적 글쓰기가 21세기 인문학과 사회과학의 탐구에서 새로운 글쓰기 방법으로 등장하고 있다는 점을 명심하는 것 필요하다.

다섯째, 그의 글에서 등장하는 많은 학자들과 동료들의 이름과 작업을 기억하면서 글을 읽는 것 역시 이 책의 또 다른 결과일 수 있다. 타일러가 타바(Taba), 블룸(Bloom), 메이거(Mager), 아울러 크론바하(Cronbach)까지의 지적 스승으로 활동하였다면 파이너는 그만큼의 무게로 훌륭한 학자들을 배출하였다. 이 책에 가끔씩 소개되는 매틀린 그루메(Madeline Grumet)를 비롯하여 자넷 밀러(Janet Miller)가 그가 재직하였던 University of Rochester에서의 제자들이고 LSU(Louisiana State University)에서는 홍규 왕(Honggyu Wang), 패트릭 슬래터리(Patrick Slattery), 니콜라스 푹(Nicholas N-G Fook)을 배출하였다. 그러한 점에서 쿤(Kuhn)이 이야기한 사회집단으로서 과학 활동의 개념이 맞는 듯하다. 왜냐하면 이들이 파이너를 중심으로 하여 교육과정 이론화의 주요 학자들로 구미에서 활동하고 있기 때문이다. 이에 파이너의 지적 제자들과 동료들이 어떤 글에서 어떻게 등장하고 있는지를 생각하면서 이 글을 읽는다면 미국과 캐나다 그리고 전 세계에서의 교육과정 재개념화의 지적 지도를 만들어 나갈 수 있을 것으로 생각한다.

파이너의 많은 논문들과 책들이 우리나라에서도 교육학과 교과교육 분야에 상당한 영향을 끼쳤다는 점에서 이 책의 지적 학습에 조금이나마 도움이 되기를 희망한다. 아울러 바쁜 와중에서 이 책을 전체적으로 번역한 정정훈 선생의 노력과 의지에 깊은 감사를 드리지 않을 수 없다. 그리고 머지않아 이 책의 제2판이 나오게 되면 이 책의 제목이 시사하는 것처럼, 그의 원문을 더하여 그의 이론을 보다 체계적으로 소개할 수 있는 다양한 자료들이 '편역' 이라는 이름처럼 다루어지기를 바란다.

정정훈, 김영천 씀

2012년 9월 15일

한국 독자들을 위한 서문

미국에서 "교육과정"이 학문의 한 분야로 시작된 것은 결코 아니다. 교육심리학, 교육철학, 교육사회학 등과는 달리 교육과정 분야는 기존 학문 분야의 확장이나 적용을 위해 탄생한 것이 아니다. 어떤 기존 학문 분야의 갈래나 적용을 위해서 시작되지 않았기 때문에 교육과정 연구를 위한 계승된 연구 방법뿐만 아니라, 추구해야 할 탐구 문제에 대한 합의점, 교육철학 혹은 교육심리학과의 관계, 그리고 역사나 화학과 같은 전통적인 학문 분야와의 관계 또한 없었다. 미국에서 "교육과정"은 "제도적 관리"를 위한 목적으로 생겨난 용어다. 이는 교육과정 분야에 대한 책임을 행정가들이 가지고 있었다는 것이다.

이러한 사실은 미국 교육과정 역사를 이해하기 위해서뿐만 아니라 그것을 이루어온 이론과 실제와 교육과정과의 관계르 이해하기 위해 매우 중요하다. 조직적 지배적 관계로 인해 "가르침"은 어떤 "목표"의 달성을 위해 주어진 프로그램을 "이행"하는 활동으로 격하되었다. 그리고 교사와 학생들이 그러한 지시에 얼마나 순응하는지는 평가의 결과로서 나타난다. 교사와 학생들이 이러한 양상에 대해 어떻게 생각하는지를 연구하는 것이 내가 자서전적 연구를 교육학으로 가져오게 된 직접적인 동기였다. 자서전적으로 숙고함으로써 교사는 개인으로서의 자유를 위한 공간을 가질 수 있을 뿐만 아니라 전문가로서의 자율성 그리고 무엇보다 중요하게 그들의 지적 자율성을 추구할 수 있다.

매들린 그루메(Madeleine Grumet)와 내가 처음 교사들에게 그들의 교실에서의 삶에 대해서 이야기하도록 고무시켰을 때(Pinar & Grumet 2006 [1976] 참고), 표준화된 작문 연습에서 1인칭 단수의 사용은 여전히 제외되어 있었으며, 미국의 교실에 관한 담론에서 자기 자신에 관한 언급은 여전히 미심쩍거나 의심스러운 것으로 여겨지고 있었다. 40년 전 미국에서 몇몇 예비교사들과 현직교사들은 자신들에 대한 이야기를 하도록 고무되었으며, 이를 위해서는 적지 않은 용기가 필요하였다. 오늘날 많은 교사들이 자신들에 대해서 이야기하지만 때때로 "자신들에 대해서만" 이야기를 하는 경향이 있다.

스튜어트 머레이(2010, 242-243)가 상기시켜 주듯이 "만일 우리들 자신이 유일한 (탐구해야 할) 문제라면, 아르키메데스의 점과 같은 어떤 주변 상황과 관련 지어 (전체로서의) 우리가 누구인가에 대한 어떤 지향적인 문제도 없을 것이다.[1] 몇 십 년간의 정체성 정치학 그리고 위태로운 세계정세를 미루어 볼 때, 그루메(2010, 404)가 "개인을 교육과정의 중심으로 초대해야 한다"고 지적하듯이, 교육에서 자서전적 연구에서 없어서는 안 될 것은 그것의 관계성(referentialization)[2]이다. 대부분의 경우 불명료한, 종종 다른 이들의 그림자에 가려진 생경험의 직접성은 상황을 구체화하고 관계들을 보다 명료히 하는 생각(숙고)을 수반한다. 항상 위험스러운 모든

---

1) 아르키메데스의 점은 완전한 객관적인 관찰과 탐구가 가능하다는 가상의 점이다. 이 관점에서의탐구는 "개인"을 완전히 제거할 수 있다고 본다.

2) 여기서 파이너가 이야기하는 관계성(referentialization)은 개인의 이야기와 자신, 타자, 그리고 그들이 속한 역사, 사회, 그리고 학문적 지식과의 변증법적 관계로 이해할 수 있다.

것을 자신과 연결 짓는 강박으로 나타나는 자기애적 수용에 국한된 경우를 제외하고, 자서전은 자기 내부에만 머무르지 않고 외부 세계로 향한다. 그루메(2010, 407)가 주장하듯 "교육과정에서, 우리는 탐구할 만한 가치가 있는 세상을 지향한다."

"무슨 지식이 가장 가치 있는 지식인가?"는 정전적인 교육과정적 질문임과 동시에 자서전적 질문이다. 그 질문은 특정한 역사적 순간에, 특정한 장소에서 자신이 관련되고 (일부) 영향을 미치는, 그리고 끊임없이 변화하는 실제에 직면한 개인들에 의해서 제기되는 질문이다. 항상 열려 있으며 진행 중인 질문으로서, 이 질문은 우리로 하여금 우리 자신과 주위의 다른 사람들, 그리고 우리가 처한 역사적 상황을 이해하는 데 도움이 될 학문적 지식을 추구할 것을 요구한다. "무슨 지식이 가장 가치 있는 지식인가?"는 개인의 몰두, 그리고 대학 혹은 이외의 장소에서 발견되고 만들어진 학문적 지식으로 이루어진 집단의 관심에 따른 탐구에 대한 끊임없는 자극이다. 교육은 소비자에게 제공하는 "서비스"가 아니라 학생들에게 주어지는 기회다. 그 기회의 질은 가르치는 사람들의 세련된 인지적 능력과 학생들에 대한 진정성에 달려 있다. 교사의 세련됨은 무엇보다도 지적인 것으로서 주관적이고, 사회적이며 세계적이다. 교사들은 정부의 권력에 무조건적으로 복종하는 관료들이 아니다. 그들은 학자이자 예술가이며, 개인적임과 동시에 대중적인 지식인들이다. 그들은 자신들이 알고 있는 것들을 가르치고자 하며, 자신들이 모르는 것은 인지하고자 하고, 마지막으로 다른 이(주로 학생)들이 다른 사람들과의 관계 속에서의 자신만의 탐구의 여정을 하도록 일깨우고자 노력한다.

이 책은 1972년부터 1992년까지 내가 동료들, 학생들과 함께한 나의 학문적 여정을 순서대로 엮은 것이다. 그 여정은 1960년대 후반과 1970년대 초반 내가 뉴욕의 롱아일랜드에서 시작한 교사생활로부터 시작되었다. 그 시기부터 나는 "수업계획서"를 버렸으며 수업의 목표나 결과에 대해 생각하는 것을 거부하였다. 나는 나의 학생들과 함께 외부에서 주어지는 것이 아닌 우리 내부로부터 시작하고자 노력하였다. 이로써 나의 수업은 학생과, 텍스트, 그리고 나 자신과의 복잡한 대화로 다르게 이해되었다. 내부로써 시작함으로써 나는 내가 이전에 추측할 수 없었던 어떤 미래로 나아갈 수 있었다. 나는 이 글을 읽은 한국의 독자들이 오늘날 그리고 이전의 동료들과의 지속적인 대화, 학교에서 가르치는 많은 교사들과의 대화, 1950년대에 나를 가르친 교사, 나의 고등학교와 대학교의 학생들, 그리고 나의 스승인 폴 클로어(Paul Klohr)와 도날드 베이드맨(Donald Bateman)[3]과의 대화를, 그 복잡한 대화를 찾을 수 있기를 바란다. 나는 한국의 독자들 또한 자신들만의 교육적 경험을, 자신만의 교육적 경험에 대한 탐구를 시작하거나 이어가기를 바란다.

이 책을 번역한 정정훈에게 진심어린 감사를 표한다. 정정훈 선생은 앞으로 교육과정 분야에서 중요한 역할을 할 것이며, 그래서 그가 이 책을 번역한 작업에 대하여 영광스럽게 생각한다. 특히 정정훈 선생의 한국 멘토이며, 학문적 중요성을 한국에서뿐만 아니라 북미에도 미치고 있는 김영천 교수에게도 깊은 감사를 드린다.

William F. Pinar

3) 파이너는 2009년의 글에서 이 두 사람이 나에게 미친 영향에 대해서 상세히 논의하였다.

Introduction to the Korean Edition

The U.S. curriculum field did not begin as an academic field at all. Unlike educational psychology, philosophy of education and sociology of education, the field of curriculum did not originate as an extension or application of an extant discipline. Because the field did not start as an extension or application of an extant field, it had no inherited research method, no consensually determined set of problems to be solved, no formulated relationship to philosophy and psychology of education, nor to the traditional disciplines such as history or chemistry. In the United States "curriculum" began as an administrative designation – that is, as an area for which an administrator had responsibility. This fact is crucial to understanding the historical course of the U.S. field, and the particular relationship between theory and practice that has structured it. That relationship was hierarchical and reduced teaching to the "implementation" of "objectives." Determining to what extent teachers and students complied with these directives would be ascertained by assessment. To discover what teachers and students thought of this arrangement was my motive for introducing autobiography into education. In thinking autobiographically teachers might create spaces of subjective freedom, supporting their professional autonomy, most especially their intellectual independence.

When Madeleine Grumet and I first encouraged teachers to speak of their lived experience in classrooms (see Pinar and Grumet 2006 [1976]), the first-person singular was still banned in standard composition practices and self-reference was considered questionable in classroom discourse in the U.S. Four decades ago it took courage and encouragement for U.S. students – preservice and practicing teachers – to talk about themselves. Now it seems many can talk about little else. "[I]f we ourselves are the *sole* question," Stuart Murray (2010, 242-243) reminds, "there can be no other orientating question, no other, no Archimedean point from to pose the question that 'we ourselves' somehow *are*."

What rescues autobiography in education – surely Grumet (2010, 404) is right, after decades of identity politics and the world-at-risk, to "welcome back the individual to curriculum" – is its capacity for referentialization. The immediacy of lived experience – rarely transparent, often in the shadow of the other – embodies thinking as it specifies situations and affirms relationality. Except when confined in a narcissistic embrace – always a danger, evidenced in the compulsion to make everything self-referenced – autobiography reaches outward toward the world. "[I]n curriculum," Grumet (2010, 407) reminds, "we point to the world worth knowing."

The canonical curriculum question – *what knowledge is of most worth?* – is also an autobiographical question. It is posed by individuals existing at specific historical moments, in particular places, confronted by, infused with, reality that is itself ever shifting, in part according to our engagement with it. As an open and ongoing question, this question requires us to study academic knowledge to help us understand ourselves, our contemporaries, our historical-planetary situation. "What knowledge is of most worth?" is an ongoing provocation to study according to subjective preoccupations, collective concerns, structured by academic knowledge discovered and created in universities and elsewhere. Education is not a "service" rendered to consumers; it is an opportunity offered to students, the quality of which depends upon the intellectual sophistication of those who teach and the sincerity of those who study with them. Teachers' sophistication is, above all, intellectual, but it is also subjective, social, indeed, worldly. Teachers are not bureaucrats in gracious submission to the state; they are scholars-artists, private-and-public intellectuals willing to teach what they know, to acknowledge what they do not, and to encourage others to undertake what is, finally, a solitary journey in the company of others.

This volume chronicles my journey in the company of colleagues and students during the years 1972-1992. It started from my teaching experience on Long Island, New York, in the late sixties and early seventies.

From the outset I discarded lesson plans and declined to think of objectives or outcomes: I knew I wanted to work with my students from within. That attunement recast my teaching as complicated conversation, with students, with texts, with myself. Working from within opened passages to futures I could not imagine then, but which you can retrace in these pages. You will find an ongoing conversation with colleagues living and dead, with teachers working in schools and with my own, those who taught me in the 1950s, with my students, both high-school and university, with my mentors Paul Klohr and Donald Bateman.* May it encourage you to continue your journey of educational experience.

My heartfelt thanks to Jung Hoon Jung for this translation. You are an accomplished student with an important future, Jung. I am honored you chose to do this work. My sincere thanks as well to Jung' s mentor in Korea, Professor Young Chun Kim, an esteemed colleague whose importance is not limited to Korea but extends to North America.

William F. Pinar

*I describe how important these two teachers were to me in Pinar 2009.

References

Grumet, Madeleine R. 2010. Response to Nina Asher: Subject Position and Subjectivity in Curriculum Theory. In *Curriculum Studies Handbook: The Next Moment*, edited by Erik Malewski (403-409). New York: Routledge.

Murray, Stuart J. 2010. Response to Stephanie Springgay and Debra Freedman: Making Sense of Touch: Phenomenology and the Place of Language in a Bodied Curriculum. In *Curriculum Studies Handbook: The Next Moment*, edited by Erik Malewski (240-243). New York: Routledge.

Pinar, William F. 2009. The Primacy of the Particular. In *Leaders in Curriculum Studies: Intellectual Self-Portraits* edited by Leonard Waks and Edmund C. Short (143-152). Rotterdam and Tapei: Sense Publishers.

Pinar, William F. and Grumet, Madeleine R. 2006 (1976). *Toward a Poor Curriculum*. Troy, NY: Educator' s International Press. [Originally published by Kendall/Hunt.]

저자 서문

고백하건대, 나는 기억한다
아마 목소리를 내었을지도
중얼거림, 그래 나는 기억한다
그것에 따르는 것은 무엇이란 말인가?
자신만의 고유한 하나의 목소리
지금의 속삭임 그 후,
그래 나는 기억한다
— 사무엘 베케트(Samuel Beckett)

공립학교가 공장에서 기업으로 바뀌는 동안(Fiske, 1991) 북미의 교육과정 연구 분야는 관료적인 지원 시스템에서 지적인 학문 탐구 영역으로 재개념화되어 왔다. 1970년대 초부터 우리 자신의 학문 분야를 새롭게 인식하려는 노력이 계속되었다. 우리는 맥도날드(James B. Macdonald), 휴브너(Dwayne Huebner), 콜(Paul Klohr), 그린(Maxine Greene)으로부터 시작된 이 새로운 움직임을 갱신해야 한다고 주장한다. 20년 전 로체스터대학

(University of Rochester)에서 그루메(Madeleine Grumet)와 나(William B. Pinar)는 교사와 학생 사이에 직접적으로 존재하는 교육과정의 직접적이고 특수하며 복잡한 대화로서의 교수와 학습의 개념을 정교화하고자 노력했다. 우리는 현상학, 정신분석학, 문학의 제 측면을 포괄하는 자서전적 방법을 적용했다. 초기의 자서전적 연구방법은 1976년에 출판된 『빈약한/가련한 교육과정을 위해(Toward a Poor Curriculum)』에서 소개했다. 불행히도 그 책은 당시 독자(학생과 연구자)의 관심을 받지 못하고 곧 절판되었다. 그루메와 당시 1972년부터 1974년까지 로체스터에 있었던 밀러(Janet Miller)는 페미니즘 이론을 탐구했고 나는 남성 성 이론(male gender theory)을 연구하면서 교육과정 재개념화에 지속적인 노력을 기울였다.

1990년대에는 그러한 상황에 많은 변화가 생겼다. 자서전적 연구가 *캠브리지 교육 저널(Cambridge Journal of Education)*에서 매우 중요한 분야로 자리잡은 것이다. 북미에서 자서전적 연구방법을 적용한 네 개의 대형 프로젝트가 진행 중이다. 코넬리와 클란디닌(Michael Connelly and D. Jean Clandinnin)의 '개인의 실제적 지식(personal practical knowledge)', 슈버트와 아이어스(William Schubert and William Ayers)의 '교사의 지식과 학생의 지식(teacher lore and student lore)' 프로젝트, 버트와 레이먼드(Richard Butt and Danielle Raymond)의 '협력적 자서전적 연구의 정교화', 피긴스(Margo Figgins)가 버지니아대학교에서 진행 중인 연극(공연) 작업이 그것이다. 그라함(Robert Graham, 1991)은 이 자서전적 연구의 움직임이 교육과정 연구 분야에서 두드러지게 부상하고 있다고 했다. 그러나 자서전적 연구에 대한 관심은 교육과정 연구 분야에서만 한정되어 나타난 것이 아니다. 교사발달, 교사교육 등 교사에 관한 최근의 연구들은 자서전적 이론(autobiographical theory)의 영향이 어떠한지를 보여준다. 이에 대한 자세한 논의는 10장 '자서전적/전기적 텍스트로서의 교육과정'에서 자세히 논의할 것이다.

나의 학문적 여정은 자서전적 연구로부터 시작된 것이 아니다. 나는 1960년대 후반 롱 아일랜드의 고등학교에서 영어를 가르쳤다. 나는 당시의 상황에서 내가 할 수 있는 한 민감하고 현명하게 대처하려고 노력했다. 나는 전통적인 학교교육이 당시 세대에게 매우 부적절하다고 생각했다. 정말 미치도록 답답한 상황이었다(Pinar, 1975). 그렇지 않으면 어떻게 될 수 있을까? 이 책의 1장에서 알 수 있듯이, 당시(1972) 내가 알 수 있었던 것은 '개인 내부로부터의 탐구(work from within)'가 필요하다는 것이었다.

자서전적 방법으로의 나의 첫 행보는 쉽지만은 않았다. 두 번째 작품은 잭슨 폴락(Jackson Pollock)으로부터 버지니아 울프(Virginia Woolf)로 옮겨갔다. 그 작품에서 나는 철저히 관료화되어 있던 학교 구조에서 실제적인 교육적 경험을 제공할 수 있는 연구방법을 찾으려고 노력했다. 지금은 그 방법이 다소 '형이상학적'으로 보이긴 하지만 세 번째 작품에서 초기의 방법적 이해를 더 면밀히 제시했다. 확실히 교육과정 연구 분야의 주류는 내가 제시한 쿠레레(currere, 명사로서가 아니라 실제적 경험을 강조한 동사로서의 교육과정 개념)를 잘 이해하지 못했다. 그래서 나는 그것의 중요성을 보여주기 위해 더욱 노력했는데 그 결과로서 나온 것이 카프카의 『소송(The Trial)』이다.

1970년대 중반까지 교육과정 재개념화의 움직임은 순탄하게 이루어졌다. 그 움직임의 한편에는 자서전적 연구방법, 다른 편에는 정치이론이 있었다. 교육과정 재개념화의 초창기의 순탄한 진보는 곧 교육과정 분야에 중대한 논쟁을 불러일으켰다. 그것은 막시스트(Marxists)들이 기득권을 지키려는 주장에서 시작되었으며 그 중 많은 이들이 성공했다고 생각할지도 모른다. 1978년 나는 이러한 교육과정의 내적 논쟁에 대해 『재개념화란 무엇인가(What is the reconceptualization?)』에서 논박했다. 또한 같은 해에 우리의 재개념화의 움직임을 당시 주류들에게 좀 더 확고히 인지시키기 위해 『교육과정 분야에 대한 노트』(1978)로 다시 강조했다. 1970년대 말 마침내 재개념화는 새롭게 인식되기 시작했고 나는 다시 자서전적 연구방법에 더 많은 관심을 두었다. 당시 막시스트들은 자서전적 연구방법을 '자본주의적 나르시시즘(bourgeois narcissism)' 정도로 잘못 이해하고 있었기 때문에 『추상과 실체(The Abstract and the Concrete)』로 그 가치에 대해 다시 논의했다.

1970년대 말에 내 삶에 큰 변화가 찾아왔다. 전통적인 성 정체성은 더 이상 당연한 것이 아니었다. 나는 이 문제를 이해하기 위해 페미니스트 이론에 관심을 기울였다. 그것은 이론으로서뿐만 아니라 나에게 중요한 여성들의 삶을 바꾸어 놓았다. 1981년 12월 캘리포니아 버클리에 있던 아들과 그의 어머니를 만나러 갔을 때 나는 그곳 공공 도서관에서 『남성-남성(male-male)』을 썼다. 이 작품은 나 자신을 위한 것이었을 뿐만 아니라 2년 후에 쓰인 로체스터의 『보이 조지(Boy George)』에 영향을 주었다.

1984년 미국의 교육 상황은 절망적이었다. 나는 당시 콜게이트 로체스터 신학교(Colgate-Rochester Divinity School)에서 교편을 잡고 있었다. 신학은 내가 종신적 죽음(death in a tenured position)으로 묘사한 당시의 암울한 상황을 해결해주지 못했다. 로체스터에서 루이지애나 주립대학교로 옮기면서 나는 당시의 암흑기가 지나가면 어떤 상황이 펼쳐질 것인가에 대해 고민할 필요가 있다고 생각했다. 1985년에 나는 초기의 후기-구조주의(post-structuralism)에 비추어 초창기 자서전적 연구방법 개념의 이론화에 노력을 기울였다.

루이지애나 주립대학교에서 학과장으로 있을 때 나는 이전에는 참여하지 않았던 어떤 특별한 논의에 참여하게 되었다. '교사교육의 재개념화'. 나는 교육과정 이론이 잠정적으로는 홈즈 그룹 보고서를 지지할 수 있다는 점을 독자들에게 이해시키려고 노력했다. 그 글에 이은 학교 교육 개혁에 관한 글에서 나는 그것에 대한 어찌 보면 양면적 태도를 강조했다. 이 책의 마지막 글은 자서전적 연구방법에 대한 이전의 작업들을 개괄적으로 보여줌과 동시에 나의 다음 작업이 무엇이 될 것인지를 암시한다.

형식적인 면에서 보면 이 책에 있는 글들은 매우 다양하다. 몇몇 장들은 학술대회 발표를 위해 쓰인 것이다. 예를 들어 '교육과정 재개념화란 무언인가?' 는 1978년 로체스터 대학 내 학술대회에서, '두루미의 잃어버린 언어' 는 1992년 버가모 학술대회에서 발표했다. 1978년에 쓰인 '교육과정 영역에 대한 제언' 도 학술대회 발표를 위해 쓴 것이다. 하지만 이 글은 친근한 청중에게 들려주기 위한 글로서는 다소 형식적인 면이 있다.

여기에 실은 글 대부분은 이전에 출간되었지만 책에서 다시 소개되지 않은 것들이다. 예를 들어 '교육과정 영역에 대한 제언' 은 많은 관심을 끌었지만 그 뒤 다시 출판되지 않았다. '보이 조지(10장)' , '크레인(15장)' 과 같은 글들은 이전에 출판되거나 발표된 적이 없다. '종신 대학교수의 죽음(11장)' 은 호주에서만 출간되었다. 각 장의 제목 뒤에 있는 연도는 출간 연도가 아니라 글을 쓴 연도이다. 이 글들 중 여러 개는 탈고하고 몇 해가 지나서야 출간되었다.

자서전적 연구를 하는 학자로서, 이 책의 글들은 1972년 잭슨 폴락에 매료되어 고등학교 수업이 '개인 내부로부터의 작업' 이 되어야 한다고 생각했을 때부터 내가 20년 전에 고안한 자서전적 연구방법을 통해 나와 나의 독서, 친구, 가족과의 관계를 보여주는 1992년의 '잃어버린 언어' 까지 내 역사적 삶의 순서로 구성했다. 나는 이러한 구성 순서가 '교육' 에 입문하는 이들에게 자극제가 되기를 바란다. 특히 수업계획에 대한 회의적인 태도로부터 출발해서 수업계획이 없는 것이 어떤 것일 수 있는지에 대한 보다 광범위한 논의에 관심을 가지고 받아들이기를 바란다.

이 책을 구성할 수 있도록 나를 격려해준 조와 셜리를 비롯해 감사해야 할 많은 이들이 있다. 그들의 이름은 각각의 장에서 언급될 것이다. 특히,

나는 아들 마이크와 그의 어머니 데나에게 감사의 말을 전하고 싶다. 내가 자서전적 방법을 탐구하고 고안할 때 데나와 나는 함께했다. 그녀는 한결같이 사랑으로서 나의 작업을 격려했다. 뿐만 아니라 심리치료사이자 여성운동가인 그녀의 전문성 또한 나의 작업에 많은 영향을 주었다. 우리의 아들 마이크 또한 항상 나에게는 큰 가르침이었다. "마이크, 너의 존재는 그 자체만으로도 나의 삶이 의미 있다는 생각이 들게 한단다. 너에게 그리고 데나에게 이 책을 바친다."

W. P.

참고문헌

Cambridge Journal of Education (1990). Special issue: Biography and Life History in Education, 20 (3).

Fiske, E. (1991). *Smart schoo1s, smart kids*. New York: Simon & Schuster.

Graham, R. (1991). *Reading and the writing the self.* New York: Teachers College Press.

Pinar, W. (1975). Sanity, madness, and the school. In W. Pinar (ed.), *Curriculum theorizing: The reconceptualists*. (359-383). Berkeley, CA: McCutchan.

Pinar, W. & M. Grumet (1976). *Toward a poor curriculum*. Dubuque, IA: Kendall/Hunt.

Pinar, W., Reynolds, W., Slattery, P. & Taubman, P. (in press). *Understanding Curriculum*. New York: Peter Lang.

편저자 서문

빌 파이너(Bill Pinar)처럼 글을 쓰는 사람은 없다. 이 책은 빌이 20여 년 전[1]에 시작한 대화를 엮은 것이다. 먼저 그와 나누었던 대화를 하나 소개하고자 한다.

1989년 어느 날 나는 버가모(Bergamo)에서 조(Joe L. Kincheloe)를 만났다. 당시 조는 빌 파이너와 피자를 먹으려던 순간이었다. 피자로 인해 결국 빌과의 만남은 적어도 하루 이상 미뤄졌다. 마침내 조와 만났고, 그 이틀 후에 조는 나에게 회색빛의 머리카락과 푸른 눈을 가진 말하자면 귀족 분위기를 풍기는 키 큰 남자를 소개해 주었다. 빌은 우아하고 고상하며 조와 아주 친밀한 관계를 가지고 있었다. 그는 마치 주위에서 어떤 일이 벌어지고 있는지 관망하는 양 편안하게 팔짱을 끼고 등받이에 등을 기대고 앉아 있었다. 그는 뛰어난, 아주 빼어난 유머감각을 가지고 있었지만, 다른 사람이 자신의 유머를 이해하거나 기대하고 있는 것 같지는 않아 보였다.

1) [역주] 이 책이 1994년에 출판되었으니 지금으로부터 35년 혹은 40년 전의 일이다.

정치학자들은 루이지애나(Louisiana)의 시리브포트(Shreveport)를 미국의 도시 중 가장 보수적인 지역으로 여긴다. 시리브포트는 미국에서 인종적으로 가장 단절된 도시의 하나일 뿐만 아니라 전 세계적으로 '남부침례교도(Southern Baptists)'가 평방마일당 가장 많은 도시다. 남부침례교 전도사들은 여전히 공립학교에 있을 수 있으며, 휴대용 확성기로 학생들(trapped students)에게 설교한다. 나의 학생 중 많은 수가 시리브포트에서의 교육 경험에 대한 자서전적 분석은 마가렛 애트우드(Margaret Atwood)의 『하녀이야기(Handmaiden' s Tale)』나 지미 스웨커트(Jimmy Swaggart)의 『도그패치(Dogpatch)』를 보여주는 것 같다.[2] 루이지애나의 시리브포트가 바로 내가 윌리엄 파이너를 만난 곳이다. 그의 재개념화(reconceptualization)에 대한 글을 읽으면서 나는 이미 그가 내 삶에 중요한 영향을 미쳤다는 것을 알았지만, 당시만 하더라도 그 이후에 그가 내게 얼마나 큰 영향을 미칠지에 대해서는 생각지도 못했다.

나에게 있어 빌을 만난 것은 아주 흥미로운 일이었다. 대학원생이었을 때 나는 파이너 교수가 다른 학자들로부터 경험한 교육과정의 질식 상태에 빠진 내게 다시 호흡을 불어넣었다는 것을 알았다. 나는 교육과정의 재개념화(the reconceptualization of curriculum)를 '새로운 생명' 이라고 생각한다. 교육과정에서의 기득권을 지키려는 사람들에 의해 공격당하고 무시되고 평가절하되었던 상황에서, 재개념주의자들은 자서전적 방법(autobiography), 페미니스트 이론, 이론들로 점철된 직관을 통해 새로운 빛과 움직임을 만들어오고 있다.

2) [역주] 캐나다의 유명한 작가 마가렛은 『하녀이야기』를 통해 극도로 기계화된 세계에서 도구화된 여성들이 여러 계급으로 살아가는 것을 소름 끼칠 정도로 시각적으로 묘사한다. 미국 남부의 근본주의적 개신교 목사였던 지미 스웨커트는 성을 위한 매춘을 인정하여 사회문제가 되게 만들고 이후 방송을 통해 사과까지 한 본질주의적 종교인이다.

교육과정 분야에 '생기(living)' 를 불어넣었다. 그리고 그 생명력은 기술주의자들을 꼼짝하지 못하도록 만든다. "빌, 당신은 때때로 너무 진실에 가깝게, 너무 솔직해서 다른 사람을 겸연쩍게 만들기도 해요." 쿠레레(currere)는 정말 굉장히 놀라운 개념이다. 교사 교육과정 중에 있는 학생들은 학기를 거치면서 쿠레레에 직면한다. Bloom, Maslow, Hunter, 수업안, 행동주의 목표 등과 같은 학자와 개념을 배운 후 처음 쿠레레를 접하면, 쿠레레는 그들에게 매우 이상하게 여겨진다. 학생들은 쿠레레의 주관성과 인간성을 매우 어색하게 받아들인다. 학생들은 감각이나 느낌(sensation)으로 교육에서 어떤 것을 기대하기란 힘들다고 배웠다. 학생들은 개인적 경험의 공개적인 해석이라는 사고 개념을 어색하게 받아들인다. 학생들은 종종 개인적인 측면은 공적인 혹은 공개적인 상황에서 숨겨야 한다고 배웠다. 학생들은 문화를 통해 감정을 혼자만의 것으로 간직해야 하는 것으로 배웠다. 빌의 도움으로 우리는 그것을 천천히 그리고 하나씩 있는 그대로 드러낼 수 있게 되었다. 대다수의 경우 교육은 절대로 동일하지 않다.

여기 실린 파이너의 논문들을 읽노라면 정말 나를 위해 만들어진 것이라는 생각이 든다. 지난 20년간 그가 이론화한 교육과정의 개념들은 '새로운 실천의 전형' 을 보여준다. 그의 작업은 많은 자서전적 방법을 이용한 작업들이 받는 전형적인 비판을 받지 않을 뿐만 아니라 방종의 분위기 또한 풍기지 않는다(다른 자서전적 연구자들이 주의를 기울여야 할 부분이다). 우리는 빌의 위치에서 우리 자신의 위치를 찾을 수 있으며 그의 아이디어로 우리의 논점을 확장하거나 유연성을 발휘할 수 있다. 빌은 문학작품을 자신의 관점들을 섞기 위한 기름으로 사용한다. 그의 글은 독자이며 교사교육자인 우리가 새로운 직관과 관점을 가질 수 있도록 도와준다. 우리 학생들은 그들의 자서전적 이야기를 기술할 때 그들 자신만의 주관성을 추구한다. 학생들은 자신들의 의식을 구성해온 여정을 따라 빵 부스러기

를 줍는 헨젤과 그레텔(Hangel and Gretel)과도 같다.

빌의 학문적 여정은 여러 차원에서 갖가지 반향을 불러일으킨다. 그의 정체성은 우리가 가지고 있던 근대적 정체성의 확실성(근거와 한계)에 대한 신념에 의혹을 제기하며 흔들어 놓는다. '겸손' 은 사회의 변혁을 이끄는 선봉자의 선언서나 성명서에서는 거의 찾아볼 수 없는 흥미로운 개념이다. 그러나 나의 애팔래치안 관점의 어떤 측면에서 볼 때 '겸손' 은 어떤 중요한 의미를 가진다. 빌의 학문적 재능(천재성)은 나를 항상 놀라게 하는 겸손과 밀접하게 얽혀있다. 빌은 다른 이들이 축제의 횃불을 들 수 있도록 그늘진 곳에서 불꽃의 불씨를 지핀다. 직관으로 이어지는 민감성을 갖기란 쉽지 않다. 나는 빌이 그늘에서 세상을 바라보는 것을 지켜본다.

올해 나와 조(Joe)는 뉴올리언즈(New Orleans)에서 빌과 함께 아주 흥미로운 한 주를 보냈다. 우리는 음식과 농담을 마음껏 즐겼다. 솔직히 말해서, 빌은 내 주위의 어느 누구보다도 더 주위 사람들을 편안하게 해준다. 나는 아들 이야기를 그들에게 들려주었으며, 우리는 우리 부모님의 모습이 되어가는 스스로를 발견하곤 쑥스러워하며 웃었다. 조는 장황한 남부 이야기를, 빌은 중서부 이야기를, 그리고 이질적 민족 집단 간의 통합의 실패와 세계화에 대한 나의 유태인적, 신랄한 비판에 대한 뉴욕에서의 생각들 – 그 자리를 떠났을 때 사실 나는 분리 불안을 느꼈다.

빌은 남자-남자 관계에 대한 나의 풍자를 듣고 재미있어했다. 가학피학성 변태성욕(sadomasochistic)적이고 가부장적인 질서에 대한 빌의 설명은 항상 나를 다른 세상으로 또 다른 세상으로 이끈다. 내가 이해한 것을 종합하려고 하는 순간 빌은 항상 내가 이해한 것 이상의 어떤 직관으로, 부드럽게 그러나 확실하게 내가 이해한 것을 다시 생각하게 만든다. 셜리(Shirley)가 있으면 그 축제의 불꽃은 더욱 활발하게 타오른다. 빌의 이야기와 그에 응대하는 셜리를 지켜보는 것은 아주 흥미진진한 일이다. 젠더 폴리스(Gender Police)[3]가 봤더라면 그들도 과잉반응했을 것이다.

우리는 올해(1993) 뛰어난 학부 학생 세 사람(Elena, Jeff, Leila)을 버가모에 데리고 갔다. 그들은 빌과 버지니아(University of Virginia)에서 온 마르고 피긴스(Margo Figgins)의 세션을 고대했다. 그 중 한 사람인 엘레나 시네아(Elena Chinea)는 마이애미(Miami)로 돌아가자마자 빌과 마르고에게 편지를 썼다.

친애하는 빌 그리고 마르고

저는 지금 쉬는 시간을 이용해서 이 편지를 쓰고 있어요. 왜냐하면 지금 이 순간 당신들에 대한 생각이 저의 머릿속에 꽉 차있거든요. 저는 한동안 편지를 쓰지 않았어요. 당신들이 의자에 앉은 채 당신들의 생각을 펼쳐나갈 때 저는 특별한 느낌을 받았어요. 당신들은 다른 사람들의 반응을 크게 염려하지 않으며 대화를 이끌어 나갈 수 있죠. 그러나 당신의 차례를 인내심을 가지고 기다려야 하죠. 아! 당신의 우편함으로 가서 당신을 기다리고 있는 신선한 편지 하나를 발견하는 것은 복잡한 하루 생활 속에 감추어진 흥미진진한 순간을 찾아내는 일이 될 거예요. 이런 이야기를 나누는 것은 정말로 멋진 일이에요. 가끔은 그렇지 않지만 어느 정도의 거리가 있는 것은 좋은 것 같기도 해요. 대체적으로 물리적인 거리를 두는 것은 서로 간의 감성적인 부분을 더 자극시킨다는 측면에서 관계를 더 강화시키기도 하는 것 같아요.

저도 노스 캐롤라이나(North Carolina)에 있었어요. 그것은 마법과도

3) [역주] 전통적인 성에 대한 태도, 즉 언행, 외모, 복장 등에 있어서 성에 대한 전통적인 기대에 어긋나는 이들(중성적이거나, 여성스러운 남성, 남성스러운 여성)을 지적하거나 무언의 사회적 압력을 가하게 되는 사람들의 태도나 현상. 한국 사회에서는 "여자 아이가 무슨 축구를 해!" "남자 아이가 뜨개질이라니" 등과 같은 태도를 들 수 있다.

같았죠. 저는 그 음악에 너무 도취했었어요. 당신이 아주 아름답게 읽었죠. 그것은 놀라우리만큼 명확하면서도 황홀했어요. 저와 당신들 그리고 당신들 간의 친밀함과 그 아름다운 이야기를 나눈 것에 감사드려요. 저는 당신들이 나눈 우정, 열망, 불확실성, 정직, 열정에 깊이 탄복해서 복받쳐 나오는 눈물을 참을 수 없었어요. 당신들이 이야기를 끝마쳤을 때 저는 그 자리를 떠나야 했어요. 그것은 당신들이 제가 우는 것을 볼까 봐 부끄러워서가 아니었어요. 그것은 그 순간이 그러한 이야기를 하기에 적절하지 않았기 때문이에요.

빌과 마르고의 발표에 대한 엘레나의 기억은 이 책(이 대화)에 대한 우리의 기억과 감동을 잘 나타낸다. 우리는 빌이 비유와 문학작품, 자서전을 통해 나눈 로맨스, 친밀함, 우정에 경의를 표한다. 빌, 당신과 함께 춘 '춤'과 이 책에 감사드려요.

Shirley R. Steinberg

Joe L. Kincheloe

차 례

개인 내부로부터의 탐구

(Working from Within, 1972)

잭슨 폴락(Jackson Pollock)은 1950년 한 인터뷰에서 "그럼 당신은 도화지에 그릴 형상을 구상하고 있지 않다는 건가요?"라는 질문에 다음과 같이 말했다. "글쎄요, 네 가지고 있지 않아요. 왜냐하면 그것은 내 머릿속에도 없기 때문이죠. 그것은 목표를 정하고 추구하고 달성하는 일상적인 일과는 확연히 다른 어떤 새로운 것이죠. 나는 내가 누구이며 그것이 어떤 결과를 가져올지를 염두에 두고 있어요." "그럼 그것은 초기의 스케치와는 완전히 다른 건가요?" "그렇죠. 나는 'painting'을 'drawing'과 같은 개념으로 간주해요. 나는 스케치를 하지 않죠. 내가 생각하기에 현대의 그림은 보다 즉각적이고, 자기의 주장을 표현하기 위해 좀 더 직접적이며 풍부한 가능성을 가지고 있어요." (Wright, 1950, quoted in O' Connor, 1967)

나는 '가르치는 것'이 폴락의 '페인팅'과 어떤 면에서 유사하다고 본다. 보통 나는 '미리 정해진 수업 계획' 없이 교실에 들어간다. 내가 무엇을 할 것인가에 대한 개괄적인 생각은 가지고 있지만 수업에 들어가기 전에 구체적인 스케치를 그리지는 않는다. 한 예로, 작년에 '10주의 실존주의 입문 강좌' 에서 경험한 일을 들고자 한다. 나는 강의실로 들어가 학생 책상에 앉았다. 그러고는 지난주 우리가 본 어떤 영화와 관련해서 어떤 의문점이나 할 말이 있는지 물었다. 우리는 자신이 이해한 것을 공유하고 서로의 주장에 대해 질문했으며, 그 영화가 지닌 상징적 중요성에 대해 토의했다. 얼마간의 정적이 흐른 뒤 마침내 학생들이 그 영화에 대해 더 이상 할 이야기가 없다고 생각되었을 때 나는 키에르케고르(Kierkegaard)의 『이것이냐 저것이냐(Either/Or)』를 읽어주었다. 얼마 지나지 않아 학생들의 질문이 이어졌다. 우리는 몇 개의 구문을 분석했는데, 그것은 주로 학생들이 특정 문구를 어떻게 이해했으며 그것이 자신들에게 어떤 의미가 있는지에 관한 것이었다. 당시 한 학생의 이야기를 듣고서 나는 나의 개인적인 삶을 이야기할 수밖에 없었는데, 이후 많은 학생들이 그 특정한 (이전의 학생이 언급하고 내가 동의한) 부분에 대해 자기의 개인적인 이야기를 털어놓았다. 그 순간 우리는 각자의 삶에서 가장 민감할 수 있는 이야기들을 나누었다.

전형성적 내용

마가렛 미드(Margaret Mead)[1]는 우리가 학생들의 실존적인 지식, 마가렛이 말하는 전형성적 영역(prefigurative realm)을 활용하는 법을 배워야 한다고 주장한다. 이것이 교사에게 어떤 의미가 있을까? 우리는 어떻게 이것을 교수법으로 옮겨올 수 있을까? 내가 가르쳤던 고등학교 2학년 미국 영

---

1) [역주] Margaret Mead(1901~1978)는 미국의 문화인류학자, 사회학자, 음악가로 미국의 문화인류학에 심리학적 방법을 도입하고 발전시켰다. 그녀가 이야기하는 '전형성적 문화(prefigurative culture)' 는 간단히 말해 '이 시대의 어떤 어른도 지금의 아이들이 살게 될 어떤 세계에 대해서 알 수 없다' 는 것이다. 이러한 인식론적 관점을 이해하면 파이너가 왜 그리고 어떻게 '수업 계획' 을 거부하는지 이해할 수 있다.

문학 수업이 떠오른다. 그것은 나에게 '교실로 들어가 무엇보다도 먼저 학생들의 이야기를 귀담아 듣는 것' 을 의미한다. 우리는 수많은 대화 중에서 어느 한 학생이 자신의 부모님의 삶을 '무감각성(senselessness)' 으로 묘사한 것에 초점을 맞추었다. "부모님들은 아침 5시 30분에 일어나요. 아버지는 뉴욕으로 가는 7시 15분 기차를 타야 하죠. 어머니는 아버지의 아침을 해드린 후 아이들을 깨우고 학교에 보내죠."

그 학생이 이야기하는 동안 다른 학생들은 하던 이야기를 멈추고 진지하게 그 학생의 이야기를 들었다. 그리고 그 학생이 자기 집에서 일어나는 일상적인 하루에 관한 이야기를 끝내자 다른 학생이 비슷한 이야기로 대화를 이어갔다. 학생들 대부분은 그 대화에 참여했다. 어떤 학생은 항상 똑같은 종교 의식과 같이 지루한 어른들의 삶에 의구심을 나타냈으며, 어떤 학생은 자기 부모님이 선택한 삶에 불만을 나타내기도 했다. 이때 나는 중재에 들어갔다. 나는 우리가 읽은 헨리 소로(Henry David Thoreau)의 에세이 『숲속의 생활 (Walden)』의 한 구절을 읽어주었다: "수많은 사람들이 조용한 절망의 삶을 산다(the mass of men lead lives of quiet desperation)" 그리고 학생들에게 100년이 지난 지금도 소로가 여전히 같은 생각을 하고 있을지 물었다. 대부분의 학생들이 그럴 것이라고 대답했다. 이때 한 학생이 그 글이 좋은 글의 기준이 될 수 있을지에 대해 의문을 던졌다. 그 학생의 말처럼 헨리의 글은 그 글이 쓰였을 당시와 마찬가지로 현재의 사회에서도 그처럼 이해될 수 있다. 토론은 계속되었으며, 학생들은 수업에서 읽은 책을 비교나 대조 혹은 자기 주장을 뒷받침하기 위해 언급했다. 우리가 당시 미국의 어떤 면이 헨리로 하여금 그런 우려의 시각을 가지게 했는지에 대해 토론하고 있을 때 수업을 마치는 종이 울렸다.

위의 두 예는 내가 주로 가르치는 방식을 잘 보여준다. 나는 내가 가르치는 학문 영역의 지식, 학생들의 지식, 내가 학생들과 공유하고자 하는 지식을 가지고 있다. 물론 나는 문학을 공부하는 학생이자 가르치는 교사로서뿐만 아니라 한 인간으로서 학생들의 이야기를 듣고자 한다. 사실 나는 '학생들이 나에게 자기를 열어 보이기를 원하는 만큼 나 또한 그렇게 해야 한다' 고 생각한다. 나는 어떤 특정 문학작품이 어떻게 그리고 왜 나에게 감흥을 주는지를 내가 직관적으로 필요하다고 느낄 때 설명해야 한다. 솔직하게 나는 나에게 의미 있는 학문 영역이 내 학생에게도 의미 있기를 바란다. 따라서 나는 학습 준비물과 세밀한 수업 계획과 같은 미리 그려진 스케치가 없음에도 불구하고 내가 무엇을 할 것인지 그리고 그것이 어떤 결과를 가져올 것인가에 대한 일반적인(대략적인) 생각은 가지고 있다.

나는 이러한 접근이 가치 있다고 생각한다. 폴락이 자기 그림에 대해 표현한 것처럼 그것은 직접적인 것이다. 나는 직접적이고 솔직한 방식으로 학생들과 공존한다. 우리의 솔직한 대화를 훼손하는 어떤 수업 계획이나 권위도 없다. 그 결과, 우리는 종종 인지적이고 감성적인 관계를 형성한다. 교실 분위기는 더 친밀해진다. 우리는 어떤 순간에 완전히 빠져들곤 하는데, 그 순간 학생들은 자기가 생각하고 느낀 것을 이야기하며, 서로에게 그리고 나에게 정직하고 솔직한 대화를 하게 된다. 대부분의 학생들은 '내가 듣고 싶어하는 이야기를 해야 한다' 는 어떠한 부담도 없이 자신의 생각과 느낌을 이야기한다는 것을 느낄 수 있다.

자신으로부터 탐구하기

내가 왜 이 접근법을 다른 전략들보다 선호하는지 논의하기 위해 폴락의 인터뷰로 다시 돌아가보자. "폴락 씨, 전통적 화가들은 자신이 속한 세계를 표현하는 데 관심을 가지고 있었으며 그 속을 어떤 대상으로 표현함으로써 그 세계를 나타냈습니다. 왜 현대 화가들은 그렇게 하지 않는다고 생각하십니까?" 라는 질문에 폴락은 이렇게 대답했다. "글쎄요, 현대 화가들은 기계화된 시대에 살고 있습니다. 카메라와 사진은 자연 속의 대상을 기계적인 방법으로 재현하죠. 제가 볼 때 현대 화가들은 '내부 세계'를 표현합니다. 다시 말해 그들은 에너지, 동작, 그리고 다른 내부의 힘을 표현합니다." 폴락은 그 인터뷰에서 강조해 말했다. "흥미로운 것은 오늘날의 화가들은 반드시 그들 자신 밖에 있는 어떤 주제로 나가야 할 필요가 없다는 것입니다. 대부분의 현대 화가들은 각기 다른 대상을 가지고 작업합니다. 그들 안으로부터 말이지요."

우리 교사들에게는 우리가 중요하다고 여기는 것을 나타낼 수 있는 기계적인 방법들이 있다. 우리에게는 가능한 접근법이 많다. 나는 종종 우리가 읽는 문학작품에서 내가 도움이 된다고 생각하는 것을 설명하기 위해 스텐실로 찍어낸 것과 같은 기계적인 방법을 이용한다. 학생들 각자 복사본을 받고 그들이 그대로 따르든 따르지 않든 혹은 그들이 원하는 방식으로 받아들이고 발전시키든 그것은 그들의 자유의지에 달려있다. 수업은 통제받는 시간이 아니라 자유로운 시간이다. 수업에서 나는 학생들이 폴락이 말한 '내부의 세계'를 마음껏 표출할 수 있는 분위기를 만든다. 몇몇 현대 화가들과 같이 나와 학생들은 자기 외부의 주제를 찾아야 한다고 여기지 않는다. 우리는 다른 자료로부터 시작한다. 우리는 자기 내부로부터 탐구한다.

참고문헌

Wright, William (1950, 1967). An interview with Jackson Pollock. Printed in O'Connor, Francis V. *Jackson Pollock*. New York: The Museum of Modern Art.

02 베넷 씨와 브라운 여사

(Mr. Bennett and Mrs. Brown, 1973)

독자들은 아마 이 이름들이 교육과정 이론과 어떤 관련이 있는지 의아할 것이다. 그 답을 찾기 위해 같은 제목을 가진 버지니아 울프(Virginia Woolf)의 에세이 속으로 들어가보자.

울프는 한 기차여행을 묘사하면서 그 에세이를 시작한다. 무슨 이유인지는 알 수 없지만 그녀는 그날 밤 기차 출발시간에 늦었으며 가까스로 올라타 첫째 번 객실로 들어섰다. 그곳에는 나이가 지긋한 브라운 여사와 스미스라는 중년 남자가 앉아있었다. 붉게 상기되고 다소 언짢은 듯한 스미스 씨의 표정과 안도의 숨을 내쉬는 브라운 여사의 표정으로 미루어볼 때 그녀의 등장으로 그들의 대화가 끊겼고 다른 주제로 대화를 새롭게 시작했음이 틀림없었다. 이때 새로 등장한 사람은 자신이 나타나기 전에 어떤 대화가 오갔는지와 그들의 관계를 짐작한다. 얼마 후 스미스 씨가 내리고 그 다음 브라운 여사가 내린다. 그리고 이야기는 끝을 맺는다.

계속해서 이어지는 에세이에서 울프는 모든 소설은 등장인물을 소개하면서 시작한다는 것을 보여준다. 사실 등장인물을 묘사하는 것이 소설이다. 소설은 어떤 원리나 교리를 위한 것도 아니며 이야기 그 자체만을 위한 것도 아니다. 그녀는 소설이 등장인물을 표현하기 위한 것이며 영국의 소설가이자 비평가인 베넷(Bennett) 또한 이 점에 동의한다고 말했다. 하지만 '등장인물을 표현하는 것이 무엇을 의미하는가' 에 대해서는 약간의 차이가 있다. 예를 들어, 『브라운 여사(Mrs. Brown)』의 영어판은 그녀 성격의 특이한 점에 중심을 둔 반면, 프랑스에서 출간된 판에서는 인간 본성의 추상적이고 일반적인 측면을 표현하기 위해 성격적 특징을 부각시키지 않았다. 또한 러시아 판에서는 표면적인 묘사에서 벗어나 정신적이고 영적인 측면을 나타냈다. 책을 읽고 난 후에도 삶에 관한 수많은 심오한 질문들이 귓가를 맴돈다. 베넷은 "소설은 실제적인 등장인물을 표현하는 것이어야 한다"고 주장했다. 하지만 울프는 어떤 측면에서 어떤 버전(version)의 '실제(reality)' 가 실제(real)인지 물음을 던졌다.

또한 그 객실의 변화하는 상황을 상상해보자. 이번에는 브라운 여사가 애드워드 시대(1901~1910)의 세 소설가들에 의해 각기 다르게 묘사되었다. 그들은 베넷(Bennett), 갤스워티(Galsworthy), 웰스(Wells)다. 그들 모두는 『브라운 여사』를 탐구하고 그녀의 캐릭터를 묘사하고자 노력했다. 먼저 웰스(Wells)는 브라운 여사의 남루한 옷차림, 왜소한 체구, 초조하고 불안한 상태를 묘사하며 영국 초등교육의 불만족스러운 면을 비판한다. 그의 관심은 이내 브라운 여사를 벗어나 객차 창문 밖으로 향한다. 동이 트는 것을 적절한 새 교육환경과 현명한 경제 정책으로 가난과 고통이 사라질 새 시대의 도래에 비유한다. 적절한 주거, 육아, 소득 분배는 어떤 '브라운 여사' 도 없는 이상향을 만들 것이다. 웰스는 '브라운 여사' 를 만든 사회의 제 측면을 비판하느라 '브라운 여사' 그 자체의 캐릭터에는 큰 관심을 기울이지 않는다. 갤스워티는 즉각적으로 공장의 작업조건과 노동계급의 착취에 초점을 맞춘다. 앞에서 말했듯이 오직 베넷의 초점만 그 객실에서 벗어나지 않는다. 그는 객실의 상태, 벽에 붙은 광고, 좌석에 놓인 쿠션 모양, 브라운 여사의 브로치와 장갑을 세밀하게 묘사한다. 그는 그 기차가 리치몬드와 워터루를 잇는 무정차 노선을 달리며 주민 대부분이 극장은 갈 수 있지만 자기 차는 소유할 수 없는 정도의 경제적 능력을 가진 윈저(Windsor)를 지난다는 것을 이야기한다. 그렇게 베넷의 묘사는 이어진다.

그렇다면 울프는 우리의 관심을 어디로 이끄는가? 이것은 문학의 역사와 교육과정 탐구의 역사에서 매우 중요한 의미를 가진다. 그녀는 다음과 같이 이야기한다.

> 베넷은 매우 뛰어난 통찰력과 인간애와 연민으로도 브라운 여사를 그녀의 입장에서 바라보지 않는다. 브라운 여사는 객차의 한쪽 구석에 앉아 있다. 그 객차는 리치몬드에서 워터루까지 가는 것이 아니라 영국 문학사의 한 시대에서 다음 시대로 여행을 한다. 왜냐하면 브라운 여사는 영원히 불멸하며, 인간의 본성이기 때문이다. 브라운 여사는 외적으로 달리 보일 뿐 변하지 않는다. 변하는 것은 그녀가 앉아 있는 객실을 드나드는 소설가들이다. 에드워드 시대의 어느 작가도 그녀를 그녀 그대로 바라보지 않았다. 그들이 아주 강력하고 세심하게 그리고 연민으로 바라본 것은 창 밖의 공장, 이상향, 객실의 실내장식과 벽에 붙은 광고들이었다. 그들이 본 것은 결코 그녀, 삶, 그리고 인간의 본성이 아니었다. 결국 그들이 발전시킨 것은 자신들의 목적에 적합한 소설가로서의 능력이었다. 그들은 자신들의 목적을 이루기 위한 전통과 도구들을 만들어냈다. 하지만 그 도구들은 우리의 것이 아니며 그 목적 또한 우리의 것이 아니다. 우리에게 그 전통은 '파멸' 일 뿐이며 그 도구들은 무용지물이다.

우리는 1924년 울프가 이야기한 문학적 상황과 1974년 교육연구가 처한 상황의 유사성에 주목할 필요가 있다. 교육연구를 이야기할 때 고려되는 것은 프로그램, 교수자료, 교수법, 기술, 목표, 평가다. 혹자는 "개인을 고려한다"고 이야기하지만 그것 또한 추상적인 명목일 뿐 사회 이면의 영혼의 실체가 아니다. 그 단어들은 개념적인 도구일 뿐 그것들이 지칭하는 세계가 아니다. 하지만 교육의 인간적 경험을 연구하는 우리와 같은 사람들에게는 그 '말 혹은 정보(words)'는 창 밖 세계의 왜곡에 불과하다. 그 단어들의 기저에 있는 의미를 이해하기 위해 우리는 그것들을 버릴 필요가 있다. 우리는 우리의 관심을 그 객차 안의 브라운 여사에게 묶어둘 새로운 연구방법을 고안해야만 한다.

브라운 여사는 우리 자신이다. 외부의 것에 관심을 빼앗겨 브라운 여사의 '여정'을 놓치는 것은 우리 자신의 여정을 놓치는 것과 같다. 많은 사람들이 개념적인 생각의 틀에 갇혀 있다. 12년 혹은 20년 동안 일주일에 5일, 하루 여섯 시간 동안의 학교 생활은 '생각'이 아니라 '말 혹은 정보'에 의해 점령당한다. 우리는 불편한 의자에 앉아서 우리의 관심을, 우리가 앉은 의자나 그 의자의 불편함조차 느끼지 못하고 있다. 그 환경은 우리로 하여금 그 상황이 얼마나 가혹한지조차 느끼지 못하도록 한다. 우리는 자신이 현재 당면한 물리적 실존적 상황과는 아무 관계가 없는 말에 귀를 기울이고 그것과 관련해 생각하도록 훈련받아 왔다. 우리는 사고의 틀에 갇혀 있다. 여기서 '생각'은 정신분석학적 관점에서 환타지와 그 외 연상적 사고, 직접적이며 비판적인 사고를 의미한다. 더욱이 '사고'는 그것의 전개념적 본질적 기초 즉 그 자체가 의미하는 실제를 잃어버렸다. 우리는 우리의 전기적 삶과 관계없거나 모순되게 연관된 사고를 하며 그 속에서 살도록 배워왔다. 이 '소외'의 과정은 위축되거나 비대해진 공상적 삶, 모델링을 통한 개인의 소외, 개인과 직접적으로 관계된 욕구의 좌절과 같은 아주 많은 심리사회적 영향을 미친다. 우리 자신으로부터 소외된 우리는 객차 안의 브라운 여사가 아니라 창 밖을 응시한다. 우리의 시선을 객차 안으로 되돌리기 위해서는 '교육과정(curriculum)'과 '수업(instruction)' 그리고 '개인(individual)'과 '인간화(humanization)'와 같은 말들을 재고해야 한다. 그것은 우리 자신 내부는 물론 우리 자신 외부를 고려하며, 우리의 내적 경험이 무엇인지를 할 수 있는 한 솔직하고 구체적으로 이야기해야 한다.

그러나 그렇게 하기란 쉽지 않다. 오랜 시간 동안 우리는 우리의 관심을 내적인 실제로부터 멀어지게 만드는 상황과 체제 속에서 살아왔다. 그것은 우리 자신 내부의 딜레마적 메시지를 억압할 뿐만 아니라 그것을 사회적으로 용인될 만한 행동으로 전환시킴으로써 우리의 관심을 '외부의 세계'에 머물도록 했다. 승화의 과정이 항상 해로운 것은 아니다. 사실 그것은 통합적이며 해방적일 수 있다. 하지만 그러기 위해서는 승화가 무의식적으로 그 전형적인 케이스처럼 조작되기보다는 의식적이고 어느 정도 안내되어야 한다. 그것은 어떤 말이나 정보 기저의 실제, 우리의 실제적 경험, 자기 자신의 정서적, 인지적, 정신적 상태의 실제적 탐구를 위해 영속적인 반성적 사고를 필요로 한다. 이러한 노력을 지속적으로 한다면 점차 우리의 관심을 내부로 향하도록 할 수 있을 것이다. 이것은 좀 더 분명한 외부 세계에 대한 인지 속에서 적절하게 안내되어야 하고 이것은 차후에 자율적으로 일어날 수 있다. 우리가 가장 먼저, 첫째로 해야 할 일은 우리의 시선을 우리가 살고 있는 그 '객실' 안으로 가져오는 것이다. 그 다음 브라운 여사를 조심스럽고 세심하게 주시하기 시작한다.

이 작업은 현재의 교육연구 방법으로는 가능하지 않다. 왜냐하면 현재의 교육연구 방법은 관심을 외부 세계, 눈에 보이는 것 같은 우리 자신이 아닌 다른 어떤 것에 두기 때문이다. 현재의 교육연구 방법은 연구대상을 객실 창 밖에서 찾으며 그것을 합리화한다. 나는 오늘날의 교육 연구자들의 업적을 모두 무의미한 것으로 폄하할 의향은 없다. 그것은 나름대로 의미 있으며 어떤 측면에서는 기여한 바가 크다고 하겠다. 하지만 애드워드 시대의 소설가 울프가 논의한 바와 같이, 그것은 과거와 현재의 많은 부분에서는 적합할 수 있지만 미래에는 적합하지 않은 관점에 사로잡혀 있다.

다시 말해, 우리는 더 이상 할 수 없을 정도로 교육의 본질을 외부의 세계에서 찾아왔다. 나는 개인의 외적 세계(교육과정 자료, 교수기술, 교육정책 지시)가 중요하지 않다고 말하는 것이 아니다. 외적 세계가 교육에서 하는 역할을 좀 더 깊이 이해하기 위해 외적 세계에 대한 관심을 잠시 접어두고, 내적 경험의 깊이 있는 구조적 연구/성찰을 시작해야 한다고 주장하는 것이다.

교육학에서 이런 종류의 연구나 이론화의 전례가 있다. 이 점에서 존 듀이(John Dewey)가 여전히 도움이 되나 전체적으로는 그렇지 않다. 다른 분야에서도 몇몇 예들이 있다. 내가 여기서 그 분야들을 논하는 것은 하나의 '모델'로서 제시하기 위함이 아니라 그들이 지향하는 목표가 (단지 소수만이 이해할 수 있을 정도로 난해하긴 하지만) 적절하기 때문이다. 실존주의가 그 분야 중 하나이다. 나는 사르트르(Sartre)의 세계관이 현재의 교육문제에 적용되어야 한다고 주장하는 것이 아니다. 이와 유사하게, 몇몇 정신분석학적 이론들 또한 인간의 내적 경험의 이해에 도움을 준다. 물론, 경험에 대한 정신분석학적 해석이 얼마나 정확하고 유용한지에 대해서는 논쟁의 여지가 있다. 하지만 여기서 중요한 것은 프로이드(Freud), 융(Jung), 레잉(Laing) 등과 같은 정신분석학자들이 삶의 표면 저 아래를 탐구했고, 그것을 통해 표면적, 피상적으로 경험되는 것의 뿌리를 이해하고자 노력했다는 것이다.

순수창작문학 영역에서 내가 추구하는 것과 밀접한 소위 말하는 '의식의 흐름 기법(stream-of-consciousness)[1)]'을 사용하는 작가들이 있다. 조이스(Joyce), 프루스트(Proust), 포크너(Faulkner), 사르트르(Sartre) 등이 있지만 나는 버지니아 울프를 가장 좋아한다. 버지니아 울프와 그녀 소설

1) [역주] 의식의 흐름 기법이란 서술자의 마음 속 상태를 시간적, 공간적, 감각적 순서나 제약 없이 기술하는 것을 말한다. 다른 말로는 '내면의 받아쓰기' 라고 한다. 우리의 감정이나 생각의 양상을 떠올려보자. 친구와 식사를 하다가 연인이 생각나고 그 연인과의 대화에 대한 기억을 통해 어린 시절의 선생님이 떠오를 수도 있으며, 갑자기 내일 있을 축구경기의 중요성이 떠오를 수도 있다. 우리의 생각이나 감정이 시간적, 공간적 순서에 얽매이지 않듯 문학작품 또한 그렇게 써내려 가는 것이다. 우리나라의 작가로는 이상을 꼽을 수 있다.

의 외적 세계의 측면들은 나의 것과는 차이가 있지만 나는 내적 세계(reality)에 대한 그녀만의 예술적 묘사에 끌려 그녀의 작품을 다시, 또다시 그리고 또다시 찾게 된다.

내가 추구하는 탐구방법은 위에서 열거한 영역들의 핵심적 관점은 공유하지만 그것들의 방법을 그대로 차용하지는 않는다. 우리는 정교하고 예술적인 묘사, 심리학적 연구 보고서, 혹은 경험의 철학적 이해 등 어느 것 하나에 전적으로 의존할 수 없다. 우리는 교육학적 탐구방법을 고안하기 위해 위 영역들의 방법들로부터 어떤 형태의 종합을 이끌어낼 필요가 있다. 그것은 좀 더 진실되며, 공공의 그리고 우리의 내부 세계를 탐구하기에 유용한 형태여야 한다. 그것이 내가 제안하는 연구방법이다.

참고문헌

Pinar, William F. (1975). Sanity, Madness, and the School. In W. Pinar (ed.), *Curriculum Theorizing: The Reconceptualists* (359-383). Berkeley, CA: McCutchan.

Pinar, William F. (1975). Search for a Method. In W. Pinar (ed.), *Curriculum Theorizing: The Reconceptualists* (415-424). Berkeley, CA: McCutchan.

Woolf, Virginia (1924). *Mr, Bennett and Mrs, Brown*. London: The Hogarth Press.

03 쿠레레방법

(The Method of Currere, 1975)

1.

쿠레레는 회귀(regressive)－진보(progressive)－분석(analytical)－종합(synthetical)의 네 단계로 이루어진다. 그것은 본질적으로 개념적(conceptual)이며 시간적으로 현재성(temporal)을 내포하고 있으며 초현재적(transtemporal)이고 초개념적(transconceptual)인 현실에서 나타나는 발달적 관점을 촉진하는 것을 목표로 한다. 다른 관점에서 본다면, 이 방법은 현재성 속에서 '자의식의 개념화(self-conscious conceptualization)' 이며 또 다른 측면에서 본다면 시간의 역사 속에서 무엇이 개념화되었는지를 탐구하는 것이다. 따라서 쿠레레를 통해 우리는 시간의 역사성/현재성과 개념 간의 복잡한 관계를 탐구한다. 그렇게 함으로써 우리는 자아(self), 자아의 발달, 교육 그리고 그것들의 복잡한 관계를 이해할 수 있기를 기대한다.

2.

먼저 나는 지금까지 나의 학문적 작업이 나의 개인적인 삶을 이해하는 데 어떤 영향을 끼쳤는지를 논의하고자 한다. 나는 내가 전기적(biographic) 상황에 놓여 있다고 가정한다. 그리고 어떤 면에서는 내가 선택했으므로 결과적으로 그 책임이 나에게 있는 것을 인정한다. 하지만 어떤 면에서는 나의 전기적 상황들이 이전 상황과의 인과적 관계에 따른 결과로서 나타나는 것을 볼 수 있다. 나는 나의 삶이 다양한 관점에서 이해될 수 있는 특징을 가지고 있다는 것을 인지함과 동시에 하나의 직선적인 전기라고 생각할 수 있다. 나는 내가 감당할 수 있도록 나의 관점을 단순화한다. 이 사건이 다음 사건의 원인이 되었고, 그 상황에서 나는 이것을 선택했으며 다른 대안은 포기했다. 나는 이 사람들과 어떻게 연관되었었으며 어떤 이유로 그들을 떠나 다른 사람들에게로 다가갔다. 나는 이 분야에 흥미를 느꼈으나 곧 다른 어떤 것이 나의 흥미를 끌었다. 만약 내가 이러한 상황과 선택들을 하나의 시간적 흐름 위에 나열하고 내가 현재 그것을 기억하는 대로 이 상황에서 저 상황으로의 변화를 설명하려 한다면, 나는 어떤 연관성(coherence)을 찾을 수 있을 것이다. 그것은 필연적으로 논리적이지 않을 수 있으나 경험한 삶이다. 그러한 연관성의 핵심은 삶 자체로서 경험된 전기(biography), 다시 말해 후설의 '생세계(lebenswelt)[1]' 이다.

나의 변화하는 인지적 관심이 나의 전기에서 어떤 역할을 하는가? 나의 인지적 흥미는 나의 전기의 핵심적 주제를 이해하는 데 있어 어떠한 방식

---

1) [역주] 생세계 혹은 생활세계(Lifeworld, German: Lebenswel)는 자신에게 명확하게 주어진 세계로 이해할 수 있을 것이다. 물론 그 세계는 개인들이 함께 경험할 수도 있는 것이다. 후설에게 있어서 생활세계는 인식론적 탐구에 있어서 가장 본질적인 것이다. 이 개념은 주로 철학과 사회학에서 사용된다. 이는 지금 경험되는 세계, 특정 상황에서의 현상을 강조한다. 생활세계는 후설의 전통을 따른 현상학적 분석에서 전-인식론적 징검다리라고 할 수 있다.

으로 기여하는가? 그것은 어떤 방식으로 나의 전기적 변화에 영향을 미치는가? 개인의 삶에 있어 이러한 흥미와 그에 수반되는 직업적(전문적) 활동의 관계는 어떠한가? 나는 개인적 일과 직업적(전문적인) 일의 관계를 기꺼이 그리고 치우침 없이 드러내고자 노력해야 한다. 이때 이 두 측면이 반드시 관련되거나 분리되어야 한다고 주장하는 일반적인 사고방식에 얽매이지 않아야 한다.

이 문제와 관련하여 많은 문제들이 있지만 질문 중에서 가장 중요한 것은 "나의 교육적 경험의 본질은 무엇이었으며(과거) 무엇(현재)인가?"라는 것이다.

'나는 이 질문에 대한 답을 모른다는 가정' 하에 나 자신과 현재의 나의 경험을 그 해답을 찾기 위한 자료의 근원으로 간주한다. 자료의 생성방법은 정신분석적 기법인 자유연상법[2]과 유사하다. "나는 왜 지금 나의 관심을 끄는 이 연구를 하고 있는가"라는 질문을 던진다. 그리고 나에게 일어나는 모든 일을 기록(필기 혹은 녹음)한다. 그것이 얼마나 개인적이고, 특수하며 그것들 간에 명백한 관련이 있는가에 상관없이 기록한다.

나는 이후에 소개할 이 방식(method 즉 currere)을 통해 나의 삶을 전기적으로 그리고 단순히 시간의 흐름에 따른 차원이 아니라 다각적 차원에서 이해할 수 있는 자료를 얻고자 한다. 만약 현재 나의 관점으로 자료를 얻고 그것을 괄호치기(bracketing)[3]한다면 나의 관점은 또 다른 관점(van-

2) [역주] 프로이드는 19세기 말 자유연상법을 사용했는데 처음에는 몇 가지 기준이 있었다. 이 방법은 신경과민 환자를 진단하기 위해 사용되던 최면술 대신 사용되었다. 이는 프로이드의 심적 결정론(psychic determinism)에 따른 것이었다. 이 관점에 따르면, 정신 활동은 자유선택에 의해 이루어지는 것이 아니다. 우리의 모든 정신적 과정은 자유연상 방법을 통해(모든 길은 로마로 통한다는 격언을 따라) 알 수 있는 무의식에 의한 것이다. http://www.freudfile.org/psychoanalysis/free_associations.html

3) [역주] Bracketing(동의어는 parentheses)은 '괄호치기'로 어떤 관점을 괄호로 묶듯이 잠시 제쳐두는 것을 의미한다. 개인이 어떤 다른 관점, 다른 차원의 시각을 가지려고 노력할 때

tage Point)[4]으로 이동하게 된다. 만약 내가 나의 전기(biography)적 상황에 대해 내가 지금 이해하는 대로 기술한다면 나는 벌써 이전의 관점을 벗어난 것이다. *나는 여전히 내가 타자기로 기록한 그 '자료'를 보고 있다. 나는 '과거의 나의 한 관점'을 보고 있다. 따라서 난 새로운 빈티지 포인트로 이동한 것이며 내가 존재하는 이 공간은 이전의 것과는 다른 새로운 것이 된다.* 다른 나의 전기적 상황(biographical situation)이 된다. 사르트르(Jean Paul Sartre)에 따르면 나는 나의 상황을 전체화(totalize, 全體化)했으며 새로운 전체는 좀 더 포괄적으로 전기적으로 개념화된 현재의 내가 존재하는 곳(것)이다. 나의 관점이 바뀌었기 때문에 이전의 문제(연구문제)는 다르게 보인다. *그 문제는 본래 나의 '개념적 장치'의 일부분적 산물이고 이 장치는 그것의 운용자(나 자신)가 이전의 자신과 미묘하게 다른 자아로 변했기 때문에 약간은 다르게 작용하므로 그 문제 자체는 다르게 나타나게 된다. 따라서 그 문제는 '다른' 문제가 된다.*

우리는 무심코 이와 유사한 전략을 종종 사용한다. 우리는 어떤 문제에 직면하면 어떤 행동을 취하기보다 약간 뒷걸음질(주춤)치게 된다. 그리고 후에 다시 그 문제로 돌아간다. 우리가 이렇게 하는 것은 그 문제를 다시

그 이전의 것을 완전하게 배제할 수는 없지만, 파이너는 여기서 브래키팅이 개인의 자료를 이해할 수 있는 또 다른 관점을 갖도록 도와줄 수 있다고 본다. 브래키팅은 질적연구에서 연구자의 관점(perspective 혹은 positionality)을 인식하고 그것이 연구의 전 차원에서 어떤 영향을 미치는지에 관심을 갖도록 해준다. 사진학(photography)에서는 bracketing method가 다양한 앵글이나 빛 투과의 정도를 활용하여 촬영하는 기법을 의미하는데 이 또한 단일한 시각이 아니라 좀 더 다양하고 풍부한 이해를 추구한다는 점에서 파이너의 그것과 관련 있다고 하겠다.

4) [역주] 2007년에 제작된 피트 트래비스 감독의 미국 영화 'Vintage Point'에서 나타나듯 빈티지 포인트는 다양한 관점에서 좀 더 넓은 시각으로 대상이나 현상을 바라보는 것을 의미한다. 여기서는 '자유연상법'으로 개인의 의식, 경험, 감정 등을 자료화하고 한 걸음 물러서 자신의 그것을 이해하고자 하는 순간 개인은 그 자료 속의 개인이 아닌 자신의 자료를 이해하는 또 다른 차원의 관점을 가지게 됨을 의미한다.

받아들이기 전에 약간의 시간적 여유를 두기 위해서라고 생각한다. 왜냐하면 어떤 문제의 해결을 위해 그 문제가 다르게 보이는, 그 문제를 다르게 볼 수 있는, 결과적으로 다른 문제가 되게 하는 수준의 관점으로의 변화가 필요하기 때문이다. 그 후 그 문제에 대한 해결책이 좀 더 분명해지기 때문이다. 우리는 처음 문제를 맞닥뜨렸을 때 그 문제 해결을 미루었다. 왜냐하면 처음 그 문제를 직면한 상황에서는 개념적 수준에서 그것을 해결할 수 없었기 때문이다. 아마도 문학이론이나 물리학과 같은 형식론적 연구가 무수한 표면적/의식적 방식 혹은 무의식 방식의 계발에 이용될 수 있을 것이다. 우리는 시간의 흐름에 따라 변화한다. 우리의 지적 관심도 시간의 흐름에 따라 어찌 변화하는가!

3.

회귀(regressive)는 쿠레레 방법의 첫 단계다. 이 단계에서는 과거에 일어난 것을 그대로 기억해내기 위해 먼저 과거로 돌아간다. 이를 통해 사고의 폭을 넓힌 후 기억을 확장시켜야 한다. 일단 과거로 돌아가서 현재 속에서 맴돌고 있는 과거의 모습을 재현한다. 이 단계를 좀 더 상세히 설명하면 다음과 같다.

누가 이 글을 읽는다면 그것을 듣고 있는 독자는 완전히 '현재(the present)' 에 속해 있는(존재하는) 것으로 간주될 수 있다. 하지만 우리는 이렇게 간단해 보이는 진술을 함과 동시에 복잡성 속에 놓이게 된다. 우리가 존재하는 '현재' 란 어떤 것인가? 그것은 '실제적인 구체적인 현재' 인가? 독자는 어떤 방의 의자에 앉아 파이너의 글을 읽으며 듣고 있는 그런 실제적 현재인가? 혹은 독자는 우리가 흔히 이야기하는 추상적이고 개념적인 현재에 존재하는가? 아마도 그것은 나의 글로 인해서 만들어지는 개념적 실제(conceptual reality)일 것이다. 그것은 좀 더 개인적인 실제, 개인적인 사고(생각)일 것이다. 그것은 "이것이 무엇에 관한 것인가?", "오늘 누구와 점심 식사를 하지?" 혹은 "오늘밤 더 늦기 전에 반드시 집에 전화해야 해" 등과 같은 개개인의 생각일 수 있다. 이 문제에 대해 조사한다면 아마 다수의 사람들이 실제적 현재보다 개념적 현재 속에 살고 있다는 것을 보여줄 것이다. 그 개념적 현재는 '파이너의 글' 일 수도 있으며 '내가 무슨 이야기를 하고 있는지' 혹은 '당신의 다음 주 계획' 일 수도 있을 것이다. 개인이 살고 있는 개념적 현재 그리고 주관적 현재는 그 개인 내에 존재하는 과거의 영향을 상당히 많이 받는다. 단순히 '어젯밤에 늦게 귀가했다' 와 같은 표면적으로 중요해 보이거나 표면적인 과거의 사실에만 영향을 받는 것이 아니다.

'전기적 과거(biographic past)' 는 일반적으로 거의 무시된다. 무시된다고 해서 존재하지 않는 것은 아니다. 전기적 과거는 '전기적 현재' 에 존재하며 그것에 복잡하게 영향을 미친다. 전기적 현재가 전적으로 전기적 과거에 달려 있다고 볼 수는 없지만 현재 속에서 간과된 전기적 과거만큼 전기적 현재에 영향을 미친다.

무의식은 항상 존재한다. 습관(전형적인 자극에 대한 습관적 대응)은 (그렇지 않을 수도 있지만) 매우 다양한 양상으로 나타난다. 습관은 표면적인 것이며, 사회적인 것이며 외부의 것이다. 또한 습관의 영향과 그 정도는 무의식 그리고 과거와 상당히 밀접하게 관련되어 있다. 따라서 현재는 과거의 사건, 상황, 현재의 개인 그리고 그것들 간의 중첩된 관계로부터 나온다. 습관적 대응의 복잡성은 현재의 개인(personality)을 구성한다. 퍼스낼리티의 예측 가능성은 그것의 습관성이며, 무의식이며, 과거성이다.

거의 대부분의 경우에 개인이 현재에 존재할 때 그 개인의 과거 또한 동시에 현재에 존재한다. 그러므로 현재는 분명하게 드러나지 않으며 과거는 명확하게 드러난다. 그러므로 명확한 현재는 드러나지 않는다. 또한 개인은 자신이 현재에 존재하지 않을 때에도 현재에 존재한다고 착각한다. 개인이 어디에 언제 존재하는지를 알기 위해서는 반드시 자신을 과거에 위치시켜야 한다. 자신을 위치시키는 것(locating)은 자신을 인지(identification)하는 것이며 그것은 과거에 괄호치는(bracketing) 것이다. '괄호치기' 는 일상적으로 혹은 평범하게 보이지 않는 것, 당연시했던 것을 알아내기 위한 것이다. 그러면서 개인은 그것으로부터 조금씩 벗어나는 것이다. 현재 속에서 과거가 드러나면 현재 또한 드러난다. 따라서 그것이 우리가 추구하는 '과거로부터의 해방(freedom from the past)' 이자 '현재 속에서의 해방(freedom in the present)' 이다. 이를 위해 요구되는 첫 번째 단계가 바로 '과거로 돌아가는 것' 이다.

반드시 회귀해야 한다. 어렵게 얻은 개인의 성숙함을 버리거나 유아기로 돌아가는 것이 아니다. 심리치료에서 사용되는 다소 극적이고 고통스러울 수 있는 '기질의 재결정화(character decrystallization)[5]' 를 완전히 회피하고자 하는 것 또한 아니다. 현재로부터 과거로 들어가면 어떤 면에서는 현재의 자신으로부터 멀어지는 것이 사실이다. 하지만 그러한 분리는 감지하기 힘들 만큼 미묘한 것이다. 반면 그 분리는 점진적인 재결정화 과정을 가능하게 하며, 고정적이지 않고, 무언가에 점착되어 있지 않은 영속적인 변화 속에서의 자신의 표출을 이끌어낸다.

과거로 돌아간다. 그리고 거기에서 그대로의 과거를 발견한다(*Re-back. Gradi-to go back*)[6]. 우리는 과거로 들어가고, 과거 안에 살지만 우

---

5) [역주] 재결정화(decrystallization)는 브리마 테라피(Breema therapy)의 중요한 부분이다. 브리마에 따르면 재결정화는 깊숙히 결정화되었거나 정체되어 있는 만성적인 불편함, 긴장, 그리고 정신적인 고통 등이 부드럽게 풀어지는 과정을 말한다. 결정화된 몸이 풀어짐에 따라 그 몸의 핵심적인 에너지 패턴이 재조정되고 균형을 되찾는다. 재결정화 프로그램은 일주일에 한두 번 일년 동안의 시술을 필요로 한다.

6) [역주] Regradi는 프랑스어로서 영어로는 regrow, grow again, develop again 등으로 해석될 수 있다. 과거에 대한 파이너의 관심과 그의 이론에서 과거성은 매우 중요하며 핵심적인 개념이라는 것을 염두에 두고 읽기 바란다.

리의 삶이 과거에 종속되거나 제한되지는 않는다. 우리는 완전히 과거에 존재하는 것이 아니기 때문에 그것으로 인해 반드시 위험에 노출되는 것은 아니다. 우리는 과거의 우리와 완전한 동일시를 추구하는 것이 아니기 때문에 그것을 탐구(숙고)할 수 있다.

그것이 내가 주장하는 이 방법의 핵심이다. 그것은 과거가 어떻게 작용하고 어떤 영향을 미치는지를 탐구하는 것이다. 이 연구방법의 관심은 교육적 경험에 있으므로 개인의 교육적 삶, 학교에서의 경험, 교사와의 경험, 어떤 과목에서의 경험 등 어떤 종류의 교육적 경험에 특별한 관심을 기울여야 한다. 그것을 관찰하고 기록한다. 그리고 그 관찰하고 기록한 것에 대한 현재의 우리의 반응을 포함한다.

이 단계에서는 학교생활을 시작했던 시기로 돌아간다. 특별히 정해진 것이 없으니 초등학교 시절 등 어느 시점이든 가능한 때를 회상한다. 특정 교육 상황(예를 들어 교실)에서 선생님을 떠올리고 자신, 친구들, 그리고 우리가 무엇을 했는지를 떠올린다. 무엇을 했는지보다 '그것을 어떻게 했는지' 가 더욱 중요한 문제다. 회귀의 시작 단계에서 '당신은 공교육의 구조적 측면에 관심이 있었는가?' '자유연상을 하는 동안 어느 정도 현재의 당신으로부터 멀어질 수 있었는가?' '어떤 수업 혹은 어떤 교사가 떠올랐는가?' 등의 질문을 던질 수 있다.

이 단계에서는 떠올린 것을 평가하거나 해석하려 해서는 안 된다. 왜냐하면 그러한 시도는 '회귀' 를 방해하기 때문이다.

유치원 초등학교에서부터 중학교, 고등학교의 기억에 이르기까지 '자신' 에 대한 관찰자의 관점을 유지하려고 노력해야 한다. 자신, 자신이 있었던 교실, 그 교실의 선생님, 수업 과목, 선생님의 질문에 대한 대답, 특정 상황에 대한 부모님의 반응 혹은 대처 등을 관찰하고 기록한다. 내가 좋아한 과목과 선생님 아니면 싫어했던 과목과 선생님, 그리고 그 이유.

운동부 혹은 다른 교과 이외의 활동이 있었는지, 있었다면 그것이 나의 학습(교육적 경험)에 어떻게 영향을 미쳤는지, 학습에 악영향을 미친 성적 관심, 사회적 지위에 대한 사회의 인식, 어떤 대학에 진학할 것인지에 대한 고민 등.

이러한 모든 문제들 속에서 개인이 어떻게 성장하고 변화하며 살아왔는지, 어떤 친구들을 떠나고 어떤 새로운 친구들을 만나고, 올해는 이 과목에 관심을 가졌다가 다음 해에는 다른 과목에 관심을 가졌는지. 대학교에 다니는 동안에는 어떤 강좌들과 어떤 교수님들, 어떤 친구들을 만났는지 그것들 간에 어떤 연속성이 있는지 없는지.

가을, 겨울, 봄, 여름에 했던 아르바이트들. 교외의 건설 현장에서 일하며 점심시간 동안 『버트런드 러셀(Bertrand Russell)』을 읽었던 것. 그 당시에 무슨 생각을 하고 있었는가? 어떤 기분에 휩싸여 나의 관점 혹은 사고가 흐려졌는가?

가을에 학교로 다시 돌아와서 이 강좌 저 강좌를 듣고 도서관에서 공부하며 기숙사에서 머물렀던. 이 여자친구, 다른 친구, 전쟁, 분노, 증오, 깨어 있다고 생각하는 것이 아니라 실제로 깨어 있기, 그리고/하지만 깨어 있거나 알고 있는 것이 아니라 항상 생각하고 있는 것. 거의 대부분 육체적인 나는 존재하지 않는다. 항상 생각한다.

결국 선택한 것은 대학원 진학. 졸업과 교사로서의 직업. 직업적 회의. 지금의 나.

개인의 삶, 교육적 삶, 학교에서의 삶. 과거는 여전히 존재한다. 우리는 돌아간다. 우리는 회귀한다. 과거는 그곳에, 여기에, 현재에 있다. 그것을 기록하여 개념화하는 것이다.

기록을 회귀하고 기록을 통해 과거를 현재로 가져온다. 기록된 말들이 모여 사진과 같이 하나의 장면을 이룬다. 우리는 그 사진을 앞에 두고 깊이 탐구한다. 그것을 깊이 들여다보고 그것이 과거와 현재의 관계에서 암시하는 것이 무엇인지 탐구하고 그것에 반응/응답한다.

이로써 우리는 이 연구방법의 처음 단계인 과거로 돌아가고 현재로 되돌아오는 회귀를 마친다.

4.

진보(progressive). 진보는 '이전의(before)' 를 의미하는 *pro*와 '나아가는 것(to step, go)' 을 의미하는 *gradi*가 합쳐진 말이다. 이 단계에서는 다른 방향을 바라본다. 우리는 사르트르(Sartre)가 이야기한 '아직 일어나지 않은, 아직 현재가 아닌' 것을 본다. 과거가 현재에 있는 것과 마찬가지로 미래 또한 현재에 있다. 미래는 아주 복잡한 양상으로 현재에 영향을 미친다. 미래는 현재를 구성한다.

몇 장의 종이와 펜을 가지고 조용하고 은은한 조명이 있는 방에서 푹신한 의자에 혼자 앉아 있어 보라. 눈을 감고 호흡에 집중하라. 심호흡을 천천히 몇 번 하라. 이 순간 중요한 것은 완화다. 긴장이 풀리고 완화되면 미래를 상상해보라. 내일, 다음 주, 몇 달 후, 다음 학기, 혹은 몇 년 후가 될 수도 있다. 우리의 관심은 교육적 경험이기 때문에 자연스럽게 학문적 혹은 지적 관심을 상기하고 마음이 자유 연상을 하도록 내버려두라. 그 다음 떠오르는 것을 기록하라. 당신의 학문적/지적 관심이 어디를 향하는지 보라. 변화하는 관심과 당신의 개인적 삶, 그 둘의 관계, 그리고 역사적 상황의 변화에 관심을 가져라. 아마도 당신은 당신의 지적 관심과 역사적 상황의 상호 의존적인 어떤 측면을 알아차릴 수 있을 것이다. 만약 당신이 교사라면 당신의 교수, 학생들, 동료교사와의 관계에 초점을 두라. 특히 지적 측면뿐만 아니라 감정적 측면도 염두에 두어야 한다. 그것이 어디에서 일어나고 있는지 보라. 당신은 일 년 후 혹은 몇 년 후를 상상할 수도 있을 것이다. 상상하고 그것을 기록하라. 이때 회귀와 마찬가지로 진보의 단계에서도 자유 연상을 하는 것이 가장 중요하다. 그것은 합리성, 논리성, 비판적 사고를 하지 않기 위함이다. 예를 들어, 미래에 대한 어떤 상상이 논리적이지 않거나 합리적이지 않다고 판단하지 않는 것은 매우 중요하다. 이 단계에서 아직 나타나지 않은 어떤 감추어진 비전이나 통찰력이 드러날 수 있다.

이 단계는 편안함을 느끼면서 해야 한다. 만약 내부에서 어떤 저항이 일어난다면 어떤 것이며 어떻게 어느 정도 일어나는지 기록하라. 억지로 이 단계를 지속하는 것은 별 의미가 없다. 편안함을 느끼는 것이 중요하다.

이 회귀의 단계를 며칠, 몇 주 혹은 몇 달에 걸쳐 여러 차례 시도할 필요가 있다. 연속된 장기간의 경험은 일시적인 집착과 같은 왜곡의 가능성을 줄이는 반면 좀 더 영속적인 열망이 새겨진 어떤 장면을 얻을 가능성을 높여준다.

이로써 진보의 단계가 끝난다.

5.

분석(analytical). 일단 사진을 찍었다면(회귀와 진보로부터 얻은 교육적 장면) 그것들을 잠시 제쳐두라. 무엇이 남아 있는가? 과거와 미래의 장면들에서 벗어나되 그것에 대한 당신의 반응을 가지고 당신의 전기적 현재를 기록하라.[7)]

---

7) [역주] 이 설명이 다소 혼란스러울 수 있다. 어떻게 과거와 미래의 장면들에 연연하지 않으면서 그것들에 대한 반응(response)만을 현재로 가져올 수 있는가? 번역자이나 파이너의 제자로서 나는 이 순간을 '의식적인 노력'으로 해야 한다기보다 '무의식적으로 일어나는 과정'으로 이해한다. Regressive에서 설명한 과거, 현재의 공존성 혹은 비분리성을 생각해 보자. 이 순간 regressive와 progressive는 벌써 과거의 일이다. 우리가 과거의 일에 집착하지 않더라도 그것은 복잡하고 다양한 방법으로 우리의 의식과 현재성에 영향을 미치므로 나는 분석의 단계에서 '당신의 전기적 현재'를 기록하라고 제안한다. 우리가 인지적 이해의 틀에 갇혀 있으므로(특히 한국인들은 더욱 그러하다) 인지적 이해를 잠시 접어두고 대신 인지적 모호함을 자연스럽게 받아들이는 태도가 이 단계에서는 더 유용할 수 있다.

많은 이들에게 현재는 복잡한 여러 차원으로 규격화되고 제도화되어 있다. 역사적 흐름 속에서 우리의 사무실과 동료들, 학생들이 있는 건물 속에서 당신의 현재는 어떤 것인가? 학문적, 지적 관심은 무엇인가? 감정적 상태는 어떠한가?

어떤 생각, 어떤 학문 분야, 어떤 연구 분야에 관심을 가지고 있는가? 당신을 억압하거나 제한하는 것은 무엇인가? 이런 것들을 열거하라. 이 또한 해석하지 말고 기술하기만 하라. 당신이 카메라인 것처럼 현재의 순간을 촬영하듯 기술하라. 이때 사진을 촬영하고 있는 당신과 이 과정에서 당신의 반응 또한 포함시켜라.

개념화를 통한 묘사는 유기적인 전체를 부분으로 나누는 것이다. 분석의 *analytic*은 전체를 통해(*Ana*-up) 완화(loosening(*Lysis*-a))를 의미한다. 이러한 개념화는 경험으로부터 분리된다. '무엇인지', '무엇이었는지', '무엇이 될 수 있는지' 이 모든 것을 괄호치고, 우리는 그것으로부터 다소 완화된다(loosening). 어쩌면 그것으로부터 자유로워져, 나아가 현재와 미래를 좀 더 자유롭게 선택할 수 있게 된다.

이 세 장면의 사진을 탐구하라. 그것들이 무엇이며 그것들이 각각 나타내는 것이 무엇인가? 그것들이 내포하고 있는 근본적인 전기적 개념/주제/이슈들은 무엇인가? 왜 그것들은 그러한가?

해석은 그 삶이 무엇인지를 좀 더 직접적으로 설명해야 한다. 해석은 현재의 삶의 현재성을 추상적인 것으로 종속시켜서는 안 된다. 개인의 분석은 머릿속에서 상상된 몸이 아니라 몸의 일부분으로서의 머리처럼 현재를 구성하는 구성요소들 중의 하나다. 전기적인 현재는 개념적인 시스템의 한 부분이 아니라 그 시스템이 현재의 한 부분인 것이다.

과거, 현재, 미래의 세 사진을 나열하라. 그것들의 복잡하며 다차원적 상호 관계는 무엇이며 어떠한가? 과거 속의 미래, 미래 속의 과거, 과거와 미래 속의 현재는 어떤 모습인가?

6.

종합(synthetical). Syn은 '함께(together)' 를 의미하고 tithenai는 '위치시키기(to place)' 를 의미한다.

그것들을 잠시 제쳐두라.

그리고 마치 거울을 보듯이 스스로를 자세히 바라보라. 호흡에 집중하고 존재성의 전기적 실체에 초점을 두라.

누구인가?

당신 자신의 말로, 현재란 무엇을 의미하는가?

나의 학문적, 직업적 일이 어떻게 나의 현재에 기여하는가? 그것들은 나의 현재성을 더 잘 보여주는가 아니면 더 모호하게 만드는가?

나의 지적 관심은 나의 삶에서 자유롭게 변화하는가 혹은 변화를 촉진하는가?

그것들은 내가 선택한 학문 분야와 변화하는 삶과 그것과의 상징적 관계의 개념적 복잡성과 세련화(깊이 있는 지식과 이해)를 나타내는가? 그것들은 새로운 혹은 다른 차원의 존재적 단계로 나아가는가?

결과적으로 보여지는 어떤 통일적 개념적 구조는 무엇인가? 다시 말해 당신의 관점은 무엇인가? 나는 개념적인 것들을 괄호치기하고 그것으로부터 벗어나고, 그것들을 다시 가져와 탐구한 후 그것과 나의 심리학적, 육체적, 전기적 상황의 관계를 이해할 수 있는가? 그것과 내 삶의 양상의 관계를 보라. 이것은 개인의 공적, 사적 삶, 외부로 표출되는 관찰 가능한 행동과 개인의 의식의 흐름(stream-of-consciousness)의 내용을 포함한다.

개인(self)은 육체 형태로 그 자신에게 존재한다. 육체 내에 존재하는 지성은 그 개인의 한 부분이다. 그 개인은 지성이 지닌 개념적 존재가 아니다. 지성은 그 자신의 한 부분이며, '개인과 그/그녀가 속한 세계' 와 '그것들 자신' 을 연결해주는 매개이다.

마음은 그 곳에 있으며, 나는 현재의 상황을 개념화한다.
나는 함께 놓여 있다.
이것이 종합이다.

04 소송

(The Trial, 1976)

"누군가 조셉 K를 모함했음이 분명하다. 그는 어떤 나쁜 짓을 하지 않았음에도 어느 날 아침 체포되었으니 말이다"(Kafka, 1968, p. 1). 프란츠 카프카의 『소송(The Trial)』은 이렇게 시작한다.

K는 어떤 잘못도 하지 않았다. 적어도 그와 독자들은 그것을 알고 있다. 하지만 그는 체포되었고, 재판을 받았으며, 형장의 이슬로 사라졌다. K는 왜 체포되었는지를 물었으나 교도관들은 대답을 거부했다. 더구나 그들은 K에게 "나는 당신이 어디에 있는지도 알려줄 수 없소. 당신은 구금된 것이 확실하고 나는 그 이상은 알지 못하오"(p. 12). 그리고 그 교도관은 K에게 K가 은행(K는 은행원이다)에 일하러 갈 것인지 물었다. K는 자신이 체포되어 있는데 어떻게 출근할 수 있는지 묻는 것인지 의아해한다. 그 교도관은 다시 "당신은 내 말을 잘못 이해하고 있소. 당신은 확실히 구금되어 있지만 그렇다고 그것이 당신이 출근할 수 없다는 말은 아니오. 더구나 당신의 일상적인 생활에 제약을 받을 필요도 없소"(p. 14).

K는 화가 나서 반문한다. 그는 그 구금을 "웃기는 소리"(p. 5)라고 한다. K가 살고 있는 아파트를 관리하는 그루바크 부인(Frau Grubach)은 애

잔한 미소를 띠며 K에게 이야기한다.

> 무엇보다 당신은 이 일을 너무 심각하게 받아들이지 말아야 해요. 살다 보면 많은 일이 일어나죠. 확실히 당신은 체포되었어요. 하지만 강도로 체포된 것은 아니죠. 만약 도둑으로 체포되었다면 그건 정말 좋지 않은 일이죠. 하지만 당신의 경우는 그게 아니에요. 저는 이 기회를 통해 뭔가를 배울 수 있을 것 같은 느낌이 들어요. 제가 하는 이야기가 터무니없다면 용서하세요. 하지만 저는 이 기회를 통해 제가 이해할 수 없었던 하지만 이해해야만 했던 어떤 것을 알 수 있을 것 같다는 느낌이 들어요.(p. 19)

그것은 K가 받아들일 수 있는 가장 직접적인 충고였으나 K는 그렇게 받아들이지 않는다. 그는 정확하게 그루바크 부인이 이야기한 것과 정반대로 할 것이다. 그는 그것을 마음 속 깊이 진지하게 받아들인다. 사실 그 사건은 그에게 강박이 되었다. 그는 필사적으로 자신이 왜 체포되었는지 알고자 한다.

이 소송은 그의 삶이다. 그리고 법, 재판과 같이 소송과 관련된 K의 의문들은 인간 존재의 구조와 관련된 질문들이다. 따라서 K는 일반적으로 그 단어가 지칭하는 철학자가 아님에도 불구하고 그는 말하자면 형이상학자인 셈이다. K는 단지 일반적인 현대의 개인일 뿐이다(Rahv, 1969, p. 49). K가 그렇듯 그러한 형이상학자는 인간 존재 그 자체다. 특별한 훈련을 받지 않은, 말하자면 어떤 종류의 시험, 소송에 놓여있다. 그것이 삶이다. 그는 그가 일어나고 있는 사건들의 의미를 반드시 이해해야 한다고 느낀다. 하지만 많은 사람들은 의식적으로 그러한 질문들을 절대로 하지 않는다. K 또한 체포되기 전에는 그러한 사람들 중 하나였다.

카프카는 인간 K에 대해서는 거의 이야기하지 않는다. 하지만 그가 소설을 통해 하는 이야기는 많은 이들이 상상하는 것과 거의 일치한다. "그는 항상 모든 것을 대수롭지 않게 여기는 경향이 있었으며, 최악의 상황이 되어서야 최악의 상황이 발생할 수 있다는 것을 인정하며, 상황이 매우 좋지 않을 때에도 그 다음을 준비하지 않는다"(p. 4). "그 해 봄 K의 일상은 이러했다. 보통 아홉 시까지 일을 하고 일이 끝나면 혼자서 혹은 동료 몇 명과 잠깐 산책을 한 후 근처 맥주집에 들렀다. 그는 주로 한 노 신사가 이용하는 테이블에 합석하여 열한 시까지 앉아 있다가 집으로 돌아가곤 했다. 이러한 일상에 예외가 있었다면 근면과 신뢰를 중시하는 은행의 매니저가 드라이브를 제안하거나 그의 빌라에서 저녁식사를 권유할 때였다. 그리고 일주일에 한 번 K는 한 카바레에서 밤부터 새벽까지 웨이트리스로 일하고 낮에는 자신의 침대에서 손님을 받는 엘사(Elsa)라는 여자를 찾아갔다"(p. 17). 카프카가 말하고자 하는 중요한 것은 "K는 자신의 경험으로부터 배우지 않는다"(p. 4)는 사실이다.

K에게 있어서 두드러진 것은 삶의 독특한 측면들이 아니라 삶의 질이다. 그의 삶의 측면들은 어떤 자동적인 측면이 있다. 그것들은 습관이다. K는 반성적인 사람이 아니다. 그는 은행에서의 자신의 관계의 본질에 대해 심각하게 고민하지 않는다. 동료들과의 관계, 왜 자기 회사의 연장자들에게 끌리는지, 혹은 왜 자신이 엘사를 만나는지에 대해서도 깊이 생각하지 않는다. 그것들은 단지 일어나는 현상일 뿐이다. 거기에는 어떤 이유도 없다. 그것들이 그냥 일어날 뿐이다. K는 사회화되고 조건화된 존재(being)다.

물론, 이 '반성하지 않는 삶(unexamined life)'의 어느 부분들은 많은 사람들의 삶 특히 남자들의 삶을 대변한다. 우리는 주위에서 일 벌레로 살아가는 사람들을 흔하게 볼 수 있다. 근무 외 시간도 회사 동료와 함께 보내며 휴식시간을 근무시간의 연장으로 만든다. 휴식시간과 근무시간은 분리되어 있지 않으며 사람들은 휴식시간에도 다소 비격식적이긴 하지만 직업과 관련된 생각을 한다. 물론 섹스가 화제로 떠오를 수도 있지만 그것 또한 직업적 일상의 부속물이 되곤 한다. K는 일에 파묻혀 사는 사람이다. 따라서 그는 직장을 이루는 어떤 사회적 실체로 인식된다. 부분적으로 이것은 평범하고 단조로운 그의 성격과 편협한 사고를 보여준다. K는 그루바크 여사와 자신의 구금에 대해 이야기할 때 그 사건을 은행에서 일어나는 일처럼 상황을 바꿔 이야기한다. "나는 항상 은행에서의 일을 생각해요. 은행에서 나는 항상 준비되어 있기 때문에 만약 이런 일이 은행에서 일어났다면 별 문제 없이 해결할 수 있어요" (p. 20). "만약 내가 민감하게 행동했더라면 이런 일들이 일어나지 않았겠죠. 이 모든 일이 미연에 방지될 수 있었을 텐데. 정말 저는 은행에서는 항상 준비되어 있거든요" (p. 20). 은행에서 일어나는 사건들 그리고 그곳에서 사람들 간의 상호작용은 예측 가능하다. 은행에서 그런 종류의 체포는 한 마디의 경고도 없이 일어날 수 없었을 것이다. 그의 체포는 그렇게 예기치 않고 그것이 일어날 만한 이전의 어떤 경고도 없이 일어났다. 그는 법과 관련된 자신의 제한된 정보와 능력, 체포와 관련한 충분치 않은 설명 때문에 더욱 격분한다. 은행에서 필요한 판단을 위한 법은 알고 있다. 그리고 그곳에서 일어나는 사건들은 설명할 수 있다. 하지만 체포는 은행이 아니라 그의 집에서 일어났다.

은행에서 K는 승진을 목전에 둔 촉망받는 직원이다. 하지만 집에서는, 그가 살고 있는 곳에서는 전혀 그렇지 않다. 그는 오로지 혼자다. 우리가 보듯이 그의 사적인 삶은 그의 직업적 삶의 한 파편에 불과하다. 그에게 사랑이라는 감정은 없으며 성적 욕구를 충족시키기 위해 창녀를 찾아간다. 우리는 아마도 '그의 감정적 욕망은 억압되었다' 고 이야기할 수 있을 것이다. 사실 그는 그러한 억압의 일반적인 증상들을 보인다. 퇴근 후에조차도 일과 관련한 스케줄에 얽매여 있으며 그러한 일상이 다른 일들로 인해 방해받으면 안절부절못한다. 그러한 방해가 그의 '심리적 캡슐화(psychological encapsulation)[1]' 의 연장인 사회적 허식/겉치레를 위태롭게 한다.

1) [역주] 정신분석학 혹은 컴퓨터 과학에서도 많이 사용하는 용어로서, 개인이 어떤 시스템에

K가 체포당하는 것처럼 만약 그 허식의 캡슐에 흠이 생긴다면 억압된 감정은 폭발한다.

교도관들이 처음 K를 체포하러 왔을 때 그의 감정은 파열하는 것을 보였다. K는 "내가 집에 있지 말아야 했거나 당신들이 누군지를 나에게 이야기할 때까지 나를 체포하도록 내버려두지 말았어야 했다"(p. 2)고 주장한다. 이후에 교도관들이 K를 체포하는 것이 자신들에게 주어진 임무이기 때문에 그렇게 하는 거라고 이야기하자 K는 터무니없는 임무라고 되받아친다(p. 15). 첫 심문에서 K는 늦었다고 추궁을 받는다. "늦었거나 말거나 나는 지금 여기 있잖소"(p. 39). K는 자신을 추궁하는 행정판사에게 "내 말을 좀 들어보시오. 열흘쯤 전에 난 정말 터무니없이 체포되었소. 지금 뭐 그게 별 중요하진 않지만"(p. 43). 그의 무례함은 점점 거만하고 자기 기만적이 되어 간다. "나는 이 일과 아무 관련이 없단 말이오. 나는 정확하게 어렵지 않게 판단할 수 있어요. 만약 당신이 이 부당하고 터무니없는 재판을 진지하게 생각한다면 내 말을 진지하게 들어줄 거라 생각합니다"(p. 45) 그 재판의 결과는 그리 놀랍지 않다. "그 행정판사는 '오늘 당신은 당신 스스로 모든 심문에서 당신이 피고로서 가진 권리를 모두 내팽개쳐 버렸다는 것을 지적하고 싶습니다.' K는 여전히 문 쪽을 바라보며 크게 웃었다. '당신들은 모두 악당이요. 다음 재판에서 두고봅시다' 라고 소리치고는 황급히 문을 열고 계단을 내려갔다"(p. 48)

독자들이 알고 있듯이 K가 그렇게 흥분하는 것은 당연하다. 여기서 나의 관심은 그 분노가 정당한가에 있지 않고 그것이 어떤 것인가에 있다. 그것은 의식이 있는 분노가 아니다. 그 분노가 향하는 대상은 명확하지 않다. K의 분노는 교도관의 일, K가 늦은 것에 대한 그 행정판사의 추궁 등 움직

익숙해지면 그것만을 사용하기를 선호하며, 다른 시스템을 사용하다 문제가 생기면 그 시스템의 에러로 돌리는 것을 말한다. 이때 개인은 익숙한 시스템을 사용하되 그 시스템의 내부 구조가 어떤지 그것의 구체적인 작용 원리가 무엇인지에는 관심을 두지 않는다.

이는 어떤 것을 향하고 있다. 그는 무슨 말을 듣든 간에 그것을 향해 분개하여 대응했다. 우리는 K가 자신의 분노를 나타낼 것인지 그렇지 않을 것인지, 나타낸다면 그 대상은 무엇이 될 것이며 어떻게 나타낼 것인지 등에 대한 어떠한 선택적 고민도 찾아볼 수 없다. K 자체가 그의 분노인 것이다.

교도관, 행정판사, 그리고 성당 장면에서 등장한 목사에 대한 K의 대응은 그것을 자극한 것에 비추어봤을 때 매우 과장되었다. 교도관들은 다소 사무적이다. 그들은 행동이나 말투가 차분하고 일관될 뿐만 아니라 그들이 전하는 메시지는 다른 사람을 당혹스럽게 함에도 불구하고, 동요시키거나 혼란스럽지 않다. 그렇다! K는 아마도 평상시처럼 출근할지도 모른다. 사실 그는 살아오던 대로 삶을 이어갈 수도 있을 것이다. K는 판사를 악당이라고 부르고 교도관들이 자신들을 적절하게 소개할 때까지 그들과 이야기하기를 거부할 정도로 거의 통제되지 않은 분노로 반응했다. 그가 다른 이들에게 하는 대답들은 대개 다른 이들이 K에게 하는 것과 어울리지 않는다. 사실 K가 하는 이야기들은 다른 사람들에게 거의 받아들여지지 않는다. K는 이전에 이 사건에 대해 언급한 그루바크 여사의 의견을 들은 적도 없는 것처럼 여겼다(p. 19). K는 캡슐화되어 있으며 다른 사람들과 분리되어 있다. 그가 직면한 상황의 미묘함과 복잡성을 제쳐두고서라도 그는 무례하며, 신경질적이며, 퉁명스러운 대답으로 일관한다. 그는 아무런 선택의 여지가 없는 것처럼 보인다.

조셉 K는 심리적, 사회적으로 고립되어 있다. 그는 자신의 주관성과 분리되어 있으며, 그 결과 외부의 특정 구조 말하자면 사회적 역할에 고착되어 있다. 그는 질서와 예측 가능성이 두드러진 특징으로 나타나는 실제적 사회에 상당히 점착되어 있다. 이는 K의 주체성을 억압하고 이와 같은 상황을 영속시킨다. K는 심리적 소외감을 줄이기 위해 오랜 시간 일을 하고 퇴근한 후에도 은행의 동료들과 시간을 보내는 등 사회적 관계를 중요시한다. 소설 속에서 이야기되지는 않지만, K가 찾던 맥주 집에서 노신사가 있는 테이블에 합석한 것은 원숙함이 가져다주는 차분한 안정성 때문이었으리라는 것을 이해할 수 있다.

어떤 독자는 K가 체포되었다는 것을 이해할 수 있을 것이다. 그는 지적으로, 심리적으로, 사회적으로 체포되어 있다. 이는 일상적인 삶을 이어가거나 직장으로 출근하는 것을 금지한다는 것이 아니다. K와 같은 사람은 그와 비슷하게 구금된 사람들과 함께 일하며 살아간다. 이와 같은 공모 속에서 이러한 상태는 영속된다.

하지만 여기서 우리는 K에게서 비정형적 면을 발견할 수 있다. 그는 체포된 채로 살지 않을 것이다. 달리 말하면, 그는 의식을 찾았다. 사실 그의 동기가 썩 강했던 것은 아니다. '동기' 를 개인이 어떤 행동을 할 수 있는 자각이나 인식을 제공하는 것이라 본다면, K에게 동기가 있었다고 말하기는 어렵다. K는 선택이나 인식이 없는 상태에서 어쩔 수 없이(강제적으로) 자신의 체포를 이해하려고 노력하게 된다. 이 순간 K는 다른 사람들과 같이 '비반성적(unreflective)' 인 존재로서의 삶에서 벗어나 형이상학자가 된다. 이와 같이 K는 자신의 '사건' 을 이해하려고 노력한다는 점에서 칭찬할 만하다. 독자들은 그를 응원하고 다그쳐 그가 성공하기를 바란다.

그 일에 K는 적합하지 않다. 그는 심리적, 지적으로 사로잡혀 있다. 그의 지적인 구금은 특별한 것이 아니다. 그의 합리성은 단지 '잃어버린 자동차 키를 찾는 것' 혹은 '어떤 세금 공제 항목을 적용하는 것이 가장 이로운가' 와 같은 단순한 문제를 해결하는 것과 같이 기술적인 것이다. K의 합리성은 기술적인 그리고 절차적인 합리성이다. '왜' , '누가' , '무엇이' 와 관련된 질문들을 떠올려보자. "이 사람은 누구인가? 그들은 무슨 이야기를 하고 있었는가? 그들이 가지고 있는 권위는 어떤 것인가? K는 보편적인 평화, 모든 법이 통제하에 있는 그런 법적인 구조 속에서 살았다. 누가 감히 그의 주택에서 그를 체포하는가?" (p. 4) 이러한 의문들은 그의 '지성' 의 특징들을 나타낸다. 그는 소송이 진행되는 내내 이러한 질문들을 던진다.

소설의 도입부에서 K는 "그에게 좀 더 중요한 것은 상황을 명백하게 이해하는 것이다. 하지만 그는 사람들과 함께 있으면 생각할 수조차 없다"(p. 4). 표면적 사실을 이해하려 하는 K의 강박과 나약함을 보자. 그는 교도관이 있으면 생각할 수조차 없다. 소설의 중반이 되어도 K는 자신이 처한 상황을 잘 이해하지 못한다. 다만 그의 입장만 더 나빠졌을 뿐이다. 그는 계속해서 질문을 던진다. "그리고 여전히 많은 의문들이 있었다. 질문을 하는 것 그것이 주를 이루었다. K는 그 스스로 필요한 모든 질문들을 제기할 수 있을 것 같았다"(p. 114) 그는 절대로 자신의 방법을 비판적으로 돌아보지 않는다. 사형집행자에게 끌려가는 동안에도 그는 "내가 할 수 있는 유일한 것은 끝까지 나의 지성을 차분하고 분석적으로 유지하는 것이다라는 생각을 가지고 있다"(p. 225). 우리가 소설 첫부분에서 읽은 바와 같이 K에게 있어 경험으로부터 배우는 것은 익숙하지 않은 일이었다(p. 4).

사실 K의 캐릭터는 거의 변함없고 단지 '악화' 되기만 할 뿐이다. "창밖에는 눈이 내리고 창문에는 성애가 낀 어느 겨울 아침, 사무실에 앉아 있는 K는 이른 아침인데도 불구하고 지친 기색이 역력하다. 그는 자신이 처한 상황에 골몰해 있으며 그 생각을 떨쳐버릴 수가 없다(p. 113). 주위 사람들이 그에게 나빠 보인다고 이야기한다(p. 135). 사건에 대한 K의 강박은 세상과 분리된 은행에서의 삶에까지 침투했다. 다음 구절에 그의 상황이 얼마나 악화되었는지 잘 나타나 있다.

> 그가 벌써 그 정도로 판단할 기력을 잃어버렸단 말인가? 만약 그가 그 부서 매니저에게 자신의 사례와 관련해 조언을 구하기 위해 의문되는 점들을 은행으로 가져올 생각을 하는 것이 가능하다면 그가 또 다른 위험성을 간과하거나 혹은 장님처럼 그것으로 달려들 가능성 또한 있지 않은가? 그의 편에서 경고를 해줄 사람이 항상 있는 것은 아니다. 이번이 그런 경우다. 그가 자신의 소송에 자신의 모든 역량을 집중하려 한다면 이 순간이 그의 편

에서 경고를 해주는 사람이 있는지 의심해 보았어야 할 순간이었다. 그가 직장에서 사무를 처리하는 데 겪는 어려움이 소송에도 영향을 주는가? 여하튼 그는 왜 자신이 티토렐리(Titorelli)[2)]에게 은행에 와 달라고 편지 쓸 생각을 하게 되었는지조차도 이해할 수 없었다.(p. 138)

소설의 이 단계에서 K의 소송은 직업보다 더 중요해진다. 그는 소송이 은행 일로부터 부정적인 영향을 받을까 염려한다. 하지만 그는 여전히 은행 일에 몰두해 있다. 또한 그는 티토렐리가 은행의 동료들에게 어떻게 비칠지를 염려한다. 이것은 그의 판단의 부재를 인정하는 동시에 자신의 나약함을 드러내는 또 다른 위험에 대한 염려다. 소설의 시작 단계에서 아주 냉정하고 분개한 젊은 은행원이었던 K는 재판의 중반부에서 금세 소신이 없고 겁에 질렸으며 당황하고 지친 모습으로 바뀐다.

그의 정신적, 육체적 상태가 쇠약해지는 동안 기술적이고 인지적으로 편협한 그의 지적인 도구들은 그대로 남아 있었다. 이 상태에서는 변화, 자기 인식, 혹은 비판적 생각의 기미가 보이지 않는다. 그는 여전히 자신의 지성을 믿고 있다(p. 225). 그는 그렇게 하지 말라는 조언을 들었음에도 불구하고 지속적으로 도움을 청한다(p. 211). 목사는 “당신은 외부로부터 너무 많은 도움을 구하려고 해요”라고 그의 의견에 찬성하지 않음을 강하게 내비친다. 이 지적인 경직성과 타인에게 보여지는 그의 헛됨(헛된 시도)은 소설의 마지막 구절에까지 나타난다.

그는 채석장과 인접해 있는 집의 지붕을 바라보았다. 깜빡이는 불빛과 함께 그 집 지붕의 여닫이 창문이 바람에 갑자기 열렸다. 너무 희미하여 멀리서 보기에는 실제인지 알 수 없을 사람의 형상이 갑자기 몸을 앞으로 기울

---

2) [역주] 티토렐리는 화가다. K는 어떤 공장주를 통해 티토렐리가 재판소의 사정에 밝다는 이야기를 듣고 조언을 듣기 위해 그를 만난다.

> 이며 두 팔을 멀리 뻗었다. 누구일까? 친구일까? 좋은 사람일까? 동정적인 사람일까? 도와줄 사람일까? 한 사람일까 아니면 여러 사람일까? 그 사람에게서 필요한 도움을 받을 수 있을까? 간과되거나 무시된 그의 주장이 있었는가? 물론 그럴 것이다. 논리는 의심 없이 흔들리지 않는다. 하지만 그것은 실제로 살고 있는 사람을 지탱하지는 못한다. 그가 이전에 만나보지 못한 그 판사는 어디 있었는가? 그가 끝내 가지 못한 고등법원은 어디 있었는가? 그는 모든 손가락을 펼친 채 양손을 밖으로 뻗었다.(p. 228)

물론 그의 소송에서 간과된 주장들이 있다. 죽는 그 순간에도 그는 그 생각을 하고 있다. 그는 여전히 자신의 외부로부터, 자신조차도 확실히 알 수 없는 어떤 사람, 현실적으로 그에게는 전혀 도움이 될 수 없는 사람의 도움을 기대한다. 하지만 감정적 측면에서 그의 사고는 약간 변했다. 그것은 스타카토(staccato)나 초조함이 아니다. 여전히 심리적 저항을 보여주는 의문점을 가지고 있음에도 불구하고 아주 미묘한 정도의 수용을 보여준다.

조셉 K는 인지적, 심리적으로 체포되었다. 그는 '전기적으로' 체포되었다. 그의 삶은 단지 은행이라는 사회 구조에 얽매여 어떤 역동성도 없다. 그루바크 부인과 교도관들을 대하는 그의 형식적인 태도에는 그가 은행원으로서의 자신의 삶을 사적인 삶으로 가져온 것이 명백히 나타난다. 그는 정체성이 없다. 그는 은행가다. 그는 경직된 성격이며 퉁명스러운 태도이며 분노 그 자체다. 그의 모든 관계들은 그가 잊고 지내던 모든 것들의 위축된 파편들이다. 그 관계들은 도구적이다. K는 그것들로부터 도움을 구하려 하면서 종종 그들의 조언에 귀를 기울이지 않는다. 유일하게 그 맥주집의 노 신사만이 '친구' 관계를 암시하지만 노 신사는 여전히 익명으로 남아있다. 엘사는 매춘부다. K는 그녀와의 관계를 발전시킬 시간도 없고 그럴 의향도 없다. K는 사회역사적 정체성만을 보여주는 직업 그 자체다.

따라서 그는 체포되어 있다. 그는 자신이 속한 사회와 그것과의 관계에 대해 의문을 품지 않으며 자기 반성적으로 생각할 수도 없다. 그는 그가 이해할 수 없다 할지라도 한 번도 그의 체포를 정당화할 수도 있다는 생각은 하지 않는다. *그는 다른 사람들에게만 질문을 할 뿐 단 한 번도 자신에게 질문하지 않는다.* 그는 법과 그 재판소 모두가 잘못되었으며 비합법적이라고 분개하여 불만을 토로한다. 이와 함께 점점 더 심해지는 집착 또한 그에게는 '공모' 로서 작용한다. 다시 말해 스스로 상황을 더 악화시킨다. 그것은 또한 사법체계의 정당성에 대한 그의 집착으로 나타난다. 그는 이것을 일찍이 알아차렸다. 하지만 그것이 그의 행동에는 아무런 영향을 미치지 않았다. "당신은 아마 이것은 어떤 재판도 아니라고 거부할 수도 있을 것입니다. 네, 당신이 옳을 수도 있습니다. 왜냐하면 내가 이것을 재판으로 받아들일 때에만 이 재판은 성립될 수 있으니까요" (p. 40) 그의 나약함과 체포에 대한 강박적인 대응은 무의식적으로 자신이 유죄라는 것을 인정하는 것을 보여준다. 따라서 그는 즉각적이고 강력하게 대응해야 한다고 느꼈을 것이다. 우리가 보았듯이 그의 대응은 도구적이고 기계적인 인지적 대응이었다. 그의 정서적, 신체적, 성애적 측면들은 이것들 또한 그의 부분들임에도 불구하고 그의 대응의 어디에도 없다. 그는 '누가', '무엇이', '어떻게' 에 관한 질문을 외부로 던진다. 한 번도 '왜' 라는 질문은 하지 않는다. 그는 방향성과 직관적 측면들을 인지하지 못하고 있다. 그의 인식은 잘못된 질문을 적절하지 않은 때에 반복해 함으로써 자신과 인지를 소진시킨다. 이렇게 소진되어서야 K는 다른 상태로 옮겨갈 수 있다. 하지만 이것은 아주 중요한 순간이다. 체포된 상태는 조셉 K의 비극이다.

어떤 면에서 우리는 K를 통해 많은 사람들의 모습을 볼 수 있다. K는 도시화되고, 산업화되고, 이성적인 현대 서구 사회에서 살아가는 많은 사람들의 전형이다. 도구적으로 정의된 사회적 관계와 직업적 삶을 매우 중요시하는 K의 이야기는 역사적으로 어떤 측면들이 현대적 삶을 구성하는

지를 잘 보여준다. 여기서 어떤 변화가 있다. 이 변화는 '사회에서의 역할적 측면만을 고려하는 자기발견(self-identification)' 으로부터 '한 개인의 삶에서 즉 개인 삶의 역사, 개인 삶에 근거한 개인의 전기적 현재 속에서 전기적 자기발견' 으로의 변화다. 이러한 정신적 통합의 노력이 K가 가지지 못한 것이다. K뿐만 아니라 이 시대의 많은 사람들이 그러하다. 하지만 이러한 '체포(arrest)' 에서 벗어나려는 노력이 있다. 이 노력이 아무리 미미하고 초기의 단계라 할지라도 이 글이 추구하는 것이 그러한 노력이다. 그것이 바로 '교육적 경험' 이다. 그것은 K가 할 수 없었던 경험으로부터 배우는 것이다.

먼저, 그것은 경험이다. K처럼 사회적 실제 속에 그의 머릿속에서 사는 것은 경험이 아니다. 그는 소진된 자신을 느낄 수 있으나 분노 때문에 '경험' 을 할 수 없다. *그는 두려움 때문에 배울 수가 없다. 경험은 그것을 인식하고 있을 때만 가능하다.* 개인이 자신의 머릿속에만 머문다면 자신의 경험은 희미해져 버린다. *경험이 활성화되기 위해서는 그 경험에, 신체에, 감정에 그리고 몸과 감정으로부터 나오는 생각에 의식적으로 집중해야 한다.*

나는 인지적인 동일시를 약화시키고 개인의 경험에서의 인지를 기반으로 하여 그 경험으로 접근을 가능하도록 하기 위한 연구방법을 고안했다. 물론 도구적이고 일상적인 사고를 없애는 것이 아니다. 우리는 여전히 그것을 가지고 잃어버린 열쇠를 찾을 수 있고 교육과정을 만들 수 있다. 하지만 좀 더 중요한 것은 경험을 강화하고 전기적 자기발견과 변화를 가능하게 하는 탐구의 과정이다. *개인의 역사적 삶이 학교생활, 특정 학문 분야와의 연관성 등과 같이 개인의 역사적 삶의 단편에 불과하다고 하더라도 그것을 통해 우리는 우리를 체포하고 있는 병인학(etiology)적 요인이 무엇인지에 대한 탐구를 시작할 수 있다.* 회귀(regressive)-진보(progressive)-분석(analytic)-종합(synthetic)이 그것이다.

체포: 정치적, 정신적, 형이상학적

K의 체포(나의 체포)는 다차원적이다. 먼저, 그것은 정치성을 내포하고 있다. 사회는 구조적으로 개인의 행동을 사회적으로 용인 가능한 수준으로 제한한다. 개인은 굴드너(Gouldner)[3]가 이야기하는 '소외된 자아(unemployed self)' 와 같은 부분은 배제하고 사회가 원하는 것에 집중하도록 제약받고 조건화되어 있다. 어린아이들은 학교에서 그리고 학교 밖에서도 무엇을 언제 해야 하는지를 배운다. 개인의 유죄, 선천적 순결함이나 악함은 그 사회 속에서 추정된다(현대의 표현으로 아무리 이것들을 세속적으로 표현한다고 할지라도 개인은 그 현실에 적응해야만 할 것이다). 한 개인의 재판은 그 개인이 본질적으로 무지하다고 간주되는 방식으로 처리된다. 개인은 열심히 일을 하지만 좋은 점수를 받거나 관료제 속에서 승진할 수도 그렇지 않을 수도 있다. 학생이나 K 모두 확실치 않은, 하지만 어느 곳에나 존재하는 그리고 그것이 완전하다고 느껴질 정도로 신비화된 정치적 통제 수단인 관료제에 억압당하고 있다. 그 결과 정치적 탈퇴(withdrawal)와 수동성이 나타난다.

또 다른 차원의 체포는 정신적이다. 이전에 존재했던 의식적 자아는 거의 배타적으로 사회적인 것이었다. 개인의 정신적 삶에 대한 어떤 의식도 없었다. 숨이 멎을 정도로 억눌린 정신의 에너지는 예기치 않았던 사건이 외부 세계에서 일어나고 사회적 자아가 그것에 전적으로 몰두하면 무의식의 '덮개' 가 느슨해지고 이때 억눌렸던 정신 에너지가 표출된다. 소설이 끝날 때까지 K는 교도관과 판사와 있을 때 평정심을 모두 잃는다. K는 정

---

3) [역주] Alvin W. Goulder는 20세기 중반 비판적 사회학에 많은 영향을 끼친 미국의 사회학자이다. 그의 에세이 『The Umemployed Self』를 통해 산업화된 사회에서 개인이 가진 기술이 필요 없어지거나 기계가 그 작업을 더 경제적으로 수행하게 되면 그 개인은 더 이상 필요하지 않게 된다고 하며 산업 사회의 인간 소외와 개인의 소외를 비판했다.

신적 안정을 유지하기 위해 레잉(R. D. Laing)[4]이 이야기하는 '잘못된 자기체계(false self-system)' 를 지속시키는 직업적, 사회적 실제를 퇴근 후의 자신의 삶에까지 연장시킨다. 그의 에고(ego)는 의식적으로 항상 자신의 외부에, 자신의 직장에, 그리고 자신을 체포한 사람들을 향해 있다. 자기반성(self-reflective)은 어느 정도의 정신 내부(intra-psychic)의 불균형을 필요로 한다. 이러한 집중은 그것이 가리키는 것을 더욱 강력하게 비춘다. 이로 인해 표출하고자 하는 무의식의 에너지는 증가하고 에고는 불안정해진다. 이렇게 무의식적 힘 혹은 리비도가 표출되는데 이것은 개인 생명력에서 결코 작은 부분을 차지하지 않는다. 무의식의 힘과 일치하는 에고는 더 많은 에너지가 생겨날 수 있도록 하고 예기치 않았던 사건에 영향을 덜 받는 경향이 있다. 하지만 사회 구조의 제약을 받는 에고는 그만큼 무의식의 힘과 부합하지 않는다. 이 에고는 그것이 외재화(externalization)[5]하는 것만큼이나 동화(assimilation)할 수 있는 정보를 극도로 제한한다. 이러한 에고는 항상 존재하며 사로잡혀 있으며 다시 말해 체포되어 있다. 개인의 기저에 있는 무의식과 일치할 때까지 에고는 그/그녀가 속한 사회의 직업적 혹은 사적 사건들의 영향을 민감하게 받을 것이다. 이때 '무죄선고' 를 위해서는 '개인의 전기적 관점(biographical perspective)' 의 발달이 필요하다. 이를 위해 '개인의 지성을 통해 그 개인의 경험을 거르는(filter) 경향 즉 개인의 조건화된 인지적 구조' 를 해체하는 것이 한 방법이 될 수 있다.

4) [역주] 반정신의학의 대표적 제창자로 실존주의의 철학적 기반에서 환자의 감정이 단지 정신적 불균형의 증상으로서가 아니라 그/그녀의 실제적 삶을 나타낼 수 있다고 주장했다는 점에서 기존의 정신분석학과 대치되는 입장을 가졌다.

5) [역주] 외재화는 개인의 심리적 상태를 외부로 옮기는 과정을 나타내는 정신분석학적 용어로 내재화(internalization)와 짝이 되는 개념이다. 프로이드는 슈레버(schreber)의 편집증적 투사로서 이 개념을 설명했다. 내재화는 일반적인 것에서 병적인 것까지 다양한데 K가 보이는 외재화는 방어적 외재화로서 자기의 측면들을 외부로 투사하여 그 문제의 원인을 외부로(남에게) 전가하는 것이다.

그 지적인 과잉동일시, 즉 비대해진 지성이 개인을 심리적으로 체포되게 만든다. 이것은 정치적, 사회 권위(혹은 독재)적 체포의 필연적인 결과다. 이 관계에 대해 융(Jung, 1939)은 "과대평가된 논리와 정치적 절대주의 모두 이러한 측면이 있다. 이 상태에서 개인은 정신적으로 빈곤하게 된다." 고 했다. 개인이 전기적 관점을 가지게 되면 그것이 정치적, 심리적인 관점에까지 영향을 미치게 된다.

세 번째는 형이상학적 체포다. K가 법에 그리고 재판소에 던지는 질문의 순서는 형이상학자들이 인간의 삶에 던지는 것과 같다. 이 사건의 본질은 무엇인가? 즉 이 삶의 본질은 무엇인가? 어떻게 한 사람이 다른 사람의 운명에 개입할 수 있는가? 어떻게 개인이 근본적으로 유죄일 수 있는가? 만약 '면죄' 가 있다면 그것의 의미는 무엇인가? 이 소설의 관점에서 K의 체포는 그의 심리적, 인지적 무지로 나타난다. 그는 다른 사람들의 충고를 무시하고 격분하여 자신의 물음에 대한 대답을 요구한다. *이미 언급했듯이 인지적 관점에서 K는 기술적이지도 직선적이지도(단순하지도) 않은 의문들에 대한 답을 구하기 위해 기술적이고 직선적인 합리성을 사용한다.*

형이상학적 이해를 위해 지성을 사용할 수도 있을 것이다. 하지만 지성은 일반적으로 개인의 직관적인 기준에 민감하다고 여겨진다. 여기서 필요한 것은 그것의 논리적 틀 내에서만의 이해를 추구하지 않는 '지성' 다시 말해 논리적이지 않은 정보에 대한 이해에도 관심을 가지는 '지성' 이다. 정신분석학 용어로 이것은 '무의식으로부터의 정보' 다. 이 '영역' 은 다른 학문적 전통에서 이야기하는 형이상학적인 것, 정신적인 것으로 간주하는 것과 상응한다. 융(1939)은 서구에서 이야기하는 무의식은 힌두 철학에서 이야기하는 상위의 정신 혹은 보편적인 정신이라고 한다. 이러한 점에서 K는 신으로부터 멀어져 있으며, 에덴의 동산으로부터 떨어진다. 따라서, 정신적인 체포와 형이상학적인 체포는 밀접하게 관련되어 있다. 개인의 무의식 즉 개인의 정신적 기저에서 멀어지는 것은 신(Lord)으로부터 멀어지는 것과 같다. 개인의 정신적인 경험의 미로에서 길을 잃는 것은 '약속의 땅(promised land)' 에서 길을 잃는 것과 같다. K와 같이 철학자가 아닌 형이상학자들에게 약속의 땅은 '이해' 다. 하지만 『소송(The Trial)』의 K를 고려해볼 때 그 이해는 좁은 의미에서의 논리적이고 인지적인 이해가 아니다.

이해

K가 우리의 관심인 교육과정 이론에 시사하는 바는 무엇인가? 간단히 이야기하면 한 개인의 이해는 필수 불가결하게 개인의 역사적, 전기적 상황에 달려 있다는 것이다. K의 사건은 현대의 많은 학자들이 직면한 상황과 같다. 역사적인 현재는 심판의 시간이다. 교육자들도 이러한 '체포' 를 점점 더 많이 의식하고 있다. 나는 지금의 '체포' 가 새로운 현상이라고 주장하는 것이 아니다. 체포에는 여러 차원이 있다. 예를 들어 한 개인이 한 차원의 체포를 알게 되고 그 수준의 체포를 자기 반성적으로 이해하게 되면 그 개인은 다른 수준, 다른 차원으로 이동하게 된다. 만약 개인이 한 수준에 머물게 되면 그것은 체포가 된다. K의 경우에서 명백하게 볼 수 있듯 그것은 곧 '죽음' 이다. 이러한 정신적 체포는 개인의 인지적 삶에 영향을 주지 않고 일어날 수는 없다. 그러한 죽음은 역사적으로 잘 나타나 있다.

현상학은 사회과학에 등장함으로써 20세기 학문에 중요한 영향을 미쳤다. 현상학은 현대 양적인 사회과학의 토대를 흔들지도 모른다. 애석하게도, 그런 일은 쉽사리 일어날 것 같지 않다. 만약 그렇게 되다면 현상학조차도 체포의 상태를 유지하는 역할을 할지도 모른다. 하지만 이러한 위험을 감안할 수 있다면 현상학은 이론가들의 관심을 '그 문제 그 자체' 즉 정신분석학에서 이야기하는 '근본적인 경험(primary experience)' 으로 돌릴 수 있을 것이다. 그렇게 된다면 사회과학은 K의 운명(죽음)을 피할 수 있을 것이다. 하지만, 먼저 우리는 현대의 '암흑기' 가 지속될 것인가 아니면 끝날 것인가 하는 질문을 할 수 있다. 말하자면 이 '계몽의 시대' 에 관한 질문은 일종의 '미결문제' 다. 나는 그 질문에 대한 대답이 지금 이 시대를 살고 있는 이들에 의해 탐구되고 찾아지고 있다고 생각한다. 구체화된 역사적-문화적인 질문들은 개인적이고 전기적인 질문이 된다. 물론 여기서 문화가 배타적으로 전기적인(개인적인) 것으로 축소될 수 있다는 것은 아니다. 그럼에도 불구하고 현재 이 순간에 가장 많은 변화의 가능성을 가지고 있는 것은 '개인' 이다. 사회적, 경제적 구조는 개인의 영역에서 영향을 미치기에는 거의 경직되어 있다.

우리는 K가 우리의 딜레마를 보여준다고 이해할 수 있다. 그는 경제적, 문화적 작용(힘)의 결과다. 그는 상황을 이해하는 만큼 상황에서 벗어날 수 있다. K의 잃어버린 주관성을 되찾고 동시에 자신을 근원적인 것으로 인식하고 사회적, 역사적 역할을 부차적인 것으로 인식하는 만큼 자신의 '주체(subject)' 가 될 수 있다. K의 경우가 보여주듯 이 변화는 인지적 요소를 포함하지만 전적으로 인지적 과정일 수만은 없다. 그 인지는 당면한 경험을 이해/해석하고 그것을 전해줄 수 있는 인지라야 한다. 따라서 우리가 추구하는 이해는 근본적으로 마음과 몸의 관계(mind-body relation)이며 존재하는 방식(a mode of being)이다. 이 상태는 키에르케고르(Kierkegaard)가 말한 진실이 존재하는 곳에서 '주체와 객체 혹은 연구자와 연구대상' 과의 어떤 관계다. 니체(Nietzsche)는 좁은 의미에서 "건강하지 않은 몸은 건강하지 않은 마음을 수반하며 건강하지 않은 마음 또한 건강하지 않은 몸을 만든다" 고 했다. 지식 구성의 내용뿐 아니라 질적 측면 모두 그 이론가의 삶의 질과 밀접하게 관련되어 있다. 따라서 이론가의 탐구에서 그/그녀의 삶의 전기적 측면은 필수적이며 매우 중요한 의미를 가진다. 만일 개인이 자신들의 삶과 문화에 미치는 자신들 전기의 상징적 측면에 관심을 기울이지 않는다면, 이로부터 어떠한 변화도 기대할 수 없다. 불행히도 이러한 이해는 힘든 시작의 단계를 거쳐서야 가능하다. 그때까지는 베일에 싸인 몇 문장의 진술에 불과하다. K는 자신의 역할에 캡슐화되어 있기 때문에 그를 위해 이야기하는 사람들의 말을 들을 수 없다. *우리는 그에게 충고하고 권유할 수 있지만 강요할 수는 없다. 그 이상은 아니다. '그 이상' 은 정치적 억압이다.*

이해가 한 개인이 기존에 가지고 있는 개념적 틀 속의 하나의 생각으로 받아들여진다면 더 이상 '이해' 가 아니다. 이해는 개인의 실제적 삶(경험)으로부터 일어날 때 진정한 의미에서 이해가 된다. 개인은 자신의 '사건(case)' 을 삶으로서, 일상을 살아가면서 조심스레 무슨 일이 일어나는지, 대한 자신의 생각이 무엇인지를 이해하게 된다. K와 목사가 나오는 장면에서의 모두 그것이 물질적이며 반역사적이며, 외부에서 주어지는 것으로 받아들인다. 그리고 그것의 이해를 위해 자신들의 '일상적인 삶' 을 멈추어야 했다. 개인은 '본래의 관점(natural attitude)' 즉 일상적인 삶의 관점을 괄호치기(bracketing)한다. 그리고 판단을 배제한 상태에서 재판 서기가 그러하듯이 무슨 일이 일어나고 있는지를 살핀다. 의식적으로 중재하지 않고 판단하지 않는 것이 매우 중요하다. 왜냐하면 그것이 어떤 '변화' 가 일어나는지에 많은 영향을 미칠 수 있기 때문이다(이때 어떠한 판단이 일어나는지도 살핀다. 우리는 회귀(regressive)하지 않고 자기비난을 억제할 수 없다). 이 변화는 단순한 모방이 아니라 또 다른 상태로의 이동이다. 이는 계획되지도 강제되지도 않았기 때문에 개인은 점점 더 사회적, 문화적으로 조건화되고 제약을 받는 개인의 측면들을 볼 수 있다. 이를 통해 범죄, 억압, 체포와 같은 이 시대의 거대 이슈들이 추상적 수준에서가 아니라 우리의 삶 속에서 어떻게 실제화되는지를 이해할 수 있다. 그 변화는 우리가 읽는 것 혹은 다른 이들이 이야기하는 것이 추상화/관념화

(abstraction)[6]되지 않게 한다. 분리(dissociation)는 없다. 그 변화는 본질적이며 삶의 실제가 된다. 그것에 의하여 관찰되고 이해되면 경험과 변화는 용해되기 시작한다. 새로운 실제는 사회적으로 객관화된 역할로서가 아니라 개인의 역사적 운명 즉 궁극적으로 개인(subject)의 실제와 조화를 이룬다.

K에게 있어 이러한 이야기는 상상의 것이며 그의 경우처럼 가공의 것이다. 직선적 합리성에 캡슐화된 그의 관점을 고려할 때, 그는 새로운 변화나 어떤 혁신의 가능성을 볼 수 없다. 억압된 요소들이 방출될 때 영향을 받는 에고처럼 K는 그의 현재의 고정된 관점을 고수하며 새로운 정보를 믿지 않는다. 포위된(사면초가에 처한) 에고는 새로운 정보를 받아들이지 않는다. 에고는 새로운 정보를 기존의 경험으로부터 얻은 개념에 일치시키려는 경향이 있다. 이러한 상태가 '체포' 된 상태다. 카프카의 소설이 보여주듯, 이후 예견되는 상황은 가혹하며 잔혹하다.

자서전적 의식

조셉 K는 자신으로부터 소외되었으며 자신의 주체적 경험으로부터 분리되었다. 그는 자신의 사회적 역할과 같다. 그의 생각은 자유 연상에 의한 유연한 생각이 아니라 사회적으로 협상된(합의된) 생각이다. 근본적인 경험으로부터 멀어진 K의 부차적 경험은 사무적이고 따분하며 생기가 없다. K는 자신의 길을 스스로 탐구할 수 없다. K가 가지고 있지 않은 것이 무엇인지 이야기할 수 있을까? 소설이나 시를 이용하지 않고 주체성(subjectivi-

6) [역주] 어떤 개념이 추상화되기 위해서는 개념의 특징적인 면들이 선택되고 그 이외의 측면들은 소거되어야 한다. 따라서 개인의 경험이 추상화되면 그것의 사회적, 문화적 측면만을 취하고 개인의 전기적 측면을 버리게 된다.

ty)을 묘사할 수 있을까? 명백하게 주체성은 정형화된 즉 객관화된 지식이 아니다. 윌리엄 얼(William Earle)이 이야기하듯이 주체성은 올바른 의견의 집합이 아니며 반역사적인 즉 보편적인 과학을 통해 가르칠 수 있는 것이 아니다. 얼(1972)은 아래와 같이 주장한다.

> 만약 내가 나 자신에 대해 알고 있는 것이 내가 예로 든 보편적 법칙 혹은 원리라면, 그리고 만약 내 생각이 옳다면 그것은 아마도 나의 특이성(singularity)을 간과하고 단지 많은 예측 가능한 측면만을 아는 것이다. 그러므로 *'자신을 안다(knowing thyself)'는 것은 보편적인 '자신'을 알거나 개념적으로 인지한다는 것이 아니라 나 자신의 특이성을 반성적으로 이해/설명한다는 것이다.* 어떠한 자기지식(self-knowledge)도 객관적 지식으로 간주될 수 없다. 나 자신을 한 대상으로서 아는 것이 지식이 될 수 없다. 왜냐하면 어떤 대상도 본질적으로 '나'와 같을 수 없기 때문이다. *한 주체를 한 객체로 안다는 것은 그 주체를 그것이 아닌 것으로 안다는 것이다. 자기인식은 과학적 관점에서 다른 주체들에 의해 검증될 수 있는 타당성이나 진실성 등으로 객관화된 지식일 수 없다.* 어떤 자기인식이든 사회적 동의에 의해 구체화될 수 있는 한 개인에 대한 의견일 수 없다.(p. 9)

내 목적은 나의 특이성, 주체성, 자기자각(self-knowing)을 이해하는 것이다. 하지만 내가 사용할 수 있는 언어는 보편성과 객관성을 추구하는 사회과학적인 것이다. 나는 K의 은행에서, 이 시대에 의해 사로잡혀 있다. 교육과정 분야에 있는 많은 이들이 한 가지 관심만을 가지고 있으며 그들 중 어느 누구도 '창문'이 있다는 것을 인지하지 못한다는 사실이 나를 안타깝게 한다. 하지만 나는 내가 보는 것을 어떻게 보는지 그리고 그것을 어떻게 기록할지 알지 못한다. 나는 어떻게 나 자신으로부터 이 추상적인 언어를 벗겨낼 수 있을까? 어떻게 주체적으로(subjectively) 글을 쓸 수 있을까? 아마도 자서전(autobiography)이 그 방법이 될 수 있을 것이다. 이를 통해 나는 주체적으로 존재하는 개인으로서의 감촉과 리듬을 담아낼 수 있을 것이다. 나는 그 은행을 벗어나야만 한다. 얼(Earle) 또한 이 점에 대해 그리고 그것과 관련하여 다음과 같이 이야기한다.

> 과학 혹은 어떤 철학의 어떤 이론적 양식이 사회 현상을 설명하고자 할 때, '자기 알기(know thyself)' 는 나 자신이 아닌, 나 자신 외부의 나를 설명하는 데 전혀 도움이 되지 않는다. '안다는 것' 은 필수적으로 설명적이다. 하지만 그것은 이미 은연중에 가지고 있는 의식을 좀 더 명확하고 반성적인 수준으로 끌어올리기 위해 설명하는 것이다. 그것은 사회 속에 파묻혀 있는 한 개인의 존재, 한 개인의 자서전(autobiography)을 발굴해 내려는 노력이다. '자기 알기' 를 통해 나는 '내가 누구인가' , '존재한다는 것은 나에게 무슨 의미인가' , '나는 어떻게 존재해 왔으며, 지금은 어디에 있고 나는 무엇에 직면해 있는가?' 라는 질문에 대해 좀 더 명백한 수준으로 접근할 수 있다. 우리는 그것을 '존재론적 자서전(ontological autobiography)' 이라고 불러야 한다. 이때 그것이 어떻게 기록되었는지는 크게 중요한 것이 아니다. 왜냐하면 그것은 문학작품으로서의 형태가 아니라 개인 의식의 한 형태에 관한 것이기 때문이다.(p. 10)

얼이 이야기하는 '의식의 형태(form of consciousness)' 는 지적인 그리고 좀 더 넓은 의미에서 '전기적인' 변화를 연상시킨다. 회귀(regressive)-진보(progressive)-분석(analytic)-종합(synthetic)의 방법은 본질적으로 개인에 관한 어떤 지식을 생산하거나 그 지식의 생산을 위한 지적인 노력의 특징을 알기 위한 것이 아니다. 우리의 노력은 개인의 지적인 관심에 대한 주체적 기원이나 결과에 관한 '지식' 을 만들어 내고자 하는 것이 아니다. 개인의 지적인 그리고 전기적 발달을 위한 방법이다. 일반적으로 이야기하면 이것은 편협한(parochial) 것에서 개관적인(panoramic) 것으로, 배타적으로 기술적이고 형식적인 것에서 시적이고 상상력이 풍부한 것으로, 자기소외에서 자기이해로 이동하는 것이다. 얼이 이야기하듯이 우리는 의식의 형태를 알고자 하는 것이다.

그 형태는 자기와 자신과의 관계를 말한다. 전통적인 정신분석학적 설명으로는 에고가 수퍼에고(superego)-이드(id)의 교섭과 절충을 촉진할 수 있을 만큼 충분히 반성적인 상태를 말한다. 에고는 이드에 열려 있지만 이드에 의해 압도되지는 않는다. 마찬가지로 수퍼에고에도 열려 있지만 수퍼에고의 제약에 압도당하지도 않는다. 에고는 수퍼에고와 이드로 인해 생길 수 있는 사보타주(sabotage)에 귀를 기울인다. 하지만 에고가 사보타주하지는 않는다. 사실 이 방법을 통한 기록은 반드시 행동으로 표현된 것이 아닐 수 있다. 이것은 저항할 수 없는 수퍼에고의 목소리다. 이로써 자신에 대한 에고의 감각 그리고 그것이 위치한 사회 환경을 위협하는 전의식적인 내용(preconscious material)이 표면으로 떠오를 수 있다. 에고는 그것이 억압으로 작용했던 것과는 반대로 그것이 표면으로 떠오르게 하는 작용을 한다. 이드(id)의 흐름은 리비도(libido)의 흐름이다. 그리고 과도한 조절(hyper-regulation)은 전기적인 움직임일 수 있는 에너지를 약화시킨다. 이 과정이 자유 연상과 비슷하며 겹치기도 한다. 이것이 얼이 이야기한 "이미 은연중에 가지고 있는 의식을 좀 더 명확하고 반성적인 수준으로 끌어올리는 것" 이다.

자기와 자신의 관계는 자신과 타자와의 관계의 기초가 된다. 수퍼에고가 지배하는 개성은 아마 이드가 지배하는, 다시 말해 이 불균형이 명확하게 드러나지 않는 불안정한 개성을 찾을 것이다. 이것은 매우 단순화한 것이지만 왜곡한 것은 아니다. 비슷하게 이드로부터 나오는 어떤 것에(이 표출은 주로 통제할 수 없는 것이기 때문에) 상처받기 쉬운 에고를 가진 자신(self)은 아마 좀 더 많은 자기표현(외설적인 것이 아니라 열정적인)을 할 수 있는 분야보다 명확하게 정의되고 직선적인 학문 분야를 선택할 것이다. 물론 이건 아주 단순화한 경우다. 여기서 중요한 점은 K

행동의 근원은 법에 있는 것이 아니라 그와 자신과의 관계의 구조에 있다는 것이다.

여기서 설명하는 연구방법에서 주의해야 할 것은 대상화/물화(reification)다. 다시 말해, 개인은 자기 자신, 일, 타인과의 관계를 이해함에 있어 현재의 주제를 과거의 문제 상황에 접목시킨다. 이로써 개인은 가능한 '설명'을 얻고 그것으로 얻은 지식을 그 작업의 마지막으로 간주한다. 이로써 얻어진 것은 그 '설명(explanation, words)'이고 그 개인이 놓치는 것은 그 말들이 상징하는 비개념적 실제(non-conceptual reality)다. 설명 그리고 그것과 관련한 이해는 그것이 유용할 때, 그것이 우리를 과거의 패턴으로부터 해방시켜 줄 때, 그리고 그것이 우리 안의 숨겨진 것을 좀 더 명백한 의식의 차원으로 끌어올리는 데 매우 중요한 역할을 한다. 결국은 그것을 포기하는 것이다. 이 탐구의 열망은 과거로부터의 해방, 체포로부터의 해방, 움직임/변화로의 해방이다. *설명이 마지막 단계로 간주된다면 자신에 대한 구조는 변하지 않는다. 따라서 여기서 중요한 것은 유연화된 동일시(loosening identification) 그리고 움직임/변화를 시작하는 것이다. 이것이 얼이 말하는 의식의 형태다.*

여기서 중요한 것은 개인의 교육적 경험의 자서전적 글은 그 글을 쓰는 사람 자신의 발달을 위해 쓰인다는 것이다. 잠재적으로 자유로운 과정은 쓰이는 말들이 그 현장 자체를 위해 그리고 그 글을 쓰는 사람을 위해 쓰일 때 구체화된다. 이 과정은 그것을 통해 얻어진 정보가 그것의 가능한 자의적인 기능을 더해주게 된다. 여기서 반드시 강조되어야 할 것은 자서전적 연구는 우리에게 문학의 장르로서가 아니라 의식의 형태로서 중요한 의미를 가진다는 점이다.

어떤 면에서 이러한 자서전적 연구는 끝없는 작업이다. 이것은 표면적으로는 당연한 이야기 같지만 오늘 아침에 느낀 감각은 선명하며 고유한 것이다. 그것은 문화의 영향으로 보일 수도 있고 개인을 배타적으로 물질적인 존재로 억압하려는 힘으로 보일 수도 있다. 미묘하게 개인은 자기 자신으로부터 분리된다. 그리고 건성으로 '형체가 있는 물질(solid material)' 에 초점을 맞춘다. 물질과 타자와 관련한 개인의 경험은 그것들이 더 이상 없어질 때까지 솎아낸다. 그 작업은 물질적인, 텍스트, 강의와 같은 즉각적인 경험으로 지속적으로 돌아가는 것이다. 한밤중에 홀로 깨어 불침번을 서는 것처럼 계속된다. 개인의 상황에 대한 명확한 의식이 없는 몇 분과 수면은 개인을 잠시 자신으로부터 분리시킨다. 이 깨어 있는 의식을 얼은 '철회(divestment)' 라고 했다. 이는 데카르트(Descart)가 이야기한 '의구심(doubt)' 이며 후설(Husserl)의 용어로는 '자연적 태도의 보류(suspension of the natural attitude)' 다. 얼에 의하면 "철회는 자신이 아닌 것에 의해 너무 많이 훼손된, 기만적인 유혹과 가식적인 실제에 사로잡힌 영혼의 정화로 간주될 수 있다. [철회는 개인의 관심을 물질과 사건으로부터 그것에 의해 사로잡힌 에고로 되돌리는 회귀적 움직임(regressive shift)이다]" (pp. 58-59).

방법론의 서두

크레민(Cremin, 1976)은 "교육학 이론은 다양한 교육 기관들과 개인의 상호작용 그리고 크게는 그것들과 사회의 상호작용에 대한 이론이다" (p. 183)고 하며 교육학 이론을 사회 이론으로 격하시키면서, 한편으로는 "우리는 자신과 삶을 이해하기 위해 필수적으로 개인의 역사적 삶을 탐구해야 한다. 한 교육적, 역사적 삶은 개인의 관점에서 경험하고 그것을 겪는 교육적 경험에 중점을 둔다" (p. 38)고 하며 삶 속에서 개인의 관점을 존중하는 연구를 해야 한다고 주장한다. 하지만 그는 그 핵심 부분을 실제로 연구하지 않았으며, 그것을 여기서 시도하고자 한다.

주체적으로 존재하는 개인이 겪은 교육적 경험의 특징은 존 듀이의 자서전적 에세이에 잘 나타나 있다. 듀이(1960)는 자신의 지적 관심의 변화에 대해 반성적으로 이야기하기를 "나의 근본적인 관심은 아직 확실히 드러나지 않았다. 그리고 그것과 상응하는 학문 영역이 없으므로 내가 할 수 있는 유일한 주제는 단지 형식적으로 처리(formal treatment)하는 것뿐이다"(p. 7)고 했다. 듀이는 직접적으로 이야기하지는 않았지만 나는 그가 이야기할 당시 이 점을 이해한 것 같지는 않다. 아마도 자기성찰적인 반성으로 이 상황을 더욱 명확하게 할 수 있을 것이다.

그 상황은 이렇다. 인지적, 감성적, 신체적인 어떤 현안(주제)이 있다. 그것은 종합적으로 '전기적'인 것으로 볼 수 있다. 이 주제는 개인의 의지와 선택을 포함한 복잡하게 얽힌 힘들 간의 사회적/역사적 현실 속에 놓여 있다. 에릭슨(Erik Erikson, 1975)은 심리사회적 정체성에 관한 논의에서 이러한 복합한 관계에 대해 다음과 같이 이야기한다.

> 또한 심리사회적 정체성은 심리역사적 측면을 내포하고 있으며, 역사적 삶에 관한 탐구는 필수 불가결하게 역사(history)와 복잡하게 얽혀 있다는 것을 보여준다. 그러므로 심리사회적 정체성에 대한 탐구는 상호 보완적인 세 영역과 역사적 변화에 달려 있다(한 존재로서 개인의 일관성, 그/그녀가 속한 사회 속에서 통합된 역할, 그/그녀를 이끄는 이미지와 그 시대의 이데올로기).(p. 20)

여기서 나의 흥미를 끄는 것은 최종 전기적 종합(final biographic synthesis)을 결정 짓는 '전사회적(pre-public) 그리고 전범주적(pre-categorical) 리비도의 억압'이다. 오늘날의 듀이는 헤겔철학(Hegelianism)보다는 현상학에 더 관심을 두고 있는 것 같다. 역사적 환경은 급격하게 변한다. 하지만 절대론자의 관점에서 전기적 '필요'는 변하지 않는다. 이것이 교육적으로 관심을 가질 만한 전기적 경향성이다. 어떤 형태의 자기 탐구를 통해 개인의 전기적 변화의 본질이 무엇인지, 그것이 시사하는 것이 무엇인지 그리고 더 깊이 참여하고 이해함으로써 자신이 관심 있는 학문 분야가 어떻게 변화하는지를 탐구할 수 있다.

위의 인용문에서 듀이의 근본적인/깊은 곳의 변화는 그것이 처음 소환되었을 때는 만족스럽지 못했다. 그것은 어떤 종류의 '체포' 다. 그는 '단지 형식적 처리' 의 상태에 갇힌 것이다. 같은 에세이의 또 다른 구절에서 듀이는 철학적 관심이 그로 하여금 무엇으로 향하게 할 수 있는지에 대해 논의했다.

> 하지만 또한 헤겔의 주장이 나에게 중요하게 다가오는 것은 '주관적(subjective)' 인 이유다. 그것은 거의 틀림없이 강력한 감정적인 갈망과 오로지 인지화된 문제들만이 충족시킬 수 있는 욕구와의 통합을 요구한다. 하지만 내가 지각할 수 있는 뉴잉글랜드의 문화유산의 결과, 외부 세계와의 단절로 인한 분리, 육체로부터 소외된 정신적 분리, 신과 자연의 분리가 고통스러운 억압 혹은 내부의 고뇌를 가져왔다. 하지만 헤겔이 주장하는 주체와 객체, 물질과 정신, 신과 인간의 통합은 단순한 인지적인 작용 이상의 것이다. 그것은 엄청난 표출이다. 즉 해방이다.(1960, p. 10)

여기에 지적인 탐구의 전기적 기능이 잘 나타나 있다. 전기적으로 올바른 학습은 변화와 체포로부터의 풀려남을 가능하게 하며 '해방' 을 암시하는 현상이다. 다시 말해 그것은 폐쇄적인 움직임(변화)으로부터의 해방이다. 따라서 개인은 리비도의 흐름에 따라 다시 말해 방해받지 않는 상태로 또한 그것이 '사고' 로 변화함에 따라 지적인 동요를 경험한다. *이때 개념적인 틀이 단순히 에너지가 흐르는 통로로서의 역할만을 하는 것이 아니다. 지적인 변화가 일어날 때 리비도와 생각의 틀과의 관계는 반드시 변증법적이다.* 둘 모두는 '창조적인 현상 즉 근원적인 경험과 그것으로부터 나오는 부차적인 생각' 에서 일종의 구성성분이 되며 나아가 서로 뒤섞이게 된다. 이것이 우리를 자신에 대해 더 깊이 생각하게 하고 삶 깊은 곳을 탐

구할 수 있도록 한다.

이제 개인 자신의 생각이 자신을 확장하는 과정으로 삶과 깊이 연관되었기 때문에 그 생각이 다른 이들에게서 비슷하게 작용할 수 있는 잠재성이 있다. 물론 그들의 정확한 개념적 내용도 중요하지만 그것들의 근원, 다시 말해 생각하는 그 사람을 위한 기능적 특성 또한 매우 중요하다. 이는 키에르케고르(Kierkegaard)의 '주체(knower)의 객체(known)에 대한 관계'에 대한 설명에 잘 나타나 있다. 그에 따르면 "개인에게 진실과 관련된 질문이 제기되면 그 개인이 속한 관계의 본질에 대한 반성이 직접적이고 주체적으로 일어난다. 만약 그 관계의 양상이 진실되면(물론 그/그녀가 진실이 아닌 것과 우연히 관련될 수 있다 하더라도) 그 개인은 진실된 것이다"(1951, pp. 210-211). 진술의 진실성은 부차적인 것이다. 더 우선하는 것은 그 진술과 그것을 기록한 개인의 관계의 진실성이다.

또한 듀이의 문구는 인지적 변화에 있어 생애사(life history)의 중요성을 잘 보여준다. 듀이는 뉴잉글랜드 문화, '내부의 고뇌' 속의 자신을 예로 들었다. 그것과 상응하는 지성은 세상과 분리된 자아, 육체와 분리된 정신, 신과 분리된 세상이다. 물론 어떤 개념적 틀도 근본적이고 특수한 자기분리를 치료할 수 없다. 헤겔의 틀이 듀이에게 있어 주제별로 양분화된 요소들을 내포하고 있기 때문에 헤겔철학은 듀이에게는 더욱 발달적인 방식으로 작용할 수 있을 것이다. 따라서 그것은 기존의 개념적 틀의 구조(이때 헤겔 시스템의 본질을 종합한다)뿐만 아니라 특정한 학생에게 의미 있는 이론적 관점을 가질 수 있도록 하는 내용(결국 합치되는 특수한 주제의 요소들)이다. 이 역사적 삶과 이론적 관점의 조화가 바로 교육적 경험이다. 다시 말해 변화라고도 할 수 있다. 만약 텍스트와 교사들이 억압적이거나 기계적이지 않다면 교육적 가치를 판단하기 위해 그러한 준거(말하자면 조화)가 받아들여져야 한다.

또 다른 문구에서 듀이는 만일 보편적으로 일어난다면 종종 이론적 관점을 수반하는 어떤 경직성을 이해하는 데 지적인 관심의 심리적 기능의 어떤 측면이 작용하는지에 대해 논의했다.

> 모든 사람들의 생각 속에는 자신들의 내재적인 관심에 반대되는 것들이 지나치게 중시되는 경향이 있는 것 같다. 따라서 그는 내재적 관심을 드러내기 위해 분투해야 한다. 여하튼 나의 이후의 글에서 나타나는 '구체적, 실증적, 실제적인 것을 강조하는 것은 부분적으로 이러한 본질에 대한 고려 때문일 것이다' 라는 명제가 만들어질 수 있다. 그것은 좀 더 본질적인 것에 대한 반작용이며, 실제 경험의 무게 속에서, 나의 내부에 있는 어떤 것, 내가 약점이라고 알고 있는 어떤 것에 대해 항의하거나 보호하는 작용을 한다.(1960, p. 8)

개인의 일관된 관점이 균형을 유지하기 위해 작용하는 만큼 개인은 자신의 함축적인 그러나 본질적인 관심과의 균형을 유지하기 위해 완고하게 자신의 관점을 유지해야만 한다. 이러한 경직성이 독단이다.

이와 같은 개인의 탐구 작업에 대한 반성을 통해 시간이 흐름에 따라 내면의 숨겨진 요소들(개인의 글쓰기가 균형을 지키고자 하는)의 의식적 통합이 가능하다는 것이 중요하다. 개인의 본질적인 관심은 정립(thesis)으로 간주될 수 있으며 개인이 취하는 이론적 관점은 반대(antithesis)로 이해할 수 있다. 듀이는 조건화된 자신의 존재와 자신이 생각하고 행동하기 위해 선택한 것과의 변증법적 긴장을 지속시킴으로써 균형을 유지한다. 긴장을 지속시킴으로써, 그는 이론적인 관점은 추상적, 이상적, 사색적인 것 위의 구체적, 실증적, 실제적인 것을 강조했다. 변증법의 반성적 탐구를 통해 그는 광범위하고 포괄적이고 심도 깊은 관점의 통합을 이룰 수 있었을 것이다.

한 개인의 성취가 듀이의 성취와 상응할 수는 없겠지만 듀이와 어느 학생의 관점의 구조는 비슷할 수 있다. 어떤 구체적인 주제나 개념이 본질적 경향과 인지적 관심과의 균형을 변증법적으로 구성하는가와 관계없이, 변증법의 사회적 가치나 심오함과 관계없이, 개인의 지적 전기적 발달의 관점에서 주체와 객체의 관계를 좀 더 명확한 의식의 수준으로 끌어올림으로써 좀 더 풍부한 결과를 가져올 수 있다. 그 방법은 개인의 발달적 측면에서의 지식과 자신과의 관계를 탐구할 수 있는 하나의 방법적 전략이다.

듀이는 "젊은 시절 사회적 관심과 문제는 나의 지적 호기심을 자극했으며 종교적 질문에서나 찾을 법한 지적 활동의 내용을 제공해 주었다" (1960, p. 11)고 했다. 혹자는 사회문제에 대한 그의 분석이 자의식이나 연관성 없는 행동과 분석이 아니라 좀 더 이해력을 가지거나 현명하기를 기대했을 것이다. 듀이의 언급은 회고적이다. 따라서 그의 젊은 시절의 자의식이 어느 정도 역동적이었는지 우리는 알 수 없다. 여기에서 우리에게 중요한 것은 그러한 '자기 이해의 가능성'이다. *배양된/활성화된 자기 인식은 인지적인 벽(즉 체포)을 허물고 지적인 '변화'를 시작할 수 있다.* "이러한 혁신은 경험의 원초적인 단계에서 촉진된다"고 듀이는 주장했다. 이어서 심리적 정체성에 대한 인지적 상응에 대해 그는 다음과 같이 이야기한다.

> 나는 마치 카멜레온처럼 불안정해 보일 것이다. 하나, 둘, 많은 것을 양립할 수 없는 것들에 양보하며, 이것과 저것을 동화시키기 위해 분투하며, 한편으로는 그것을 이미 배운 틀에 넣어 논리적으로 일관성을 유지하기 위해 노력한다. 전체적으로 전반적으로 나에게 영향을 미친 힘은 책으로부터가 아니라 다른 사람, 외부의 상황으로부터 온 것이다. 내가 철학적인 글에서 많은 것을 배우지 않았다는 것이 아니라 내가 관련된 어떤 경험들 그리고 그것들에 대한 생각 등으로부터 더 많은 것을 배운다는 것이

다.(1960, p. 13)

위 단락은 여러 가지 측면에서 매우 중요하다. 먼저, 위 단락은 본질적이고 근본적인 것의 중요성을 강조한다. 이것을 수잔 랭거(Suzanne Langer)의 용어로 옮기면 지적인 변화의 '실제적' 경험이다. 다음으로 강조된 것은 랭거가 말하는 '허상' 으로 지적 발달에 있어 부차적인 경험의 역할이다. 그것은 기술적이다. 듀이가 이야기하듯이 이 기술적인 면은 중요하다. 하지만 그것은 파생적이다. 전개념 단계의 변화가 없는 기술적 능력은 이루어지지 않는다. 우리가 K에게서 보았듯이 인지적으로 체포된 기술적인 것은 자기 파괴(self-sabotaging)와 같다. '근본적인 경험(primary experience)' 은 그 자체로 '근본적인 경험' 이다. 우리는 교육적 경험을 이해하기 위해 근본적인 경험을 반드시 활용해야 한다. 반성적인 과정은 듀이의 마지막 문장에 잘 나타나 있다. "내가 복잡하게 얽혀 있던 나의 경험으로부터 그리고 그 경험에 대해 생각하게 된 것과 비교해 볼 때 내가 철학서적들로부터 배운 것들은 매우 기계적이다." *여기서 핵심적인 것은 생각에 대한 생각을 가지는 것이 아니라 경험으로부터 나오는 그 경험 자체에 대한 '생각' 이다. 우리는 '경험' 으로부터의 사고와 행동으로 그 경험을 설명할 수 있다. 이러한 자기 반성의 과정 속에서 '경험' 은 '교육적인' 것이 된다.*

또한 듀이는 그 단락 첫 번째 문장에서 '심리적 정체성의 인지적 상응' 에 대해 설명하고 있다. 또한 이 문장은 인지과정의 '빈약함' 에 대해서도 지적하고 있다. 듀이가 카멜레온으로 암시했듯이 개인은 다른 이들의 관점을 선뜻 받아들이는 경향이 있다. 이 점 또한 매우 중요하다. 우리는 자신이 가진 엄격한 관점으로 (외부의 간섭을 허락하지 않고) 다른 이들을 범주화하는 사람들을 종종 볼 수 있다. 이런 복잡성 때문에 개인은 체포된다. 듀이가 다른 이에게 '양보(yield)' 해야 한다고 주장하듯, 개인은 기꺼이 자신의 관점을 잠시 보류해 두고자 노력해야 한다. 듀이는 여러 곳에서 "우리는 지속적으로 우리가 기존에 가지고 있던 개념적 틀에 동화시킨 것들을 고착화시킨다"고 주장한다. 심리적 정체성과 마찬가지로 인지적 정체성 또한 굳은/정적인 현상이 아니다. 연속성은 물론 변화(transformation)[7]의 속성 또한 가지고 있다. 이러한 변화는 직선적이지 않으며 사선적이지도 않다. 우리는 이전에 소외되거나 무시되었던 것과 무의식을 종합하며 억압된 것 속으로 점점 깊이 들어간다. 동시에 우리는 우리를 구성하고 있는 그 사회적 공간 속으로 보다 완전히 들어간다.

이 단락이 시사하는 또 다른 하나는 수동성과 주체성(agency)[8] 간의 긴장을 강조한다는 것이다. 끊임 없는 경험의 흐름 속에서 개인은 이미 가지고 있는 것을 지키고 일관되게 유지하려는 의식적인 노력을 하며 불안정한 시기를 간헐적으로 겪는다. 이것이 삶 속에서의/삶으로서의 인지 변화를 간략하게 설명한 것이다. 우리는 본질적 경험의 중요성과 일반적 학습의 기술적 역할을 인정함으로써 왜곡된 학교에서의 일반적 학습의 의미/관점을 바로잡을 수 있다. 우리는 자서전적 입장과 관점에서 개인의 경험을 기술하고 이해함으로써 이것을 바로잡을 수 있다.

---

7) [역주] transformation은 change나 development와는 다르다. 그것은 연속성을 내포할 수 있되 다른 단계로의 변화가 아니라 다른 상태로의 변화를 의미한다(이것은 부분적일 수도 혹은 완전한 변화일 수도 있다). 이러한 변화의 예는 자연에서 쉽게 찾아볼 수 있다. 굼벵이가 매미가 되고 애벌레가 나비가 되는 것이 그것이다. 한 교사가 교육을 '지식의 전달'로 이해하는 전통적인 관점에서 파이너가 이야기하는 '개인의 전기적/역사적 경험'으로 그 관점이 바뀌면 그 '교사'는 완전히 다른 '교사'가 된다. 이것이 transformation이다.

8) [역주] agency는 흔히 human agency로 이해되고 쓰인다. Agency를 주체성으로 번역했지만, 어떤 제도적 틀, 사회 구조, 정통, 관습, 타자 등 인간의 판단과 행동에 영향을 미치는 많은 요소들이 있지만 인간은 그 속에서 '자신의 판단과 의지'로 생각하고 행동할 수 있는 힘을 가지고 있고 그 힘의 가능성을 agency라고 한다. 여기서는 수동성과 반대되는 개념이다.

자신의 삶과 그것의 탐구에 대한 칼 융(Carl Jung)의 반성은 교육적 경험의 자서전적 이론에 시사하는 바가 매우 크다. "내 삶은 내가 지금까지 해온 것, 나의 과학적인 작업들이다. 어느 것 하나 다른 것과 분리될 수 없다. 나의 연구는 내 내면의 발달의 표현이다. 무의식에 대한 연구와 그 분야에 대한 기여가 나를 구성하며 나의 변화를 이끌기도 한다. 나의 연구 작업들은 내 인생 여정의 정거장으로 간주될 수 있을 것이다"(1963, p. 222). 융은 듀이보다 더 명확한 정신분석학적 관점에서 인지적 탐구의 상징적 상태에 대해 더 명확하게 인지하고 있다. 인지적 변화는 전기적 변화를 수반하고 둘 모두 '생경험'을 구성한다(물론 여기서 무의식이 차지하는 비중도 빼놓을 수 없다). 생세계를 부정하고 간과하며 자신의 외부적 사회에만 배타적인 관심을 둘 때 체포 상태가 된다.

융은 다른 곳에서 전기적 과업, 한 개인이 겪거나 수행해야 하는 혹은 간과하거나 부정해야 하는 일련의 사건과 일에 대해 논의했다. 융은 "오늘 나는 '나의 본질적인 경험과 완전히 분리된 적이 없다'고 이야기할 수 있다. 나의 모든 연구와 나의 모든 창조적 활동은 거의 50년 전 1912년에 시작된 꿈과 본질적 환상에서부터 시작되었다. 내가 일생을 거쳐 성취한 모든 것은 그 당시에는 단지 어떤 이미지나 감정의 형태였지만 이미 그 꿈속에 있었다"(1963, p. 192). 회고적인 분석(retrospective analysis)을 통해 우리는 우리가 그 속에 젖어 있음에도 불구하고 인지할 수 없었던 어떤 패턴을 드러낼 수 있다. 하지만 사회적 역할 속에서 길을 잃은 자기 자신으로부터 소외된, 단지 다른 이들의 관점만이 중요한 K에게 이 패턴은 무용지물이다.

자기 자신에게 귀를 기울이는 사람에게는 자신의 지적 작업에 스며 있는 자신만의 길이 보인다. 예를 들어 융은 자신이 쓴 책들이 다른 정신분석학 연구에 지대한 영향을 미쳤음에도 그것을 자신의 개별화를 통해 얻은 부차적인 것으로 간주했다. 그는 실제적인 연구는 침묵 속에서 이루어지

며 그것은 마음 속 어느 곳에서나 화음을 울릴 수 있다고 믿었다. 이처럼 자서전적 연구 또한 주의 깊은 탐구와 본질적 경험의 이해를 통해 개인의 교육적 여정(individual route)을 나타낼 수 있다. 이러한 탐구는 고독, 침묵, 공동체를 필요로 한다. 이는 키에르케고르가 이야기한 신의 목소리(융이 이야기하는 자신의 목소리, 자아의 소리)를 듣기 위한 '고독과 혼자 됨의 중요성'과 일맥상통한다.

다른 편지에서 융은 '자신의 탐구가 우선되어야 함'과 '검증되지 않은 사회적 행동에 대한 착각'을 강조한다. "나는 충분한 직관과 합리적인 의도를 가진 사람들이 기도하거나 자신들을 위한 최선의 방법을 찾는 것, 좀 더 자신과 자신의 정신에 더 관심을 가져야 한다는 데 적극 동의합니다. 그것은 단지 그들이 자신을 모르기 때문입니다. 하지만 유감스럽게도 일반적으로 자신들에 대해 전혀 모르는 사람들이(교육을 위한 최선의 방법이 좋은 예를 보여주는 것이라는 것을 알고 있음에도 불구하고) 가르치는 일을 한다는 것은 슬픈 일입니다"(1963, p. 222). 물론 자기 알기 자체가 사회사업과 같은 일을 선택할 수 있다. 하지만 *우리는 다른 사람의 삶에 끼어들어 중재하는 것을 자신의 과업으로 하는 사람들이 자신의 삶을 중재하고 그것으로부터 배우는 데 실패한 사람들이라는 것을 종종 볼 수 있는 것 또한 사실이다.* 그 사람들의 정신적, 심리적 상태는 훈련되지 않은 외과의사에 비유될 수 있다. 이때 우리는 다른 사람들과 함께 연구하고 학습하고 탐구하는 것을 통해 자기 자신과 탐구하는 것을 배우는 수단이 될 수 있다는 것을 깊이 염두에 두어야 한다. 융의 삶과 같이 자신을 명상적으로 탐구하는 것은 전기적으로 많은 이들에게 적절하거나 가능하지 않을 수 있다. 하지만 그 적절한 수단의 개념은 여기서 매우 중요하며 결정적이다. 그것은 자기 탐구에 의해 적절하게 내려진 판단이다. *개인이 사회 속에서 어떤 일을 하는지에 상관없이 그것이 개인의 전기에서 어떤 작용을 하는지를 알아내는 것은 자신을 위해서뿐만 아니라 다른 이들을*

위해서도 필수적이다.

융은 자기 탐구가 사회 속에서 일어난다고 이해했다. "주위의 사람들과 밀접하고 민감하게 관계를 맺지 않은 어느 누구든 자신의 개성/특성(individuality)을 이해할 수 없기 때문에, 자신을 발견하고 이해하고자 하는 사람은 자신만의 이기적인 적막으로 도망가지 않는다. 우리는 자신을 구별 짓고 자신과 비교할 수 있는 사람들과 깊이, 틀에 얽매이지 않은 관계 속에서 자신을 발견할 수 있다" (Serrano, 1966, pp. 83-84). 물론 자기 탐구는 사회 속에서 이루어진다. 하지만 그것이 인간은 절대적으로 사회적 산물이라는 것을 의미하는 것은 아니다. *개인이 다른 개인들과 공유하지 않는 것은 간과하고 다른 이들과 무엇을 나누는지에 초점을 맞추는 사회학자와 같은 사람들은 자신뿐만 아니라 다른 사람들 또한 간과하게 된다는 것이다. 자기 탐구가 사회적 환경 속에서 이루어지는 것은 사실이나 사회적 거래(social transaction)로 축소될 수는 없다.* 이때 중요한 것은 그 속에서 개인에게 미치는 전기적 중요성이다. 개인은 이 사건이 무엇이며 나는 그것에 어떻게 반응하는가? 그것의 중요성은 무엇인가? 나는 어디로 가고 있으며 어떤 사람이 되어가는가? 여기서 흥미로운 것은, 하지만 교육적 경험의 측면에서 매우 중요한 것은, 개인이 어떤 진술이나 주장을 듣고/읽고 그것을 어떻게 사용하느냐에 있다. 일반적으로 그리고 엘리엇(Eliot)은 이렇게도 물을 수 있을 것이다. "*우리 모두에게 있어, 우리의 삶을 통해 듣고, 보고, 느낀 것 중에서 왜 특정 이미지만이 감정적으로 복받치고 반복적으로 떠오르는가?*"(1964, p. 148)

우리의 탐구가 그 해답을 제시할 것이다. 특정한 이미지, 특정한 문장, 특정한 개념적 틀(헤겔철학에서와 같이) 모두 전기적인 중요성을 가진다. 그것들은 정신적으로 분리된 것들을 종합하는 개념적 틀의 탐구를 통해 '내부의 고뇌(inward laceration)' 를 치료하는 것과 같이 전기적으로 의미있는 역할을 한다. 전기적 상황은 개념적, 구조적으로 매우 다양하다. 하지만 전기적 상황과 전기적 사건의 사실은 명백하다. 자신의 전기를 이해하고 탐구함으로써 우리는 지적 흥미 속에 반영된(만들어진) '새로운 세계'로 나아갈 수 있다. 뉴만(Newmann)은 적어도 그 변증법의 절반을 이해했다. "나를 이끄는 것은 논리가 아니다. 물론 혹자는 기압계 속의 수은이 날씨를 바꿀 수도 있다고 이야기할 것이다. 구체적인 존재 그 자체, 여러 해가 지나고 나는 또 다른 장소에 가있다. 왜 그런가? 이것을 논리적으로 설명할 수 있는가? 한 인간은 전체적으로 움직인다(변한다). 논리가 할 수 있는 것은 그것을 기록하는 것뿐이다" (quoted in Olney, 1972, p. 216) 인지는 신중하게 그리고 전념하여 사용된다면 변화를 자극/촉진할 수 있다. 변화를 명확하게 인지하면 그 변화는 촉진된다. 이것은 정신분석에서 이미지의 자유 연상으로서 그 이미지들을 경험하게 함으로써 환자들을 갇힌 공간으로부터 해방시키는 것과 같다.

변화는 듀이가 언급한 카멜레온을 상기시킨다. 하지만 '그것이 정말 원래 그 카멜레온인가?' 라는 질문은 그대로 남아 있다. 지속성을 식별하는 것은 개인의 전기적, 지적 정체성을 식별하는 것과 같다. 하지만 그 식별/탐구의 과정에서 체포가 일어날 수 있는 위험이 있다. 여기서 강조되는 단어는 '체포' 다. 지적인 이해는 경험을 확장하고 풍부하게 함으로써 변화를 이끌어낸다는 점에서 매우 중요하다. "철학적 담론은 경험의 강렬하며 진정한 의미를 위한 삶과 자연에 대한 견해다" (1929, p. 407) 현재 강조되고 있는 담론에 대한 진리치(truth-value), 다시 말해 증명가능성은 지나침이 없지 않다. 이는 또한 지적인 노력의 좀 더 다차원적이며 다양한 기능/역할을 왜곡한다. 이와 관련해서 듀이는 "시적 의미, 도덕적 의미 등 삶의 요소 중 많은 부분이 '진실' 과 관련된 것이라기보다 의미의 자유와 풍부함과 관련된 것들이다. 그럼에도 불구하고 삶의 많은 부분에서 '진실' 과 '거짓' 은 서로 관련 없는 것처럼 여겨진다" (1929, p. 411)고 했다.

인지는 개인의 전기적 공간을 구성하고 터무니없어 보이는 생각도 그 개인에게는 아마 진리치가 있을 것이다. 이 점에 대해 톨스토이(Tolstoy)는 "내 몸이 신으로부터 주어진 것과 같이 삶에 대한 나의 생각과 이유 또한 신으로부터 받은 것이다. 따라서 삶에 관한 다양한 수준에서의 이해는 거짓일 수 없다. 모든 사람들이 믿는 것은 반드시 진실이어야 한다. 하지만 아마도 그것 또한 다르게 진술되거나 표현될 수 있을 것이다. 하지만 그것이 '거짓말' 일 수는 없다. 만일 그것이 거짓이라면 그것이 의미하는 것은 '내가 그것을 아직 이해하지 못했다' 는 것을 의미할 뿐이다"(1940, p. 18).

물론 여기에는 명백한 한계가 있다(당신이 뭐라 하든 오늘 해는 떠오른다). 하지만 그것들은 극히 상식적인 것들이다. 유사한 의미를 가진 사실들, 다른 방식으로 진술된 이해 가능한 경험들, 그리고 거의 이해할 수 없는 말들이 우리가 흔히 쓰는 "당신의 말이 무엇을 의미하는지 알겠어요"라는 상용구로 표현되곤 한다. 개념화가 전개념을 반영할 때, 전개념은 존재론적인 이해의 바탕을 제공하며 그대로 존재한다. 따라서 우리는 다른 사람의 관점을 이해할 때, 그들과 함께 있을 때 그리고 그들의 진술이 그 상황에서 의미하는 것이 좀 더 명확할 때 그/그녀의 관점을 더 잘 이해할 수 있다. 이것이 경험 속에서 작용하는 '생각' 을 위치시키는 복잡한 과정이며 그것의 정신적, 전기적 기능을 이해하는 복잡한 과정이다. 이것이 회귀-진보-분석-종합의 연구방법이 추구하고 열망하는 것이다. 융 또한 '학문적인 경험뿐만 아니라 일반적인 것을 포함한 경험이 이해를 이끈다' 는 것을 설명하며 이러한 '생각 위치시키기' 의 중요성을 기술했다. *반성과 행동을 통해 경험을 이해하는 개인은 '복제할 수 없는(irreplicable)' 존재*다. 올니(Olney, 1972)는 "개인이 아침에 일어나 먼저 자각하는 것은 자신이지 외부 세계가 아니다. 논리에서와 마찬가지로 경험에서도 개인의 주관성에 대한 의식이 객관적인 세계에 대한 의식보다 항상 우선되어야 한다"(p. 14). 이것이 "소크라테스(Socrates)가 항상 질문자를 먼저 자신들의 과거와 현재의 삶에 대해 이해하고 설명하게 한 까닭이다. 그 이해는 자신들의 삶(뿐만 아니라 다른 것들을 포함한)에 수반된 자신들의 배움과 관련하여 탐구하고 판단한 것을 말한다"(Olney 재인용, 1972, p. 14). 이러한 견해는 본질적인 경험이 존재론적으로 우선되고 전기적 상황이 만들어내는 지적인 측면의 심오한 구체화를 잘 보여준다. 뿐만 아니라 "인간 조건에 대한 객관적인 관점으로 변하는, 개인의 안 깊은 곳의 심오한 개인의 주관성의 이해"(Olney, 1972, p. 87)가 가능하다는 것 또한 보여준다. 융에게 있어 이것은 접근이나 이해 가능한 인간의 간주관적, 보편적 경험에 대한 집합적인 무의식 층이다. 우리는 자신을 이해함으로써 다른 사람들을 더 잘 이해할 수 있다. 몽테뉴(Montaigne)를 통해 "우리가 우리의 상태를 어떻게 활용하는지 모르기 때문에 우리는 그것을 탐구한다. 또한 우리는 외부 세계가 어떤지 모르기 때문에 그곳으로 눈을 돌린다. 굳이 죽마에 오르는 것은 소용없는 일이다. 왜냐하면 죽마에 올라서도 여전히 우리의 다리로 걸어야 하기 때문이다. 세상에서 가장 높은 왕좌에 있어도 여전히 우리의 엉덩이로 앉아야 한다"(Olney 재인용, 1972, pp. 87-88).

'우리가 자신으로부터 분리될 수 없다는 것' 그리고 '현재의 자신과 그것이 미래에 미칠 영향에 대한 이해를 기대한다면 우리는 반드시 과거로 돌아가야만 한다' 는 것을 이해하기 위해 우리는 자서전적 탐구를 사용한다. 이러한 탐구는 '변화 속에 있는 것', '그 변화와 다른 사람들과의 관계, 역사 속에서의 그 변화를 지속적으로 인지하는 것' 을 의미한다. 버지니아 울프(Virginia Woolf)는 『세월(The Years)』에서 다음과 같이 이야기한다. "그녀는 '지금 여기에 또 다른 삶이 있음에 틀림없어' 라고 반복해서 이야기한다. 너무 짧고 너무 단편적이다. 우리는 심지어 우리 자신에 대해서조차도 아무것도 알지 못한다. 그녀는 '우리는 단지 그 단편들을 이해하는 것' 을 시작하고 있을 따름이다' 라고 생각했다. 그녀는 과거, 현재, 미래를 손바닥 가득 가득 담으려는 듯 지금 순간을 붙잡기 위해 빈 손을 거머쥐었다. 그것들이 빛나고, 전체가 되고, 선명하고, 깊이 '이해' 될 수 있을 때까지" (pp. 427-428)

연구방법

안개가 고속도로를 가리듯 과거는 현재를 덮고 있다. 과거는 항상 존재하지만 우리는 과거를 경험할 수 없기 때문에, 과거는 보이지 않는 것처럼 존재한다. 오직 회귀를 통해서만 어쩌면 과거의 고통을 떠올림으로써 우리는 그것이 현재에 어떻게 스며들어 있는지, 마치 우리의 근육 속에 녹아 있는 것처럼, 알 수 있다. 과거는 현재에 존재한다. 우리가 과거를 의식하지 못하고 있는 만큼 우리는 그 속에 체포되어 있다. 개인은 시간적으로, 발달적으로 체포되어 있다. 학교에서 교사는 교육이나 배움이 아니라 교육자로서의 직업적 역할에만 전념하고 있다. 미묘하게 개인은 자신의 '목소리' 를 포기하고 다른 이들의 것만을 취한다. 갖가지 연구 혹은 조사들의 보고서를 작성하고, 정신적이고 지적인 허무주의를 더욱 강화시키는 일들을 한다. 더욱이 이 사실을 의식하지 못해 이의를 제기하지도 못한다. 이것이 어떻게 일어나는가? 교사는 학자들에 의해 오랫동안 '해결되고 결정된' 것들을 자신들의 말로 풀이하는 학생들의 순수한 노력을 잔혹하게 판단한다. 이러한 학습의 장은 (입학허가서에 진실인양 나와 있는 표어와도 같은 삶과 탐구에 대한 충성의 서약으로 흐려진) 공동묘지나 다름없다. 이것이 억압, 무의식, 규정된 역할 행동, 지적이고 정신적인 체포의 모습이다. K의 경우처럼 이것은 자기 파괴다. 늘어나는 회의 수, 늘어나는 근무 시간, 좀 더 많아지는 읽기, 반면에 생각하고 글을 쓸 시간은 줄어든다. 이러한 상황에서 '생경험' 은 모호한 대륙철학(continental philosophy)[9]의 정체를 알 수 없는 문구가 된다.

우리의 과업을 시작하고 상황을 변화시키기 위해 우리는 먼저 이러한 상황을 우선적으로 인지해야 한다. 그리고 우리는 이 방법으로 변화로의 노력을 시작해야 한다. 그 과정 자체가 그러하듯 그것을 설명하는 것 또한 쉽지 않다. 그 네 단계는 회귀, 진보, 분석, 종합이다. 이 방법은 개인의 현재의 전기적 상태의 근원을 그/그녀의 삶의 역사 속에서 찾아내고 탐구하기 위한 것이다. 이것을 개념적으로 혹은 주제별로 설명하는 것은 쉽지 않다. 우리는 '우리가 3학년 때 담임에 대해 이야기할 수 있지만 오직 이해하는 만큼 언어로 할 수 있다' 는 것을 안다. 자서전적 글쓰기를 통해 '글을 쓰는 사람' 과 '글을 읽는 사람' 모두 자기 자신으로 돌아갈 수 있다. 올니(Olney, 1972)는 "자서전적 글쓰기와 시적 글쓰기 모두 창조와 재창조의 활동이며, '단순히 존재한다는 사실' 을 '그것의 가능한 질적인 의미를 알아내는 과정' 으로 변화시키는 '개인 존재의 본질에 대한 의식을 일깨우는 작업' 이다" (p. 44)라고 했다.

이와 같이 삶의 질적인 의미를 인식하는 것은 과거를 드러냄으로써 가능하다. 굳이 말하자면 자아를 흔들어 어떤 부분을 추출해내는 엑소시즘을 생각하면 이해에 도움이 될 수도 있을 것이다. 이것은 너무 구장적(具象的, figurative)으로 느껴질 수도 있다. 이것은 마치 개인이 자신의 몸 속에 있는 과거를 자신 앞에 있는 스크린이나 종이 위에 펼쳐 놓는 것과 같다. 어린 시절 학교(혹은 교육과 관련)의 가장 오래된 기억부터 기록하라. 이때 가능한 만큼 완전히 과거로 돌아가려는 노력이 중요하다. 예를 들어 부모님이 당신을 유치원 입학식에 데리고 가던 때, 유치원 선생님이 온화한 미소로 (혹은 무뚝뚝하게 혹은 건성으로) 당신을 맞아주던 그때로 돌아가

---

9) [역주] 대륙철학(continental philosophy)은 19, 20세기 유럽을 중심으로 발달한 철학적 전통을 일컫는다. 파이너가 취하는 철학적 관점을 고려하면, 파이너는 여기서 실존주의, 실증주의의 비판으로 등장한 현상학, 정신분석학을 지칭하는 것으로 이해하는 것이 무난할 것이다.

라. 여기서 중요한 것은 그 기억으로 보이는 것, 만져지는 것, 당신의 마음, 감정 등 다양한 차원의 실제를 현재로 가져오는 것이다. 과거로 다시 돌아가는 것이 회귀다. 당신은 어린 시절의 당신이 된다. 또한 당신은 그 기억들을 검열한다고 느낄 것이다. 검열은 오래된 기억의 층들의 부정과 분리 상태를 유지하려는 에고의 작용이다. 검열은 이 방법 전반에 걸쳐 느껴질 수 있으며 어쩌면 자기 반성적 탐구에 대한 저항으로 작용할 수도 있다. 이러한 검열 또한 인지하고 기록하라. 그것을 괄호치고 그대로 두라. 회귀 단계에서 자신에게 일어난 모든 것을 기록하라. 우리는 '기록' 을 통해 에고의 반성적 능력(reflective capacity)을, 후설(Husserl)의 언어로는 '초월적 자아(transcendental ego)' 를 기를 수 있다. 모든 것을 관찰하고 기록하되 '판단' 하지 않는다. 이러한 관점에서 반성적 능력을 기름으로써 자신의 변화를 기대할 수 있다. 하지만 이것은 시간과 노력을 필요로 하는 작업이다. 이는 기본적으로 개인과 자신의 관계를 재구조화하는 노력, 자신의 무의식에 존재하는 것에 대한 개방과 솔직함, 자신의 목소리와의 '조화(attune)'[10] 그리고 그것이 담아내는 내용들과의 조화를 필요로 한다. 유감스럽게도 이 설명이 이 작업의 자기 위협적인 특성을 가진 어려운 작업이라는 것을 나타내지는 못한다. 이러한 자기 변화를 위한 노력은 우리가 사회적, 정치적 변화의 문제점을 좀 더 깊이 이해하는 데 기초가 된다. 체포와 억압은 고속도로 위의 안개와 같이 미묘하며 어디에나 존재하기 때문에 우리는 종종 그것의 존재를 잊어버린다.

이 작업이 항상 어렵고 몹시 힘든 것은 아니다. 웃음, 흥분, 기쁨과 같

10) [역주] attunement와 attune은 파이너가 즐겨 사용하는 단어로 그의 이론을 이해하기 위해 추가적인 설명이 필요하다. 굳이 한국어로 번역하여 "조화" 로 했지만, 옥스포드 영어 사전에서 이 단어는 "우리가 어떤 사람이나 대상을 인지하고 이해하고, 그것에 준하여 그것과 관련한 것에 적절하게 행동하기 위해, 어떤 사람이나 대상에 익숙해지는 것" 으로 정의되어 있다.

은 인간의 감정은 의식의 수준에 있지만 어두움, 심난함, 불안함, 난해함 등은 먹구름의 뒤편에 가려져 있다. 진보는 회귀 단계와는 대조적으로 다소 밝고 즐거운 단계로 느껴질 수 있다. '어떤 일이 일어날지' 그리고 '어떤 일이 일어나기를 소망하는지' 명상하는 것은 지금의 당신이 되게 한 어떤 상황/조건/힘처럼 미래에 당신이 되고자 하는 결정적 힘이 될 수 있다. 이것은 아직 일어나지 않은 일이기 때문에, 아직 경험하지 못한 것이기 때문에 부정할 수도 그것의 그늘로 숨어버릴 수도 있다. 하지만 회귀와 비교해 보았을 때, 미래의 어떤 이미지, 미래의 어떤 순간을 상상하는 것은 좀 더 쉽고 즐거운 일이다.

하지만 여기서도 저항은 있을 수 있다. 미래에 대한 불안을 보이거나 그것을 부정할 수도 있다. 어쩌면 그 순간을 모면하고자 할 수도 있다. 미래의 순간을 포착하는 것은 과거의 순간을 회상하는 것과 그다지 다르지 않다. 과거를 회상하고 그것으로부터 나와라. 이때 미래의 불확실성에 대한 두려움과 느슨한 동일시는 그대로 두라. 그리고 당신이 어디로 향하고 있는지(혹은 향할 수 있는지)를 느끼는 강한 직관을 발휘하라. 이때 개인 안에 무엇이 있는지를 종이나 모니터에 기록하여 수많은 미래의 가능성 중에서 자유롭게 선택(선택하도록 강요받는 것이 아니라)하는 것이다. 당신의 선택의 자유는 강화되고 예기치 않았던 전기적, 역사적 사건들에 대한 당신의 반응은 좀 더 유동적으로, 긍정적으로 균형을 이룬다.

과거와 미래에 대해 기록함으로써 체포로부터 풀려나기 위한 탐구 작업의 절반을 마쳤다. 나머지 절반은 '자유를 얻고 무죄를 선언하는 것'을 이해하는 것이다. 다음은 회귀와 진보의 단계를 통해 기록된 것이 무엇인지를 보는 것이다. 분석 단계에서 우리는 에고의 관점으로 돌아간다. 에고는 새로운 정보를 통합한다. 이제 앞의 두 단계에서 자유 연상으로 얻은 것을 비판적으로 반성한다. 여기서 반드시 명심해야 할 것은 두 단계에서 얻은 본질적인 경험이 고정적인 개념적 범주로 축소되거나 격하되어서는 안 된다는 것이다. 경험을 격하시키는 것은 헛된 자기 과시적 상태의 인지의 작용이다. 과거를 회상하고 미래를 상상함으로써 얻은 경험의 질은 그대로 충실하게 지켜져야 한다. 그러한 무미건조한 지성의 복잡해 보이는 이해/분석은 괄호치기를 해야 한다. 우리는 이 탐구를 통해 새로운 희망적인 결론을 기대한다.

분석을 통해 현재, 과거, 미래를 이어주는 어떤 주제를 찾아낸다. 우리는 가능한 주제를 찾으며, 인내하며, 전에 없었던, 예기치 않았던 주제를 염두에 두고 탐구한다. 이 분석 단계에서 우리는 경험 속에 근거를 두고 동시에 그 경험과 거리를 두어야 한다. 그렇게 함으로써 그 경험을 좀 더 완전하게 그리고 현재적으로 하며 그것들을 식별하고 이해할 수 있다. 이 과정은 다소 기이하게 일어난다. 이 설명과 같은 일반적인 안내는 도움을 주기보다 우리를 더 불안하게 하거나 이 과정을 방해할 수도 있다. 어떤 흥미나 그것과 상응하는 교육적 경험의 삶에 대한 기여가 드러날 때 이 방법에 대한 스케치가 필요해질 것이다.

종합은 과거를 회상해 기록하고 그것으로부터 돌아오는 전 과정을 통해 이루어진다. 당신이 상상한 미래에 집중할 때 가려져 있었지만 체포를 유지시키던 어떤 것을 발견하게 된다. 과거와 미래로부터 얻은 자료의 분석을 통해 우리는 지적, 정서적, 육체적인 이해를 동시에 얻을 수 있다. 이와 더불어 어쩌면 높아진 반성적 사고력과 행동을 취할 수 있는 자유의지 또한 얻을 수 있을 것이다. 그렇기는 하지만 통합(integration)에만 초점을 맞추게 되는 순간, 과거와 미래를 이해하면서 만들어진 시각을 통해 개인의 전기적 상황을 재개념화에만 초점을 맞추는 것은 통합만을 더욱 강조할 수 있다. 이 과정은 의식이나 표현의 아래 혹은 이면에서 일어날 수도 있다. 따라서 단어로 기술되지 않을 수도 있다. 하지만 살아 있는 개념으로서의 종합은 '명백하게' 드러날 수 있다.

회귀-진보-분석-종합의 방법은 개인의 교육적 삶과 그것이 개인의 삶에 미친 영향을 이해하기 위한 자서전적 전략이다. 이것은 또한 생생하며 특수한 교육적 삶에 관한 지식을 얻기 위한 연구방법이다. 이를 통해 이 방법은 교육적 과정과 학교에 대한 우리의 이해에 기여할 수 있다. 이 지식은 개인적인 것이다. 여기서 중요한 것은 지식 자체의 중요성에 대한 개인의 관점, 그것을 통한 일반화와 사회적 범주화다. 쿠레레(currere)는 현대 사회과학에서 사용될 수 있는 하나의 대안적인 연구방법(이 과정 자체뿐만 아니라 이를 통해 생산된 지식 또한)이다. 이를 통해 얻어진 지식(knowledge)은 발달적으로 중요하고 명백할 뿐만 아니라 그것의 생산에 대한 인식론적 기초 또한 명확하게 할 수 있다. 이 지식은 추상적인 것이 아니라 구체적인 것이다.

나는 이 방법을 연구자의 발달(development)을 위해 구안했다. 이것은 연구자와 연구대상의 삶 속에서 연구방법 자체가 미칠 수 있는 영향에 대해 자각하고 있는 방법이다. 이는 '지식의 생산에 기여할' 뿐만 아니라 '전기적-인지적, 나아가 정치적 해방까지도 열망하는' 이들을 위한 전략이다. 지식의 특징이나 지식이 우리의 삶 속에서 하는 역할은 그 상태 혹은 환경 그리고 그 지식이 만들어진 전략에 많은 영향을 받는다는 것 또한 이해해야 한다. 이러한 점에서 지식은 사회전기적 빙산(socio-biographic iceberg)의 일각/끝(tip)에 불과하다. 그 끝의 본질은 대부분 그 지식을 만들어내는 사람의 경험의 본질적 기능이다. 이 방법은 전적으로 주체적으로 존재하는 개인의 관점을 통한 지식 생산의 경험에 의존한다. 이 방법은 체포로부터 벗어나는 변화를 보여준다. 버지니아 울프는 다음과 같이 이야기한다.

> 그건 참 이상한 일이다. 아무도 자신이 어디로 가고 있는지, 무엇을 원하는지도 몰랐다. 자신의 고통은 비밀로 한 채 항상 준비되어 있지 않고 아무것도 모른 채 장님처럼 따라갔다. 하지만 이곳에서 다른 곳으로 이끄는 무언

가가 하나 있었다. 그리고 서서히 아무것도 없는 것에서 무언가가 그 자신을 만들어냈다. 그래서 그/그녀는 이 평온함, 이 확실성에 도달했다. 사람들은 이 과정을 '삶/인생' 이라 한다.

참고문헌

Cremin, L. (1976). *Public education*. New York: Basic Books.

Dewey, J. (1929). *Experience and nature*. New York.

Dewey, J. (1960). *On experience, nature and freedom*. R. Bernstein, ed. Indianapolis and New York: Library of Liberal Arts.

Earle, W. (1972). *The autobiographical consciousness: A Philosophical inquiry into existence*. Chicago: Quadrangle Books.

Eliot, T. S. (1964). *The use of poetry and the use of criticism*. London: Faber & Faber.

Erickson, E. (1975). *Life history and historical moment*. New York: Norton & Co.

Jung, C. (1939). *The integration of personality*. New York; Farrar & Rinehart, Inc.

Jung, C. (1963). *Memories, dreams, and reflections*. New York: Pantheon.

Fafka, F. (1968). *The Trial*. New York: Schocken.

Kierkegaard, S. (1951). Concluding unscientific postscript. In R. Bretall (ed.), *A Kierkegaard Anthology*. Princeton: Princeton University Press.

Olney, J. (1972). *Metaphors of self: The meanings of autobiography*. Princeton, NJ: Princeton University Press.

Rahv, P. (1968). *Literature and the sixth sense*. Boston: Houghton, Mifflin.

Serrano, M. (1966). *C. G. Jung and Hermann Hesse: A Record of Two Friendships*. New York: Schocken.

Tolstoy, L. (1940). *A confession*. London: Oxford University Press.

Woolf, V. (1937). *The years*. London: Hogarth.

재개념화란 무엇인가?

(What is the Reconceptualization?, 1978)

나는 이 질문에 정답을 제시하고자 하는 것이 아니다. 이 글을 통해 '재개념화가 무엇인지에 대한' 의문을 다시 진지하게 제기하고자 한다. 다시 말해 우리는 교육과정 분야에서 우리 자신들의 전체적인(혹은 공통된) 미래를 볼 수 있을 것인가? 만일 그렇다면 그 미래는 어떤 것이 될 것이며 교육과정 연구는 어떤 양상으로 펼쳐질 것인가? 나는 여기서 하나의 가능한 미래에 대한 윤곽을 그려보고자 한다.

먼저, 재개념화 작업을 되짚어보자. '재개념화(reconceptualization)'라는 단어는 많은 이들이 인용한 제임스 맥도날드(James Macdonald)의 1971년 교육과정 연구논문, 『curriculum Theory』에서 유래했다.[1] 나는 교육과정 재개념화가 어떻게 진행되어 왔는지, 지금의 위치는 어떠한지, 그리고 어디를 향해 나아가고 있는지를 스케치의 개념을 이용해 살펴봄으로써 재개념화의 대중화에 기여했다.[2] 중점은 우리와 같은 재개념주의자들

1) James B. Macdonald, "Curriculum Theory." In W. Pinar (ed.), *Curriculum Theorizing: The Reconceptualists* (5-13). Berkeley: McCutchan

2) 『교육과정이론화: 재개념주의자(Curriculum Theorizing: The Reconceptualists)』의 서문,

의 작업에 관한 유사성과 상이성을 이해하고자 하는 것이 아니라, 교육과정 분야의 주류가 알고 있는 교육과정 분야를 재개념화하는 우리의 작업을 그들에게 소개하는 데 있다. 『교육과정 이론화: 재개념주의자(Curriculum Theorizing: The Reconceptualists)』의 서문에 제시되어 있듯이 재개념화의 주요한 목적은 자신들의 작업과 휴브너(Huebner)의 학문(작업)을 제대로 이해하지 못한 이들을 위한 것이다. 그 서문의 요지는 휴브너와 다른 이들의 작업을 교육과정 주류에 있는 이들이 이해할 수 있도록 제시하는 것이다.[3]

〈학술지 교육과정 이론화(The Journal curriculum Theorizing)〉에 글을 싣는 이들에게 있어서 재개념화라는 단어는 지금까지 수수께끼와 같이 모호하며 만족스럽지 못한 개념이었다. 나는 그것이 예를 들어 타일러(Tyler) 혹은 존슨(Johnson)을 지지하는 이들이 사용한 상당한 개념적 차이에 기인한 것이라고 생각한다.[4] 나는 '재개념화'의 이해를 위해 우선적으로 이루어져야 할 것이 무엇인지를 1976년 밀워키 컨퍼런스(Curriculum Theory Conference)를 통해 알 수 있었다.[5] 한 청중이 재개념화는 아무런 의미가 없다고 이야기하자 그녀의 한 동료가 "아닙니다. 그건 아무런 의미가 없는 것이 아닙니다. 물론 그것이 무엇이라고 정확하게 정의할 수 없지

교육과정 연구의 재개념화(The Reconceptualization of Curriculum Studies, *Journal of Curriculum Studies.*), 교육과정 분야에 대한 제언(Notes on the Curriculum Field 1978, *Educational Researcher*) 참고.

3) W. Pinar (ed.), *Curriculum Theorizing: The Reconceptualists*. Berkeley: McCutchan, 1975.

4) Ralph W. Tyler, *Basic Principles of Curriculum and Instruction*. Chicago: University of Chicago Press, 1950. Mauritz M. Johnson, "Definitions and Models of Curriculum Theory," *Educational Theory* 17 (2), 1967, pp. 127-139.

5) Curriculum Theory Conference held on the campus of the Unviersity of Wisconsin-Milwaukee, November, 1976, chairs: Alex Molnar and John Zahorik. Proceedings (partial) published as Curriculum Theory. Washington, DC: ASCD, 1977.

만 그것은 어떤 의미를 담고 있습니다. 나는 미국교육연구협회(American Educational Research Association)와 Association for Supervision and Curriculum Development에 정기적으로 참석하고 그 세 컴퍼런스에 모두 참석했었어요. 그 컨퍼런스에서의 논의를 고려해볼 때, 그것이 무엇인지는 명확하지 않지만, '재개념화' 가 논의되고 있으며 그것이 어떤 것을 의미한다는 것을 알 수 있어요."라고 말했다. 나는 이러한 이야기들을 수차례 들었다. 아마 당신도 들었을지 모른다. 요점은 그 용어 자체가 그 컨퍼런스에 참석한 우리들에게 모호하게 보일지라도 그것은 무의미한 것이 아니라는 것이다. 그것은 분명히 무언가를 의미한다. 나는 여기서 독자들에게 그 '어떤 무언가' 가 무엇인지를 밝히는 일에 동참할 것을 권유한다.

나는 그 작업이 지금 현재의 상태를 정확하게 인식하는 것은 물론 우리 모두의 열망을 정교화하는 작업 또한 포함한다고 생각한다. 이 일은 재개념화의 개념이 모호한 것만큼이나 매우 복잡한 작업이다. 먼저 그것은 우리가 서로에게, 학교에 있는 동료들에게 그리고 교육의 다른 분야에 있는 동료들에게 이야기해야만 하는 것 자체에 대해 숙고해야 한다. *그 작업은 다른 이들의 연구를 분류하는 것이 아니라 그들의 상호 연관성의 가능성을 찾기 위한 노력이다.*

나는 다음에 우리가 만날 때 우리의 개별적 노력의 성취와 진전을 공유할 것을 제안한다. 이때 우리는 우리의 이러한 노력에 있어서 교육과정 분야의 역사적 측면을 고려할 뿐만 아니라 다른 이들이 어떤 측면으로 노력을 기울이고 있는지 또한 논의할 것을 제안한다.[6] 하나의 학문 분야는 동떨어진 한 부분만의 노력으로 만들어지거나 유지되지 않는다. 또한 그것은 관련된 학문 분야 혹은 과거의 양상들에 대한 탐구로만 이루어지는 것

---

6) 현재로서는 학술지 교육과정 이론화(The Journal of Curriculum Theorizing)가 이 회의를 지원하고 그 결과물을 출간할 것이다.

도 아니다. 물론 그것들이 필요하지만 충분하지 않다. 중요한 것은 동시대에 동일한 분야에서 이루어지고 있는 다른 작업들과의 관련성을 고려하며 그려 나가려는 노력이다. 여기서 '그 관련성을 스케치' 하려는 노력이 중요하다.

일반적으로 한 연구자가 자신의 연구와 동시대 다른 연구자들의 연구와의 관련성을 탐구하려고 할 때 배타적인 비판적 성향을 보이는 경향이 있다. 이러한 비판은 적어도 초기에는 지양되어야 한다. 첫째, 비판은 종종 실질적인 지적 논쟁에 의해서가 아니라 출세하려는 야망에서 비롯된다. 둘째, 거기에는 반드시 현재 어떤 분야의 진보를 위한 일련의 노력이 있어야 한다. 지금까지의 작업은 이 위기의 시기에 비판의 초기 단계에 머물고 있으며, 이는 상황을 촉진하거나 지지하기보다는 좌절시킨다.[7] 물론 진정한 논쟁은 필요하며 인정되어야 한다. 그러나 나는 여기서 향후 3년에서 5년 동안에는 현재 다양한 관점에서 이루어지는 연구들 간의 관계를 밝히는 데 주력하자고 제안한다.

아마도 우리는 서로의 노력을 나누기 위해 포럼을 개최할 수도 있을 것이다. 여기서 프레이리(Freire)의 '대화적 만남(dialogical encounter)' 의 개념이 여전히 유용하다. 이를테면 그런 행사에서 개별적인 이론적 관점의 발달을 소개하고 나아가 하나의 종합적인 형태에 대해 논의할 수 있을 것이다. 발표자들 간의 만남과 같은 소규모 회의가 필요할 수도 있을 것이

7) Books include *Heightened Consciousness, Cultural Revolution, and Curriculum Theory* (McCutchan, 1974), *Curriculum Theorizing: The Reconceptualists* (McCutchan, 1975), Schools in Search of Meaning (ASCD, 1975), *Toward a Poor Curriculum* (Kendall/Hunt, 1976), Curriculum Theory (ASCD, 1977). At a 1976 conference held at the State University of New York at Geneseo, Professors Apple, Greene, Kliebard, and Huebner spoke. Each of these names has been been associated with the Reconceptualization. Proceedings were published in *Curriculum Inquiry*. Those who chaired this meeting–Professors P. DeMarte and J. Rosario–did not see the meeting in the tradition of the others.

다. 그러한 만남에서 자신의 이론적 관점을 이해하지 못하는 이들에게 설명하고, 가장 기본적인 가정이나 전제에 의문을 제기하는 이들에게 설명하는 기회를 가질 수 있을 것이다. 하지만 자신의 개념을 설명하기 위해 마치 강의를 하는 것처럼 자신의 모든 시간을 써버린다면 그 시간은 무의미하게 소진되는 것이다. 만약 우리가 미국 교육을 혼란에 빠뜨리는 구조적 이해의 문제를 만들어내는 실증주의에 바탕을 둔 동료들에게서 눈을 돌리고, 지금 미국 교육의 문제점들을 이해하기 위한 틀을 만들며, 좀 더 심도 있고 솔직하게 우리 자신들로부터 탐구하지 않는다면 우리는 이 분야의 지속적인 발달을 기대하기 힘들 것이다. 우리가 의미 있게 그리고 강력하게 다른 연구자들을 지지할 수 있을 정도로 그들의 작업을 이해하기 전에 기초연구(basic research)에 준하는 작업이 이루어져야 한다.

그러한 작업에서는 어떤 종합적인 작업을 위한 명확한 방향을 찾기가 쉽지 않다. 현재 그러한 방향이 어떤 것인지는 다소 모호하긴 하지만 우리는 그 모호함으로부터 시작해서 점차 그것을 명료화해 나가야 한다. 우리는 AERA나 ASCD에서 여러 담론의 정체나 확산을 경험하기도 했다. 방향은 어떤 한 개인이 미리 짐작해서 알 수 있는 것이 아니라 정교화 과정을 통해 이루어진다. 우리는 전통뿐만 아니라 이론적, 역사적 맥락 속에 존재한다. 지금 우리가 해야 할 것은 현재의 여러 상황과 전통의 맥락과 각각의 연구작업의 관련성을 서로 인정하고 그러한 분위기를 촉진시키는 일이다. 그러므로 이 글에서 던진 질문에 답한다면, 우리는 개인의 노력과 다른 이들의 노력 그리고 전통의 맥락과의 관계를 지속적으로 스케치하는 것부터 시작하자는 것이다. 그 질문에 대한 해답은 한 사람의 이론가에 의해서가 아니라 우리 모두에 의해서 시간이 지나면 나타나게 될 것이다.

우리는 이 분야의 주제나 기능의 제도화에 대한 유혹을 반드시 뿌리쳐야 한다. 우리는 존슨(Johnson)과 다른 이들이 했던 것과 같은 '교육과정 연구 분야가 무엇이고 무엇이 아닌지' 에 대해 규정하려는 시도를 피할 수 있어야 한다.[8)] 우리가 기억하고 있듯이 이러한 시도는 대화를 촉진시키지 못한다. 물론 핵심 용어에 대한 정의는 필수적이다. 하지만 이것 또한 필요하다면 재정의되고 반박되어야 한다. 그러나 하나의 학문 분야는 개별성 혹은 논리성에 의해서가 아니라 역사적, 종합적 맥락 속에서 정의된다. 현재 교육과정 분야의 개념적 일관성이 부족하지만 이것은 어떤 명령이나 지시로 이루어지는 것이 아니다. 우리는 개인과 다른 이들 간의 관계를 좀 더 명료하게 하려는 의식적인 노력을 통해 그 문제에 다가갈 수 있다. 일관성은 오랜 시간을 두고 이루어질 것이다. 그것은 아직 등장하지 않은 다른 이들에 의해 이루어질 수도 있다.

이렇게 대화를 시작하는 시점에서 나는 '재개념화란 무엇인가' 에 대한 나의 견해를 제시하고자 한다.

재개념화

재개념화는 교육과정 분야 자체에 대한 근본적인 비판에서부터 시작된다. 그 비판은 '발전' 에만 초점을 둔 교육과 사회의 뿌리 깊은 구조를 수용하는 대부분의 교육과정 개혁을 위한 노력과는 구별된다. 재개념화는 현재의 구조적 수준까지의 변화를 추구하는 비판을 열망한다. 재개념화는 '비판은 그것이 정의하고 설명하는 것을 구체화하지 말아야 한다' 는 관점에서 비판이론(critical theory)과 같은 맥락을 가지고 있다.[9)] 비판은 경직된 구조를 완화시켜야 한다. 따라서 그 변화는 현재의 교육적 상황을 놓고 볼 때 다소 명료하지 않다.

---

8) 존슨 교수가 이에 속한다.

9) For an introductory discussion of critical theory, see R. J. Bernstein, *The Restructduring of Social and Political Theory*, New York: Harcourt, Brace & Jovanovich, 1976.

한 예로 학교와 학교의 교육과정적 기능이 얼마나 경직되었는지(비판을 허용하지 않았는지)에 대한 애플(Apple)의 주장을 들 수 있다.[10] 비판은 받아들여지지 않았을 뿐만 아니라 사회적 상호작용의 한 양상으로 잘못 인식되었다. 예를 들어, 자연과학은 일반적으로 그것이 비과학적 동기나 목적 혹은 적대적 논쟁 없이 마치 합의에 의해 발달해온 것처럼 묘사된다. 이와 비슷하게 잠재적 교육과정의 중요한 요소로서 규율(discipline)을 통한 학교의 엄격함은 우리의 아이들을 정치적, 문화적, 인지적 수동성을 가지도록 세뇌시킨다. 그 악몽의 원인을 간단하게 요약해서 표현하기 어렵지만, 우리는 홀로코스트(Holocaust)가 '수동적으로 그리고 종속적으로 훈련된 문화 체제가 얼마나 위험할 수 있는지를 분명하게 보여준다' 는 점을 잊지 말아야 한다.

많은 이들이 학교가 과도한 통제에 사로잡혀 있음을 논했다. 그 망상은 우리 사회의 정치 경제적 구조 속에서의 학교의 기능과 밀접하게 관련되어 있다. 학교는 '배움(learning)' 과 '교육(education)' 과 같은 단어들을 마치 그것들의 무의미함을 확신시키려는 듯 지속적으로, 의례적으로 사용하면서 학교와 다른 이들이 학교의 본연의 역할을 '훈련' 으로 착각하게 만든다. 진로교육과 직업교육을 지속적으로 강조함에 따라 그러한 착각과 오해 또한 증가되었다. 학교는 기성세대가 사회적으로 필요하고 편리한 어떤 것들을 학생들에게 제공하고 학생들은 그것의 수행을 훈련받은 후 그 성취를 보여주는 장소다. 학교 교육과정에 대한 이러한 해석은 애플을 비롯한 다른 많은 이들에 의해 이루어져 왔다.[11]

---

10) Michael W. Apple, "The Hidden Curriculum and the Nature of Conflict" in W. Pinar (ed.), *Curriculum Theorizing*, pp. 95-119.

11) 예, Joel Spring, *The Sorting Machine*, New York: David McKay, Inc., 1976. Michael Young and Geoff Whitty, Society, State, and Schooling. London: Falmer Press, 1977.

클리바드(Kliebard)의 작업 또한 진정한 의미에서의 교육과정 재개념화에 핵심적인 비판이 어떠해야 하는지를 잘 보여준다.[12] 그는 교육과정이 그것이 생긴 이래 어떻게 비즈니스에서 당연시되는 생산성과 효율성을 추구하는 '과학만능주의' 의 한 에토스[13]로 여겨져 왔는지를 보여준다. 이러한 무분별한 발달, 생산성, 효율성을 강조함으로써(클리바드의 용어로는 '개선적 지향성(ameliorative orientation)') 심리적, 인지적 발달에 기초한 행동주의적 견해가 구조적으로 말하자면 공장의 복제판으로 여겨질 만큼 미국의 학교교육을 주조했다. 학교의 이상은 증발했으며 자본주의 경제 질서에 존재하는 이익 창출을 위한 훈련만이 남아있을 뿐이다.

'가르치는 일' 은 '지시나 설명' 으로 전락했다. 휴브너(Huebner)가 지적했듯이 '윤리적이고 심미적인 활동으로서의 교육과 교육과정의 이해' 는 '예상과 통제에 사로잡힌 기술적 활동' 으로 바뀌었다.[14] 하버마스(Habermas)가 지적한 것처럼 특정 상황에서 발휘되는 어떤 활동에 대한 고전적 관심 즉 실용성(pragmatic)이 기술적(technical)인 것으로 (물론 그 두 용어 모두 여전히 사용되고 있지만) 대체되었다.[15] 자세히 들여다보면, 공립학교 현장에서 근무하는 우리 동료들의 대부분의 요구는 사실 기술적(technical) 부분에 관한 것이며 소위 학습 장애(learning problems)로 불리는 보다 깊은 구조적 문제들은 충분히 논의되거나 요구되지 않는다. 나는 『분별, 광기, 그리고 학교(Sanity, Madness, and the School)』에서 전형적

12) See his persistent Curriculum Issues in Historical Perspective, and Bureaucracy and Curriculum Theory, in Pinar (ed.), *Curriculum Theorizing*, McCutchan, 1975.

13) [역주] 특정 집단이나 집단 행동과 관련된 일련의 생각(믿음)이나 태도. 한국어로 번역하자면 '풍조' , '특정 집단이나 사회의 정신' 정도가 될 것이다.

14) Dwayne E. Heubner, "Curriculum Language and Classroom Meanings," *Ibid.*, pp. 217-236.

15) Jurgen Habermas, *Knowledge and Human Interests*. Trans. J. J. Shapiro. Boston: Beacon Press, 1971.

인 학교생활이 조장하는 자기 소외와 광기(madness)에 대해 논의했다.[16] 이 비판적 관점은 교육의 현상에서 수정주의(revisionism)를 제외한 미국 교육의 현재의 현상과 재개념화를 구별 짓는 것이다.[17]

더욱 두드러진 특이성은 '포괄적인 비판은 미국이 아니라 유럽에서 그 전통적인 기원을 찾을 수 있다' 는 것이다. 막시즘(Marxiam), 실존주의(existentialism), 현상학(phenomenology), 정신분석학(psychoanalysis)인데, 이 분야들은 상호 이질적이지만 교육과정 분야에서 이 학문 분야들의 공통점은 미국의 사회과학과 교육연구의 행동주의적, 실증주의적 특징과 구별된다. '이러한 전통들이 현재의 교육과정과 관련되어 있다' 는 인식은 주류 교육과정 학자들과 교육 연구자들의 관점에서 유래했다. 재개념화를 위해 노력하고 있는 연구자들의 작업과 그 관계들은 명료하지 않다.

나는 재개념주의자들에게 가장 필요한 것은 이러한 전통들이 재개념화의 근원이라는 것을 염두에 두는 것이라고 생각한다. 우리는 반드시 '우리의 것을 만들어내기 위해' 그들의 직관을 사용해야 한다. 우리는 미국인이지 유럽인이 아니기 때문이며 우리는 교육학자들이지 철학자나 정신분석가가 아니라는 점을 명심해야 한다. 우리는 반드시 '이 학문 분야들의 직관을 그대로 추출하여 우리 시대의 교육 상황에 적용하려는 유혹' 을 경계해야 한다. 만약 복잡한 문제를 다른 시대, 다른 장소, 다른 목적을 위해 만들어진 개념적 틀 속으로 단순화/격하한다면, 이는 그야말로 '왜곡' 이며 '비본질적' 인 것이다. *교육과정학자가 되기 이전에 막시스트나 현상학자가 되는 것은 우리의 역사적 의무를 저버리는 것이다. 물론 학문적 전통은 중요하다. 나는 그것을 경시하지 않는다. 하지만 그 학문 분야들은 단지 기*

16) In Pinar (ed.), *Curriculum Theorizing*, pp. 359-383.

17) 예, 카리어, 카츠, 스프링의 연구들.

원/출처에 불과하다. 우리는 반드시 학문적 전통들로부터 독립적이고, 민감하며, 우리의 시대에 책임 있는 인지적이고 실제적인 학문 분야를 이루어야 한다.

좀 더 자세히 설명하기 위해 한 일화를 덧붙이고자 한다. 1977년 내슈빌(Nashville)에서 열린 교육철학회(the Philosophy of Education Society)에서 한 교육철학자가 교육이론에서 어떤 현상학적 개념의 중대성을 주장하는 논문을 발표했다. 그의 발표 이후 질의응답 시간에 파리에서 메를로-퐁티(Merleau-Ponty)의 제자와 함께 공부한 다른 한 철학자가 다음과 같이 질문했다. "당신의 논문은 흠잡을 데 없이 훌륭합니다. 당신은 현상학을 아주 심층적으로 이해하고 있는 것 같군요. 하지만 당신은 현상학에서 핵심이라고 할 수 있는 가장 중요한 한 가지를 간과한 것으로 보입니다. 물론 메를로-퐁티나 후설(Husserl)의 철학을 명료화하는 많은 학자들이 있습니다. 그러나 미국 교육철학이라는 새로운 별에 외계에서(유럽) 온 이론을 그대로 적용하려는 시도는 현상학의 가장 근본적인 책임(목적)을 간과하는 것입니다. 예를 들어, 우리는 그 유명한 후설의 충고를 잊지 말아야 합니다. 그것은 '사물 그 자체로 돌아가라(return to the things themselves)'는 것입니다. 가능하다면 우리는 직관적 환원(eidetic reduction), 혹은 현상학적 환원을 통해 현재의 개념적 구조(행동주의뿐만 아니라 현상학 또한)를 버려야 한다고 생각하지 않습니까?

우리는 전개념적 경험에 직접 다가가 '당신의 직접적인 경험과 관련하여 당신이 누구인지를 기존의 개념적 틀에 얽매이지 않고' 명확하게 진술하고자 노력해야 합니다. 슈츠(Schutz)나 메를로-퐁티의 언어가 아니라 우리 자신들의 언어로 말이죠. 당신은 현상학에 대한 중요한 논문을 썼지만 동시에 그것의 중요한 부분을 간과한 것 같습니다."

그 질문에 대한 발표자의 대답에서도 그는 여전히 그 부분을 간과하고 있다는 것을 명확하게 알 수 있었다. 그는 '자신의 논문의 개념적 구조가 아주 논리적이고 직선적이며, 대수학적인 논리와 같다' 는 것을 보지 못하고 있었다. 예를 들어, 현상학적 개념 'A' 가 있고, 그것에 기초해 논리적으로 만들어진 교육적 의미의 'B' 가 있다고 하자. 이는 기본적으로 개념적인 작업에 불과하며 이를 주장하는 사람의 실제 세계와 어떠한 연관성도 없다. 현상학자들의 작업/연구 자체는 그들의 관점과 이해를 형성하는 데 기여해야 한다. 하지만 그들이 그 학문적 전통을 충실히 이해한다고 한다면 그것은 반드시 그들의 전개념적 경험에 근거한 그들 자신의 것이 되어야 한다. 그들은 반드시 그들의 경험을 드러내고 재창조하며 주체화해야 하며 종국에는 종합적으로 비판적인 탐구를 이루어야 한다.

이론의 틀 속에서 자신을 잃어버리는 경우를 몇몇 막시스트들을 통해 볼 수 있다. 엄밀하게 말해서 교육 현상들을 거대한 경제적 틀이나 계급 갈등으로 직접적으로(자동적으로) 간주해 버리는 것은 그들의 언어적 재능을 나타내는 것 이상도 이하도 아니다. 우리는 반드시 이론적 묘사와 설명인 '개인과 사회의 경험을 구성' 할 때 이론과 전개념적 경험 모두를 염두에 두어야 한다. 이러한 개념과 인식의 변증법적 관계는 교육적 경험의 구조적 본질이다. 단순히 타인의 지식을 습득하는 것은 훈련(training)이지 교육(education)이 아니다. 그것은 개인과 이론의 정치적 종속적 관계를 지속시키며 집단적 노예화(servitude of the masses)를 재생산한다.[18)]

억압적인 사회 구조 유지에 공모하는 개인을 인식하는 것은 개인의 목소리, 타인에 대한 개인의 이해와 관점을 지속적으로 탐구하며, 현상학에서 이야기하는 '그것의 본질(things themselves)' 로 돌아가게 한다. 이러한 작업은 어려울 뿐만 아니라 고통스러울 수 있다. 하지만 그렇지 않으면

18) See Paulo Freire, *Pedagogy of the Oppressed* (New York: Herber & Herder, 1971), for a discussion of the dynamics of oppression.

철학자 내슈빌(Nachville)이 지적한 것처럼 이론 속에서 개인을 잃어버릴 수 있다. 교육적 이슈에 대한 현상학적 혹은 막시스트의 논리적 해석을 그대로 적용하고 실행하는 것은 그들의 이론들 아래에 숨는 것이며 자신을 발견하지 못하고 표면 혹은 가장자리에 머물게 되는 것이다. 실제와 개인의 관계는 본질적으로 소원하다.

우리가 속해 있는 그 거대한 전통이 우리의 작업에 상당한 영향을 미치는 것이 사실이지만 우리는 그것에 종속되어 현상학자, 막시스트 혹은 심리학자가 되어서는 안 된다. 우리는 반드시 이 시대의 교육 현상들을 그 자체의 형태로서뿐만 아니라 이론적으로 깊이 있게 이해해야만 하는 의무가 있다는 것을 명심해야 한다. 이것은 어떤 이론적 전통들(엄밀히 말해서 하나의 지적 전통에만 의존하지 않고)에 대한 명확한 이해를 통해 우리 자신의 목소리를 내려는 노력을 말한다. 이와 더불어 우리는 동시대의 동료들이나 이전의 연구자들이 이루고자 했으나 이루지 못한 것에 대한 탐구를 게을리해서는 안 된다. 우리는 반드시 '교육과정 연구' 를 그것만의 연구방법과 이론적 주안점을 가진 자주적인 학문(autonomous discipline)으로 발전시켜야 한다. 이때 우리는 그 연구방법이나 주안점을 그것이 유래한 본래의 학문들의 그것과 동일화해서는 안 된다.[19)]

여기서 우리는 의미의 이해에 있어 혼란을 보이는 용어 '재개념주의(reconceptualism)' 와 '재개념화(reconceptualization)' 에 대해 논의할 필요가 있다. 나는 1975년에 발행한 저서의 부재를 『교육과정 이론화: 재개념주의자(Curriculum Theorizing: The Reconceptualists)』로 붙임으로써 이러한 혼동을 야기하기도 했다고 시인한다. 재개념주의자(reconep-tualists)와 재개념주의(reconceptualism) 두 용어 모두 어떤 종결된, 이미

19) 아마도 이러한 주장이 확산되는 것을 싫어했던 많은 동료와 연구자들이 있었다는 점을 쉽게 추측할 수 있었다.

마무리된 어떤 것을 의미한다. 하지만 이 '현상(우리의 논의)' 은 다양하며 분기하는 관점들 속에서, 여러 문제에 대한 내부적 논쟁을 통해, 특히 이 초기 단계에서 이 분야의 다른 이들과의 집합적인 노력을 하며 '진행중' 이다. 재개념주의가 아니라 재개념화는 정확히 말해 1970년대 교육과정 분야에서 이루어지고 있는 일을 말한다. 이 재개념화 분야는 본질적으로 비이론적이고 비실용적인(간단히 기술적인) 영역으로부터 이론적으로 강력하고 개념적 자율성이 있는 영역으로의 변화를 의미한다. 그것은 교육과 학교 현실의 여러 실제적인 문제들, 교육과 학교, 무엇보다 그것 모두를 변화시킬 수 있는 방법을 구조적(조직적)으로 탐구하는 것이다. 현재 태크노크라시 체제(technocratic order)[20]의 하수인으로 전락하기보다 우리는 그 체제를 우리 자신과 우리의 과업을 변화시키고자 하는 방식으로의 변화를 추구해야 한다. 우리의 과업은 '수동적이고 고정적이고 왜곡된 것' 에서 '유동적이고 자유로운 개인적, 역사적 변화' 를 추구하는 것이다.

그러한 희망 또한 정지된 것이 아니라 변하는 것이다. 여기서 의미하는 정체는 하나의 관점과 선입견에 사로잡힌 것을 의미하는데 그 정체는 반드시 용해(극복)되어야 한다. 재개념주의는 그것의 어떤 원칙을 내포하기 때문에 정체를 의미한다. 그것은 마치 어린이들의 인권을 지지하는 정당의 강령과도 같은 것이다. 어린이들의 권리는 아마도 역사적으로 적절한 쟁

20) [역주] 기술이나 과학적 지식의 소유로 사회나 조직의 사상 결정에 중요한 영향력을 행사할 수 있는 권력의 형태를 가리킨다. 이는 생시몽(Saint-Simon)에서 출발하여 '기술자의 소비에트' 론을 제창한 베블런(Thorstein Bunde Veblen) 등에 의해 계승되었다. 지금과 같이 고도로 발달된 과학기술의 영향이 커진 사회에서 그 의미에 대한 탐구가 더욱 중요하며 필요하다. 어떻게 보면 2012년 대선 과정에서 등장한 '안철수' 또한 테크노크라트의 한 예라고 볼 수 있을 것이다. 왜냐하면 그의 사회적 믿음이나 인기의 기저에는 '한국 최초의 컴퓨터 바이러스 백신' 을 만들어냈다는 '정보과학적 직관' 이 강하게 자리잡고 있기 때문이다.

점으로서 다루어졌다고 본다. 여기서 우리의 논지는 하나의 쟁점에 사로잡히지 말아야 한다는 것이다. 예를 들어 모든 이슈는 억압과 같은 인간의 본질적인 주제와 관련한 원인과 결과가 있다. 그러면 이 본질적인 생물학적 구조는 절대로 모호해지지 않아야 한다. 다른 시대와 다른 상황을 고려해볼 때, 다른 쟁점들은 항상 쟁점들 간의 상관관계 속에서 다루어져야 한다. 그럼으로써 종합적이고 좀 더 심층적인 교육과정 이론이 만들어질 수 있다. 그 교육과정의 본질은 곧 '이해' 다.[21)]

과거의 기술적인 그리고 비실제적인(pseudo-practical) 전통에서, 근시안적으로 전통적인 관점을 이어가려는 현재 사회과학에서 그것이 이루고자 하는 해방적 영역으로 재개념화된 교육과정에서 관심을 가져야 할 것은 '어떤 쟁점이나 현상에 대한 역사적, 전기적 의미를 찾는 것' 이라는 것을 잊지 말아야 한다. 예를 들어, '기본으로 돌아가라(back to basics)' 운동이 이미 공교육에서 억압된 이들을 더욱더 억압하는가? 백인 중산층의 기능과 언어를 습득하기 위해 자신들의 민족적 특질을 희생한 이들을 위한 직업들이 있는가? 기본으로 돌아가라 운동이 참여자들의 관점과 이해를 넓히는 데 기여했는가? 관료 사회 속에서 개인의 사회적, 정신적 삶을 면민하고 심층적으로 이해하는 데 기여했는가? 요점은 위의 실제적인 의문들이 보여주는 것처럼 어떤 쟁점이라 하더라도 반드시 그것의 해방과 억압의 가능성을 고려해 다루어야 한다는 것이다.

우리는 위의 의문들을 교육과정 학자들과 대중에게 제기함과 동시에 우리 자신들 역시 이러한 의문들이 가지는 역사적-전기적 의미/기능(historical-biographical function)에 관심을 두어야 함을 강조한다. '우리가 비판하는 학교와 사회적 관계의 구조를 반영하는 다른 이들의 작업' 과 같

21) 생태학적 관점을 뜻한다. 즉, a가 변화하면, 구체적 요소인 B가 변할 뿐 아니라 전체 체제 자체가 영향을 받는다.

이 우리 자신의 작업도 같은 비판의 시험대 위에 드러내야 한다.[22] 물론 두말할 것도 없이 우리는 사회에 속해 있으므로 오직 사회적 틀 속에의 참여를 통해서만(예를 들어 억압의 양상) 그것을 알아차릴 수 있다. *이론가들이나 비평가들이 간과하지 말아야 할 것은 외부의 악마를 찾아 물리침으로써 자신을 자유롭게 해방시킬 수 있다는 것이 환상적 유혹에 불과하다는 것이다. 다시 말해 엑소시즘으로 항상 비판적 이해를 얻을 수는 없다.*

내가 가장 큰 관심을 가지고 있는 것은 이 변화의 불씨를 처음 당길 수 있는 것이 무엇인가 하는 것이다. '비판'은 종종 그것의 해방적 기능을 다하고 난 후에도 어떤 한 문제를 가지고 있다. 이 점에 대해 베를린(Berlin)은 "헤겔의 뛰어난 성찰이 잘 보여주듯이, 생각과 문화의 역사는 지속적으로 변화하는 거대한 해방의 양식이다. 그럼으로써 구속되어 있던 관념으로부터 벗어나게 되고 따라서 새로운 해방으로 인해 그들 자신을 해체하는 것이며, 동시에 또 다른 개념에 예속된다"고 했다.[23] 여기서 요점은 우리는 반드시 해당 이슈와 관련한 역사적-전기적 역할과 현세의 실제적 삶을 동시에 고려해야 한다는 것이다.

예를 들어, '사회 통제'의 개념이 그 자체의 유용성이나 영향력을 상실할 수도 있다. 어떤 순간 독자들은 학교가 그 구성원들을 통제하는 수많은 방법들에 대한 설명이나 묘사에 무감각해진다. 우리는 동료들과 함께 어떤 것이 그것의 해방적 역할보다 더 오래도록 지속되었으며 마침내 마법과 같이 되어버렸는지 알아내야 한다. '해방'이라는 개념 자체 또한 마찬가지

---

22) See Alvin W. Gouldner, *The Coming Crisis of Western Sociology* (New York: Basic Books, 1970) for a discussion of this matter, which he conceives of a sociology of sociology.

23) Isiah Berlin, "Does Political Theory Still Exist?" *Philosophy, Politics and Society* (2nd series), edited by Peter Laslett & W. G. Runiciman, p. 19.

로 '막다른 골목'에 직면할 수 있다. 우리는 그 개념을 포기하는 데 있어 주저하지 말아야 하며 우리 자신과 다른 이들을 움직이게(변화하게) 하는 것이 무엇인지에 주목해야 한다. *키에르케고르(Kierkegaard)가 이해했듯이 그것은 '진실'이 존재하는 곳에서 '주체(the knower)와 객체(the known)'와의 관계에 있다. '진실' 또한 영원한 믿음의 다발이 아니며 교리문답(catechism)도 아니지만 우리에게 반드시 필요한 것이다. 이는 자아와 믿음, 자신과 사실, 자신과 타자와의 변증법적 관계 속에 있는 우리의 '자기 변형적 상태(self-fransformative state)'를 말한다.* 그러한 관계를 통해 우리는 종합(synthesis)을 기대할 수 있다. 변증법적으로 'arrest'는 명제와 반명제의 정적인 긴장상태를 나타내는 용어로서 그 상태에서는 종합적인 해결책 도출이 불가능하다. 우리는 가능한 타자(믿음, 동료, 혹은 사회제도)와 우리 자신과의 관계에서 양쪽 모두 역사적으로 진보적 양상으로 종합하기 위해 노력해야 한다.

이러한 관점에서 본다면 지금의 많은 노력은 성공적이라 볼 수 없다. 어떤 '견해나 신념'은 그것의 전문적, 정치적 위치에 따라 힘을 얻고 나아가 고정적이며 비인간적 가치 질서로 자리잡게 된다. 그것은 또한 그것의 심리적, 정치적으로 반동적 영향과 상관없이 구체화되고 지속된다. 만약 전위가 혼자 종합을 이해한다는 '착각'에 사로잡힌다면, 그것의 교육적 기능에 도달하지 못한다. 전위는 알려질 수 없는 것으로 규정하려는 경향이 있다. 이런 예로 보면 전위는 '언제 어떻게 변화시켜야 하는지를 지시하는 파시스트'가 된다. 전위 파시스트가 얼마나 인간주의를 표방하는지에 상관없이, 전위 파시스트의 교리는 우선적으로 자신의 전문적 정치적 지위를 높이고 다른 이들의 것은 격하시킨다.

지금까지 이루어진 재개념화의 전제나 실제를 인정하지 않는 재개념주의자들은 다른 이들에 의해 정의되는 것을 거부하는 투쟁 중에 있다. 그러한 투쟁은 의미 있는 것이다. 그러나 그것은 벌써 지나간 과거에 불과하다.

내가 주장하는 재개념화는 '알고자 하는 사람, 알고자 하는 노력, 그리고 알려진 것 사이의 변증법적 관계' 다. 그것의 특질은 반드시 그 관계 속에 참여하는 자들 사이의 학문적 연구와 담론을 통해 구성되고 정의되어야 한다. 그것을 하나의 교리나 마무리된 과정 혹은 산출물로 간주하는 것은 그것의 핵심을 간과하는 것이다. 재개념화라는 용어의 사전적 의미와 마찬가지로, 재개념화에 있어서 가장 근본적이고 필수적인 것은 '지속적인 재정의(constant redefinition)' 다. 이 글의 제목에 제시한 질문은 그것의 답을 찾는 데 당신 또한 동참할 것을 요청하는 것이다. 다른 분야에 있는 동료를 비롯한 다른 이들과의 관계를 구성하는 것은 우리들 자신이다. 사회와 공교육에 대한 기여는 항상 일정한 것이 아니라 우리들 자신의 자기 구성의 양상에 따라 변한다. *만약 우리가 사회의 변화와 교육제도의 변화에 의미 있게 참여하기를 열망한다면 반드시 우리 자신과 우리의 과업(일)의 구성/형성과 그 변화에 실제적으로 참여하기를 열망하고 그를 위해 최선을 다하며 그렇게 해야만 한다.*

06 교육과정 영역에 대한 제언

(Notes on the Curriculum Field, 1978)

데커 워커(Decker Walker)는 교육과정 분야의 상태에 대한 최근의 논의에서 다음과 같은 결론을 내렸다. "최근에 나는 교육과정 분야에 대한 많은 염려를 가지고 있다. 그것은 교육과정 분야의 존재를 정당화하기 위해서는 교육과정의 실제를 이해하는 것 이상의 노력이 필요하다는 것이다. 교육과정과 공교육을 살리기 위해서는 새로운 교육과정적 가능성들이 모색되어야 할 것이다. 이해(comprehension)는 개선을 위한 바람직한 '첫 단계' 지만 그것으로는 충분하지 않다."[1]

나는 이 분야의 최근 역사적 흐름의 윤곽을 그려봄으로써 워커 교수가 염려하는 것의 역사를 논의하고자 한다. 이를 통해 '교육과정적 가능성' 그리고 '발달' 이 어떻게 이해되어 왔으며, 왜 '이해' 가 첫 번째 단계로 간주되는지에 대한 의견에 대해 중점적으로 논하자고 한다. 마지막으로, 위르겐 하버마스(Jurgen Habermas)의 생각들, 대표적으로 '지식과 인간의

---

1) Walker, D. F. Toward Comprehension of Curricular Realities. In Shulman, L. (Ed.), *Review of Research in Education*. Vol. 4. Itasca, IL: F. E. Peacock, 1977.

흥미', '기술적인 것과 실제적인 것의 혼동', '이론과 실제의 관계' 에 대한 논의를 통해 이 중요한 이슈들(교육과정적 가능성 그리고 발달)의 재개념화에 대해 간략하게 논하고자 한다. 이 장의 논의는 리차드 번스타인(Richard Bernstein)의 『사회적 그리고 정치적 이론의 재구성(The Restructuring of Social and Political Theory)』[2]을 중심으로 한다.

교육과정 분야 개관

'교육과정 분야의 최근 동향은 어떠한가?' 는 아주 흥미로운 질문이다. 오늘날 '교육과정' 은 단지 '과학' 이라는 낱말의 사용을 회피하기 위해 사용된다. 혹은 순수과학을 하는 사람들의 입장에서는 오용되고 있다고 할 수도 있을 것이다. 순수과학을 하는 이들과 마찬가지로 교육심리학과 같은 이 분야의 적지 않은 이들 또한 교육과정 분야를 과학의 발달 측면에서 아주 초기의 단계에 있다고 간주한다. 이 발표의 제목[1978년 AERA Division B(교육과정 이론)의 최근 '동향']에서도 그것을 잘 보여준다. 여기서도 'Art' 를 잘못 사용하고 있다. 오늘날 이 분야의 학술적인 글 그리고 교육과정 발달의 실행적 측면 어느 것도 '예술적이거나 훌륭하지(Artful)' 않다. 나는 이 타이틀이 이 분야의 비과학적 특수성을 보여줄 필요성에서 비롯되었다고 생각한다. 나는 이 분야가 과학적인 분야가 아니라고 생각하는 동시에 'artful' 하지 않다고 생각한다.[3] 나는 여기서 1978년 AERA 교육과정

---

2) 번스타인(Bernstein, R. J.). 『사회와 정치 이론의 재구조화(The Restructuring of Social and Political Theory)』. New York: Harcourt, Brace, Jovanovich, 1976. 번스타인은 특히 교육심리학을 비롯한 지금의 주류 사회과학은 엄밀한 자연과학적 측면에서 본다면 과학적이지 않다고 설득적으로 이야기한다.

3) 다른 교육과정 재개념주의자들의 글과 마찬가지로 나 또한 어쩌면 지금의 단계에서는 다소 미숙해 보일 수 있지만 이론적 담론의 심미적 측면(aesthetic aspect)을 드러내고자 시도했

이론 분과의 논제 이면에 있는 질문에 대한 나의 답을 제시하고자 한다. 다시 말해 '교육과정 분야의 상태는 어떠한가?'

만약 우리가 워커 교수의 최근 연구가 시사하는 바를 받아들여야 한다면 우리는 이 분야의 현재 상태가 '잠정적' 인 것이라는 것을 입증해야 한다. 그의 교육과정 연구는 우리의 교육과정에 대한 우리의 이해를 증진시켰다. 하지만 이것을 지속시키기 위해 교육과정 연구는 새로운 교육과정적 가능성들을 이끌어내야 할 것이다. 적어도 개선을 위한 첫 단추는 잘 꿰어졌다. 이제 두 번째 단추를 꿰어야 할 차례다.

번스타인이 말하는 '사회과학의 주류' 에 있는 학자들의 인식에는 '실행의 개선은 실증적으로 검증된 이론의 적용을 통해 이루어진다' 는 생각이 널리 퍼져 있다.[4] 나는 워커 교수가 이러한 사회과학적 관점을 고집한다고 생각하지 않는다. 하지만 그가 암묵적으로 어느 정도 그 입장을 취하고 있다고 생각한다. 이러한 그의 입장은 '이해는 개선을 위해 중요한 첫 걸음이다. 하지만 그것으로는 충분하지 않다' 는 문장에 잘 나타나 있다. 하버마스가 이야기하듯이 나는 '실행에만 중점을 둔 이론적 관점' 으로는 어떠한 공교육의 '개선' 도 기대할 수 없다고 생각한다.

또 하나 일반적으로 퍼져 있는 생각은 '이론은 실행의 개선을 위해서는 필수적이지 않다' 는 관점이다. 이론이 어떤 면에서는 실행을 막는 걸림돌이 될 수 있는 것은 사실이다. 이러한 생각은 이 분야에 있는 전통주의자들의 관점과 관련이 깊다.[5] 전통주의자들(traditionalists)을 언급했으므로, 나는 여기서 교육과정 분야를 전통주의자, 개념적-경험주의자(conceptual-empiricist), 재개념주의자(reconceptualist)로 나누어 개관하고자 한다.

다. See, for instance, Grumet, M., 'Another Voice,' in Pinar, W. & Grumet, M. (976), *Toward a Poor Curriculum*. Dubuque, IA: Hendall/Hunt.

4) Bernstein, p. 6.

5) Pinar, W., "The Reconceptualization of Curriculum Studies." *Journal of Curriculum Studies*.

교육과정 분야의 최근 역사적 흐름

전통주의자들은 '실천가(practitioners)' 들을 고려하고 그들에게 도움이 되는 것을 가장 우선시한다. 물론 일부 전통주의자들은 이론적 탐색, 연구 결과들을 신중하게 적용하기도 하지만, 대부분의 전통주의자들에게 있어 실행적 측면은 이론적 통합을 이루거나 '연구를 실행(주류 사회과학자들이 사용하는 용어로)' 하는 것보다 중요한 일이다. 우리가 잘 아는 랄프 타일러(Ralph Tyler)가 대표적인 전통주의자다. 논의를 진행하면서 대표적인 전통주의자들을 몇몇 소개할 것이다.

다음으로는 개념적-경험주의자(conceptual-empiricist)들인데 이들은 '사회과학의 주류' 를 따른다. 그들은 일반적인 '사회과학' 의 틀 안에 익숙해져 있으며 단 하나의 연구가 미치는 '영향(implication)' 은 인정함에도, 실행과 관련된 것은 '다년간의 연구' 에 따라오는 것으로 간주한다. 데커 워커는 아마도 대표적인 개념적-경험주의자로 간주될 수 있을 것이다. 재개념주의자들은 앞의 두 범주만큼이나 포괄적이다. 이 범주의 학자들은 '인도주의적(humanity)' 인 관점을 주로 취한다. 하지만 사회과학적 배경을 가진 일부 학자들도 양적연구를 실행하는 것 이상으로 '이론적 숙고' 의 노력을 기울인다. 이들은 현장의 실천가들을 저버린 것이 아니다. 하지만 그들의 기본적인 관점은 종합적으로 그리고 본질적인 비판을 하고 미래에 떠오를 수 있는 이론적 토대의 기초를 놓기 위해 '현재 이 분야의 주류적 관점과 인지적 거리가 필요하다' 고 주장한다. 이에 나는 여기서 교육과정 분야의 흐름을 (교육과정 분야가 등장한 1950년대 후반부터 1978년까지) 살펴봄으로써 이들의 특징에 대해 논의하고자 한다. 이를 통해 우리는 이러한 구분이 보여주는 단절, 분리된 실제들을 엿볼 수 있다.

타일러의 대표적인 저서 『교육과정과 수업의 기본 원리(Basic Principles of Curriculum and Instruction)』[6]에 나타나 있듯이 전통주의자들의

6) Tyler, R. W. *Basic Principles of Curriculum and Instruction*. Chicago: University of Chicago Press, 1949.

주요 관심은 '원리(principles)'와 교육과정 개발과 적용에 필요한 그 외 고려사항들이다. 이들에게 있어서 '이론'과 '원리'는 실행가들의 실제적인 경험으로부터 나온 '추상화'라는 것을 보여주기 위한 것이다. 하지만 이론과 실제적 경험과 실행은 종종 상충된다. 사회과학적 관점에서 혹은 인도주의적 관점에서 전통주의자들은 이론적이지 않다. 그들의 책은 학교에 있는 사람들을 염두에 두고 그 특정 독자들과 관련된 전체적인 관심사를 다룬다. 전형적인 전통주의자는 Alexander, Saylor, Shores, Smith-Stanley-Shores, Stratemeyer, Taba 그리고 현대에는 McNeil과 Zais 등이다.[7] 이들의 가장 두드러진 특징은 이들의 주된 관심사가 실행가(교사)들이 필요로 하는 것을 제공해준다는 것이다. 이것이 연구나 이론의 개발보다 중요한 일이다. 전통주의자들 중 많은 이들이 교육자(학교에서 일했던) 출신이다. 해서 그들은 자신들의 옛 동료들에게 좀 더 충실하고자 노력한다. 이것은 역사적으로 충분히 납득할 만하다. 독자들이 알고 있듯이 '교육과정 분야'는 당시 어떤 분야(예를 들어 교육심리학)의 '개념적 확장'을 위한 노력으로서가 아니라 1920년대 교육과정적 문제에 대한 관리(행정)적, 실행적 쟁점들에 대한 반성으로 시작되었다. 최초의 교육과정가(curricularist)들은 학교의 교사들이었다. 이들은 주로 교육과정에 대한 관심을 가지고 교사에서 행정직으로 자리를 옮긴 사람들이었다.[8]

---

7) Taba, H. *Curriculum Development: Theory and Practice*. New York: Harcourt, Brace, & World, 1962. Saylor G. & Alexander, W. *Curriculum Planning for Modern Schools*. New York: Holt, Rinehart, & Winston, 1966. Tanner, D. & Tanner, L. *Curriculum Development: Theory and Practice*. New York: Macmillan, 1975. McNeil, J. D. *Curriculum: A comprehensive Introduction*. Boston: Little, Brown, 1977. Zais, R. *Curriculum: Principles and Foundations*. New York: Thomas Crowell, 1975.

8) 교육과정 분야의 기원에 대한 논의는 W. Pinar (Ed.), *Curriculum Theorizing: The Reconceptualists* (pp. 19-35)의 Cremin, L., "Curriculum-making in the United States"를 참고하라.

어떤 의미에서 이는 이 분야의 특징을 비이론적이고 비역사적인 것으로 간주한 전통주의자와 학교 교사가 밀접한 관계에 있다는 것을 나타낸다. 실행적인 문제에 과도하게 치중하고 실행가들의 기능적 혹은 기술적 질문 하나하나를 고려함으로써 적절한 교육과정 이론 개발 혹은 발달에 필요한 지적인 거리를 확보하지 못했다. 이러한 도구주의적 전통주의자들은 그들이 가진 '교실'에 대한 강박으로 인해 교실에서 일어나는 일에 대한 어떤 유의미하고 구조적인 이해를 끌어내지 못했다.

많은 전통주의자들은 이따금 이러한 부적절성을 인지하고 있었다. 추측하건대 1960년대 다른 유사 영역의 전문가들이 소위 말하는 교육과정 개혁의 리더로 뽑힌 것은 그리 놀라운 일이 아니다. 교육과정가들은 이 시기에 거의 중용되지 않았으며 단지 가끔 자문 역할을 맡았을 뿐이다. 이 사건으로 근본적 정당성이 전문성에 있는 교육과정 분야는 치명적 타격을 입었다. 따라서 지금 이 분야는 교과 전문가들에게 점령되었고 이 상처는 아직도 회복되지 않고 있다.

교육과정 개혁의 기간 동안 이 분야는 근본적인 변화를 겪기 시작했다. 1960년대 사회과학의 부흥으로 개념적-경험주의자들이 등장했다. 이들의 기본전제는 인간의 행동은 과학적으로 설명 가능하다는 것이다(교육과정의 어떤 부분을 포함할 수 있다). 물론 여기서 말하는 '과학'은 사회과학에서 차용한 자연과학적 모델에 의한 것이다. 이 점에 대해 로버트 머튼(Robert Merton)은 "20세기 물리학과 20세기 사회학은 수없이 많은 인시(man-hours)가 이룬 일관된, 훈련된, 누적된 연구를 나타낸다."고 했다.[9] 물론 사회과학자들은 몇몇 방법론적, 이론적 쟁점들에 본질적으로 동의하지는 않는다. 하지만 사회과학이 어떤 방식으로든 그리고 어느 정도는 자연과학을 따라야 한다는 것에 동의하는 이들의 기본적인 가정은 '점점 더

9) Bernstein, p. 8.

정교한 방법론과 일관적으로 축적된 연구로 인간의 행동을 과학적으로 설명할 수 있을 것이다' 는 것이다.[10)]

과학자들이 자연과학에서 이룬 성공 그리고 자신들의 기초연구가 기술적으로 발달된 사회의 건설에 이바지한 점을 미루어볼 때 이러한 관점이 교육과정으로 들어오려는 시도가 있을 수 있다고 본다. 만약 전통주의자들의 '기본 원리' 가 소용없다고 한다면 '문제' 는 (적어도 1960년대 교육과정 개혁 운동을 지지한 사람들에게는) 효용성이 높은 지식을 만드는 것이 된다.[11)] 그 '해결책' 은 '사회과학 연구' 에 있다. 교육과정 학자로서 훈련받았으며 주류적 사회과학의 관점을 가진 개념적 경험주의자들이 등장한 것이다. 이들은 종종 이 분야의 역사에 대해서도 거의 무지한 경우가 있다. 역사적이지 않으며 본래의 개념적 경험주의자들의 관점도 아닌 이 비역사적인 관점은 어쩌면 어느 정도 사회과학에서 필요 불가결한 것이었을지도 모른다.[12)] 만약 소유할 만한 가치가 있는 어떤 지식이 아직 발견되지 않았다고 한다면, 비과학적인 과거(과학 이전의 과거)를 학습할 이유가 없을 것이다.

개념적 경험주의자들은 그들의 연구가 학교의 실행가들을 위한 것이라고 주장한다. '교육과정의 과학' 을 만듦으로써 그 분야의 전통적인 열망이 실현될 수 있다. 개념적 경험주의자들이 전통주의자들과 가장 다른 점은 그들의 '사회과학에 대한 의존/충직' 이다. 전통주의자들의 그것은 실행가

---

10) 주류 사회과학자들에게 받아들여지는 다소 현혹적인 하나의 생각 '진정한 하나의 학문 분야로의 발전 없이 단지 지금의 암흑기를 벗어나야만 한다' 에 대한 번스타인의 논의가 이 부분에서 도움이 된다. See Bernstein, p. 99.

11) 여기서 흥미로운 것은 AERA의 한 그룹 이름이다. 교육과정에서의 지식 생산과 활용(Knowledge Creation and Utilization in Curriculum).

12) [역주] 이는 '사회과학' 이 순수자연과학의 방법을 차용하고 그것에 기반을 두기 때문이다. 이 관점에서 역사는 '실패한 노력들의 연대기' 가 되며, (이 관점에서) 중요해지는 것은 양화와 경험적 연구를 가능하게 하는 구체적인 개념(혹은 변수)이 된다.

와 '학생' 들을 향해 있다. 개념적 경험주의자들은, 마치 다른 목표를 위해 동일한 방법을 쓰는 것처럼, 자신들의 연구에 참여하는 실행가들보다 '사회과학 영역' 의 자기 동료들(상동의 지식을 생산하는)에게 더 많은 관심을 두는 듯하다. 이것은 사회과학에서 주류를 이루는 관점이다. 하지만 이것은 다르게 이해될 수도 있다.

교육과정 개혁 움직임에 의한 전통주의자들의 우회는 대학의 전통적인 교육과정가들의 정당성을 약화시켰다. 1970년대의 교육과정 제안을 위한 제한된 재원, 현장에서의 프로그램 적용을 위한 제한된 기회, 따라서 학교에서의 교육과정 실행 논의를 위한 제한된 기회로 인해, 대학에서 전통주의자들의 입지는 실행가들과의 활발한 활동으로서가 아니라 그들의 글의 지적 수준에 대한 다른 이들의 평가에 점점 더 의존하게 되었다. 따라서 그들의 위치는 다시 말해 교육과정의 위치는 점점 약해져 갔다. 이 분야를 이전의 위치로 되돌리기 위해 '교육과정 이론' 분야의 몇몇 이론을 발전시키기 위한 ASCD[13]를 비롯한 많은 노력이 있었다.[14] 이러한 노력이 이론에 대한 관심을 증가시키기는 했지만 그 상황을 바꾸지는 못했다. 1970년 슈왑(Schwab)이 교육과정 분야가 '빈사상태(moribund)' 에 있다고 진단한 이래 6년 뒤 드웨인 휴브너(Dwayne Huebner) 또한 같은 주장을 했다.[15]

---

13) [역주] Association for Supervision and Curriculum Development. 1943년에 설립되어 175,000명 이상의 회원이 가입하고 있는 미국의 큰 교육학회 중 하나다.

14) See Elizabeth Maccia' s report of her work as consultant to this commission in her 'Curriculum Theory and Policy,' mimeographed, presented to AERA, Chicago, 1965. A companion Commission on Instructional Theory, in contrast, produced a clean-cut 'scientific' point of view. See Gordon, I. *Criteria for Theories of Instruction*. Washington, D. C.: ASCD, 1968.

15) Schwab, J. *The Practical: A Language for Curriculum*. Washington National Education Association, 1970. Huebner, D., 'The Moribund Curriculum Field: Its Wake and Our Work,' Division B address, 1976 AERA meeting.

유일하게 감지된 움직임이 개념적 경험주의자들의 노력이었다. 1970년대의 교육과정 분야가 살아남기 위해서는 '주류 사회과학' 의 또 다른 하나의 식민분야가 되어야 하는지도 모른다.

하지만 이 분야를 계승하는 또 다른 부류가 나타났다. 1971년 제임스 맥도날드(James Macdonald)는 교육과정 연구를 개관하는 그의 글에서 다음과 같이 이야기한다.

> 세 번째 그룹은 자신들의 이론화 작업을 창의적이고 지적인 작업으로 간주하고 그들의 작업을 '현상의 진단' 이나 '원리나 관계를 경험적으로 증명하려는 실험' 으로 분류하기를 거부한다. 이들은 '현재의 상태보다는 더 풍부한 논의가 가능한 교육과정에 대한 새로운 이해와 접근의 도래를 열망하며' 교육과정에 대한 개념적인 도식을 비판하고 발달시키는 것을 목표로 한다. 현재 그들은 이 분야의 동향이라고 불리는 걷잡을 수 없는 자유로운 탐색의 과정을 지나고 있다.[16)]

1973년 로체스터 대학에서 열린 학술대회와 연속된 모임들에서 많은 사람들이 만났다.[17)] 1975년 ASCD 연감을 비롯해서 이 문제를 다룬 네 권의 책이 출판되었으며 이 책들은 독자들의 많은 관심을 끌었다.[18)] 이러한

---

16) Macdonald, J. 'Curriculum Theory,' in W. Pinar (Ed.), *Curriculum Theorizing: The Reconceptualists*, 1975, p. 6.

17) Conferences have been held at the University of Rochester (1973), Xavier University of Cincinnati (1974), University of Virginia (1975), University of Wisconsin-Milwaukee (1976), Kent State University (1977), Rochester Institute of Technology (1978).

18) Books included *Heightened Consciousness, Cultural Revolution, and Curriculum Theory* (Berkeley: McCutchan, 1974), *Curriculum Theorizing: The Reconceptualists* (McCutchan, 1975), *Schools in Search of Meaning* (Washington: ASCD, 1975), *Toward a Poor Curriculum* (Dubuque, IA: Kendall/Hunt, 1976). There have been several reviews, the most recent of which is van Manen, M., 'Reconctptualizing Curriculum Inquiry,' *Curriculum Inquiry*.

이론적 노력을 지지하는 학술지가 1978년 가을에 발간될 예정이다.[19] 용어가 가지는 의미에 논쟁의 여지가 있긴 하지만, 이들이 내가 이야기하는 '재개념주의자(reconceptualists)' 들이다.[20]

초이론적 영역

나는 다른 글에서 이미 이 세 범주의 학자들과 그들의 연구에 대해 현재 이 분야가 처한 상황에 비추어 논의했다.[21] 나는 여기서 리차드 번스타인(Richard J. Bernstein)의 『사회/정치 이론의 재구조화(The Restructuring of Social and Political Theory)』를 기초로 이 세 범주를 커다란 '초이론적 영역' 에 놓고 논의하고자 한다. 사회과학에서 이 세 범주의 초이론적 지향점(경험주의 이론, 현상학, 비판이론)에 대한 탐구는 우리 자신들을 현재 이 영역(교육과정)이 처한 상황과 거리를 둘 수 있도록 해준다는 점에서도 의미 있다고 하겠다. 1973년 미네폴리스(Minneapolis)에서 클리바드(Herbert Kliebard)는 교육과정 분야의 발표를 통해 '제너럴리스트(generalist)와 스페셜리스트(specialist)의 차이가 '비판적 거리의 기능' 이라는 점을

19) *The Journal of Curriculum Theorizing*, managing editor is Janet Miller, Center for Improved Education, Battelle Memorial Institute, Columbus, Ohio.

20) For discussion of this point see prefatory remarks in *Curriculum Theorizing: The Reconceptualists*. See also, Klohr, P., 'The State of the Field,' mimeographed, Xavier University Conference, 1974; Miller, J., 'Duality: Perspectives in Reconceptualization,' mimeographed, University of Virginia, 1975; Macdonald, J., 'Curriculum Theory as Intentional Activity,' mimeographed, University of Virginia conference, 1975; Macdonald, J., 'Curriculum Theory and Huma Interests,' in Pinar (Ed.), *Curriculum Theorizing: The Reconceptualists*, and Benhan, B., 'Curriculum Theory in the 1970s: The Reconceptualists Movement,' Kent State University conference, 1977.

21) 그 중 하나가 1978년 교육과정연구(Journal of Curriculum Studies)에 실린 '교육과정 연구의 재개념화(The Reconceptualization of Curriculum Studies)' 이므로 참고하라.

명확히 했다.

스페셜리스트는 언덕의 한쪽 면을 자기 무릎 위에 놓고 연구하는 것에 비유할 수 있다. 이러한 사람들은 말하자면 '5평방미터' 의 지역을 오랜 기간 동안 아주 세세하게 깊이 있게 연구한다. 이를 통해 오로지 그 정도의 심층 연구를 통해서만 얻을 수 있는 측면들을 탐구한다. 제너럴리스트는 행글라이더를 타고 상공을 나는 것에 비유할 수 있다. 100미터 혹은 그 이상의 높은 곳에서 넓은 지역을 조사한다. 이 관점에서 언덕의 한쪽 측면만이 아니라 다른 쪽 측면도 살핀다. 특히, 스페셜리스트는 볼 수 없는 좀 더 광범위한 현상을 이해할 수 있다. 스페셜리스트는 제너럴리스트가 얻을 수 없는 정보를 얻을 수 있지만 그러한 현상이 일어나는 좀 더 광범위한 배경은 볼 수 없다. 이에 제너럴리스트는 스페셜리스트의 관점이 가진 한계를 이해할 수 있다. 이와 유사하게 우리가 지금까지 탐구해오던 '교육과정' 영역과 어느 정도의 거리를 두고 좀 더 포괄적인 관점을 가짐으로써 우리가 잘 볼 수 없었던 부분들을 좀 더 명확히 이해할 수 있을 뿐만 아니라 이 분야와 다른 분야와의 관계에 대해서도 깊이 있게 이해할 수 있다.

여기서 나는 여러 분야에 걸쳐 중요한 세 가지 관점, 즉 1) 기술적인 것과 실용적인 것의 혼동, 2) 지식과 인간의 흥미와의 관계, 3) 이론과 실제와의 관계에 대해 논의하고자 한다. 이 이슈들은 특히 교육과정가들에게 있어 매우 중요한 의미가 있다. 논의를 위해 번스타인(Bernstein)과 비판이론에 대한 그의 논의를 살펴보고자 한다. 특히 독일 철학자 하버마스(Jurgen Habermas)에 의해 이루어진 비판이론에 중점을 둔다. 하버마스의 이론은 아주 광범위한 영역을 아우르므로 나는 여기서 세 이슈에 대한 그의 이해를 중심으로 논의하고자 한다.

먼저 논의할 문제는 하버마스가 현대의 '사회 그리고 정치 이론' 의 근본적인 문제점으로 지적한 '기술적인 것과 실용적인 것의 혼동' 이다. 하버마스는 토마스 홉스(Thomas Hobbes)의 세 가지 근본 원리를 가져와 이 혼동의 본질에 대해 논의했다.

> 먼저, 자연과학에 기반을 둔 사회철학은 엄밀히 말하면 사회 질서를 올바르게 하기 위한 일관된 상태 수립을 목적으로 한다. 그것의 주장은 장소, 시간, 특정 상황에 관계없이 적용된다. 그리고 역사적 상황에 관계없이 공동생활을 위한 탄탄한/지속되는 기초를 제공한다. 둘째, 지식을 실제로 적용하는 것은 기술적인 문제다. 이미 언급한 안정된 사회 질서를 위한 일반적인 조건에 관한 지식이 있다면, 상호 인간에 대한 실용적이고 신중한 행동은 요구되지 않는다. 대신 정확하게 계산된 규칙, 관계, 제도만이 요구될 뿐이다. 셋째, 따라서 인간 행동은 과학을 위한 소재에 불과하다. 정확한 절차를 가진 기술자들은 '윤리적 사회 관계' 적 측면을 간과할 수 있다. 그리고 그들은 자신들을 '자연계에 있는 단순한 대상으로서 인간은 반드시 계산된 방식으로 행동해야 한다는 조건을 구성하는 것' 으로 제한하게 된다. 이 도덕성과 정치성의 분리는 '행복한 삶을 추구하는 인간의 노력' 을 '정확한 제도적 절차' 로 대체시킨다(Bernstein, 1976, p. 186).[22]

'개인은 어떻게 주어진 상황에서 무엇이 옳고 그른지에 대한 실용적인 방향을 찾을 수 있는가' 와 같은 실용적인 질문은 무의미해지며 이는 인간 행동을 교묘하게 통제하는 것을 포함한 기술적인 문제들로 대체된다. 하버마스는 고도로 산업화된 사회에 대해 다음과 같이 언급했다.

> … 지속적으로 증가하는 기계적 통제, 끊임없는 인간 행동의 관리, 그리고 사회 조직만을 위한 그들의 관계. 이 구조 속에서, 과학, 기술, 산업, 통제는 순환적 과정 속에 밀접하게 연관되어 있다. 이 과정 속에서 이론과 실천의 관계는 '경험과학에 의한 기술의 목적의식이 분명한 합리성의 적용' 으로 간주된다. 사회 속에서 과학의 잠재력은 '기술적 통제를 위한 수단' 으

22) Bernstein, p. 186 (*TP*, 43).

로 전락하고 계몽적 행동을 위한 잠재적 가능성은 더 이상 고려되지 않는다. 그 경험적이고 분석적인 과학은 '기술적인 권고사항'을 만들어낸다. 그것은 '실제적인 질문에 대한 해답을 제공하지 않는다(Bernstein, 1976, p. 187).[23)]

교육과정 영역의 이런 비통한 현실은 유일한 것도 처음도 아니다. 무엇보다 교육과정 이론의 전통적인 역할은 교육과정 개발, 설계, 평가와 같은 실행적 안내를 위한 것이었다. 이러한 안내는 그리 사려 깊거나 분별 있다고 하기 힘들다. 그것은 단지 '기술적'인 부분이다. 이러한 접근의 기저에는 적절한 교육과정 이론을 실제 상황에 적용한다는 생각이 깔려 있다. 이는 무질서하며 잠재적으로 혼란스러운 상황을 좀 더 매끄러우며 합의된 절차로 만들려는 것이다. 여기에는 약간의 과장이 있을 수 있다. 하지만 실제적인 것과 기술적인 것을 동일시하는 것이 현재 교육과정 영역이 처한 현실이다. 재개념주의자들의 등장 이전에, 교육과정 내에서 이러한 혼동에서 탈피하고자 한 노력이 있었다. 1972년 에세이를 통한 이안 웨즈베리(Ian Westbury)의 실용적인 것에 대한 고전적인 관점을 회복시키려는 노력을 그 대표적인 예로 들 수 있다.[24)]

명백히 전통주의자들은 어떤 구조적인 방식으로 실용적인 부분에 대한 시도를 했다. (당시의 시대적 상황을 통해 이해할 수 있듯이) 좀 더 기술적인 측면에 대해 논의했다. 그들의 논의는 기술적으로 복잡하지 않다. 하지만 그것들의 비정의성 혹은 비개성화, 일반화를 위한 노력을 고려해볼 때 그들의 기원이 기술적인 것에 있음을 알 수 있다. 실제적 상황의 특수성,

---

23) *Ibid.*, p. 187 (*TP*, 254).

24) Westbury, I., 'The Aristotelian 'art' of Rhetoric and the 'art' of Curriculum,' in Raywid, M. (Ed.), *Philosophy of Education Annual Meeting Proceedings*, 1972. Edwardsville, IL: Southern Illinois University.

그 생생함, 윤리적 측면, 그리고 휴브너(Huebner)가 주장했듯이[25] 심미적 측면 이 모든 것은 절차성(procedural)에 가려 빛을 보지 못한다.

실용적인 것과 기술적인 것의 혼동은 '무엇이 정당한 지식인지 아닌지가 오직 과학적 방식(측량/계량)으로 결정되는 시기' 에나 가능한 것이다. 하버마스는 '인식론의 소멸' 과 '인식론의 과학 철학으로의 축소' 에 대한 그의 논의에서 이 문제에 대한 역사적인 발달을 간결하게 이야기한다. 지식의 양식 즉 인식론에 대한 전통적인 그리고 고전적인 관심은 '과학적 앎' 에 대한 관심사가 되었다. '인식론의 뒤를 이어 19세기 중반 등장한 과학론은 과학의 과학적 이해를 통한 방법론이다. '과학주의(scientism)' 는 과학 내에서의 '과학적 믿음/진실이다. 즉 우리는 더 이상 과학을 하나의 가능한 지식의 형태로 이해할 수 없으며 지식은 반드시 과학 내에서만 규명되어야 한다' 는 것이다.[26]

지금까지 논의한 현 상태에 대한 역사적 이해를 고려해볼 때 개념적 경험주의자들 또한 전통주의자들의 뒤를 이었다는 것을 명백히 알 수 있다. 만약 전통적인 교육과정적 접근이 겪은 어려움이 엄밀함이 부족했거나 무계획적이었기 때문이라면(과학적인 관점에서 이런 결론은 쉽게 내릴 수 있을 것이다) 그 해결책은 '엄밀함' 이나 구조적인 양적 연구에 있다고 볼 수 있을 것이다. 전통주의자들은 비역사적인 관점을 가지고 있기 때문에 이러한 비난에 적절히 대응하지 못한다. 실용적인 것은 더욱더 기술적인 것과 비슷하게 분류되고 교육과정적 용어들은 점점 더 그것의 시간적 역사적 특수성과 상관없이 절차적이며 객관적인 것으로 격하된다. 이 점에 대해 바우챔프의 '교육과정 이론' 이 좋은 예가 된다.[27]

25) Huebner, D., 'Curricular Language and Classroom Meanings,' in W. Pinar (Ed.), *Curriculum Theorizing*, pp. 127-136.

26) Bernstein, 1976, p. 190, (*KI*, 4).

27) Beauchamp, G. *Curriculum Theory*. Wilmette, IL: The Kagg Press, 1964.

하버마스는 자연과학과 주류 사회과학의 지배적인 지적 동향에 편승하지 않은 것으로 보인다. 이러한 관점에서 그는 인지적 흥미(cognitive interest)를 세 가지로 분류/논의했다. 기술적(technical), 실용적, 해방적(emancipator)인 것이 그것이다. 그에 따르면 "경험적-분석적(empirical-analytic) 과학은 기술적인 인지적 흥미를 포함하고, 역사적-해석적(historical-hermeneutic) 과학은 실용적인 것을, 그리고 비판적 과학은 해방과 관련된 인지적 흥미를 포함한다".[28] 이들은 각각 인간의 삶의 기본적인 측면과 관련되어 있는데 기술적 흥미는 일(work), 역사적-해석적 영역과 관련되는 실제적 흥미는 상호작용(interaction), 비판적 영역의 해방적 흥미는 권력(power)이다. 하버마스는 이 흥미들을 더 이상 축소하거나 환성시킬 수 없다고 강조하며 하나의 흥미가 (경험적이거나 역사적인 영역) 대부분의 기본적인 이해를 제공한다는 시도나 주장을 비판한다.[29]

하버마스는 세 번째 해방적 흥미를 가장 기본적인 것으로 본다. 왜냐하면 기술적 흥미와 실용적 흥미는 그 상태가 얼마나 자유롭고 개방적 상호작용을 가능하게 하느냐에 달려 있기 때문이다. 그 상태는 열린, 자기 비판적 상호작용의 탐구가 가능한 것을 말한다. 하버마스는 기술적 흥미와 실용적 흥미를 위해서는 인지적, 물리적 환경이 해방적(자유롭고 개방적 상호작용이 일어날 수 있는 이상적 상태)이어야 한다는 것을 은연중에 내포한다고 결론을 내린다.[30]

기술적 흥미만으로는 이러한 해방적 측면을 가능하게 하거나 유지할 수 없다. 왜냐하면 이 흥미는 역사적으로 고정적이고 기형화된 상태를 시간이나 환경과 상관없이 받아들이기 때문이다. 따라서 이 또한 전문지식

28) Bernstein, 1976, pp. 192-3, (*KI*, 308).

29) *Ibid.*, p. 197.

30) *Ibid.*, p. 198.

을 적용한다는 미명하에 고정적이며 기형적으로 된다. 하지만 해방적 흥미는 사회과학을 위한 다른 여러 기능들에 인식론적 토대를 제공한다. 하버마스는 이를 위해 '비판사회과학(critical social sciences)' 이라는 용어를 사용했다. 하버마스는 정적이지 않고 어떤 자유로운 형태의 비판적 측면을 강조하며 다음과 같이 주장한다.

> 경제학, 사회학, 정치과학 등과 같은 사회적 행동에 대한 구조적 과학(경험적-분석적 과학도 마찬가지다)의 목표는 독백과 같은 단방향의 지식을 생산하는 데 있다. 하지만 비판사회과학은 그것에 머물지 않고, 그것을 넘어 언제, 이론적 진술이 사회적 행동의 일정한 패턴을 보여주는지를 결정하고 또한 언제, 그것들이 그 경직된 이데올로기적 관계를 변화시킬 수 있는지 결정하는 것을 목표로 한다. 게다가 이데올로기적 비판뿐만 아니라 정신분석학을 통하여 '법칙과도 같은 관계에 대한 정보가 의식 속에 법칙들만이 있는 이들의 반성적인 과정을 시작하는 것을 고려하는 만큼, 그러한 법칙의 초기 상태의 (비반성적인) 의식 수준은 변화될 수 있다고 믿는다. 물론 이를 위해서는 비판적으로 중재된 법칙적 지식만으로는 그 법규들을 무효화할 수 없으나 적용할 수 없도록 할 수는 있다.

이 범주의 비판적 특징들의 타당성의 의미를 결정짓는 연구방법적 틀은 자기 반성을 통해 얻어진다. 이를 통해 개인은 실체화된 힘에 대한 의존으로부터 벗어날 수 있다. 자기 반성은 해방적인 인지적 흥미에 의해 결정된다.[31)]

여기서 하버마스는 구조적 자기 반성을 필수적이고 본질적인 방법으로 취하는 정신분석학을 차용한다. 번스타인은 이를 위해 '심층해석학(depth hermeneutics)' 의 필요성을 강조했다. 하버마스는 "해몽 기법(the tech-

---

31) *Ibid.*, p. 198-9, (*KI*, 310).

nique of dream interpretation)은 왜곡된 기억의 의미를 알아낼 뿐만 아니라 왜곡 그 자체의 의미 또한 이해할 수 있다는 측면에서 해석학의 기법을 능가한다. 이것은 잠재적 몽상(latent dream thoughts)이 현시적 꿈(manifest dream)으로 변화하는 것을 말한다. 다시 말해 이는 프로이드가 말한 꿈 작업(dreamwork)을 재건해야만 한다"고 주장했다.[32] 이 작업은 '객관적인 작업'이 아니다. 정신분석학자는 환자가 자신을 쇠약하게 만드는 것에서부터 자유로워지거나 고통을 겪어 나갈 수 있도록 돕기 위해 정신분석학자 자신의 관심이나 직관에 따라 치료한다. 이러한 치료과정은 환자가 스스로의 특수한 자기 변화 과정을 인식하도록 정신분석학자가 얼마만큼 성공적으로 돕느냐에 달려 있다. 이러한 치료과정에서 일어나는 '이해'가 '자기 반성'이다.[33]

하버마스는 "이러한 일련의 해방적 자기 이해는 분석가가 어떤 정보나 지식을 환자에게 전달해 줌으로써 일어날 수 없으며, 정신분석학 이론을 기술적 전략적인 방법으로 적용한다고 해서 일어날 수 있는 것이 아니다"라는 프로이드의 주장에 동의한다. 여기서 필수적인 것은 환자가 스스로를 인식하는 즉 저항을 용해시키는 과정이다. 이 점에 대해 프로이드는 다음과 같이 경고한다.

> 그 병리학적 요인은 환자의 무지에 있는 것이 아니라 환자의 내적 저항 속에 있는 그 무지의 뿌리에 있다. 그 뿌리가 환자의 무지를 처음 생기도록 했으며 지속시킨다. 치료의 작업은 이 저항과의 싸움이다. 환자 자신이 왜 억압되었는지에 대해 깨닫지 못하고 있던 것을 알도록 해주는 것이 치료에 필요한 유일의 전제조건이다. 만약 환자에게 정신분석학적 지식이 (정신분석에 미숙한) 사람만큼 중요하다면 환자는 강의를 듣거나 몇 권의 책을

32) *Ibid.*, p. 200, (*KI*, 220-1).

33) *Ibid.*, p. 200, (*KI*, 228).

읽음으로써 자신을 치유할 수 있을 것이다.[34]

따라서 환자 자신의 회상과 과거의 재구성이 정신분석학적 치료의 절차에 있어서 핵심적인 지식이다. 분석가에 의한 환자 증상의 기술적인 반복은 결코 충분할 수 없다. 정작 필요하고 필수적인 것은 환자 내부로부터의 심층적 자기 반성 과정의 시작이다. 이에 대해 하버마스는 다음과 같이 이야기한다. "먼저, 인지적인 면과 감정적/동기적인 이 두 측면이 동일하게 작용한다. 이는 분석가의 독단적 태도를 비판하는 관점을 가진다. 비판은 실제적인 변화의 필요에서 시작했던 것과 마찬가지로 감정적/동기적 근원의 변화로 다다른다. 비판에 대한 강한 열정에 기인하지 않은 비판은 잘못된 의식, 혹은 허위의식)을 극복할 수 있는 힘을 가질 수 없을 것이다.[35]

따라서 정신분석학은 해방적 분야에 명백하게 실례를 제공한다. 하버마스는 환자의 '텍스트(text)' 를 이해하는 정신분석학의 개념적 범주들이 너무 광범위하며 미심쩍은 부분이 있음을 조심스럽게 언급한다. 분석가(즉 교육자)에 의해 안내된 자기 반성에 기본을 둔 '정신분석학의 구조' 는 비판사회과학과 관련되어 있다.

해방적 분야로서의 교육과정은 어떤 모습일까? 내가 이야기하는 재개념화가 이루고자 하는 것이 그것임에도 불구하고 나 또한 확실히 알지 못한다. 현재로서는 일반적으로 재개념주의자들은 거짓된 실용성, 이해와 행동의 기술적 상태에 빠져 있는 현재의 교육과정 분야에 대한 포괄적인 비판에 몰두하고 있다.[36] 이해는 기술적 관심과 같은 이 분야의 주류적 흐름을 물리쳐야만 하는 교육과정적 열망을 인식하는 것이다. 이와 같이, 철학

34) *Ibid.*, p. 200-1, (*KI*, 228).

35) *Ibid.*, p. 201, (*KI*, 234).

36) See the work of Apple, Huebner, and Macdonald, for instance.

에서 비판이론이 부상하는 것과 같은 역사적 맥락에서 재개념화 또한 교육과정 분야에서 좀 더 완전히(혹은 광범위하게) 이해된다. 이러한 움직임을 주장하는 한 학자로서 번스타인은 "여전히 희미하여 강력하진 않지만 사회 정치 이론을 재구성하는 새로운 움직임이 일어나고 있다"는 것을 감지했다.[37] 역사적인 맥락에서 재개념주의자들은 고립되고 반발적인 교육과정가들이 아니라 인간 학문의 근본적인 이슈들의 여러 학문 분야에 걸친 변화를 갈망하는 동료들이다.

여기서 내가 염려하는 것은 교육과정 재개념화의 다음 단계에서 우리의 의무가 비판이론이나 현상학의 젊은 학자들에 의해 새로운 교육과정 이론을 만드는 것이 되는 것이다.[38] 이러한 유혹은 매우 강력하여 지적, 심리적 안도감을 주거나 적어도 그와 유사한 환상을 준다. 하지만 비판이론과 현상학은 철학적 움직임이지 교육과정적 움직임이 아니다. 물론 그것들에 대해 명확히 이해하는 것은 필수적이고 우리의 과업에 이로운 것은 사실이다. 하지만 철학적 텍스트를 명확히 하는 것에 몰두하는 것은 후퇴하는 것이며 우리의 전문적 과업을 흐리게 만들 뿐이다. 교육과정가로서 우리는 교육과정 분야의 역사적 맥락에서의 관심과 이슈에 대해 고심해야 한다. 또한 우리는 이 분야의 현 상태는 물론 전통주의자들과 개념적 경험주의자들에게도 관심을 기울이고 서로의 관점을 공유해야 한다. 우리의 본질적 지향점이 무엇인지 명확히 하고 동시에 우리의 작업을 아직 모습을 드러내지 않은 다른 이들과 공유해야 한다. 이를 통해 그들이 교육과정 이론 재개념화, 전통적 그리고 개념적 경험주의 교육과정과의 통합을 꾀할 수 있는 장을 마련해야 한다. 이후에 떠오를 이 분야의 모습은 재개념주의자들에 의해서만 이루어지는 것이 아니라 이 분야의 모든 이들에 의해 이루어져야

37) Bernstein, p. xiii.

38) Professor van Manen seems to be asking for just this. See his 'Reconceptualizing Curriculum Theory,' in *Curriculum Inquiry*.

한다. 다가올 이 분야의 모습과 이에 따라 이 분야가 미국 교육에 기여할 모습은 복잡하고 어려운 이 시기를 헤쳐 나갈 우리의 능력에 달려 있다고 해도 과언이 아니다. 우리는 반드시 우리의 이론적 토대를 기반으로 하되 (우리의 것이 중요한 부분이긴 하지만 유일한 것이 아닌) 좀 더 넓은 차원의 종합을 위해 나아가야 한다.

그러한 종합은 지금 잠복기에 있다. 오늘날 교육과정 분야는 억압되고 단편적으로 분열되어 있다. 교육과정의 재개념화는 여전히 많은 이들에게 받아들여지지 않고 있다.[39] 이는 소위 말하는 동종학문 분야로부터 지적 자주성을 가지기 위한 열망이다. 내가 매들린 그루메(Madeleine R. Grumet)와 개발한 교육과정 이론이 그 중 하나다.[40] 우리의 관점에서 근본적으로 중요한 것은 교육과정 연구가 연구자를 해방시키지 않고서는 실제적으로 다른 이들(예를 들어 교사, 학생 등)에게 그러한 해방적 가능성을 제공할 수 없다는 것이다. 우리가 고안한 방법은 연구자가 자신의 '제한된 상황(파울로 프레이리는 이것을 경직된 사회적 심리적 구조 속에서의 개인)' 과 지적 발달에 체포된 미국 교육에 대한 자신들의 역사적-사회적 역할을 탐구하기 위한 방법이다. 우리가 여기서 필수적으로 강조하여 지적하는 것은 '자아' 와 '세계' 의 잘못된 이중성이다. 인간이 '세계-내-존재(being-in-the-world)' 라는 것은 변할 수 없는 사실이다. 우리 삶 속에서 선택되고 조건화된 원인과 결과 모두 세계 속에 있다. 우리는 무엇이 조건화되었는지 그리고 그것을 표면으로 떠오르게 하고, 그것으로부터 자유로워지고, 그대로 존재하도록 하며, 나아가 우리 자신의 의도에 열린 태도를 가질 수 있기를 열망한다. 융(Jung)이 수없이 강조했듯이 태크노크라시-산

---

39) 교육과정 분야에만 적용되는 것도 아니다. 교육행정학에서의 이론의 역할에 대한 그린필드와 그린피스의 논쟁을 참고하라. See *U.C.E.A. Review*, 1977, October, XIX, 1.

40) See Pinar, W. & Grumet, M. *Toward a Poor Curriculum*. Dubuque, IA: Hendall/Hunt, 1976.

업화(technocratic-industrial)에 의해 발달된 문명으로 우리가 잃어버린 것은 인간의 '순수성/원시성' 이다.[41] 인간의 폭력성과 성애를 포함한 순수성은 억압되고 잊혀져 왔지만 사라진 것은 아니다.[42] 고전적 정신분석학적 관점에 따르면 이는 텔레비전이나 영화를 통해 표출되며 동일한 폭력성(격렬함)과 성적 욕구는 일상생활 속 의식의 영역에서는 금지되어 왔다. 이러한 억압과 금지된 감정들로 인해 우리는 노예화되고 이러한 무의식이 우리를 전복시킨다. 그렇다면 이것이 교육과정가들에게 의미하는 것은 무엇인가? 우리를 쇠약하게 만드는 체포된 미국 문화는 풍부한 지적 변화와 성취에 커다란 걸림돌이 되었다. 지적 성취를 위해 억압(repression)이 반드시 필요하다고 주장한 프로이드와 달리, 우리가 과도하게 많이 사용하고 있는 창의성과 관련된 사고의 유연성(fluidity of mind), 구체적인 예로 20세기 지적 진보를 위한 물리학의 변화를 볼 때, 이 시대의 지적인 변화(발달)는 무엇보다 존재의 유연성(fluidity of being)에 달려 있다고 말할 수 있을 것이다. 이러한 존재론적 변화(문화 변화와의 변증법적 관계)는 무의식 속에 억압되고 경직된 요소들을 표면화하는 작업, 개인과 타자와의 협력적 노력에 의해 발현되고 지속될 수 있다.[43] 우리는 표면화 작업이 본질적으로 억압적이지 않아야 한다는 점을 유념하여 조심스럽게 사용해야 한다. 미묘하며 복잡한 이 과정은 심리치료나 쿠레레(Currere)의 방법을 모르거나 그것이 없이도 일어날 수 있다. 하지만 나와 그루메는 이 방법에 흥미를 가진 학생들과 분별력을 가지고 조심스럽게 이 방법을 사용한 경험을 통해, 쿠레레는 학생들의 지적인 걸림돌 혹은 경직된 사고를 녹일 수 있으며

41) Jung, C. *The Integration of the Personality*. New York: Farrar & Rinehart, 1939.

42) See, for instance, the work of N. O. Brown, Susan Sontag, Herbert Marcuse, Wilhelm Reich.

43) See Pinar, W. (Ed.), *Heightened Consciousness, Cultural Revolution, and Curriculum Theory*. Berkeley: McCutchan, 1974.

이를 통해 지적인 변화(혹은 발달) 또한 가능하다는 것을 알 수 있었다. 개인의 지적 발달은 교사 혹은 다른 학생들과의 관계 속에서 그리고 책 혹은 예술작품을 통해서도 일어난다. 이러한 변화는 개인의 역사적 삶에 걸쳐 일어나며, 이러한 변화가 일어날 때 이것이 교육적 경험이 된다. 이러한 점에서 우리는 '교육적 경험에서 교육과정의 역할' 을 탐구한다. 물론 다른 형태의 해방적 연구들 또한 일어나야만 한다.

마지막으로 여기서 내가 논의하고자 하는 중요한 이슈는 '이론과 실제(theory and practice)' 다. 이 둘의 관계를 이해하는 데 하버마스의 견해는 매우 유용하다. 그는 저서 『이론과 실제(Theory and Practice)』 4판에서 다음과 같이 이야기한다.

> 이론과 실행의 중재 혹은 조정은 다른 기준(준거)에 의해 판단되는 다음의 세 기능들을 구분할 때 명료해질 수 있다. 첫째, 자연과학적 담론을 버텨낼 수 있는 비판적 원리의 형성과 확장, 둘째, 그러한 공리를 특정 집단의 반성적 과정을 통해 특수한 방법으로 적용하고 시험할 수 있는 계몽적 과정의 조직화, 마지막으로, '적절한 전략 선택' , '기술적인 질문들에 대한 해결책' , '정치적 노력' 이다. 첫 번째 단계의 목적은 '사실의 진술' 이고, 두 번째는 '실제적 직관' 이며, 마지막 단계는 '신중한 결정' 이다.[44)]

최근 하버마스는 이론과 실제의 세 번째 중재('적절한 전략 선택' , '기술적인 질문들에 대한 해결책' , '정치적 노력')를 특히 강조했다. 그가 관심을 두지 않았던 '이론과 실제의 결합' 에 대한 최근의 비판들에 대한 대응에서 하버마스는 "그러한 결합의 시도는 문제가 있다" 고 했다. 왜냐하면 모든 정치적 행동들이 변화된 의식은 아니기 때문이다. 사실 그는 "이론은 절대로 정치적 행위를 정당화하기 위해 직접적으로 사용될 수 없다" 고 주

44) Habermas, 1976. p. 214, (*TP*, 32).

장한다. 이론적 진술이 이루어져야만 하는 사회적 행동을 결정하는 절대적 권위를 제공하기를 요구받는 것에 대해 하버마스는 이론과 실제 모두 기형적으로 된다[45]고 하며 다음과 같이 이야기한다.

> 스탈린주의자(Stalinist)들의 실행(praxis)은 '수단으로 사용된 정당 조직'과 '변증의 과학(science of apologetics)으로 타락한 마르크스주의'가 단지 서로를 잘 보완해주는 치명적이고도 결정적인 결과를 낳았다. 이론은 정치적 분쟁과 같은 행동의 조직화에 있어서는 그것의 계몽적 조직화에서 하는 것과 같은 기능을 할 수 없다. 자기 반성의 실제적인 결과는 과거 사건의 인과관계에 대한 직관적 태도의 변화를 가져온다. 그리고 궁극적으로 자기 자신에 대한 태도의 변화를 기대할 수 있다. 하지만 자신들이 이미 성공적으로 계몽의 과정을 거쳤다고 전제하는 집단의 내부적 토론을 위해 준비된 미래를 향한 전략적 행동은 반성적 지식에 의해 같은 방식으로 정당화될 수 없다.[46]

'제약받지 않는, 이론적 담론, 계몽, 전략적인 정치적 행동'의 차이는 매우 중요하다. 번스타인이 언급한 바와 같이 하버마스는 "비판이 당면한 우선적 목표가 과거에 대한 직관"이라고 주장한 것으로 미루어보아 마르크스보다는 헤겔(Hegel)이나 프로이드(Freud)에 가까워 보인다. 그러므로 비판은 과거에 의한 강박을 인지하는 것 그리고 그것으로부터 해방되는 것을 가능케 하는 자기 반성의 과정에 대한 열망으로서 회고적인 특징을 가지고 있다. 헤겔이 이야기하듯이 노예가 그 또한 자신의 정신(마음)을 가지고 있다는 것을 인지함에 따라 알게 되는 자유는 추상적이며 공허한 것이다. 그것은 아직 구체적인 자유가 아니다. 그리고 아무런 상황적 변화 없

45) *Ibid.*, p. 216.
46) *Ibid.*, p. 216, (*TP*, 36, 39).

이도 일어날 수 있다.[47)]

하버마스는 이 본질적인 부분을 다시 강조한다.

> 행동의 구성은 계몽의 과정과는 반드시 구분되어야 한다. 물론 이론이 계몽적 요소들을 정당화하고 상호작용이 실패할 때 그것에 대해 논박할 수 있을 것이다. 하지만 이것이 '전략적 행동을 위한 위험한 결정을 이러한 이유로 정당화할 수 있다' 는 것은 결코 아니다. 정치적 분쟁을 위한 결정은 그 시작에서는 이론적으로 정당화될 수 없으며 조직적으로 수행될 수도 없다. 이 단계에서 가능한 정당화는 실용적인 담론을 목표로 한 참여자들 간의 합의다. 이 참여자들은 현 상태에 대한 자신들의 지식과 공통된 관심사, 그리고 예측 가능한 결과와 그에 따를 수 있는 영향을 인지하고 있는 참여자들이다. 또한 이들만이 자신들이 하고자 하는 일이 가져올 수 있는 위험이나 가능한 기대를 알 수 있다. 시작 단계에서 잠재적 희생의 대가로서 세계-역사적 임무(world-historical mission)를 확신할 수 있는 이론이란 없다.[48)]

많은 이들이 '이론적 정당화와 전략적 행동의 차이를 인정하는 것' 을 '심각한 책임 회피' 라고 이해했다. 이론과 실제를 결합하는 것이 곧 '이론은 사회의 질서를 바꾸기 위한 해결책(구체적 방법)을 제시하는 것' 을 의미한다고 믿는 이들은 이와 같은 결론을 내릴 것이다. 이러한 해석을 내놓는 사람들이 '저속한 마르크스주의자들' 이거나 '부르주아 기술자들' 이건 간에, 번스타인은 "그들은 모든 전략적 행동을 기술적인 조작으로 축소시킨다" 고 비판했다. 이들이 과학과 이론에 가진 강한 열망은 '절차를 결정하기 위한 확실한 판단이 가능하다' 는 것이다. 이러한 과학이 가능하다고,

---

47) *Ibid.*, p. 216-7.

48) *Ibid.*, p. 217, (*TP*, 33).

심지어 필수 불가결하다고 주장하는 마르크스주의자들은 거대한 부르주아 사상가 토마스 홉스(Thomas Hobbes)의 전통을 따른다. 다시 말해 그들은 토마스 홉스 사상의 주된 목표인 '사회 재건을 위한 권위적인 기초를 제공하는 과학적 성취를 이루는 것' 을 수용한다. 마르크스주의자들이 마르크스주의가 진정한 과학이라고 주장한다면 그들은 '자신들의 과학이 단지 이데올로기 수준에서만 성공적이라는 것' 을 이해하지 못하고 있다는 것을 반증한다.[49]

하버마스는 인간의 조건에 내재할 법한 '불명확성 혹은 모호성(ambiguity)' 에 관심을 가진다. 인간으로서 그리고 한 개인으로서 진정한 의미의 계몽이 일어났다거나, 의심 없이 그 계몽이 한 개인을 과거의 구속이나 억압으로부터 완전히 해방시켜 주었다거나, 그것이 진정한 의미의 자기 반성을 이루게 했다는 완전한 확신을 가질 수 없다. 영속적이며 미묘하고 다양한 형태의 저항과 망상, 지적 이해만으로 완전한 변화를 이룰 수 있다는 생각의 부적절함, 그리고 계몽된(혹은 진보한) 이해가 궁극적으로 다른 형태의 환상이 될 수 있다는 영원한 가능성 등 이러한 의문, 탐구, 숙고는 '비판의 성공과 실패' 의 판단이 항상 어느 정도 '일시적' 이어야 한다는 것을 보여준다.[50]

어떤 이들은 이 일시성 때문에 낙담하기도 한다. 나는 이러한 반응이 아직 정당화되지 않았다고 생각한다. 사회적 변화를 위한 (현재 상황에서 교사, 행정가, 교육과정 개발자들과 평가자들을 위한) 확실한 처방을 제공할 수 없는 이론의 내재적 특성이 반드시 '이론으로부터 어떤 전략적인 것들을 끌어낼 수 없다' 는 것을 의미하지는 않는다. 물론 이론으로부터 명백한, 개념적인, 예측 가능한 전략을 직접적으로 끌어낼 수는 없지만 이론이

49) *Ibid.*, pp. 217-8.

50) *Ibid.*, pp. 218-9.

가진 전략을 위한 전개념적 기초는 실행 가능한 전략 생성을 위한 중요성을 내포하고 있다. '계몽된' 사람 즉 자신의 경험에 대한 지속적인 자기 반성적 사고를 하는 사람은 설사 물리적 상황이 받아들이기 힘들 만큼 강압적으로 전략적 행동을 요구할지라도 자신과 자신, 자신과 타자의 관계를 탐구할 것이다. 만약 개인의 행동이 어떤 산출을 향한 욕망으로 인해 그/그녀의 행동이 기술적 조작에 사로잡혀 있다면, 만약 이 산출이 인간적인 것이라 할지라도, 그 행동의 사회적 경험은 단지 기술적인 조작에 불과하다. 까다롭지만 중요한 이 문제를 좀 더 명료하게 논하고자 약간의 설명을 추가한다.

당신은 19세기 덴마크 사회의 어떤 집단에 대한 키에르케고르(Kierkegaard)의 조소를 상기할 수도 있을 것이다. 이어지는 약속을 향해 달려가는 비즈니스맨, 교회 안에서의 정치적 지위를 추구하는 동시에 속죄를 위한 교리를 만드는 성직자나 신학자, 헤겔처럼 신과 같은 관점을 가진 동시에 자신의 개성과 위치를 잃은 대학 교수들. 많은 신학자나 학자들의 업적은 아주 칭송할 만하다. 하지만 그들의 감수성은 쇠약하며 인간성을 찾아보기 어렵다. 그들의 삶에서 배움의 기능은 무엇이었을까? 기능은 개인이 사교계에 어떻게 참여하는지에 앞선(혹은 우선하는) 감수성에 따라 다르게 나타난다. 개인의 발달을 체포하는(개인의 사회적 역할만을 강조하거나 개인의 정치적 행동을 신비화하는 등) 지식의 사용은 '주체와 객체의 관계가 노예화 과정'이라는 것을 의미한다. 이러한 관계하에서 만들어진 지식의 질과 취해진 전략적 행동의 질은 두말할 나위 없이 '개인의 노예화'다.

교육과정적 지식을 만들어내는 것은 이 분야의 진보를 위해 매우 중요한 일이다. 하지만 이러한 지식 생산이 해방적 의도로부터 기인하지 않고 정적이며 구속적인 것[다시 말해 본질적으로 비이론적인 지식의 축척 혹은 개선을 위한 이론의 적용]이라면 우리는 이 분야의 역사적 상황에서 어떠한 근본적인 변화도 기대할 수 없다. 교육과정 분야는 체포되어 있다. 변화가 일어나기 위해 우리는 반드시 기술적이고 실행적인 것으로부터 우리의 관심을 멀리하여 '해방적인 것' 으로 돌려야 한다. 우리가 우리의 작업과 해방적 관계에 있지 않다면, 우리의 이론이나 우리가 고안하는 전략적 행동은, 워커(Walker)의 용어로, 이 나라의 학교를 '개선' 시킬 수 없을 것이다.

07 교육과정 이론화의 추상성과 구체성

(The Abstract and the Concrete in Curriculum Theorizing, 1979)

세상을 꿈으로 간주하는 사람들에게는 광기가 있다. 내면의 삶(inner life)을 환상으로 보는 사람들에게도 광기가 있다. 이 둘 모두 놀라운 생각이기는 마찬가지다. 하지만 전자에 해당하는 사람들은 정신병원에 갇히지만 후자에 해당하는 사람들은 '사람이라는 존재가 무엇을 의미하는지' 를 잊은 사람들 사이에서 서서히 영향력을 얻는다.[1)]

우익과 좌익의 현실과 동떨어진 수사적 논쟁처럼 우리는 역사적 정체[2)]를 겪고 있다. 우익은 낙태, 동성애, 사회 보장 프로그램을 강조하며 가족과 성서의 가치를 재확인시킨다. 좌익은 정치적 기득권, 기업의 이윤, 자본계급의 독선을 비판하며 사회의 구조적 변화, 사회경제적 및 정치적 정의를 주장한다. 우익과 좌익 양쪽 모두 충직함과 함께 적이 있다. 그들의 적과 충직함은 서로 배타적인 추상적인 형태를 띠며, 이 둘은 반변증법적 형

1) E. Mounier, "Be Not Afraid," quoted in T. Roszak, "The Third Tradition: The Individual, the Collective, the Personal," *New American Review* (Fall, 1977)

2) 내가 여기서 의미하는 기간은 지금으로부터 과거 3~5년을 가리킨다.

태로 작용한다. 구체성에 대한 명확한 토대가 없으면 (특수한 상황에 처해진 특정 여성에게 해당하는 '낙태' 추상성) 그 추상성은 단지 '화자의 확장' 즉 한 개인이 좋아하고 싫어하는 것에 대한 것에 불과하다. 변증법적 변화가 일어나기 위해서는 '추상화의 유아론적 관점' 을 버리고 구체적인 개인의 물질적 세계로 들어가야만 한다.

구체적인 것과 연결되지 않은 추상적인 개념은 그 감정의 개인적 특질이 '태어나지 않은 아이들에 대한 살인을 중단하라' 는 날카로운 대중적 글귀 뒤에 숨겨져 있지만 사적인 사랑이나 증오를 의미할 뿐이다. 추상적 개념들이 지시하는 것은 쉽게 접근할 수가 없다. 심하게 추상화하는 사람은 구체적인 사실을 잘 보지 못한다. 그 사람은 단지 추상적인 것만 볼 뿐이다. 특수한 이유로 특별한 상황에 처해진 특정 여성에게 낙태술을 하는 개개의 의사들에 대한 사실은 '낙태' 라는 추상화에 가려져 있다.

사르트르(Sartre)에 따르면, 우리가 처한 역사적 상황은 그 '생각' 속에서의 개인의 소실보다 더한 것을 수반한다. 이는 두 가지 기능에 대한 비판적인 논의를 필요로 한다. 첫째는 매우 보편적이지만 어려운 용어 '해방' 의 의미를 명확히 하는 것이다. 그리고 둘째로는 해방을 주장하는 학문, 즉 정치적, 경제적 측면의 논의를 지향하는 교육과정 탐구로 특징지어진 부분에 대한 여러 가지 문제점에 대한 논의가 필요하다.[3)]

다소 광범위한 '해방' 의 정의는 '정치적, 경제적, 심리적 불평등으로부터 자신과 타자를 자유롭게 하고 자유로워지는 과정이다' . 물론 이 의미 속에는 다양한 측면들이 있다. 또한 이 해방은 본질적으로 일시적이다. 다시 말하자면 해방은 어떤 정적인 완료된 상태를 의미하는 것이 아니다. 따라서 최종적 혹은 완전히 해방된 국가, 기구나 조직, 개인은 있을 수 없다.

---

3) 해방적이라는 말은 마이클 애플(Michael Apple)이 자신의 연구를 표현하기 위해 쓴 말이다. 내가 여기서 의미하는 것은 정치적인 측면을 강조하는 모든 교육과정적 학문이다.

해방에는, 그 단어의 의미를 피상적으로 살펴보더라도, 그 속에는 어떤 점층적/단계적 변화가 있다는 것을 알 수 있다. 예를 들어, 유럽의 여러 나라들은 나치(Nazi)의 억압으로부터 해방되었다. 물론 그 나라들은 해방되었다. 하지만 전쟁 후에 여전히 남아 있던 경제적 불평등은 사회문제의 중심이 되어 (어쩌면) 과거의 기억을 떠오르게 했다. 한때는 해방되었다고 여겨졌던 나라가 어느 순간에서 불공평하고 자유가 없는 나라로 여겨지게 된다. 또 다른 예를 보면 해방의 상대성과 그 속에서 여러 수준의 혹은 단계의 해방이 있다는 것을 알 수 있다. 구 소련의 사회체제에 반대하는 사람이 미국에 오면 미국을 상대적으로 자유로운 나라로 느낄 수 있을 것이다. 그 혹은 그녀가 소련에서 감당해야 했던 수준의 사회적 제약이 미국에는 없기 때문일 것이다. 하지만 많은 미국인들에게 미국은 자유로운 나라로 인식되지 않을 수 있다. 미국에도 미묘하지만 감지될 수 있을 정도의 반대/저항 세력이 있다. 여기서 중요한 것은 해방이 '점진적이고 지속적인 인식과 자각을 필요로 하는 하나의 과정' 이라는 점이다.

내가 해방적 작업으로 주장하는 쿠레레(Currere)는 어떤 이들에게는, 그들의 정치적인 해방적 노력이 명료하게 보이지 않기 때문에, 너무나 미묘한 알아차리기 힘든 작업으로 생각될 수 있다. 어떻게 보면 그럴 수도 있을 것이다. 하지만 나는 정치적 요소를 명백하게 보여주는 것이 반드시 정치적 중요성을 만든다고 생각하지 않는다. 나는 해방적 작업은 여러 다른 단계적 혹은 영역의 관점에서 이루어져야 한다고 생각한다. 어떤 관점이나 단계에서의 해방적 노력도 다른 관점이나 수준에서의 해방적 노력과 변증법적으로 관련되어 이루어져야 한다. 예를 들어 경제적 해방에 대해 논의한다면 이는 정치적, 심리적, 혹은 성 역할적 관점과의 관계 속에서 논의되어야 한다. 이는 인간과 그들이 속한 사회에 대한 '생태학적(ecological)' 관점(하나의 행동이 다른 상태에 있는 타자들에게 영향을 미치는 것)을 말한다. 어떤 하나의 동떨어진 차원의 논의는 피상적인 수준을 벗어날 수 없다. 개인에 대한 탐구는, 예측할 수 없을지 모르지만, 피할 수 없이 사회적 정치적 결과와 논의들을 낳는다.

이와 관련하여, 여기서 나는 이 장의 시작에서 언급했던 문제로 되돌아가서, 추상화로의 경향에 대해서 논의하고자 한다. 나의 논의는 교육과정 분야 내에서 추상화가 어떻게 나타나는지에 중점을 두고자 한다. 전통적인 관점에서 보이는 이러한 경향성 개념적-경험주의 그리고 정치적 경제적 관점을 지향하는 교육과정적 접근들이 이 분야를 더욱 정체되게 만든다. 이는 역사적 상황을 그대로 재현 내지는 반영하는 것이다.[4] 나는 배타적으로 완전히 추상적인 것이 아니라 보다 즉각적이고 당면한 개인적 경험, 생생한 삶과 생생한 세계로서의 경험의 회복을 통한 추상화로부터의 해방을 추구한다. 이러한 추상화는 거의 사라지기 힘들 것이다. 하지만 개인의 생생한 경험과 좀 더 밀접하게 연결될 수 있을 것이다. '생각 속에서의 개인의 소실' 이라는 구절에 명확히 나와 있듯이 추상화와 구체화의 도치된 상황은 바로잡을 수 있다. 그리고 이는 이 분야의 변화에 기여하게 될 것이다.

이 분야의 전통주의자들은 교육과정과 수업의 원리 그리고 개인들의 구체적인 삶과는 관계없이 연구되고 어떤 형태로 구현될 수 있는 교육 현상의 원리에 초점을 두는 경향이 있다. 전통적인 관점에서는 '개인' 의 개념조차도 (인본주의적인 기능을 하고자 했던 교육과정이 인간을 고려하지 않은 과정으로 묘사된 것처럼) 추상적으로 묘사된다. 정치적 관점을 가진 학자들은 여전히 계속해서 구체적인 것을 추상적인 것으로 격하 혹은 축소한다. 그들은 '사회적 문화 자본의 분배' [5], 그리고 '헤게모니 분석' [6]을 이

---

4) 내가 여기서 말하는 상황은 과거 3년에서 5년 사이에 계속된 정체를 말한다. 세계 경제는 서서히 악화되고, 아프리카와 중동의 정치적 상황 또한 나빠졌다. 어떤 경직성, 현재의 이슈로 옮겨 올 수 없는 어떤 (설득력 있어 보이는) 점착성 같은 것이 존재한다.

5) J. Rosario, "Aesthetics and the Curriculum: Persistency, Traditional Modes, a Different Perspective," *The Journal of Curriculum Theorizing*.

6) M. Apple, "On Analyzing Hegemony," *The Journal of Curriculum Theorizing*.

야기한다. 또한 그들은 소위 사회 구성의 구조적 관계에만 초점을 맞추기 때문에 그들의 분석과 논의 속에는 실제적인 개개인들의 경험이 결여된다. 이러한 작업들은 개인들을 그들이 속한 사회의 구조적 관계망 속으로 축소시키는 경향이 있다. 여기서 반드시 구체적으로 논의되고 고려되어야 할 세 가지 요소(측면)가 있다. (1) 기관으로서의 학교 (2) 지식의 형태 (3) 교육자 자신이 그것이다. 이들 모두는 이들이 일부분으로서 구성하는 보다 큰 결합의 관계 속에서 이해되어야 한다. 첫째, 독자들은 아마도 이 세 가지가 동일한 개념적 순서로 놓여있지 않다는 것을 알 것이다. (1)과 (2)는 (3)에 의해서 만들어진 복잡한 체계로서 이루어진다. 이 세 요소들을 보다 큰 결합의 관계 속에 놓는 것은 개념적인 존재론적인 혼돈(잠재적으로 파멸적인 정치적 개념적 결과를 낳을 수 있는)을 완성시킨다.

구체적인 것을 추상화하여 축소시키는 것의 문제는 그것이 내포하는 인간의 삶을 왜곡시킨다는 데 있다. 어떤 생각이 그것을 인식하는 존재보다 더 커지는 것이다. 그러한 생각이 구체적인 것보다 더 실제적인 것으로 되는 것이다. 그것이 설명을 위한, 그리고 안타깝게도, 행동을 위한 근거가 된다. 생각이 인간 존재보다 더 실제적인 것으로 인식되면서 전자를 위한 후자의 희생이 더욱더 가능해지고 그럴듯해지게 된다. 그 개념적 우상이 우익이 이야기하는 '지배자 민족(master race)' 인지 좌익이 이야기하는 '노동자 계층' 인지에 상관없이 실제적 인간은 여전히 희생되고 소외된다.

추상화를 고집하고, 구체적으로 존재하는 개인에 관심을 가지지 않거나 그 중요성을 잘못 이해하는 정치적 성향이 강한 교육과정학자들은, 이상하게도, 철학적 의미에서 관념론자가 된다. 그들은 인간의 경험을 그 경험에 대한 생각(관념)으로 격하시킨다. 이러한 점에서 본다면 그들은 주류 사회과학자들과 다를 바가 없다. 개인은 일반화에 대한 예로서 존재하게 된다. 그들은 구체적인 것에서 시작하여 추상적인 것으로 옮겨간다. 피아제의 인지발달 이론도 이와 같은 맥락에서 이해될 수 있다. '추상화를 더욱더 심화하면 할수록, 심오함과 정확성도 깊어지고 높아진다는 것이다.' 이러한 가정은 종종 인간의 경험을 왜곡시킨다. 인간의 경험의 중심에 있는 것은 그것의 독특함 혹은 특수성(particularity), 어떻게 보면 기이성(eccentricity)이다. 과학적 법칙과 추상화는 개인 경험의 '특이성' 을 내포하지 못하고 소외시킨다.

이와 관련하여 윌리엄 얼(William Earle)은 인간의 삶에서 가장 본질적인 것은 개인들이 가지고 있는 공통적인 측면들(물론 공통적인 것과 관련된 지식이 유용하고 흥미 있는 것이긴 하지만)이 아니라고 주장했다. 하지만 그러한 지식은 표면적인 이해를 탈피할 수가 없다. 인간 삶의 심오한 측면은 개인 삶의 특이성의 영역에 대한 탐구에 의해서만 찾아질 수 있다. 무우니에(Mounier)는 이 점에 대해서 다음과 같이 이야기한다. "그 남자는 프랑스인, 부르주아, 사회주의자, 천주교도 등등이다. 하지만 그는 버나드 카리어(Bernard Chartier)가 아니라 버나드 카리어(Bernard Charier)다. 나는 그를 수천 가지 방법으로 이해할 수 있다. 어떤 계층에 따른 관점이 그를 이해하는 데 도움이 될 수는 있을 것이고 그를 이용할 수도 있을 것이다. 그러한 이해가 그를 어떻게 대해야 할지에 도움을 줄 수도 있을 것이다. 하지만 그것들은 그의 존재에 대한 특정 관점에서 이해된 그의 일부분에 불과하다. 수천 장의 그의 사진을 모아 본들 걷고, 생각하고, 소원하는 그 사람에는 미치지 못한다."[7)]

중요한 점은 '개인들의 차이점' 에 대한 강조가 아니다. 왜냐하면 이러한 접근은 여전히 공통적인 것, 일반적인 것을 '특수하고, 더 이상 환원할 수 없는 것' 위에 둘 때에만 가능하기 때문이다. 인간의 경험을 좀 더 정확하게 이해하기 위해서 필요한 것은 어떤 특수한 상황에 처한 특정 개인의

7) E. Mounier, *Personalism* (London: Routledge & Kegan Paul, 1952), p. ix.

특정한 날의 경험에 대해 묘사하는 것이다. 정치적 경제적 접근이 실제성을 얻기 위해서는 그들의 이상주의를 탈피하여 개인의 존재를 구체화해야만 한다. 다르게 말하면, 특정한 장소에 특정한 순간에 존재하는 개인의 특수성은 정치적, 경제적, 문화적 영향들의 복잡한 결합이다. 이 특별한 순간은 수많은 면을 가진 크리스탈에 비유될 수 있다. 모든 면들이 드러나 있고 연결되어 있지만 그 하나하나의 면들은 단지 그 독특한 하나의 크리스탈의 부분에 불과하다. 그 특별한 순간은 개인 자신의 탐구를 통해서만 (부분적으로) 드러날 수 있다. 이 점에 대해서 얼은 "나 자신에 대한 나의 존재는 다른 이들에 대한 나의 모든 존재의 의미보다 우선한다. 그리고 나는 다른 이들에 의해 어떤 대상으로 이해될 수도 있다. 하지만 나를 다른 사람(혹은 대상)으로 객관화하는 것은 나의 1인칭적 주관성에 아무런 영향을 미치지 못한다. 그러므로 나의 주관성은 모든 파생적인 객관화의 기저를 이루며, 논리적으로 그리고 존재론적으로 파생된 어떤 양상이나 모습보다 우선하여 존재한다."[8)]

얼은 확고하게 이야기한다. 개인에 대한 타자의 객관화는 종종 그 개인의 '1인칭적 주관성' 보다 우선한다. 외향적인 문화에서 아이들은 일찍부터 다른 이들의 객관화에 많은 영향을 받으며 사회화 된다. 객관화의 내용들은 계층에 따라 다양하지만 타자에 의한 정의에 의해 상처받기 쉬운 상태에 놓인다는 사실은 다르지 않다. 어쩌면 나를 객관화하는 사람들은 전통적인 권위를 가진 부모나 교사들이 아니라 외향적인 문화로 사회화된 나의 친구들일지도 모른다. 위 단락에서 이야기하고 있는 것이 바로 '발달적 가능성' 이다. 자신의 외부지향적 성향을 자폐(극단적인 내부 지향)로 만들지 않으면서 자신을 다른 이들의 객관화로부터 자유롭게 할 수 있는 사람은 어느 정도의 자유/자율, 정치적이면서 사회적이고 심리적인 자율을 쟁

---

8) W. Earle, *Autobiographical Consciousness* (Chicago: Quadrangle, 1972), p. 55.

취할 수 있다.

물론 나는 여기서 '개인이 문화적, 정치적, 경제적 존재라는 것' 그리고 '이러한 측면들이 의미 있게 탐구될 수 있다는 것' 또한 부정하고자 하는 것이 아니다. 그러한 측면들은 매우 중요하다. 하지만 그들의 논의에서 완전히 간과된 것은 '그러한 측면들도 개인들의 구체적인 경험 속 깊은 곳으로부터 나온 것이라는 근본적인 사실' 이다. 그 전기적 측면이 논리적 정치적인 것보다 우선한다는 사실이다. 개인을 대개 경제적, 사회적 동물이고 타자로부터의 객관화와 환경에 의해서 만들어진다고 주장하는 것은 결국 자서전적 진술이다. 많은 막시스트들(Marxists)이 인간 삶 속에서 경제적 정치적 결정성이 우선됨을 주장하면서 우리에게 이야기하는 것은 '그들 자신이 그렇게 조건화되었다' 는 것이다. 고상하게 이야기하자면 부르주아로 이야기할 수 있겠지만 나는 '저속하다' 고 생각한다. 그들은 '1인칭적 주관성' , 페르소나(persona)[9] 뒤편에 있는 자아, 수많은 복잡한 사회적 관계 속에서 만들어진 '사회적 가면' 너머에 있는 자아와의 관계를 잃어버렸다. 그 단절로 인해 그들은 사회적 바람에 대한 그들의 외부 지향성으로 인해 상처받기 쉬운 '사회적 동물' 이 되었다. 구조적으로 그들은 그들이 대항/저항하는 우익(보수, 부르주아)과 다를 바가 없다. 그들 둘 모두 자신들이 속한 사회 속에서, 그 사회에 대한 선입관에 갇혀 있다는 것을 인정한다. 인간 존재는 사회 속에서의 존재며 그 나머지 인간의 삶은 대중으로 혹은 '사적인 삶' 혹은 '주관주의' 로 격하되어 버린다. 이러한 전도(轉倒), 다시 말해 주객이 전도되는 것이 정치적 경제적 지향성을 가진 교육과정가들의 학문이다.

뿐만 아니라 그러한 접근은 다른 모든 관점들을 경제적, 정치적 요인들

9) [역주] 스위스의 정신분석학자 칼 융이 이야기한 '가면을 쓴 인격' 다시 말해 '무의식의 인격' 혹은 '자아의 어두운 면' 이다.

에 의해서 판단하는 경향이 있다. 이러한 경향성은 '구조 분석'을 재현하고 재인용하는 것에 불과하다. 그렇게 주장함으로써 그들은 자신들의 헤게모니를 만들어낸다. 자신들의 관점을 다른 과점들과의 변증법적 관계 속의 한 요소로 보지 않고 다른 관점들보다 우월하게 보면 볼수록 그것들의 종합은, 지금은 존재하지 않지만 이후에 등장할 어떤 이들에 의한 종합은 늦어질 것이다. 따라서 그들의 작업은 반변증법적이며 정치적 반동으로 작용한다. 이러한 태도는 자신들의 관점에 대한 신념만을 가지고 끊임없이 투덜거리는, 어떤 길고도 지루한 이야기들을 계속해서 더, 더욱더 이어가는 것이다.

비정치적인 것 그리고 겉보기에는 교육과정과 수업의 이론적 원리 등에 집착하는 것 대신에, 우리가 지금 요구받고 있는 것은 추상화와 이데올로기적 관점에 굴복하지 않는 것이다. 우리는 더 이상 전통적 개선의 노력(말하자면 '자, 우리 모두 팔을 걷어붙이고 변화를 만들어내 봅시다'라고 주장하는)으로부터 순진한 희망을 기대하지 않는다. 또한 우리는 부르주아의 추상화, 공동체와 경제적 정의를 위해 위장된 자기 강화로의 추상화를 더 이상 믿지 않는다. 잘못된 원리원칙주의, 개선, 개인주의로부터 우리는 또 다른 형태의 추상화, 즉 문화와 경제의 보호와 분배의 메커니즘을 볼 수 있다.[10] 이 또한 앞서 언급한 것들과 마찬가지로 개인의 일상적 삶과는 거리가 멀다. 물론 교육과정의 경제적 정치적 분석과 접근이 이 분야를 전통적인 관점과 개념적 경험주의의 순진한 관점으로부터의 변화에 기여한 것은 사실이다. 하지만 그들은 자신들을 '최후의 세계'로 간주함으로써 그들 자신의 해방적 한계에 부딪혔다. 이러한 점에서 그들의 모든 작업은, 그들이 강조하는 이론적 관점에 따라, 교조적(敎條的)이다.

나는 여기서 정치적 논점의 중요성을 반박하는 것이 아니라 그것의 과

10) Apple, "On Analyzing Hegemony."

도함을 지적하는 것이다. 구체성은 추상성 아래에 묻혀버렸다. 의식과 물질과의 관계가 기형적으로 변해버렸다. 무우니에(Mounier)는 이 관계에 대해 다음과 같이 간결하게 설명했다. '한 개인은 어떠한 물체를, 말할 것도 없이 세계를, 그것을 받아들이는 의식과의 관계에 대한 숙고 없이 그것을 증명할 수 없다. 따라서 문제들을 관계의 망 속으로만 격하시키려는 노력은 사실 무의미한 것이다. 문제와 의식의 변증법적 관계는 '개인과 타자와의 존재' 와 같이 더 이상 단순화할 수도 간과할 수도 없는 것이다.' [11] 의식과 문제와의 변증법적 관계를 위해서 문제는 반드시 명료하게 그 의식과 연관되어야 한다. 이러한 연결 관계를 위한 열망이 자서전적 연구방법이다. 'Currere: A Case Study' [12]는 의식(특정한 학생의 의식)의 변증법적 관계 속의 교육과정(하나의 특정한 텍스트)을 설명하기 위한 초창기의 노력이었다. 그 학생의 반응은, 텍스트와 자신과의 대화로 이루어진 그 학생의 반응은 '의식' 혹은 '독자의 텍스트에 대한 반응' 과 같은 추상적인 것을 구체화시킨 것이다. 이와 비슷하게, 정치적, 정신적, 사회적 이슈와 관련한 독자(학생)의 투쟁에 대한 설명은 어떤 전기적 이슈에 직면한 개인, 자신의 삶 속에 구체적으로 존재하는 개인이 처한 바로 그 상황 속에서의 구체적인 이슈에 대한 묘사다. 나는 '사회적 관계의 망' 과 같은 개념(추상적인)이 실체성을 가지고 있는지 그렇지 않은지를 그 특정한 상황 속에서 논의하고자 했다.

'개인' 에 초점을 둠으로써 '추상화로부터의 회복' 과 이데올로기 속에 갇힌 개인의 해방이 가능해진다. 개인의 목소리를 드러내는 것이다. 쿠레레의 네 단계(회귀, 진보, 분석, 종합)를 통해 우리는 지적, 문화적 조건화로부터 우리 자신의 해방을 시작할 수 있다. 이것은 우리의 학문적

---

11) Mounier, *Personalism*.

12) G. Willis (Ed), *Qualitative Evaluation* (Berkeley: McCutchan, 1978), pp. 316-42.

작업을 우리 자신과 우리가 속한 세계와의 변증법적 관계(수동적이 아닌)를 시작하는 것이다. 이 작업이 결코, 정치적으로 소극적이거나 정신적으로 나르시시즘에 빠지는 것을 의미하는 것은 절대로 아니다. 반대로 쿠레레는 정치적, 문화적, 경제적 압력(어쩌면 우리의 의식 기저에 묻혀 있을 수 있는, 또한 우리의 전기적 상황의 그물망을 구성하는)으로부터 개인을 해방시키는 하나의 방법이다. 그 복잡한 정치적, 경제적, 문화적 양상들은 이곳에 모이는데 그곳이 바로 '실제 속에서 존재하는 개인들의 삶' 이다. 구조적 관계의 정체를 악화시키는 개인의 무의식이 역사적 시기로서 오늘날 존재하는 것은 사실이다. 물론, 집단적인 정치적 행동은 반드시 필요하다. 문제적 집단 행동 또한 두말할 나위가 없다. 하지만 중요한 것은 사람들이 심리적으로, 지적으로, 정치적 경제적 평등적 질서에 대해 준비되어 있지 않다면, 그들은 자신들이 반박하는 권위(자신들이 현재 처한 계급에서의 역할)에 다시 종속되게 된다. 이는 구 소련의 경우로 쉽게 알 수 있다.

정치적 지향성을 가진 교육과정가들이 그들이 반대하는 우익과는 분명히 다른 입장을 취하고 있지만 그들의 '잠재적 교육과정(hidden curriculum)' 에서는 그 차이점을 찾기 힘들다. 추상화로 인한 자기 소외와 사회적 통제(이 분야에서의 지위 확대, professional aggrandizement)에 대한 관심을 양쪽 모두에서 찾을 수 있다. 이론가의 개인적 삶에 근본적으로 근거하지 않는 이론은, 자본주의 속에서의 전문가들이 그러하듯이, 이론가 자신들을 위해 이용된다. 따라서, 그들의 급진적인 학문은 결국 학문적 '주식' 과도 같이, 그들이 조심스럽게 투자한 것이며, 결국에는 '학문적 가시성' 그리고 '박수갈채' 로서 그들에게 돌아간다.

개인의 지적 작업의 전기적 기능에 대한 자기 반성적 탐구는 그것의 무의식적인 작용을 약하게 한다. 그것이 비교적 무의식적으로 작용하면 학문의 상업화와 같은 주류 문화를 더욱 악화시킬 것이다. 하지만 이 작업이 개인을 변화시키는 것처럼 이를 통해 개인은 이 자서전적 작업이 본질적으로 사회의 물질적 구조를 변화시켜야만 한다는 것을 조금씩 깨닫기 시작한다. 이러한 개인의 노력과 사회 변화의 관계가 명확하게 드러나거나 간단하지 않지만, 우리는 (앞에서 설명한 의식과 물질의 뗄 수 없는 변증법적 관계를 고려할 때) '우리 개인의 자아가 물질적/실제적 중요성을 지니고 있음을 안다. 조금 더 이해하기 쉽게 이야기하자면 우리 개인의 작업은 반드시 그리고 결국 사회 문화의 변화에 (미시적이지만 사소하여 무시할 수 없을 만큼 강력하게) 기여한다는 것이다.

교육과정 탐구에서 정치적 관점의 의심할 수 없는 성공은 그 한계에 다다랐다. 그것은 교육과정의 정치적 특징과 그것의 사회적 기호화에서의 위치, 사회적 재생산으로서의 도구적 의미 등을 바르게 지적했다. 그것은 또한 개인들(부르주아 즉 심리적, 지적 역량(agency)이 부족한 개인들)의 망상을 지적하고 그들의 궁극적 지위와 계급을 지키고 강화하기 위해 사용한다는 점을 지적했다. 그리고 그들은 사회적 경제적 정의실현을 위한 이론가들과 실천가들의 역할과 노력의 중요성을 강조했다. 이것이 그들이 거둔 가장 두드러진 성공이다.

1960년대를 지나며 이러한 관점과 학문적 노력을 접해온 이들이라면 이러한 일반적 관점과 노력은 벌써 이루어졌다는 것을 알 것이다. 그것을 인식하는 것은 그 정치적 경제적 상황을 변화시키는 데 아무런 도움이 되지 않고, 정치적인 철회를 주장하지도 않는다. 관례적인 평범한 정치 활동 그리고 사회경제적 정의 실현을 위한 지속적인 노력은 여전히 책임 있는 전문가적 삶의 기본 요건으로 남아 있다. 하지만 이해되어야 할 것(순서)들이 여전히 (이루어지지 않은 채) 남아 있다. 우리는 문화적 지적 삶을 위한 경제 구조의 중요성을 알게 되었다. 그래서 어쩌란 말인가? 이후에는 반드시 정치적 행동이 뒤따라야 할 것이다. 그 이외에 무엇이 있단 말인가?

이 변증법적 관계에서의 다음 단계는 명백하게 추상화와 구체화가 개인을 '교화(reclamation)' 하는 것이다. 부르주아의 자기 강화에 대한 사죄나 변명이 아니라 구체적이고 더 이상 축소될 수 없는 개인의 표출 그리고 경제적 정치적 구조의 결정권자로서의 개인을 찾는 것이다. 우리는 우리들 속에 스며든 문화를 만들어내는 생산자이자 그 문화로 인해 만들어지는 산출물이기도 하다. 크게 보면, 막시스트들의 노력으로 인해 우리는 구조적 변화가 반드시 필요하다는 것을 이해한다. 우리는 그들이 인간의 권리를 위해 공헌한 점을 인정해야 한다. 우리는 또한 그러한 변화를 위해 어떤 식의 집단적 정치 행동이 필요한지도 이해한다. 그런 집단적인 노력과 함께, 동반자로서 오늘날 이루어지고 있는 작업들이 있다. 정치적 지향성이 강한 교육과정가들이 이해하고자 하지 않는 노력들, 그것이 바로 '개인 내의 작업(individual work)' 이다.

어떤 의미에서, 나는 파울로 프레이리(Freire)의 'conscientizao' 혹은 (다시 말해) '사회적, 정치적, 경제적 고려사항들을 인식하고 억압적인 실제적 요소들에 대해 저항하는 행동을 취하는 것을 배우는 것을 이야기한다. 프레이리의 페다고지에 잘 나타나 있듯이 실천(praxis)[13]은 실제적 모순들이 각 개인들의 일상적 삶의 직접적인 상황 속에서 이해될 때 가능해진다. 예를 들어 프레이리는 '소작농들의 오후의 음주' 의 분석을 통해 암시한다. 중요한 것은 그 '음주' 에 대한 정치적 의미(좌절로서 시작되었으며, 정치적으로 표현되지도 실제적 문제로서 중재되지도 않은)를 학생들

13) [역주] 일반적으로 Praxis는 한국어로 '실천' 으로 번역되고 있으나, 이로써 그 뜻을 충분히 나타내기에는 부족함이 있으므로 '프락시스' 로 번역했다. Praxis는 그리스어 테오리아(theoria, 관상)와 대비되는 개념으로 인간의 의식적, 능동적 활동으로 이론이나 생각을 행동으로 옮기거나 실천하는 것을 말한다. 하지만 패러다임이나 학자에 따라 프락시스로 나타내고자 하는 의미가 다르다. 프레이리는 그의 비판적 교육학에서 파락시스를 '말과 실천이 일치되는 사고와 행동의 총합' 으로 사용한다.

이 분석하고 이해하는 것이 반드시 필요하다는 것이다. '억압' 과 같은 추상화를 '알코올 중독' 혹은 '수평적 폭력(horizontal violence)' , 다시 말해 '집단 내 분쟁(Inter-group conflict)(Duffy, 1995)[14)]' 과 같은 실제적인 사건과 연결시키는 것이 반드시 필요하다. 이 작업이 '자서전적(autobiographical)' 인 것이다.

이 작업은 실제 속에 가라앉아(숨겨져) 있는 학생들을 자신의 삶에 대한 자기 반성적 이해 그리고 그것과 문화적 경제적 삶과의 관계에 대한 이해로 초대하는 것을 가능하게 한다. 이 작업은 초기에는 어쩌면 설명식(주입식) 수업으로 시작될 수 있다. 하지만 이는 단지 이 작업을 시작할 때만 그렇다. 그 상태에서는 학생들은 수동적인 존재로 머물러 있다. 이 주입식 방식이 바로 프레이리가 이야기한 은행 저축식 교육(banking education)[15)]이다. 교육이 아닌 교화 혹은 세뇌인 것이다. 자신이 처한 실제로부터의 탈출, 무의식으로부터의 탈출, 억압적인 정치적 실제에서의 조건화된 역할로부터 자기 반성으로의 탈출, 그리고 그 실제를 변화시키기 위한 적극적인 노력과 행동 이것이 내가 이야기하는 자서전적 방법의 중요한 기능이다. 그것이 쿠레레(Currere)다.

해방적 행동이 이론과 실제의 관계에 대한 과학적인 이해에 사로잡힌 교사에게 노출되면 금새 그 행동은 외부로(다른 이들에게 하는 행동으로) 향하게 된다. 해방적 행동이 사회적 상호작용 혹은 심지어 자아와 타자 간의 상호작용으로 모두의 변화를 기대할 수 있는 '대화적 상호작용' 으로만 특징지어지더라도, 이 작업의 중요한 해방적 의미는 소실된다. 이 작업은 개인과 자아와의 관계, 자아와 직업적 일과의 관계, 자아와 타자와의 관계

---

14) Duffy, E. (1995, April), Horizontal violence: a conundrum for nursing. Collegian. *Journal of the Royal College of nursing Australia.* *2*(2), 5-17.

15) P. Freire, *Pedagogy of the Oppressed* (New York: Seabury Press, 1973).

에 대한 이해와 그 관계 속에서 지속적으로 드러내고 발견하는 것, 개인 내의 신중한 자서전적 탐구를 통해 지속적으로 변화하는 과정을 포함한다. 겉으로 보기에 자신들이 하는 행동의 기능에 대해서 '완전히' 잘못 이해하고 있는 개인들과 집단들을 고려할 때, 이 탐구는 반드시 필요하며 이루어져야 한다. 인본주의적인 미사어구들은 정치적, 지적 측면에서 반동적인 방식으로 작용할 수 있다. 내용, 진술, 지위는 그것을 만들어내는 주체에 비하면 모두 부차적인 것들이다. 개인을 위한 그/그녀의 과업(직업)의 기능들은 반드시 자기 반성적 탐구를 통해 밝혀져야 한다.

애플(Apple)[16]은 두 가지 면에서 개인에 대한 나의 논점을 잘못 이해하고 있다. 첫째, 이 분야에서 역사적인 관점으로 다루어져 온 '개인' 은 개념적인 내용들 혹은 존재론적인 사실들이 결여되어 있다는 것이다. 결국 그것은 단지 하나의 '구호' 가 되었을 뿐이다. 아마도 지금의 논의와 더 밀접하게 관련이 있는 두 번째 이유는 그의 작업에서 '개인' 은 '추상적' 이기 때문에 'Currere: A Case Study' 를 단지 '미학적 중요성' 을 보여주는 것으로 격하시켰다는 것이다. 어떤 면에서 그의 작업은 다른 전통주의자나 개념적 경험주의자들과는 다른 면이 있다. '특정역사적 시점, 사회역사적 상황에서의 인간의 인식' [17] 그리고 '매일 매일의 실천' [18] 등의 표현으로 개인에 대한 인식을 암시하지만 이들 중 어떤 것도 구체적인 실제성을 나타내지 못한다. 그의 관심은 주류 사회과학의 전통에 대한 이론적인 설명이다. 그 전통은, 학문에서의 철학과 같이, '자연과학이나 수리과학을 따르는(흉내 내는) 것이다.' [19] 이러한 전통은 인간의 행동이나 태도에 대한 법

---

16) M. Apple, "Ideology and Form in Curriculum Evaluation," in G. Willis (Ed.), *Qualitative Evaluation*, pp. 492-521.

17) Apple, "On Analyzing Hegemony."

18) *Ibid.*

19) Earle, *Autobiographical Consciousness*, p. 33.

칙론적 지식을 만들어내는 데 주된 관심을 둔다. 즉, 행동을 예측하기에 충분할 정도의, 우리 행동에 대한 이해만을 가능하게 해주는 지식을 만들어내는 데 관심이 있다. 이러한 점에서 정치 지향적 학문은 이 분야를 재개념화하지 못한다. 이러한 점에서 그러한 학문은 정치적으로 지적으로 반동적인 방식으로 작용하는 경향이 있다. 왜냐하면 그것은 여전히 구체적으로 존재하는 개인들을 이론적 설명을 위한 증거로 격하시키기 때문이다. 이는 여전히 이론에 대한 개인의 종속을 지속시키고 수직적으로 놓여 있는 '상급' 의 어떤 것에 대한 개인의 추종을 지속시킨다. 만일 부르주아에 대한 노동자 계급의 굴복이 경제적 정치적 이론으로 옮겨 간다면, 이것을 어떤 의미에서 '성취' 라고 할 수 있을까? 수동적인 충절(굴복)의 가능성은, 억압의 구조는, 여전히, 온전히 남아 있다.

더 말할 필요도 없이 정치 지향적 학문은 반동적인 방식[20] 이외에는 어떤 작용도 하지 않는다. 그것이 교육과정과 교육과정 이론화의 경제적 정치적 결정요인들에 대한 인식을 추구할 때, 그것이 이론화의 방법과 초점의 근본적 변화를 추구할 때, 그것은 비로소 교육과정 재개념화에 기여하게 된다. 하지만 그것이 개인을 소외시키는 만큼, 그리고 거대한 추상화(그들이 아마 지금 하고 있는)를 구체적인 개인의 삶 속에서 논의하기를 거부하는 만큼, 다른 모든 교육과정 학문들이 그것의 개념적 윤곽(틀)에 순응한다고 주장하는 만큼, 그들의 학문적 접근은 여전히 반동적 방식으로 남아있게 될 것이다. 해방은 어떤 하나의 구호(혹은 교육과정가들이 그것이 축제의 기둥인양 그것 주위에 둘러서서 춤추게 만드는 어떤 또 다른 형태

---

20) [역주] 여기서 '반동적인' 것이 의미하는 것은 사회적 정치적 진보나 변화를 거스르는, 어떤 의미에서 변화를 막는 것을 의미한다. 파이너는 막시스트들의 계급 재생산에 대한 논리가 여전히 그 체제 속에 개인을 여전히 가두어 두게 된다고 주장하며 애플의 이론을 비판한다.

의 추상화)로 격하시켜서는 안 된다. 그러한 운명으로부터의 탈출을 위한 해방을 위해서, 그것은 반드시 그리고 조심스럽게 우리의 직업적 삶에서 어떻게 작용하는지 탐구되고, 분석되고, 결국 이해되어야 한다. 의심의 여지 없이 그 개념은 경제적, 정치적, 사회적 정의를 의미한다. 그것은 또한 개인을 자녀양육과 학교에서의 정신적 지적 불평등으로부터 해방시키고, 개인을 기질적인 제약으로부터 자유롭게 하려는 노력과 같은 개인을 위한 개별적 정의를 의미하기도 한다. 해방적 작업의 이 두 가지 측면(즉, 집단적/개인적, 물질/의식)은 서로 상관관계에 있다. 이들은 서로 적대적인 대립관계에 놓여져서는 절대로 안 되는 동반자적 노력이다.

08

출항: '주체'와 '객체' 사이의 관계로서의 교육과정

(The Voyage Out: Curriculum as the Relation Between the Knower and the Known, 1979)

문 밖을 나서지 않고서도
나는 세상을 아노라
어린아이 속에 어른이 있고
씨앗 속에 나무가 있으며
떨어지는 빗방울 속에 대양이 있다.
— 노자(老子)

교육과정 이론가들의 과업은 사려 깊게, 지속적으로, 집요하게 우리 생각의 한계 너머로 노력을 기울이는 것이다. 이 과업에는 반드시 비판적, 역사적인 노력이 포함되어야 한다. 이러한 점에서 재개념화가 비판으로부터 시작했다는 점은 우연이 아니다. 하지만 '비판' 에서 그칠 수는 없다. 비판 이후에는 비판적-역사적 작업, 이론가들이 현존하는 어떤 것에서 아직 다가오지 않은 어떤 것으로 관심을 돌리는 이론화의 단계 즉 후기-비판적 작업(post-critical work)이 반드시 수반되어야 한다. 전통이 신용을 잃으면 새로운 것이 그것을 얻어야만 한다. 지적 전통의 수명을 쉽게 예측할 수는 없지만 20년 후 즈음에는 재개념화 또한 그것이 전통적인 관점에 겨누었던 비판의 화살을 받게 될 것이다. '변증법적' 이라는 개념은, 실증이 날 정도로 많이 사용되었지만, 나에게는 여전히 '발전이 집합적, 개별적으로 어떻게 일어나는지' 를 가장 잘 나타내는 적절하고 강력한 표현이다. 이는 대립되는 생각, 힘, 개인들이 만나 '모두의 발전과 변화를 위해' 그리고 '보다 포괄적인 성과를 위해' 자신들의 주장을 기꺼이 포기하는 것이다. 미묘한 차이는 있지만 듀이(Dewey)의 실험적 경험론도 이와 유사한 가능성을 강조한다. 이 개념의 핵심은 '이해하는 사람은 자신과 자신이 처한 조건과 환경 그리고 이들 간의 상호 연관성을 이해하며 미묘하고, 현명하며 실용적인 방법으로 새로운 정보를 기존의 정보와 통합하는 것' 이다.

'진정한 이론적 진보는 이론과 더불어 실용주의적 세련화를 이룬다' 는 듀이의 이해는 지금 시대에서는 완전히 잊혀졌다. 하버마스(Habermas)가 우리에게 던지는 중요한 메시지 중의 하나는 '그것의 재현' 이다. 실용적 행동은 그 행동이 이루어지기 이전의 어떤 개념이나 원리의 제약을 받을 수 없으며 논리적, 경험적으로 정당화된다고 볼 수 없다. 실용적 행동은 그 행동이 이루어지는 바로 그 무대에서만 일어난다. 이때 어떻게 행동할지에 대한 어떤 원칙을 가지고 그 무대에 올라간 개인이 그 상황을 얼마만큼 변화시키고 재구성하느냐에 달려있다. 예를 들어. 우리는 필연적으로 많은 가능성 중에서 선택해서 일련의 교육적 상황을 만든다. 우리의 개념적 틀이 경직될수록 변증법적 상호작용과 발달(변화)의 가능성은 줄어든다. 만일 우리가 학생들을 위해 구성하는 사회적 경험이 너무 경직되거나 분별없다면 우리는 두말할 나위도 없이 우리의 학생들을 우리 자신의 개념적 틀 속에 가두게 되는 결과를 초래하게 된다. 따라서, 학생들이 수동적이거나 도구적 이성(道具的 理性)으로 인해 수동적인 채 하지 않을 때 갈등이 생긴다. 물론 이러한 현상은 미국의 모든 학교에 걸쳐 일어나는 현상이다.

이러한 갈등은 점점 더 많아지며 두드러지게 일어난다. 심지어 억압된 교실의 침묵 속에서도 갈등은 일어난다.

이에 우리는 교사와 학생들의 관계, 이론가와 자신의 이론의 관계, 이론가와 그 학문 분야의 관계, 그 분야와 이해관계자들(우리의 경우 교육자들)의 관계에서의 '변증법적' 접근의 중요성을 더욱 강조해야 한다. 여기서 교육과정 이론가들의 과업은 '한 이론가의 학문적 작업 내에서의 변증법적 관계와 변화' 그리고 '그/그녀의 동료와 학생들 그리고 그 학문 분야와의 사회적 지적 관계'를 이해/입증/탐구하는 것이다. 한 개인은 반드시 일반적인 경향성에 대해 대조적인 태도를 취해야 한다. 물론 이때 그/그녀는 자신의 학문적 작업 내의 '자신과 자신'의 (독단적인 혹은 대조적인) 관계를 이해하고 그 태도(관계의 이해를 위한)를 유지하고자 노력해야 한다.

이러한 지적 태도를 가지고 유지하기 위해, 이론가들은 반드시 기꺼이 자신은 물론 자신의 관점 또한 포기하는 데 주저하지 말아야 한다. 물론 하나의 관점에 발전의 가능성이 있을 수 있다. 그것이 비록 미숙한 상태에 있고 그 관점(아이디어)이 그것의 지적 전통에 가려 명확하게 보이지 않을 수 있다. 하지만 그것이 성숙되어 감에 따라 그 관점만의 특수성과 가치는 그것이 가지는 현존하는 관점들과 전통과의 관계보다 두드러지게 된다. 성숙해진다는 것은 그 관점 자체는 물론 그것과 다른 관점들과의 관계가 보다 명확해지는 것을 말한다. 이는 지적인 자주성 또한 포함한다. 이론가들은 자신들의 생각이 대중으로부터 많은 관심을 얻고 학생들이 그것의 영향을 깊이 연구하고 논의하게 되면 현혹되기 쉽다. 특히 많은 강연에 초청받고 그에 따라 명성을 얻게 되면 더욱 그러하다. 만약 내가 이것에 유혹되었다면 나는 기본 주제들의 다양함에 대해 글을 쓸 것이다. 그리고 그런 다양함(혹은 변화/차이)에 관한 글을 쓰며 나의 남은 학문적 삶을 보낼 것이다. 물론 그런 경력이 부끄럽다거나 비난받아야 할 이유는 전혀 없다. 단지 여기서 내가 주장하는 것은 그의 체포된(arrested) 관점이나 아이디어가 그 자신과 혹은 다른 이들에게 얼마나 유용한지에 상관없이 그 이론가는 지적으로 체포되어 있다는 것이다. *주체와 객체의 관계에 대한 탐구를 포함하는 영역으로서의 교육과정을 탐구하는 이론가들에게는 특히 지속적인 발전과 변화를 열망하고 탐구하며 그것을 입증하는 태도가 필요하다.*

그러면 한 개인이 어떻게 그 개인 내에서 그러한 발전과 변화를 일으키고 지속시키는 작업을 할 수 있는가? 이러한 의문에 대한 해답을 제안하고자 우리는 쿠레레(Currere)의 방법을 고안했다. 다시 말해 쿠레레는 우선적으로 그리고 가장 본질적으로 개인 내에서의 변증법적 가능성을 기르는 것이다. 이는 텍스트, 어떤 아이디어, 동료에 대한 개인의 반응을 탐구하는 것이다. 이는 개인이 자신의 반응은 물론 그 반응의 변화까지도 깊이 이해하기 위한 노력을 필요로 한다. 학계에서 살아남기 위해 필요한 것 중의 하나는 '보다 확고하며 양보될 수 없는 확실한 학문적 지위를 얻어야 한다' 는 생각이다. 따라서 한 개인은 이론을 만들고, 다른 이들이 그것을 받아들일 수 있도록 지속적으로 설득하며, 그것을 뒷받침하는 예들을 끊임 없이 만들고 강화한다. 이 문제와 관련하여 조나단 에드워즈(Jonathan Edwards)의 『진노한 하나님의 손안에 있는 죄인(Sinners in the Hands of an Angry God)』이 떠오른다. 분명히 설교의 내용은 변했지만 설교자의 실상은 변하지 않았다. 몇몇 학자와 이론가들은 영원한 진리를 주장하고 자신들은 구원받았음을 확신하며(이 세속적인 시대에, 인지적인 구원이지 영적인 구원이 아니다), 다른 이들을 개종시키는 데 일생을 바친다. 정치적 이미지의 관점에서 이것은 문명화되지 않은 어떤 지역을 식민화하는 것과 같은 일련의 *지적 제국주의(intellectual imperialism)*나 마찬가지다.

교육학, 특히 교육과정의 연구가 나에게 흥미로운 이유 중 하나는 지적으로 정체되지 않고 살아있는(생기 있는) 개인은 '지적인 삶' 에 관한 관점뿐만 아니라 '전기적 삶'에 대한 관점 또한 끊임 없는 변화 속에 존재한다는 사실이다. 나에게 이러한 이해를 가져다준 심오한 연구들에 이끌려 나는 지금 이 작업을 하고 있다. 교육과정 분야에서 이것이 의미하는 것은 '우리는 개념적으로 다양하고 복잡한 학문적 노력과 논문들을 용인한다'는 것이다. 예술이나 과학 분야에 있는 우리의 동료들은 이러한 작업들을 멸시하거나 원시적인 혹은 저급한 것으로 치부하는 경향이 있다. 이러한 평가가 항상 틀린 것은 아니며 그들이 사로잡히거나 집착하는 학문적 작업의 질(수준)을 고려해볼 때 이러한 평가를 하는 것이 이해될 수도 있을 것이다. 하지만, 그들의 평가 속에 있는 중대한 실수는 '그 개념적으로 복잡하고 다양한 학문적 노력들이 보여주는 교육학적 본질'을 간과한다는 점이다. 우리의 관심은 우리의 지적-심리적 발달 과정을 탐구하는 데 있지 그것을 합의되어 주어진 틀에 맞추어 표현하는 데 있는 것이 아니다. 우리는 또한 학생들이 겪는 발달 양상에도 관심이 있으며, 우리 자신들 또한 학생들의 지적 노력을 비난할 수 있는 가능성이 있다는 점도 항상 염두에 두어야 한다. 우리는 이 분야의 특수성이 이미 이루어진 것에 집착하지 않는 것이라는 점을 강조해야만 한다. 만일 그것에 집착하게 된다면 교육학과 교육과정 분야는 그것의 고유하고 독특한 특성인 '교육의 과정 자체에 대한 관심'을 잃어버리고 있다는 것이 명확해진다.

어떤 의미에서, 우리는 이러한 관심을 무의식(눈에 보이는 빙산의 꼭대기 아래에 존재하는 것)[1)]에 초점을 맞추는 정신분석학에 비유할 수 있다. 우리는 훌륭한 논문을 쓰는 데 관심이 있다. 하지만 또한, 어쩌면 그보다 더, 그것의 역사 즉 연구자의 삶 속에서 그 논문의 기원 그리고 그 논문과 연구자의 삶 속의 이슈들과의 관계에도 더 많은 관심이 있다. 왜 그것에 관

---

1) [역주] 파이너는 여기서 프로이드의 본능(id), 자아(ego), 초자아(super ego)를 설명하기 위해 종종 등장하는 물 위에 떠 있는 빙산 그림을 가리킨다.

심을 두는가? 어떤 아이디어가 있다고 할 때 그것을 만들어내는 개인의 전기적 삶 속에서의 역사적 의미를 탐구함으로써, 우리는 지적 발달의 본질이 무엇인지, 그 개인이 학습하는 과정은 어떠한지, 개인이 어떻게 덜 편협하게 되어 가는지를 (주류 사회과학이 제공하는 단편적인 이해가 아니라) 더 인간적으로 더 심도 있는 본질적인 이해를 시작할 수 있다. 물론 학술적인 노력이 이러한 개인의 발달을 담보하는 것을 기대하기란 쉬운 일은 아니다. 하지만 논쟁의 여지가 없는 것은 '그러한 개인의 발달이 우리가 추구하는 전통적인 이상' 이라는 점이다. 적어도 인문학에서 우리는 어떤 미묘하고, 유연한 변화의 가능성을 내포한 '경험' 의 관점에서 '감수성의 배양' , '신사 교육' 등을 이야기해오고 있다. 진실, '신사' 의 개념은 경직되어 있으며 사회 경제적 지위나 행동거지 혹은 정세에 밝은 대화 능력 등으로 인식된다.

이 점과 관련하여 나는 나의 연구의 근간을 이루는 학문적 전통에서 다른 측면, 다른 가능성을 본다. 이것은 완전히 소외되거나 잊혀진 것이 아니다. 왜냐하면 내가 이것에 대해 주장하는 최초의 사람도 유일한 사람도 아니기 때문이다. 너무 많이 사용하고 너무 많이 들어 이미 상투적인 문구가 되어 버렸지만 (하지만 많은 '상투적인 말' 이 여전히 사실이듯이) 다시 언급하자면, 우리 중 많은 이들은 여전히 우리의 일을 '직업을 위한 훈련' 으로 보고 있다. 우리가 학생들에게 전하는 것은 경험에 대한 일반화된 태도가 아니라 '기술' 이다. 당신은 이것에 관한 이야기를 너무 잘 알고 있을 것이다. 동시에 당신은 실존주의, 정신분석학, 비판이론과 같은 20세기의 중요한 지적인 움직임이 있다는 것 또한 알고 있을 것이다. *나는 우리의 재개념화를 위한 노력이 아무리 미미하다 할지라도 저항을 나타내는 하나의 움직임으로 간주되기를 희망한다. 역사적인 이유와 현재의 상태를 볼 때 교육과정은 이와 같이 간과되어 온 교육적 열망이 싹트고 영속될 수 있는 학문 분야다.* 역사적으로 이 분야의 학자들은 '추상적인 것'과 '개념적으로 일관된 학문 영역으로 발달'시키는 것보다 구체적인 이슈나 개인들에 더 많은 관심을 기울여 왔다. 교육과정 분야의 이러한 현상은 우리의 작업과 정면으로 대치된다. 우리의 작업은 아직 성숙하다고 할 정도로 이론적으로 발달되진 않았지만 교육학 내의 다른 분야에서는 가능하지 않은 연구를 가능하게 하는 전례들을 볼 수 있다. 우리가 이 분야에 노력을 기울여야 하는 이유는 간단히 말해 '현재 교육과정 분야가 소멸의 위기'에 처해있기 때문이다. 이미 몇몇 대학에서 '교육과정'이라는 단어를 학과의 명칭에서 제외했다. 최근 오하이오 주립대학교에서도 이와 같은 일이 일어났다. 이것의 상징적인 중요성은 '우리가 어떤 식으로든 어떤 영역이든 발전시켜야 할 시간이 다가오고 있다'는 것이다. 이 낙담되는 시기에 이 분야 내에 퍼져 있는 마비된 지성과 의지를 고려해 볼 때 어느 누구도 우리의 어떤 노력이 성공할 수 있을 것이라 보장하거나 낙관할 수 없다. 지금까지 이 분야를 구하기 위해 노력한 학자들과 교육과정을 특별한 학문 분야로 발전시킬 수 있는 가능성을 미루어볼 때, 이 시기가 매우 결정적이라는 것을 인식하고 필사적으로 노력해야 한다. 우리에게 주어진 시간은 길어야 10년일 것이다. 그 이후에 '교육과정과 교수' 같은 학과명이 남아있을지 모르지만, 만약 이 분야에 그리고 우리의 작업에 관심을 가지는 다른 분야들에 공헌한 우리가 '일반적인 교육학의 진보'를 위해서뿐만 아니라 '이 나라의 교육관련 기구들의 변화와 발전'적 측면에서도 '우리가 지금 사활적 시기'에 있다는 것을 명확히 인식하지 않는다면, 그 학과명 내에 이 학문적 영역의 진정한 의미가 남아있기를 기대하기는 어려울 것이다.

그럼 다가올 시기에 우리의 과업은 무엇이 될 것인가? 표면적으로는 학술적인 작업이 될 것이지만 그 이면의 '동기'에 관한 고려 또한 매우 중요하다. *우리는 학문으로서의 교육과정을 위해 교육과정을 연구하는 것이 아니다.* 그 학문 분야를 살아남게 하기 위해 그 학문 분야를 구해야 한다고 주장한다면 이는 터무니없는 일이다. 그러면 질문은 보다 명확해진다. 왜 이 작업을 하는가? 조나단 에드워즈(Jonathan Edwards)의 대답은 '무지와 반동주의를 구원' 하기 위한 것이다. 이 분야에 어떤 신뢰(혹은 충성)도 없다. 단지 이데올로기적 갈등이 벌어지는 또 다른 하나의 매개체일 뿐이다. 덜 명료할 수 있지만 또 다른 가능한 대답이 있다. 이는 아마도 내가 이 생각을 완전히 이해할 수 없기 때문일 수도 있다. 하지만 그 대답은 오해의 여지가 없기 때문에 내가 완전히 이해하지 않았다고 느낌에도 불구하고 여기서 논할 수 있다. *그 대답은 '그것이 실험주의, 비판이론, 경험주의인가에 상관없이 그들의 확고한 신념을 포기하는 것' 과 관련 있다. 이는 한 개인의 관점이나 신념이 자신과의 관계, 외부와의 변증법적 관계 속에서 변할 수 있다는 가능성을 열어두고 그 사실을 받아들이는 것이다.* 그 가능성은 정말로 놀라운 것이다. 그 가능성은 오늘날의 주류적 흐름을 그대로 수용하기를 거부하고, 우리가 지금까지 인식하지 못했던 어떤 것들을 들추어내고, 어쩌면 우리의 학문 분야가 아닌 것으로 보였을 수도 있는 어떤 완전히 새로운 실험적인 영역으로의 가능성이다.

어떻게 그러한 정신을 기를 수 있을까? 우리와 우리 작업의 관계가 무엇이며 어떠한지, 그것이 우리에게 어떻게 작용하는지, 다른 이들과 그들의 생각과 작업을 평가해야 한다는 강박에서 벗어나려는 노력 등이 필요할 것이다. 다른 이들에 대한 평가는 그들에게 맡겨야 한다. 만약 교육과정 분야 내의 혹은 교육학의 다른 분야에 있는 우리의 동료들의 시각이 우리의 지성을 흐리게 한다면 그들 모두로부터 눈을 돌려 '경험' 을 깊이 있게 탐구해야 한다. 이는 사회 경제적 분석이나 계층분석이 될 수도 있을 것이다. 물론 그것이 반드시 자서전적 연구를 의미하는 것은 아니다. (이 설명을 자서전적 연구의 필요성에 대한 주장으로 이해한다면 논점을 완전히 잃은 것이다.) 우리는 그것이 무엇을 의미하는지 확실히 알 수 없다. 어떻게 보면 그것은 하나의 실험적인 의미일 수도 있다. 우리는 '우리의 경험이 이끄는 곳으로의 변화'에 저항하지 않는다. 우리는 할 수 있는 만큼 가까이에서 심층적으로 그리고 신념을 가지고 현재 교육 기관에서의 경험의 이해에 최선을 다한다. 그리고 할 수 있는 만큼 솔직하게 그 경험들(우리들 대부분은 이 분야의 전문가다. 왜냐하면 여섯 살 혹은 그 이전에 학교에 들어가 지금까지 그 속에서 경험하고 있기 때문이다)을 이해하고 기술(묘사)하기 위해 노력해야 한다. 물론 이런 노력을 하는 동안 관련된 학문 영역을 차용할 수 있을 것이다. 이것을 지적 근시안이나 고립주의로 이해한다면 그 의미를 완전히 오해하는 것이다. 그것은 우리의 이론적 해석이 그 경험과 변증법적으로 연관되었을 때 생기는 실제적 탐구를 위한 필요며 요청이다. 우리 교육과정가들은 보수적인 사람들이다. 얼마나 실험적이냐에 상관없이 우리의 작업은 혼동 상태가 되진 않을 것이다. 아주 특이하거나 기이하게 되지도 않을 것이다. 우리 안의 보수성은 우리가 실수를 할 때 우리로 하여금 '이미 존재하는 것을 지키거나' '안전한 편에 서도록' 할 것이다. 마지막으로, 하나의 학문 분야는 우리 개개인이 서로의 작업에 대해 어떻게 생각하는지를 공유하는 것이다. 그리고 이러한 사회적/지적 과정은 주의 깊게 이루어져야 한다. 우리는 가끔 비생산적인 일을 하게 될 수도 있으며 막다른 골목에 처할 수도 있을 것이다. 하지만 용기를 가진다면 어마어마하게 중대한 발견을 하게 될 것이다.

설계

이후에 소개할 자서전적 연구는 어쩌면 교육과정 설계의 개념을 위협한다고 할 수 있다. 혹자는 '교육과정 설계'는 이미 '죽은 개념'이라고 이야기할지도 모른다. 혹 살아 있다 하더라고 위협을 가할 만한 대상은 아니라고 할 것이다. 나 또한 이 분야의 많은 학자들과 마찬가지로 그 의견에 동의한다. 하지만 대학의 카탈로그를 유심히 살펴보면 대학의 많은 과정들이 여전히 '교육과정 설계' 로 명명되어 있는 것을 볼 수 있다. 이것은 이 분야의 많은 이들이 여전히 가지고 있는 생각이며 지적인 흐름이 아니라 일련의 사회적 현상으로 나타난다. 쿤(Kuhn) 이후로, 우리는 '한 학문 분야의 패러다임 혹은 기본적 관점은 해당 분야의 실행가들의 동의에 의한 것이며' '이 동의의 과정은 종합적인 것이 아니라 오로지 합리성에 의한 것'이라고 되어 있다는 것을 알고 있다. 자신들이 이 분야의 최전선에 있다고 생각하는 이들은 '교육과정 설계' 의 개념을 진지하게 생각할 수 없을 것이다. 하지만 여전히 설계의 개념을 지속적으로 받아들이는 동료들이 많이 있다는 것을 고려할 때 우리는 이 부분에 대해 진지하게 고민해야 한다고 주장한다.

내가 여기서 주장하는 것은 '한 개인이 교육적 경험을 설계할 수 없다' 는 것이다. 나는 여기서 이 문제에 대해 깊이 논의하고자 한다. 일반적으로 분명하게 알려지지 않았지만 명백한 사실은 '우리는 사소한 문제나 실험에서 필수적인 인위적으로 조건화된 환경에서의 경우를 제외하고는 인간의 반응을 예측할 수 없다' 는 것이다. 교실은 인위적으로 제한된 환경이긴 하지만 교사가 자신이 세운 수업계획에 대한 학생들의 반응을 확실히 예측할 수 있을 만큼 조건화되어 있지는 않다. 전통적인 교육연구자들은 '연구방법론들을 고려해볼 때 교실에는 어떤 실험적 연구를 수행하기에는 너무나 많은 변인들이 있다' 는 것을 애석하게 여길 것이다. 그러므로 오늘날 실험적 교육연구들이 만들어내는 지식은 그것을 기초로 어떤 경험을 설계/구성하기에는 너무나 일시적이고 특수한 상황에 따른 것이다.

진부하지만 명백한 이 모든 것들이 나를, 그리고 아마도 이 글을 읽는 많은 독자들 또한 당혹스럽게 한다. 교육과정 설계라는 이름을 가진 대학의 강좌들이 여전히 있듯이 ASCD와 AERA에도 여전히 '교육과정 설계' 가 매우 의미 있는 논제인 것처럼 논의되고 있다. 물론 교육과정은 반드시 계획되어야 하고 학교 브로셔에 소개되어야 한다. 하지만 그것이 학술적 이론적 관심을 이끌 이유는 전혀 없다. 그것은 학술지나 학교의 브로셔를 인쇄하는 출판사 혹은 자신의 수업과정을 계획하는 교사들의 일이다. 하지만 *한 개인이 다른 이의 경험을 예측하고 설계한다는 것을 상상하는 것은 교만(혹은 종교적으로 말하면 신에 대한 불손)이다. 교사의 계획에는 그들의 개성/독특성이 반드시 포함되어야 한다. 교사들에게 행동적 목표를 기술하게 하며 과학적으로 계획된 교수 과정을 따르도록 강제하는 것은 교실을 비인간화하는 것이며, 교사들을 관료화하는 것이며, 교사들의 교수, 교과, 학생들으로부터 멀어지게 하는 것이다.* 유감스럽게도 이것이 1970년대 미국의 공립학교 교실의 대표적인 초상이다. 그리고 소위 말하는 교육과정과 수업의 과학적 모델들만이 이 암울한 시기에서의 그들의 공적을 다툰다. 우리 자신들로부터 교육과정 설계의 개념을 없애는 것이 우리의 학교 교육과정 변화의 가장 우선적인 것은 아니지만 반드시 이루어져야 할 단계인 것은 분명하다. 사실 현재 그리고 가까운 미래에 어떤 조그만 변화라도 가능할 것이라는 증거는 어디에도 없다. 비평가들은 종종 이러한 문제에 발을 담그려 하지 않는다. 왜냐하면 이런 일은 어찌 보면 하찮고 소용없는 땜질이라고 생각하기 때문이다. 나의 최근에 그 땜질이 우리가 선택할 수 있는 옵션이라는 생각을 하게 되었다. 그리고 넓은 의미에서의 근본적인 관점을 유지한다면 이 분야의 개선 노력의 수정된 목표로서 '교육과정 설계' 로 정하는 것 또한 매우 적절할 수 있다.

이제 내가 '교육과정 설계' 에 반대하는 이유들에 대해 논의하는 것이 순서일 것이다. 먼저, 앞에서 언급했듯이, 우리는 청자의 응답이나 반응을 예측할 수 없다. 교사를 생각해보자. 교사들이 하는 말은 그 상황과 상관없이 받아들여지는 것이 아니라 (그런 일이 종종 일어나긴 하지만) 그 상황 속에서 이해된다. 상황이라는 것은 교사의 이야기를 듣는 개인들 즉 학생들의 삶이다. 학생들의 삶은 교사들의 삶과는 (완전하진 않을지라도) 상당히 다르다. 이러한 예는 쉽게 찾아볼 수 있으며 이것이 개성이다. 교사가 이야기하는 대상이 그들과 비슷한 나이이고 유사한 발달적 이슈들에 직면해 있다고 하더라고 그들의 이야기는 청자의 관심이나 선입견에 의해 '여과' 된다. 특히 초, 중, 고등학교 교사들에게 있어서, 그들과 학생의 나이 차이로 인한 정신적, 지적인 거리가 더욱 크게 느껴질 것이다. 학생들 개개인의 자전적 이슈들은 모두 다르다. 우리 모두가 알듯이 이 때문에 많은 중학교 교사들이 비통해하고 어려움을 겪는다는 것은 벌써 진부한 이야기가 되었다. *하지만 교육과정의 많은 사람들이 여전히 '설계' 의 개념을 사용하며, 그것이 어떤 원리나 절차로 해결될 수 있을 것이라 받아들인다. 그것은 '불가능' 한 일이다.* 물론 교사들이 자신들의 수업 계획 시 교수 절차에 노력을 기울이고자 하는 것은 당연하다. 그리고 학과장과 같은 사람들은 어떤 프로그램이나 강좌의 전체적인 윤곽을 알고자 할 것이다. 하지만 이 일은 교사가 가지고 있는 교사와 학생들의 흥미나 관심을 기록한 노트를 통해 그리고 워커(Walker)와 레이드(Reid) 모두 주장했듯이 숙고를 통해 임시로 혹은 약식으로 하는 것이다. *이러한 설계나 계획은 가능한 만큼 비공식적이며 개인적인 것으로 간주되어야 한다.* 이로써 교사 개인이나 그 학과의 관심이나 선호에 따라 그 모양을 달리할 수 있는 자율성과 유연성을 가져야 한다. 결국 컴퓨터나 텔레비전으로 상영되는 강의가 아니라 교사의 '존재' , 그들의 몸짓, 그들의 말 이면에 있는 마음 상태를 공유하고 학생들이 교육적 경험의 구성에 참여할 수 있도록 돕는 교사의 어떤 재능이다.

앞 단락의 끝에서 언급한 것이 바로 나의 두 번째 이유와 연결된다. 물론 이 두 가지가 전부가 아니다. 하지만 이 두 가지만으로도 내가 교육과정 설계를 비판하기에 충분하다고 생각한다. 이 점에 대해서는 독자들도 나와 다르게 느끼지 않을 것이라고 생각한다. *진정으로 특별한 것은, 절대로 반복되거나 재현될 수 없는 것은 어떤 시기에, 특정한 장소에서 특정한 개*

인이 가지는 잠재적으로 흥미로운 그리고 때때로 계시적인 그들 각각의 경험이다. 학생과 교사 모두 의식하지 못할 수도 있지만, 교실 상황에는 항상 다루어져야 할 이슈들이 떠오른다. 이때 의식 있는 교사는 그것을 인지하고 자신이 어떤 계획을 가지고 있었든 실제적이고 즉시적인 매일의 교실 상황에서 떠오르는 이슈와 자신의 계획을 조화시킨다. 이러한 관점에서 본다면 교실에서의 많은 소위 말하는 '적절하지 못한 행동' 들에 대해 교사들의 책임이 없다고 할 수 없다. 왜냐하면 교사들이 하루 업무를 다하기 위해 표준화된 교육과정을 전달하는 '자동적인 교사' 가 되었기 때문이다. 특히, 자신들이 가르치는 '그' 학생들에게 집중하기를 거부하고, 어떤 특정한 시간과 장소에서 일어나는 것을 명확히 인지하려는 노력을 하지 않기 때문이다. *어떤 '특이한 행동' 이 인지되더라도 그것을 기존의 틀(표준화된 교육과정과 교사의 수업 계획) 속에 넣어 녹여버린다.* 물론 이 문제가 말하기 쉽고 이 글의 전체 맥락과 전혀 상관없는 것은 아니지만 교사를 비난하기 위한 것처럼 보일 수 있기 때문에 이 문제를 더 이어가지는 않겠다. 교사뿐만 아니라 행정가들, 문화적 요인들 또한 간과할 수 없다. 교육과정 이론가들 또한 이 점에서 예외가 아니다. 우리가 교육과정의 일반화와 교수 방법(절차)으로서 상황을 악화시키는 데 기여했기 때문이다. 우리가 교육과정을 일반화하는 만큼 우리는 학생들의 고유한 행동(학생들의 개성적 행동)을 허용하지 않았다. 이것이 교실에서의 사회관계를 특징짓는 개인의 '소외' 다. 물론 그런 교실 상황에서 정보는 전달되고 습득될 수 있을 것이나 변증법적 변화가 일어나는 대화적 관계로서의 교육은 일어날 수도 기대할 수도 없다.

우리가 교육과정의 개념적 구조에서 '교육과정 설계' 를 없앤다면 우리가 그 구조를 약하게 하는 것일까? '설계' 가 깊이 연구할 가치가 없는 것이라면, 우리가 관심을 가져야 할 것은 무엇인가? 많은 것들이 있지만 여기서 나는 '학생과 교육과정의 관계' 이 하나만을 논의하고자 한다. 좀 더 추상적으로 매들린 그루메(Madeleine Grumet)가 교육과정 이론의 중요한 부분으로 주장하는 '주체와 객체 사이의 관계(the relation between the knower and the known)'를 들 수 있다. 우리가 이것으로 관심을 돌리는 순간 우리는 윤리적으로 문제가 되는 그리고 지적으로 공허한 '설계'의 관점을 버릴 수 있다. 학생들의 반응이 무엇인지/어떤지에 관심을 가지는 것은 미리 정해진 '결과'를 위해 교육 환경을 조작하는 것[2]보다 더욱 흥미로운 일이다. 하지만 '반응'이 여기에서 가장 적절한 단어는 아니다. 왜냐하면 그 속에는 능동성과 수동성의 이분법적인 관점이 미묘하게 들어 있으며 따라서 '정보 전달'적 접근을 암시할 수 있기 때문이다. 내가 이 단어를 통해 진정으로 의미하는 것은 '텍스트가 특정 학생이나 교사에게 미치는 영향'뿐만 아니라 '그것을 읽는 사람들이 그 텍스트를 읽는 과정에 미치는 영향' 또한 고려해야 한다는 것이다.

'주체와 객체 사이의 관계'를 보다 심도 있게 논의하기 위해 구체적인 예로 버지니아 울프(Virginia Woolf)의 『출항(The Voyage Out)』을 읽은 한 학생의 경우를 들어 설명하고자 한다. 그 관계를 자세히 보여주기 위해 나는 사진가들이 사용하는 것과 같이 그 과정을 '확대'하기 위해 노력했다. 독자들을 위해 그 학생의 읽기는 별도로 제시할 것이다. 물론 그것은 읽기의 과정에서, 그 순간에 혹은 연속적인 순간에, 하나의 전체적인 경험의 일부분이라는 것을 염두에 두어야 한다. 그 방법의 단계를 구성하는 부분들은 다음과 같다. 첫째, 학생은 읽는 동안 관심을 끄는 단어, 문장, 혹은 단락에 표시하거나 메모한다. 그것은 문학적으로 잘 어울리는 것일 수도 있고, 많은 생각을 주는 것일 수도 있다. 또한 자신이 왜 그것을 선택했는지 확실하지 않을 수도 있다. 이 첫 번째 단계에서 가장 중요한 것은 아

2) [역주] 모든 교육적 여력을 결과 즉 평가에 초점을 맞추고 학생들을 주어진 것을 받아들이는 완전한 수동적인 존재로 만드는 것.

주 깊이 숙고하며 읽고 자신에게 의미 있는 부분을 찾아내는 것이다. 이 단계에서는 해석하지 않고 텍스트에 집중하기만 한다. 그렇게 해서 얻은 것(학생의 흥미를 돋구거나 놀라게 하는 것)이 그/그녀의 읽기의 표면적 내용이다.

읽기를 마쳤다면 이제 선택하거나 메모한 단락들을 다시 살펴보며, 어떤 (만약 있다면) 주제나 개념이 두드러지는지 살핀다. 그 학생은 자신의 흥미 외에 선택을 위한 어떤 기준도 없었기 때문에 선택된 것들이 다소 우연적으로 보일 수 있지만 그가 선택한 구절들을 보면 그 학생이 그 소설의 특정한 주제를 중심으로 끌리는 것을 알 수 있다. 이 주제들이 그 학생의 관심을 대표적으로 나타낸다. 각각의 주제에, 예를 들어 '관계', 해당하거나 관련 있는 쪽 번호를 적는다. 두 번째 단계가 끝나면 이것들을 잠시 제쳐 둔다.[3] 다시 그는 각각의 주제와 그것이 가리키는 구절들을 살펴본다. 그는 각각의 주제가 가리키는 구절이나 문장에 기초해서 짧은 글을 자유롭게 쓴다. 이 글쓰기는 여전히 텍스트에 초점을 두고 있지만 엄밀히 말해 그 소설이나 그 소설 작가의 관점은 아니다. 왜냐하면 그가 선택한 구절들은 그 소설에서 중요한 것이 아니라 자신의 흥미에 기초해서 선택된 것이기 때문이다. 사실 그 텍스트는 피험자가 자신이 본 것을 이야기하는 것은 그 텍스트에 관한 것만큼 피험자 자신 내의 경험 또한 보여주는 일종의 로르샤흐 테스트(Rorschach test)로 사용되었다. 이 주제의 설명은 일기 과정을 변화(왜곡)시킨다. 이는 물론 교실에서 항상 일어나는 일이다. 하지만 그것은 반드시 필요한 왜곡이다. 사진사가 사진을 확대하는 것에 비유할 수 있다. 두 경우 모두에서 우리는 이전에 볼 수 없었던 부분을 자세히 또렷하게 볼 수 있다. 하지만 그것을 면밀히 이해하기 위해 또 다른 스케

---

3) [역주] 이는 쿠레레의 분석(analytic) 단계에서 회귀와 진보에 의해 만들어진 자료를 잠시 제쳐두어 자기 자신과의 거리를 두기 위함으로 이해된다.

치 하나가 필요하다. 이것은 이전의 단계와, 그 텍스트 자체와는 사뭇 다른 것이다. *필요한 스케치는 우리가 '독자의 전기적 상황' 으로 부르는 것이다. 이는 신중하고도 모호한 표현으로서 읽기 과정 동안 일어난 그 학생의 삶을 묘사하는 것이다.* 그가 묘사하는 자신의 삶은 그가 텍스트 읽기에서 선택한 부분들만큼 중요한 의미를 가진다. 텍스트 읽기에서 얻은 것을 염두에 둔 채 우리는 그 학생에게 '관심이나 목적' 에 초점을 맞추고 자신의 전기적 현재를 구성하는 요소들을 가능한 한 구체적으로 묘사하도록 요구했다. 이 단계가 끝나면(여기서 끝난다는 의미는 약간 모호하다. 떨어지는 물방울에 대양이 있는 것처럼) 그 두 그림들을 나란히 놓고 어떤 일관성이나 연관성이 있는지를 살핀다. 어떤 의미에서 우리는 확대된 텍스트와 독자 자신을 가지게 되었다. 이제 우리는 그 둘의 관계를 집중적으로 탐구해야 한다. 이로써 우리는 '주체와 객체 사이의 관계' 를 어렴풋이 알아차릴 수 있다.

비록 아주 초기 단계이긴 하지만 이러한 어렴풋함은 '주체와 객체' 의 관계에 대한 이해의 중요성만큼이나 흥미롭고 교육적이지만 여전히 만족스러운 수준은 아니며 더 많은 숙고가 필요하다. 하버마스(Habermas)를 상기하며 우리는 '이러한 지식이 인간의 어떤 관심이나 흥미를 나타낼 것인지' 의문을 가져야 한다. 그것은 기술적인 흥미도 실제적인 흥미도 아니다. 우리는 흥미가 해방적인 것이기를 희망한다. 다시 말해 이 과정을 통해 우리는 주체와 객체 사이의 관계를 이해할 수 있는 정보를 얻을 뿐만 아니라 그 둘 모두의 변화까지도 기대한다. 그 텍스트에 대한 개인의 경험을 자유롭게 탐구하고 그 경험을 반성적으로 기술하고 분석함으로써 우리는 그 경험을 '변화' 시킨다.

정치적 견해(사상)

> 나는 보편성(generalities)과 확실성(evidence)을 거부하는 지성을 꿈꾼다. 이 시대의 타성과 제약에 놓여 있는, 약점과 개방, 힘의 작용점을 아는, 끊임 없이 움직이고 변화하는, 어디로 향하든 간에 그 혁명이 무엇인지, 문제가 무엇인지, 그럴 가치가 있는지에 대해 의문을 던지는 지성을 꿈꾼다. 그 질문들은 그것을 위해, 그리고 그곳으로, 삶의 위험을 기꺼이 감수하고자 하는 이들만 답할 수 있는 질문이라는 것을 이해하는 것이다. – 푸코

교육과정 분야에서 구체적인 것과 단일한 것으로의 집중적 노력은 도전을 받아 왔다. 이는 교육과정 분야 내에 마르크스류 이론들이 지나치게 많음을 시사한다. 전체적으로 볼 때, 어쩌면 그 접근들이 지금의 교육과정 분야에서 가장 필수적이며 중요한 학문적 노력일지도 모른다. 하지만 앞 장 '교육과정 이론의 추상성과 구체성'에서 언급한 바와 같이 그것은 완전하지 않다. 부르주아 개인주의에 대한 적절한 비판 속에서 그 이론들은 어떤 형태의 '개인'도 고려하지 않고, 단지 현상(現狀), 사회적 불평등의 재생산, 속의 수동적인 존재로 간주하는 경향이 있다. 20년 전 사르트르(Sartre)가 주장했고 현재의 소위 말하는 '새로운 철학'이 주장하듯이, 구체적 상황 속에서 구체적 개인의 방치(간과)는 또 다른 형태의 억압만을 가져올 뿐이다. 자기 강화에 몰두하는 개인주의자들에 의한 집단 학대가 '집단으로서의 사람들'을 위한 '개인'에 대한 학대로 대체되어서는 안 된다.

'문화 재생산'과 같은 관념에 대한 강박 속에서, 개인은 사회계급, 구조적 요인들, 역사적 필연성과 같은 맹렬한 흐름과 힘의 개념적인 영역으로 증발해 버린다. 물론 어떤 형태의 이론화 작업도 추상화를 필요로 한다. 하지만 이런 추상화는 반드시 그것과 구체성(구체적인 실제)의 명료한 관계를 유지해야만 한다. 이러한 구체성의 결여가 이 시대의 과도한 막시스

트 이론들에 잘 나타난다.

이 '과잉' 을 지적하는 것을 우익으로부터의 또 다른 공격으로 이해해서는 안 된다. 또한 이 주장을 '변증법적 분석의 개념적 도구가 본질적으로 왜곡되었다' 라는 주장으로 곡해해서도 안 된다. 여기서 내가 주장하는 것은 우리 중 많은 이들을 위해, 우리가 함께할 수 있는 어떤 분석의 순서나 행동의 프로그램(계획)이 만들어져야 한다는 것이다. 교육과정의 사회경제적 기능에 대한 비판은 반드시 그 교육과정의 전기적 기능에 대한 비판과 함께 이루어져야 한다. 전기는 생경험의 정치적, 경제적, 성적, 지적인 영역 속에 내포되어 있다. 사실 이들 각각의 영역들은 실재성을 개인의 매일 매일의 경험에서 얻는다. 몇몇 막시스트 이론들의 비판에 나타나는 철학적 이상주의에 대한 '반대(대립)' 가 반드시 이론적으로, 구체적으로 개인의 관점을 만들어갈 수 있도록 하는 자서전적 묘사와 분석과 수반되어야 한다. 전통주의자들이 '개인의 필요와 요구' 에 대한 관심을 요청함에도 불구하고 사실 교육과정 분야 내의 학자들 사이에서 '개인' 에 대한 관심은 결여되어 있다. 연구 문헌들에서, 그리고 종종 실제에서, 이러한 요구는 슬로건이나 추상화의 수준에 미친 적이 없으며 막시스트들은 이를 '추상적인 개인에 대한 신봉' 으로, 최악의 경우 비인간적인 자본주의에 의한 것이며 기껏해야 변함없는 진보적인 개선으로 비판해왔다. 이러한 정치적 측면은 학교의 정치적 기능에 (쉽게) 격분하여 거부하는 전통적인 학자들의 글에 현저하게 드러난다. 그러므로 전통적인 문헌에서의 추상적인 개인에 대한 초점은 계급의 결속력을 약화시키고, 경제적/이데올로기적 힘과 같은 구조적 관계 속에 있는 억압적 측면에 대한 강조를 약화시키는 기능을 한다.[4]

---

4) [역주] 파이너는 최근 글에서도 지속적으로 교육학에서의 막시스트들의 관점을 비판한다(특히 그 흐름을 이끌어온 Michael Apple). 이 책에서 파이너는 막시스트들이 '개인에 대

자서전적 연구는 교육과정 분야가 그 동안 가지지 못했던 새로운 관점을 제시한다. 연구 문헌들에서는 텍스트, 교사, 학생들 각각의 경험에 대한 구체적인 묘사가 나타나 있지 않다. 그러한 묘사나 분석은 이미 지나버린 '과거'의 일이다. 하지만 여기서 간과하지 말고 명심해야 할 것은 그것은 단순히 과거에 대한 '정보'만을 나타내는 것이 아니며 우리가 이전에 가지지 못했던 어떤 새로운 관점을 보여준다는 것이다. 뿐만 아니라 자서전적 탐구는 정치적 측면 또한 가지고 있다.

지금의 역사적 상황에서 표출되는 기본 양상 하나는 '소외', 집단과 개인들로부터, 본질적으로 개인 자신들로부터의 소외다. 여러 철학적 전통과 더불어 마르쿠제(Marcuse), 랭(Laing), 쿠퍼(Cooper)가 이미 이야기했듯이, 우리는 우리 자신들에게 가려져 있다. 우리의 페르소나(persona, 다른 사람들 눈에 비치는, 특히 실제 성격과는 다른 한 개인의 모습)가 그렇듯이 우리의 '필요' 또한 종종 거짓된 것이다. 성인이 된다는 것은 역할로부터, 개인 간, 경제적, 정치적 영향 속에서의 복잡한 양상의 역할에 자신을 빼앗기는 과정이다. 사실 랭(1969)이 이야기한 거짓된 자기 체제와 억압적인 경제 체제는 밀접하게 연관되어 있다. *그런 억압과의 투쟁은 두 '영역' 모두에서 동시에 이루어져야 한다. 사회경제 체제와 헤게모니의 이해와 분석이 이루어져야 하는 것처럼 '자기 체제' 안에서 또한 그러한 분석의 노력이 이루어져야 한다.* 하지만 개인의 삶에 대한 탐구는 그러한 개념이나 관점 안으로 제한되어서는 안 된다. 그것은 더욱 자유롭게 '걷잡을 수 없이' 이루어져야 한다. 왜냐하면 자아와 문화의 신비화의 어떤 부분은 추상

한 초점'을 비판하는 관점을 제시하고, 그에 반박하는 이론적, 개념적, 실제적 예들을 모든 장, 페이지에 걸쳐 제시한다. 독자들이 반드시 이해해야만 하는 것은 '막시스트들에 대한 반박'이 결코, 한 번도, 파이너의 학문적 목적이 된 적은 없다는 것이다. 다만 그들의 영향력이 거대하고, 따라서 그 이론에 의한 '개인의 소외'가 고통스러우므로 그들의 관점에 대한 언급과 비판이 불가피한 것으로 보인다.

적 개념에 의해 완전히 가려져 있기 때문이다. 이 작업은 신체의 회복, 감정의 회복, 그리고 추상적인 자아에 가려져 있었으나 본질적으로 존재한 원초적인 자아의 회복을 반드시 수반해야 한다. 자기 자신의 이해가 해방적인 변화에의 필요 충분 조건은 아니지만, 자신을 이해하기 위해 경험을 반성적으로 분석하는 능력은 반드시 필요하다. 물론 이는 결속된 집단으로서도 이루어져야 한다. 구소련의 파시즘에서 볼 수 있듯이 공유제(public ownership)와 계급의 결속은 단지 그 상태를 영속시킬 뿐이다. 집단의 목표 성취를 위해 자신의 의식을 희생당할 수 없는 개인은, 비록 일시적으로 미약하긴 하나, 진정으로 진보적인 문화의 '보호장치' 다.

하지만 개인들의 삶은 종종 지루하며 혼란스럽기도 하다. 이 말은 내가 교육과정 연구로서의 자서전적 탐구를 연구해온 지난 7년간 많이 들어온 말이다. 그런데 그 말을 반복해서 들을수록 흥미는 더해졌고 그 속에 잠재해 있는 의미가 명확해졌다. 그 말은 자신의 삶으로부터 소외된 사람으로부터 더 들을 수 있다. 독특성을 잃어버리고 전형적인 모습들만을 재현하는 만큼 개인의 삶은 지루하며 그러한 타인의 삶을 읽는 것은, 도리스 레싱(Doris Lessing)이 이야기했듯이, 독자들 자신들에게 결정을 맡기는 것이다. 그것은 논리적 형상의 세계로 탈출시키는 것이 아니며, 개념적인 비계를 정교화하는 것 또한 아니다. 그것은 자신을 거울 속에 투영하는 것이다. 그리고 자신을 명확하게 반영시킬 수 있는 만큼 (자신을 기존의 아이디어나 관념 속에 빠뜨리지 않고) 독자들은 삶에서 당연시되는 것들에 대해 의문을 던질 것을 요구받는다.

다음에 소개하는 한 연구에서 발췌한 부분들은 그 개인의 읽기와 그 상황을 묘사한 것이다. 물론 이것은 전부도 완전한 것도 아니다. 조심스러운 읽기를 통해 그는 자신이 어떤 몇몇 가정(전제)에 사로잡혀 있으며 이를 통해 자신이 처한 상황의 특정 부분만을 인식할 수 있게 되었다. 하지만 이 연구의 요지는 객관주의자들의 직관에 따른 자기 설명을 획득하기 위한 것이 아니라, 한 개인이 추상성으로부터 회복될 수 있는 어떤 경험들을 반성적으로 탐구하고 이해하는 것이다.

지면이 제한되어 있어 이 연구의 많은 부분을 실을 수 없지만 이 내용만으로도 그 핵심 측면을 이해할 수 있기 바란다. 첫 번째 단계(즉, 읽기)의 텍스트와 그것들의 어떤 개념에 따른 종합은 여기에서 소개하지 않았다. 우리는 세 번째 단계 즉 그 주제들의 스케치, 이전에 이미 떠오른 내용들에 기초한 그 주제들에 대한 스케치부터 출발한다. 그것들 중 세 개를 여기에 소개한다. 다음으로 그 학생(reader)의 상황에 대한 설명을 소개하고, 마지막으로 그가 이해한 자신의 상황과 자신의 읽기와의 관계에 대한 그의 해석(이해)을 소개할 것이다. 이 과정을 통해 그 학생은 주체와 객체의 관계를 약간 이해하게 된다.

Step 3: 버지니아 울프의 『출항(The Voyage Out)』 속의 주제

1974년 6월 5일. '행복'. 이 소설에서 행복은 명백하게 드러나지 않는다. 출항은 행복한 이야기가 아니다. 이야기의 리듬이 변하듯 분위기도 다양하게 변한다. 어떤 침울함, 근엄함, 느림은 불현듯 강렬함, 민첩함, 황급한 움직임으로 바뀐다. 이는 많은 호텔 장면을 통해 우아함이 된다. 또한 재빠름이 되었다가 심연, 두려움, 표면으로부터 먼 아래로 사라진다. 그 책에는 일련의 행복이 있다. 호텔을 방문하는 대부분의 고객들은 최소한 겉으로는 행복해 보인다. 정확히 말하자면 그들은 유쾌하고 즐겁다. 농담을 하고 온화한 분위기에서 대화를 주고받지만 겉으로만 그럴 뿐이다. 하지만 우리는 그들이 상처받은 사람들이라는 것을 직감할 수 있다.

그 소설은 어떤 부분에서 '행복은 (그것이 얼마나 사소한 것이든, 그리고 혹 오긴 한다면) 청년기를 지나서 다가온다'고 시사한다. 댈러웨이(Dalloway) 여사는 레이첼(Rachel)에게 '세상이 얼마나 즐거운 것들로 가득 차 있는지' 이야기한다. 여사의 행복은 물질의 환상에 있다. 여사는 끊임 없이 파티에 참석하고, 극장, 식당에 간다. 여사의 대화와 움직임은 아주 빠르게 흘러간다. 그리고 그 삶 속에 어두움이 있다는 것을 누구나 알 수 있다. 어두움은 아마도 그녀 자신으로부터 온 것일 것이다. 여사가 우리에게 주는 인상은 '어렸을 때부터 자기 자신을 돌아보지 않고 정반대 방향을 바라본다'는 것이다. 여사가 물질적 쾌락에 사로잡혀 있는 것은 자신 내부의 어떤 불만족을 암시하는 것이다.

소설의 첫 부분에서 레이첼은 행복하지도 불행하지도 않은 것처럼 보이지만 그녀는 행복하지 않다. 레이첼은 사랑의 경험이 없기 때문에 그 감정은 그녀 안에서 세월을 두고 자라 표현될 날만을 기다리며 웅크리고 있다. 이러한 억압(혹은 불균형)은 레이첼이 언제라도 자신을 열어 보이는 것으로 나타나곤 한다. 레이첼은 댈러웨이 여사와 대화를 시작한 지 얼마 지나지 않아 "나는 너무 외로워요"(p. 58)라고 한다. 레이첼은 비밀을 털어놓을 수 있는 가까운 친구가 필요했던 것이다.

댈러웨이 여사도 자신의 행복을 위해 다른 사람의 존재의 중요성을 보여준다. 여사는 레이첼에게 "리차드 외에는 어느 누구도 이해하지 못했어요. 그는 내가 필요로 했던 모든 것을 나에게 주었지요"라고 말했다. 여사에서 있어서 리차드의 중요성은 그녀의 '외부 지향성'과 일맥상통한다. 그녀의 말이 진정으로 의미하는 것은 '리차드를 만나기 전 그녀는 혼자였으며 다른 사람들에게 이해받지 못하거나 잘못 이해되었다'는 것이다. 댈러웨이 여사가 상황을 이렇게 만들 정도로 유별나거나 특이하지 않은 것으로 봐서 우리는 그녀의 말이 진정으로 의미하는 것은 '나는 자신을 이해하지 못했다'는 것으로 이해할 수 있다. 그녀가 리차드를 만나고 리차드가 그녀가 누구인지 확실히 이야기해 줄 때까지 그녀의 존재는 불명확했다. 그녀의 '자기 이해'와 '존재의 의미'는 다른 사람으로부터 주어졌다.

우리는 또한 댈러웨이 여사가 겪은 어린 시절의 불행과 혼동을 레이첼과의 대화에서 엿볼 수 있다. "나는 젊은 사람들이 그런 실수(자신을 행복하도록 내버려두지 않는 것)를 한다고 생각해요." 구체적인 예도 하나 없이 하는 이런 일반화된 진술은 사실 심리적 투영(심리적 주관)을 보여준다. 따라서 우리는 어렵지 않게 댈러웨이 여사가 자신의 이야기를 하고 있음을 알 수 있다. 하지만 그녀는 불행이 마치 의도된 것인 양 혹은 '어린 사람이 그런 실수를 한다'고 이야기하는 것을 봐서 무지의 결과인 양 이야기한다. 만약 댈러웨이 여사의 삶이 하나의 '행복한 삶의 모델'이라면, 그 실수는 혼자만의 시간을 너무 많이 보내는 고립을 의미한다. 그녀의 남편 또한 '젊은 사람들은 행복하지 않다'는 데 동의하며 "나의 어린 시절은 정말 고통스러웠어요"(p. 68)라고 한다.

따라서 여기서의 행복은 나이가 들면서, 고독의 끝에서, 타인을 찾음으로써, 다양한 것들에 적극적으로 심취함으로써 얻어지는 것처럼 보인다. 이러한 종류의 행복은 복잡하다. 나는 그녀에게서 억압된 어떤 깊은 불행을 볼 수 있지만, 그녀는 자신이 행복하다고 한다. 하지만 그 행복은 어떤 희생을 반드시 필요로 한다. 그녀의 행복은 깊고, 자율적이고(리차드 없이도 가능한가?), 전통적인 규범적인 관점이 아니라 자신의 깊은 곳에서부터 나오는 지성인가? 댈러웨이 여사는 이 물질에서 저 물질로, 이 사람에서 저 사람으로 떠다니는 표면적인 행복에 머문다. 그녀는 리차드 외에 달리 쉴 곳도 없다. 그녀의 표면적인 행복 아래 멀지 않은 곳에 미묘한 히스테리아가 있다.

이 소설에는 또 다른 유형의 행복이 나타난다. 그것은 외부로부터 주어지는 것이 아니라 개인의 깊숙한 곳으로부터 나오는 것이다. 한바탕 소동이 일어난 후에 에블린(Evelyn)은 이야기한다. "약한 엑스터시를 먹은 것처럼 그녀는 자신의 삶과 본성에 만족한 듯 목소리를 높였어요"(p. 261). 레이첼이 죽은 후 그녀의 불확실성 그리고 그녀의 약간 평범하지 않은 캐릭터에도 불구하고, 이 말은 '한 개인의 수용과 만족은 영국 귀족들의 차 마시기와 같은 다른 사람들과의 사교활동이나 남편을 의존하지 않고도 가능하다' 는 것을 의미한다. 사실 에블린은 미혼이다. 그녀의 독립심이 소설 속에 잘 나타나진 않았지만 그녀는 자기 자신을 받아들인다. 우리는 여기서 그녀가 현재 자신의 존재에 만족하고 행복을 느낀다는 것을 짐작할 수 있다. 다소 이상적인 이야기일 수 있지만, 이 행복이 더 바람직하다. 물론 두 캐릭터 모두 완벽히 훌륭하다고 할 수는 없다. 하지만 우리는 그들의 행복을 있는 그대로 인정해야 한다.

1974년 6월 13일. 영혼. "테런스(Terence), 너는 이 세상이 우리의 삶을 가로막는 수많은 일들로 가득 차 있다거나 우리가 한 줄기 빛 외에 아무것도 아니라는 생각을 해본 적 없니?" 그녀는 카펫을 지나 벽으로 흐르는 햇빛 한 줄기를 응시했다. "정말 그렇게" (pp. 292-293). 우리는 물질계(物質界)의 '가녀린 한 줄기 빛' 에 불과하다. 우리는 투명하다. 벽을 비추는 햇빛을 보고, 벽을 본다. 만일 그 빛이 매우 희미하면, 물론 빛이 없으면 아무것도 보지 못함에도 불구하고, 우리는 그 빛은 보지 못하고 벽만 보게 될 것이다. 지금 우리의 기술로는 어떤 물체의 표면에 비친 빛만을 인식하거나 볼 수 있다. 사르트르(Sartre)가 말한 것처럼 '의식은 항상 어떤 것의 의식' 이다. 따라서 그 의식은 항상 어떤 다른 것을 의미한다. 나는 책상 왼편에 놓여 있는 잉크를 인식하고, 바로 옆 침대에서 코를 그르렁거리고 있는 고양이를 인식한다. 이(것)들이 내가 지금 인식하고 있는 것들이다. 그렇다면 그 인식의 주체인 '나' 는 누구인가? 나의 손이 이 글을 쓰고 있다. 그렇다. 이것은 '나의' 손이다. 내가 소유하고 있는 것이다. 나는 나의 몸이다. 나는 발끝부터 머리 끝까지 느낄 수 있다. 하지만 그것은 내가 아니다. 나는 마치 병 속에 있는 것 같다. 나는 벽에 기대어 피부가 벽을 느끼고 누를 수 있지만 그 속은, 내부의 나는, 움직일 수 있다. 나는 내가 주로 그렇듯이 나의 머릿속에 존재한다. 하지만 동시에 나의 발, 나의 배, 여전히 내 침대 위에 누워 있는 저 고양이, 맞은편 벽에 걸려 있는 버지니아 울프의 사진과도 함께 존재한다. 하지만 그것들 중 어떤 것도 내가 아니다. 나는 여기서, 응시하며, 움직이고 있다. 나는 나를 누르고 나에게 영향을 미치는 어떤 무의식이 있다는 것을 알고 있다. 그것은 내 아래에 있다. 가라앉은 기억, 감정, 환상, 근원적 고통. 이에 놀란 나는 나 자신이 아닌 나의 외부 세계에 나의 표면에 매달린다. 나는 내 속 깊은 곳으로 내려가야 함을 알기에 차분하게 더욱 차분하게 앉아 있다. 최대한 방해받지 않고 유연하게 해야 한다. 나는 잠시 주제에서 벗어난다(의도적인 탈선이다). 나의 무의식(물론 내가 '그것'이다)이 나를 구성하는 것은 아니다. 나는 아무것도 아니다. 나는 의식이다. 그리고 나는 빛이다.

> 그 무더운 날 아침 책을 읽던 나의 마음은 팽창을 위해 움츠려 있으나 무언가에 사로잡혀 있는 시계 태엽과도 같았다. 시계소리와 함께 바깥 정원에서 들려오는 소리들, 어딘지 모를 곳에서 일상적인 소리들이 규칙적으로 들려온다. 그것은 지루하고 메마르며 비인간적인 소리들이다. 얼마 지나지 않아 그녀는 자신의 '존재의 의식을' 다시 찾으려는 듯 손가락을 들어 올렸다가 다시 자신이 앉아 있는 의자로 내린다. 이내 그녀는 세상의 가운데에 있는 그 안락의자에 앉아 있어야만 하는, 어떤 말로 표현할 수 없는 기묘함에 압도당했다. 그 집에서 물건들을 이리 저리로 옮기고 있던 사람들은 누구인가? 삶? 그건 도대체 무엇인가? 그것은 단지 물건들 위를 흐르는, 머지않아 사라질 (그 물건들은 남아 있겠지만), 표면을 흐르는 빛 줄기일 뿐이다. 그는 완전히 분해되어 더 이상 손가락조차 들어올릴 수 없게 되었다. 그리고 돌부처가 된 양 움직일 수 없어 한 곳만 뚫어지게 쳐다보게 되었다. 그것은 점점 더 낯선 사람이 되어가는 것이다. 그녀는 '모든 것들이 반드시 존재해야 한다'는 관념에 사로잡혀 있다. … 그녀는 자신이 들

> 어올릴 손가락이 있다는 것조차도 잊어버렸다. … 존재했던 것들은 너무나 거대하며 황량한 것들이었다. … 그녀는 오랜 시간에 걸쳐 이 거대한 물질적 존재를 인식하고 있었다. 그 일상적인 침묵 속에서도 시계바늘은 여전히 돌아가고 있었다.(pp. 124-125)

나는 이 구절의 의미들이 스며 나오도록, 그 책의 페이지와 펜을 바라보며 내 방의 벽, 침대, 화초, 그 뒤의 창문, 또한 그 창문 너머로 들어오는 한낮의 회색빛을 의식하며 한 문장씩, 한 구절씩 천천히 반복해서 읽었다. 나는 이 곳이 내가 살고, 항상 공부하는 내 방이라는 것을 상기하지만 때때로 이 곳은 낯선 장소가 된다. 나는 왜 다른 곳이 아닌 이 곳에 있는가? 왜 다른 사람들이 아닌 이 사람들과 있는가? 위의 단락을 다시 읽는다. 나는 물질적인 것, 다른 사람들과의 관계, 심지어 내부의 부조화로 뒤엉켜 있음을 느낀다.

만일 우리가 '빛' 이라면 우리의 몸과 사회적 습관 속에 스며들어 있는 빛이라면, 우리는 필연적으로 서로와 별개로 존재하는 것이 아니다. 이는 『출항』에 잘 나타나 있다: '꿈은 그녀 안에서만 머무는 것이 아니라 이 사람의 뇌에서 다름 사람에게로 옮겨 갔다. 그들 모두 그날 밤 서로의 꿈을 꾸었다. 자연스럽게 그들 사이의 거리가 얼마나 가까운지 느꼈으며, 이상하게도 그들은 지상으로부터 떨어져 올라가 대양의 한가운데, 서로의 옆에 앉아 상대방의 얼굴을 세세히 보고, 그들이 어떤 이야기를 하든 듣기 위해 지상으로부터 떨어져 올라가 대양의 한가운데에 있었다(p. 52). 서로 간의 거리는 그리 멀지 않다. 그리고 세상은 사회적, 심리적 감각과 동시에 물리적인 것 또한 내포하고 있다. 밤이 되면 우리는 사회적 공간으로부터 돌아와 자신의 무의식으로 내려온다. 이 상태에서 타인과(외부와) 나와의 거리는 불명확해지고, 최종적인 상태가 아니라 여전히 변화의 가능성을 담고 있다.

소설 속에서 익숙한 물리적, 지형학적 특징들이 없어지면서 등장인물들의 문화적 특징의 경계 또한 낮아진다. 그 호텔 안은 전형적인 영국 문화를 보이지만 주위 지역과 사람들은 그렇지 않다. 따라서 그곳을 방문하는 사람들은 그것을 당연한듯 받아들이기보다 자신들과 주위 상황의 관계와 즉시성, 우연성에 관심을 기울인다. 그 익숙하지 않은 환경에서 레이첼은 감정적으로, 지적으로, 성적으로 자신 밖으로 나온다. 그리고 그녀는 죽는다. 출항이 끝나기 직전 레이첼은 에블린을 찾아간다. 낯선 곳을 방문함으로써 친숙한 곳에 길들여진 그녀의 익숙함이 풀어진다.

> 갑자기 어떤 이의 특질을 (그들이 가지고 있었던 어쩌면 지키고자 했거나 그들을 압도했던 개인의 특징들) 기민하게 느낀다. 그녀는 레이첼이 그 방에 있는 것처럼 느꼈다. 그녀는 마치 대양에 떠 있는 배 안에 있는 것과 같은 느낌을 받았다. 그리고 그 날은 저 멀리 있는 어떤 대지와도 같이 매우 이상하게 느껴지는 날이었다. 하지만 레이첼의 존재를 느끼던 그 미묘한 느낌은 금세 바뀌었다. 그녀는 더 이상 레이첼을 느낄 수 없었다. 왜냐하면 그녀는 레이첼을 거의 알지 못했기 때문이다. 하지만 이 순간적인 감상으로 인해 그녀는 심한 피로감을 느꼈으며 우울해졌다. 그녀가 자신의 삶에서 한 일은 무엇인가? 그녀의 미래는 어떠했을 것인가? 어떤 것이 환상이며 어떤 것이 실제인가? 그 계획, 친밀감, 모험들은 실제인가? 혹은 그녀가 수잔과 레이첼에게서 볼 수 있었던 만족감이 그녀가 이전에 느꼈던 어떤 것들보다 더 실제적인가? (p. 264)

무엇이 환상이고 무엇이 실제인가? '가늘고 희미한 햇빛이 카펫을 덮고, 벽을 타고 오른다.'

1974년 6월 17일. 관계. "다음날 그들은 만났다. 그 만남은 허공을 나르는 낙엽과도 같은 것이었다" (p. 70). 소설 『출항』에는 이런 어떤 관계의 가능성들이 있다. 우리의 근원과 자신으로부터 떨어져(격리되어), 온갖 고난과 풍파를 겪으며 우리는 죽음으로 떨어진다. 어쩌면 우연히 서로를 만난다. 그의 내리막길, 그녀의 내리막길에서 잠시, 그리고 세상의 파도가 허락하는 만큼 잠시 만났다가 다시 멀어진다. 언제나 떨어진다.

그런 관계와 삶의 측면들은 소외와 불만 혹은 좌절감을 암시하며, 이는 소설 속의 여러 인물들을 통해 나타난다. 리차드 댈러웨이는 레이첼에게 불만스러운 투로 이야기한다. "이러한 침묵, 이러한 소외, 이것이 바로 현대의 삶이 가진 문제입니다!"(p. 70) 또한 그는 이전에 레이첼에게 "그거 알아요 레이첼? 당신이 나에게 어떤 생각이 들게 했냐 하면, '우리가 서로의 혹은 어떤 사람의 삶에 대해 얼마나 모르고 있는가 하는 것이에요'. 나는 여기 앉아 있고 당신은 거기 앉아 있죠. 나는 우리 둘 모두 아주 흥미로운 경험, 생각, 감정을 가지고 있다는 데 대해 조금의 의심도 없어요. 하지만 그것을 어떻게 나누고 의사소통하죠?"(p. 68). 이 소설 속의 사회 예법은 그들이 전달해야 할 메시지를 나누기에 부적절하다. 결과적으로 사회적인 공간과 개인적인 공간과의 단절이 생긴다. 그리고 그 속에 어떤 중요한 의미들, 다른 이들은 접근조차 할 수 없는 어떤 의미들이 있다[여기에 의식의 흐름기법의 중요성이 있다]. 그래서 자기 안으로 침잠하고 소외가 생기게 된다. 소설은 앰브로즈(Ambrose) 씨를 이렇게 묘사한다. "불행히도 사람들의 나이차가 첫째 장벽이고, 학력차가 그 다음, 그리고 성(sex)차가 셋째다. 서재에 있는 앰브로즈는 가장 가까이 사는 사람(그의 집안 살림을 돌봐주는 가정부, 당연히 여자인)에게서 몇 천 마일은 떨어져 있다"(p. 70)

이러한 거리는 좌절감을 낳는다. 댈러웨이와 레이첼은 이상하고 변덕스러운 그리고 혼돈스러운 관계에 있을 뿐 더 이상 서로에게 다가가지 못한다. 처음 테런스와 레이첼 둘 모두는 비슷하게 소외당해 있었다. 레이첼은 자신이 어떻게 관여되어 있는지 모르는 만큼 자신을 알지 못했다. 테런스는 불확실성과 어떤 양면의 감정을 동시에 가지고 있었다. 그리고 서로의 감성적인 교감(소통)이 이루어지기 시작했을 때, 두 사람 사이의 어떤 관계가 시작되려 할 때, 레이첼은 죽는다. '관계에 대한 좌절'은 이 소설 전체에서 암시된다. 헬렌은 지나치게 냉소적이지 않은 어투로 이야기한다. "이 사람들의 삶, 목적 없는 삶, 그 사람들이 사는 방식. 사람들은 이곳에서 저곳으로 옮겨간다. 모두가 똑같다. 그들 중 어느 누구도 자신이 무엇을 원하는지 힌트조차 얻지 못한다"(p. 263)

바람에 몸을 맡긴 낙엽처럼 인간의 삶도 이렇게 저렇게 흩어진다. 그런 인간이 다른 사람으로부터 원하는 것은 무엇인가? 아마도 한 사람이 다른 사람으로부터 원하는 것을 얻을 수는 없을 것이다. 적어도 참담한 대가를 치르기 전에는. 아마 우리가 원하는 것은 안정된 애착이나 관계(어머니의 자궁 속에서 떠다니는 반의식적인 기억 속의 삶)일지도 모른다. 그런 어떤 안정은 인간과 인간의 관계에서는 얻을 수 없을지도 모른다.

자서전적 상황

1974년 6월 23일. 윌라(Willa), 존(John), 그리고 나는 멘돈 공원에 가서 걷고 또 걸었다. 나는 지금 무척 피곤하지만 자고 싶지 않다. 내가 지금 하고 있는 이 작업을 어떻게 할지 고민한다. 이 과제를 통해 내가 하고 싶은 것은 하루 하루 나에게 일어나는 일을 기록하고 요약하고 분석하여, 나의 현재 상황을 좀 더 정직하고 솔직하게 담은 글을 쓰는 것이다. 나는 아마도 어떤 순간이 되면 나의 전기적 상황과 내가 읽은 소설 『출항』과의 관계 혹은 연결고리를 명확하게 할 필요가 있을 것이다.

스테판 스펜더(Stephen Spender)의 사진이 오늘자 '뉴욕 타임즈 북 리뷰(New York Times Book Review)'에 실렸다. 선, 주름, 늘어진 살, 다소 희미한, 공허한 듯이 사진작가를 바라보는 그의 눈. "중년의 얼굴에 새겨진 주름은 젊은이들로 하여금 '그들(나이 든 사람들)은 젊은이들이 보지 못하는 어떤 끔찍한 것을 본다' 고 생각하게 만든다" 고 한 버지니아 울프의 말이 생각난다. 나의 몸과 얼굴도 그렇게 늙어갈 것이다. 노화는 이미 시작되었다. 어제와 같이 과음을 한 다음날 나는 얼굴이 주름을 더해가며 나이 들고 있는 것을 더욱 실감한다. 그것은 나를 경외롭게, 나를 놀라게 한다. 항상 천천히 늙어가기를 바란다. 내가 무언가를 피해가는 양 그리고 내 삶의 고난과 가혹한 측면들을 비켜가는 양 늙지 않기를 바란다. 지난 몇 년 동안 내가 삶에서 배우고자 했으며 배운 것은 '삶은 회피해서는 안 된다' 는 것이다. 카프카가 이야기하듯이, 고통을 피하기 위한 노력에 따르는 고통(도피 그리고 그것에 따르는 소외), 그것이 내가 피해야만 했던 유일한 고통이다.

목요일 밤 나는 조셉에게 격분하여 이야기했다. 오늘 그가 나에게 왜 그랬냐고 물었다. 나는 그에게 '그가 나를 진지하게 대하지 않는다' 고 느꼈다고 이야기했다. 왜 그가 그러지 않았는지 생각하면 매우 복잡하여 무어라 말하기 쉽지 않다. 하지만 나는 그와의 서먹한 관계를 풀려고 그다지 노력하지 않는다. 그도 그렇다.

폴 클로어(Paul Klohr)와 함께 쿠카 호숫가에 있는 오두막집에 있다. 브라이튼 거리를 벗어나니 마음이 다소 안정을 되찾는다. 어쩌면 지금 이 감정에 대해 쓸 수 있을 것 같기도 하다. 내가 나 자신에게 상기시키는 이 안정감, 이 감정을 너무 확대하지 않도록 경계해야 한다. 그것의 결론이 무엇인지 생각해보자. 해변가에서 씻겨지는 듯한 느낌. 본래의 자리로 돌아오자 수만 가지의 생각(사무실에서의 일 등)이 떠오른다. 이 작업은 정체에 빠져 있다. 나 또한 진퇴양난에 빠져 있다.

1974년 7월 3일. 브라이튼 거리. 모든 이들이 똑똑하지만 어느 누구도 지성인은 아니다. 윌라가 자본주의와 사회심리학적 발달에 대해 날카롭게 논의한다. 그녀를 알고 지낸 사람이라면 끼어들지 않는다. 단지 그녀가 감추려고 애쓰는 총명함을 바라볼 뿐이다. 존이 침묵을 깨자, 통찰력 있고 분석적인 면이 드러난다. 조앤나는 어찌 보면 약삭빠르지만 다소 현실적이다. 그녀는 우리 중 독서량이 가장 많고 심지어 내가 하고 있는 이 작업에도 관심이 있다. 주위의 친구들은 우둔하거나 지루한 이들이 아니고, 그들의 원초적인 존재의 상태는 정신적인 것이 아니다. 그들의 기본적 방식은 인지적인 것이 아니라 직관적인 것이라고 하는 것이 맞을 것이다. 나는 좀 더 정신적(심리적)인 경향이 있다. 예를 들어, 나는 내가 경험한 것을 다소 추상적 수준으로 정교하게 설명해야 할 필요를 느끼는 것에 지속적으로 놀란다. 그렇지 않으면 나의 경험은 표면으로 떠오르지 않을 것이기 때문이다.

요즘 우리가 브라이튼 거리에서 이야기를 나누는 횟수가 부쩍 줄었다. 윌라의 말수가 가장 적고, 그 다음은 나, 그리고 존, 조앤나가 가장 말이 많다. 사실 대부분의 말을 계속해서 그녀 혼자 한다. 우리의 대화는 집과 관련한 것들, 집의 실내 상태에 관한 것들이다. 이 자리에 없는 어떤 사람에 대한 이야기는 거의 하지 않는다. 새로 혹은 최근에 출간된 책에 대한 이야기도, 각자의 미래에 대한 이야기도 거의 하지 않는다. 대화의 초점은 현재와 우리 자신에게 맞추어져 있다. 나는 이것이 어떻게 보면 의식적으로 선택되었다고 본다. 지속적으로 자기 자신을 언급하는 것은 즉시적인 경험에 대한 우리의 의식(현재 우리가 처한 전기적 상황을 더 잘 이해하도록 해주고, 당면한 것이 무엇이며, 무엇을 취하고 어느 길로 가야 할지를 이해하도록 도와주는 의식)을 높여줄 것이라는 신념에 의한 것일 수 있다고 본다.

나는 내가 지금 자기중심주의자들의 이야기를 늘어놓고 있지 않은지 염려스럽다. 보기에 따라 우리는 (우리의 존재를 잊지 않고 그리고 잊지 않으려고 노력하며) 많은 경우에서 서로의 이야기를 듣지만 그것은 의식에 중심을 두지 않은 상태로 마냥 듣는다. 그리고 생각이나 조언을 이야기해줌으로써 상대방이 상황을 명료하게 이해하도록 도와주려 한다. 이때 '자아'는 슬그머니 다른 작업을 하게 된다. 나는 존이 자신이 지난 밤 꾼 꿈에 대해 이야기할 때 귀를 기울인다. 나는 그가 어떤 단어를 사용하는지를 염두에 두고, 그의 몸짓, 목소리 크기, 감정 상태에 관심을 가진다. 이로써 그가 이야기하는 것 그 기저의 어떤 것이 진정으로 의미하는 것이 무엇인지 생각하려고 애쓴다. 그런 후 가능하다면 내가 이해(분석)한 바를 이야기해준다.

아침. 나는 대체로 일곱 시에서 아홉 시 사이에 일어난다. 커피를 마시고 침대나 뒤뜰에서 햇빛을 쬐며 간단한 스트레칭으로 몸을 푼다. 요가 자세를 취하고 명상을 한다. 그리고 가능하면 공부를 한다. 최근 들어 공부하는 것이 쉽지만은 않다. 아니 어쩌면 항상 쉽지 않았을지 모른다. 학기가 끝난 지금 글쓰기를 위해 여름 즐기기를 잠시 제쳐두면 더욱 그렇다. 종종 한 시간 남짓 진도를 나가지 못하고 있을 때면 나는 윌라를 만나 공원에 가거나 거리를 거닐거나, 오후에 친구를 만나거나, 낮잠을 잔다. 피아노를 치거나 섹스폰을 분다. 그리고 여섯 시가 되면 웨이트리스 일을 하고 있는 윌라, 목수 일을 하고 있는 존, 임시로 접수원 일을 하고 있는 조앤나 모두 나의 집으로 온다. 우리는 저녁을 먹고, 술을 마시고, 밤이 깊도록 거리를 거닌다.

산책. 집들을 바라본다. 가끔 이야기를 하기도 하지만, 대체로 거리의 집들을 바라보며 마냥 걷는다. 여름 밤은 적당히 시원하고 팔다리와 뺨을 스치는 바람은 시원하고 포근하기만 한다. 멀리 보이는 중심가의 교통 체증이 지루하고 따분하게 느껴진다. 거리의 나무들과 오래된 집들이 이 지역이 주는 안정감을 더욱 두드러지게 한다. 1770년을 상상해본다. 숲과 이로쿼이(Iroquois)[5] 족을 생각해본다. 사회생활이라는 것이 얼마나 우연한 것인가! 우리는 얼마나 소외되어 있으며, 새로 설치된 거리의 가로등이 도시의 모든 것을 대낮같이 밝히고, 고속도로와 같은 냉혹함이 얼마나 두려

5) [역주] 이로쿼이 족은 뉴욕 주에 살았던 미국 인디언.

운가! 보기 흉하게 얼룩진 도시의 거리들, 쇠로 된 상자들과 그것이 내뿜는 연기. 우리가 지나가는 것을 바라보는 몇몇 사람들. 어떤 이들은 우리를 의식하는 양 눈인사를 주고받는다. 처음에는 빠르게 걷다가 한 블록 두 블록 지나며 점점 느려진다. 땅 속의 무언가, 오래 쓴 부엌 칼이 무뎌지는 것처럼 긴장도 흐려진다. 나는 내 머릿속에 내 몸은 그 아래를 흐른다. 이 나무를 지나고 저 집, 저 차, 기억, 관계, 내가 지루함을 느끼는 패턴들 이 모든 장면들이 약간씩은 다르다. 이제 집으로 돌아가야 할지도, 저 집들, 가로등 그리고 밤. 내 옆에 서 있는 존의 존재, 리듬감 있게 걷다 한마디 '돌아갈까?' 뉴욕 로체스터 브링스톤 22번가. 집 앞에 다다르자 위층 사람들의 소리, 기타 소리, 맥주병. 내 머리 위의 달, 나의 몸 그리고 나의 머리는 여전히 지쳐 있다. 오늘은 이것으로 충분하리.

* * *

새. 새장 안에 갇혀 있는 새. 지금 이 글을 쓰고 있다. 나뭇잎들, 숨죽인 박수 갈채, 점점 세졌다 작아진다. 이쪽에서 짹짹거리고 저쪽에서 대답한다. 오로지 이 한 마리의 새만이 가냘픈 소리로 지속적으로 울어댄다. 이제 호수로부터 모터 소리가 들린다. 아마 고기잡는 어부이리라. 머리는 멍하고 모든 것이 희미하다. 새벽이 되자 모두가 잠들었다. 바람소리는 점점 거세진다. 비가 내린다.

조앤나와 나는 친구다. 그녀는 나를 무척이나 좋아하고 나 또한 조앤나가 좋다. 그녀가 이야기하기를 그녀는 나를 의지하고, 자신의 생각을 나를 통해 시험해보고, 나에게 불평(심지어 윌라나 존에 대한)을 한다. 나는 그녀에게 연민을 느낀다. 그녀는 노래, 트럼펫 연주, 연극 등 많은 재능을 가졌다. 그녀는 화려하게 눈부시며, 원기왕성하고, 세련되며 가끔은 고집스럽다. 성에 있어서는 솔직하여 성적 기호를 스스럼 없이 이야기하고 또 그렇게 행동한다. 동성에 대한 성적 호기심은 아주 미미하고 그들과의 성적 경험이 거의 없음에도 자신을 양성애자로 간주한다. 뉴욕에 사는 그녀의 남자친구는 헤로인을 자주 하며, 이따금씩 연락을 끊는다.

윌라와 나도 친구지만 나와 윌라의 관계는 나와 조앤나의 관계만큼 허물없지는 않다. 우리는 서로 이야기하고 고민거리를 나누고 조언과 충고를 해준다. 우리는 서로 그렇게 대하는 친구다. 우리는 서로에게 그다지 많이 의지하지 않는다. 그녀는 나의 문제를 다시 나의 것으로 돌리고, 나의 불행과 좌절에 대해 많은 연민을 느끼는 것 같지 않다. 그녀는 자신의 이야기를 듣기 위해 나에게 온다. 무엇이 문제인지, 개선점과 동정을 구하기 위해 나에게 온다. 이것이 그녀의 방식이다. 하지만 그대로 좋다. 이 또한 하나의 관계이기 때문이다. 우리의 의도는 어긋난다. 우리는 서로의 논점을 잘 맞추지 못한다. 서로 간의 존중이 아마 우리에게는 선물이 될 수 있을 것이다.

나는 내가 그녀에게 매혹되어 있다는 것을 인정한다. 그녀의 몸에는 영혼이 있다. 가끔 나는 그녀의 영혼이 그녀의 몸 밖으로 나오는 것을 생각하곤 한다. 그녀는 언제나 기교적이다. 그녀는 미끄러지듯 빠져 나간다. 나는 그녀가 항상 열심히 일한다는 것을 알고 있다. 그녀는 솔직한 삶을 산다. 물론 그녀 또한 좌절도 하고, 예뻐지고, 어떤 때는 사나워지고 제멋대로일 때도 있다. 때때로 그녀는 잔소리꾼이 되기도 하지만 그렇다고 달라지는 것은 아무것도 없다. 우리 셋 모두가 피하고 싶어하는 그녀의 '화' 는 그녀의 '자상함' , 지성, 그리고 그녀의 존재에 의해 충분히 가려진다.

'존은 정말 괜찮은 친구다.' 우리 둘 모두 서로에 대해 이렇게 이야기한다. 표면적으로 그는 매우 착실하다. 존 옆에 있으면 나 또한 그렇게 됨을 느낀다. 그는 기저에서 분노를 느끼지만 이것은 전체에 의해 가려져 있다. 사실 그는 보편적으로 억압되어 있다. 그 또한 그것을 안다. 그는 자신을 억압하고 있는 그것을 알아내기 위해 열심히 노력했다. 그의 그런 움직임은 실제로 식별할 수 있을 정도다. 나는 종종 그의 예리한 관찰력에 놀라곤 한다. 우리는 오랜 시간 동안 산책을 함께 하고, 서로의 꿈, 생각, 감정에 대해 이야기한다. 우리는 서로를 좋아하고 존중한다. 하지만 그는 가끔 나를 좌절시킨다. 가끔 나는 '내가 이 방안의 유일한 남자이기 때문에' 그가 나와 이야기를 나눈다고 느낄 때가 있다. 하지만 우리는 우정(월라의 그늘에 가려져 있을지라도)을 (비인간적인 면이 아니라) 쌓아 왔다. 월라와 존은 결별하려 한다. 존이 월라를 찾아가고 여전히 그녀를 자신의 애인으로 여기지만 잠자리를 같이 한 지 일주일이 지났다. 내가 떠나기 며칠 전 월라는 이제 존을 단순히 친구로 생각한다고 나에게 이야기했다. 그 둘이 이 변화에 잘 대처했으면 하는 바람이다.

나는 무엇을 하고 있는가? 브라이튼 거리에서 나와는 너무도 다른 사람들과 살고 있다. 나는 이것이 순간적이라는 것을 느낀다. 나는 그들로부터 다양한 부류의 사람들과 어떻게 함께 사는지, 나의 관심을 특히 나의 지적 관심을 어떻게 보는지를 더 큰 틀에서 이해하는 것을 배운다. 자기중심성을 줄이고, 마음으로부터 나오는 소리를 이야기하고, 또 다른 근원에서 살며 그곳에 지성을 펼치는 것을 배운다. 하지만 이 모든 이유들은 도구적인 것이다. 나는 가족, 집, 또 다른 일터가 아니라 나의 일로부터 쉴 수 있는 공간을 원한다. 이것이 방종인가?

나는 패배를 인정하고 포기한다. 더 이상 해나갈 수가 없다. 나는 더 이상 이것을 강제적으로 추구하지 말아야 한다는 것을 안다. 하지만 만일 그것이 영원히 오지 않으면 어찌할 것인가? 쿠카 호수의 오두막에서 나는 글을 쓸 수 있다. 하지만 돌아갔을 때는 어찌할 것인가? 그리고 내가 지금 쓰고 있는 것은 무엇인가?

나는 막다른 골목, 불확실함, 소외와 고독, 불행에 직면해 있다. 선(禪)의 지도자가 이야기하듯이 '20대는 가장 힘든 시기다.' 나는 스물 여섯.

* * *

1974년 7월 30일. 블랙워터 팔스 주립공원(Blackwater Falls, West Virginia). 숲속 한가운데에 있는 오두막에 마크와 함께 있다. 뒤에서는 새가 울고 햇빛과 그늘이 있다. 다시 글을 쓰기 시작하려면 또 한동안의 공백기가 지나야 한다. 쿠카 호수에서 일주일을 보낸 후 컬럼부스에서 일주일 그리고 로체스터로 돌아왔다 그리고 이사.

호수에 머무는 동안 나는 이사를 해야 한다는 것을 알아차렸다. 아니 이사하기로 결심했다고 하는 것이 옳을 것이다. 그렇게 해야만 내가 브라이튼 거리에서 해오던 것을 끝낼 수 있을 것이다. 혼자 외롭게 사는 것에 대한 염려가 나를 주저하게 만들고 있었지만 내가 해야 할 일을 거의 하고 있지 못하고 있다는 것을 알게 되었으며, 나 자신에 대해 얼마나 만족하고 있지 못하는지 깨달았다. 한마디로 나는 떠나야만 한다.

모든 사람이 여전히 잠들어 있을 토요일 이른 새벽 호수로부터 돌아왔다. 어지럽게 흐트러진 방, 물을 머금지 못해 죽어버린 화초, 돌보는 이 없는 공허함. 며칠 동안 누구와도 이야기를 나누지 않은 채 새로 살 곳을 찾아 헤맸다.

뒤에 알고 보니, 윌라도 그 블록 근처에 새로 살 곳을 찾았다. 조앤나는 아파 몸져 누웠다. 분명 혼자 내버려진 느낌이었으리라. 그녀는 아픔을 호소하다, 화를 냈다가, 다시 냉정을 되찾았다. 항상 그러했듯이 나는 뒤로 물러났다. 그들에게 화가 남과 동시에 죄책감을 느끼며 서둘러 이사했다. 윌라와 내가 대수롭지 않은 일로 우습게 다투고 자연스럽게 헤어지지 못한 점이 매우 유감스럽다. 처음에 나는 그 둘을 탓했다. 존은 크게 관여하지 않고 냉담하게 하지만 친근하게 여전히 주위에 남아있었다. 윌라가 그 싸움을 시작했다. 조앤나는 자신이 처한 상황(방세를 나누어 낼 룸메이트가 없는 것과 자신의 감정)을 과장하여 극도로 만들었다. 그 긴장 속에 나도 포함되어 있다는 것을 이제야 알게 되었다. 나는 화를 내고, 뒤로 물러서며, 이 상황을 다소 냉소적인 우정으로 덮으려 하고 있었다는 것을 알게 되었다.

그렇게 나는 브라이튼 거리를 떠나 이스트 거리(East Avenue)로 옮겼다. 조지 이스트맨 하우스는 아주 크고 오래된 지역의 가로수가 늘어선 큰 길인 이스트 거리에 위치해 있다. 듣기로는 내가 이사한 이스트맨 하우스는 이스트맨이라는 사람이 그의 정부를 위해 지었다고 했다. 어떤 사람은 그의 주치의를 위해 지었다고 하기도 했다. 그 집이 누구를 위해 지어졌든간에 굉장한 집임에는 틀림없다. 방의 한쪽 벽은 거의 유리로 되어 있으며, 그 창문 밖으로는 커다란 라일락이 있고, 그 뒤로는 생울타리가 커튼처럼 배경을 장식하고 있다. 창문은 서쪽을 향하고 있는데 오후가 되면 라일락 옆의 벽과 마룻바닥에 나뭇잎 모양의 부드러운 햇살이 스며 들어온다. 다른 방은 너무 길다. 한쪽 끝에는 광택이 나며 한쪽 끝에는 사자 머리가 새겨져 있는 대리석 벽난로가 있다. 긴 벽은 오래되어 반짝거릴 만큼 닳은 나무로 되어 있다. 돌로 만들어진 천정은 끝에서 끝까지 꽃들이 새겨져 있다.

브라이튼 거리와 달리 이 아파트는 더 안정감이 있고 질서정연하게 느껴진다. 한쪽 방은 길가에 있어 밝고, 다른 방은 다소 어두컴컴하지만 우울하게 느껴질 만큼은 아니다. 조용함! 이 집에 있는 유일한 사람은 바로 나다. 나의 감정에 더욱 사색적이고 반성적으로 된다.

해석

1976년 7월 9일. 여름의 열기에 땀을 흘리며 캠퍼스의 사무실에 앉아 있다. 『출항』을 읽으며 내가 찾아낸 주제들을 하나 하나 떠올리고 그것을 체로 걸러 나의 전기적 상황 위에 올려 놓는다. 만약 그것들 간의 어떤 관련성이 있다면 드러날 것이다.

먼저, 소설 속의 행복과 관련한 부분을 읽는다. 나는 나의 전기적 서술에서 선(禪)의 지도자가 '20대의 어려움'에 대해 쓴 것을 상기시킨다. 소설에서는 만약 행복이 다가온다면 20대 이후에 온다고 이야기한다. 내가 이 부분에 초점을 맞추었다는 것이 명확해진다. 소설 속의 인물들과 그들의 삶을 통해 '행복' 이라는 이슈가 드러났다. 그것이 1974년 나의 중요한 이슈였기 때문이다. 지금 돌이켜 생각해보면 그 당시 나는 행복하지 않았다. 나는 이 측면이 나의 전기적 진술에 명확하게 드러나는지, 내가 그것을 인지하고 있었는지 궁금하다. 그래서 그 부분을 지금 다시 읽는다.

6월 초 스물세 살이 시작되던 때 나는 나이 듦에 대한 거부감 혹은 어떤 두려움을 가지고 있었다. 고통에 대해, 고통을 피하기 위한 노력으로부터 생기는 고통에 대해 언급한 후, 호숫가의 오두막에서 '브라이튼 거리로부터 벗어나는 것은 큰 위안이 된다. 나는 오도가도 못하고 고착되었다' . 글을 쓸 때 그 글을 읽을 사람들을 의식한다 '나는 내가 자기중심주의자들을 그리고 있을까 염려스럽다' . 내가 느끼는 이 부분의 두려움이 '예상된 비판' 에서 기인한 것임을 느낄 수 있다. 나는 이 두려움을 어떻게 나의 룸메이트의 두려움, 혹은 나의 미래에 대한 두려움과 구별할 수 있을지 모르겠다. 단지 내가 이야기할 수 있는 것은 그 두려움 중 일부가 이곳 저곳에 드러나고 있다는 것이다. 중요한 것은 내 속에 어떤 두려움이 본질적으로 존재한다는 것이다. 나는 두려움을 가지고 있으며 여러 '대상' 에 표출한다.

'산책' 부분을 시작하기 직전에 나는 나의 일상에 대해 간략하게 설명했다. 아주 간결하게 설명했다. 나는 이것이 어떤 것을 의미한다고 본다. 감정 없는 간결함. 감정의 결여는 나의 '방어' 기제(여기서는 억압이 될 수 있을 것이다)를 암시한다. 그 날들의 내 생경험의 질은 외면할 수 없을 만큼 고통스러웠다. 이제 지금 나는 나 자신으로 하여금 이 고통을 더 느끼게 할 수 있다.

'산책' 부분에서, '사람들이 얼마나 소외되어 있으며 그것이 얼마나 두려운 것인지. 볼품 없이 얼룩진 딱딱한 거리. 걷기, 처음에는 빠르게, 한 블록 두 블록 지나며 점점 느려지고 마치 땅 속에 무엇이 있는 양, 긴장은 무뎌진다.' 이 부분은 리차드 댈러웨이가 레이첼에게 현대 삶의 긴장과 소외에 대해 이야기한 부분과 상응한다.

브라이튼 거리에 대해 이야기할 때, '나는 가족이 필요하다. 공부하고 일하는 또 다른 장소가 아니라 나의 일(공부)로부터 쉴 수 있는 곳 그런 집이 필요하다. 이것이 방종인가?' 고통, 여기에 고통이 있다. 오늘 나는 내가 한 것이 얼마나 중요한지 깨닫는다. 관계에 대한 것, 감성적인 삶에 관한 것, 내가 그것들을 원했으므로 나는 더 이상 그것으로부터 도피하고 싶지 않다. 회피할 수 있기를 기대하지도 않는다. 내가 휴식을 취할 시간은 있다. 하지만, 관계, 친밀감과 감정의 소용돌이, 그리고 그 속에서 사는 것 이것이 내 삶의 중요한 부분을 차지한다는 것이 더욱 명확해진다. 관계에 대한 이러한 생각이 나의 소설 읽기에서 나타난다.

이 글쓰기에서 드러나는 긴장, 두려움. 그렇다! 두려움이 있다. 7월 30일 글쓰기의 시작에서 '나는 갈피를 잡지 못하고, 소외되어 있으며, 불행한 막다른 골목에 처해 있다. 일본의 선(禪) 지도자가 이야기하듯이 20대는 힘든 시기다'. 그 글쓰기 마지막 부분에 희망이 있다.

1974년 당시에 나는 내가 얼마나 불행했는지 전혀 알지 못했다. 나의 읽기를 통해 '행복'을 하나의 주제로 삼는 것은 그다지 어려운 일이 아니었다. 이는 내가 쉽게 간단히 '항해'를 읽기로 선택한 것과 같다. 소설 속에 행복의 요소는 그다지 많지 않다. 레이첼은 심리적으로 억눌려 있다. 소설 속에서 그녀의 삶은 감정적인 커밍아웃(coming-out)이다. 나의 억눌림 또한 이와 유사하다. 서술을 시작할 때 모든 사람들에 대해 이야기했다. 하지만 '나'는 없었다. 오로지 다른 사람들의 이야기를 통해 나는 나 자신을 드러낸다. 이것은 위축된 불행한 자아다. 레이첼 또한 그러한 자신을 발견한다. 하지만 그녀에게 있어 고통은 그녀가 가진 병으로 인한 육체적인 것이다. 소설과 나의 이야기에 약간의 차이가 있다. 소설의 마지막에서 레이첼은 죽지만 나의 글에서는 어떤 희망이 있다.

1976년 6월 11일. 브라이튼 거리에 대한 글. 대학에 관한 문단 바로 뒤에서 '우리의 이야기는 주로 지금 현재에 대한 경향이 있다' 그런 주제들은 하찮은 이야기에 대한 반응일 수 있다. 야구경기 결과보다 더 진지한 이야기는 하지 마라. 여기서 중요한 것은 우리의 내부에서 일어나는 어떤 것에 대해 이야기하는 것이다. 이는 레이첼이 교회에서 생각했던 것처럼 되지 않는 것이다. 교회에서 레이첼은 '수없이 많은 남자와 여자, 누군지 분별할 수도 없고, 결국 누가 누군지 알아보기를 포기해 버린다. 서로에 대한 공허한 칭찬과 묵인으로 빠져버린다. 눈을 반쯤 뜬 채 입술을 굳게 다문다' 반쯤 감은 눈과 다문 입술을 제외한 모든 것은 살아 있는 삶이 아니다.

1976년 6월 12일. 소설의 영혼과 관련된 부분을 읽고 나는 아무런 할 말이 없었다. 6월 23일 글의 시작에서, 스테판 스펜서의 사진과 그 속의 나이 듦. 나는 한 사람이 떠나고 난 후 그 집의 가구들이 어떻게 되는지에 대한 레이첼 사색을 떠올린다. 늙어가는 몸의 변화가 나를 사로잡는다. 영혼이 변화, 움직임, 확장 속에 있으나 몸은 천천히 주름이 늘어가고 살은 축 늘어진다. 레이첼의 생각과는 달리, 이것은 마치 지속되는 기간이 있는 영혼과 우리의 몸과 같은 물질적 대상이 우리의 눈 앞에서 점점 약화되는 것 같다.

브라이튼 거리에 살 때 우리는 우리가 '발전' 이라고 이야기하는 것, 내 친구들이 영적인 작업이라고 이야기하는 것에 몰두했다. 그 곳에서 우리는 현재에 중심을 두고, 사건이 가지는 전기적 의미와 그것에 대한 우리의 반응에 초점을 두고자 노력했다. 이는 소설 속에서 비치는 '영혼' 과는 사뭇 다른 것이다. 하지만 나의 삶 속에서의 영적인 것에 대한 관심과 소설 속에서 그 주제의 의미는 서로 우연한 것이 아니다.

윌라에 대해 나는 '그녀는 몸 속의 영혼이다. 때때로 나는 그것이 그녀로부터 튀어 나올 것만 같다고 느낀다.' 고 썼다. 또한 나는 레이첼의 질문을 떠올린다. "테런스 너는 이 세상이 우리의 삶을 가로막는 수많은 일들로 가득 차 있다거나 우리가 한 줄기 빛 외에는 아무것도 아니라는 생각을 해본 적 없니?" 그녀는 카펫을 지나 벽으로 흐르는 햇빛 한 줄기를 응시했다. "정말 그렇게". 윌라는 육체를 비추는 햇빛이다. 그 글 마지막 부분에 있는 나의 질문은 소설의 끝에 나오는 에블린의 질문을 거울 비추듯 반영한다. 그녀는 '그녀가 자신의 인생에서 한 것이 무엇이지? 그녀의 미래는 과연 어떤 것이었지?' 나의 전기적 서술에서 '브라이튼 거리에서, 나와는 너무도 다른 사람들과 함께 살며, 무엇을 하고 있지?' 비현실감, 정처 없음, 물체 위를 비추지만 그것에 얽매이지 않고 이곳 저곳을 방랑하는 빛. 단단한 물체는 안정성을 가지고 있지만 빛은 그렇지 않다. 내 삶은 빛이다. 불안정하고, 얽매이지 않으며, 정처 없이 떠돈다.

1976년 6월 13일. 나와 같이 살던 친구들에 대한 묘사를 읽으니 소설 속에 등장하는 여러 종류의 관계(어떤 형식적인 것과 의식의 결핍으로 특징지어지는 그런 관계)가 떠오른다. 한 사람은 다른 사람을 위해 한 가지 역할을 수행한다. 그리고 다른 사람은 그것을 이용한다. 그녀는 불평하고 나는 듣는다. 두 사람이 서로에게 다가가고 서로의 존재와 관계를 절충한다. 소설 속에서 이런 관계는 (레이첼과 테런스의 관계를 제외하고) 거의 찾아볼 수 없다. 브라이튼 거리에서도 (나와 윌라의 관계가 약화되긴 했지만 우리의 관계를 제외하고는) 그런 관계가 없다. 윌라에 대해 쓴 글을 읽을 때 나는 내가 우리(모두)의 관계에 대해 세밀하게 묘사하지 않았다는 것을 알게 되었다. 윌라와 존의 관계, 윌라와 조앤나의 관계에 대한 묘사는 거의 없었다. 그들 셋에 대한 나의 반응은 묘사되어 있다. 하지만 '나의 전지적 글에서 일반적인 '관계'에 대한 설명이나 묘사가 거의 없다는 사실'이 나를 놀라게 한다.

윌라와 나의 관계에 대해, '그녀가 만난 어떤 남자도 그리 성숙한 것 같지 않다는 점이 매우 실망스럽다. … 그녀는 다른 이들에 대한 그녀의 분석에서 그녀가 그들로부터 좌절하고, 분노하고, 실망했음을 드러낸다. 그렇게 그녀의 칼은 더 깊은 상처를 내고, 고통받고, 피를 흘린다.' 이러한 기억들로 인해 나는 분노를 느낀다. 윌라에 대한 분노, 일반적인 이런 '관계'에 대한 분노. 어떤 이 안에서는 찾아볼 수 없는 어떤 것 다음에는 항상. 소설 속에서 헬렌이 한 이야기가 떠오른다. "이 사람들의 삶, 목적 없는 삶, 그 사람들이 사는 방식. 사람들은 이곳에서 저곳으로 옮겨간다. 모두가 똑같다. 그들 중 어느 누구도 자신이 무엇을 원하는지 힌트조차 얻지 못한다." 오늘 아침 나는 내가 왜 『출항』을 선택했는지, 왜 지난 봄에 그것이 나에게 다가왔는지 알았다. 소설 속의 관계들은 브라이튼 거리에서의 나의 관계들을 반영하는 것이었다.

결론

앞의 짧은 예를 통해 우리는 '주체(knower)'와 '객체(what is known)' 사이의 '상호 간에 영향을 미치는 관계'를 엿볼 수 있다. 앞의 글을 쓴 학생은 그 텍스트를 스스로 구성했고 그 텍스트 또한 학생의 변화에 영향을 미쳤다. 시간이 지남에 따라 '텍스트 속의 이슈들'이 '그 텍스트를 읽은 사람의 이슈'가 되어 갔다. 그의 이슈들이 그의 읽기에 영향을 미쳤으며, 그의 읽기가 그의 전기적 삶에 대한 이해에 영향을 미쳤다. 이러한 탐구적 태도와 접근을 통해 우리는 우리 자신의 어떤 인간적인 발달을 기대할 수 있을 것이다. 이는 지금 현재의 상황 그가 작업을 하는 동안에도 변하는 상황이 무엇이며 어떤 일들이 일어나는지에 대한 증가된 인식에 의해 가능해진다. 소설을 읽는다는 것은 나의 상황을 더 잘 인식할 수 있도록 해준다. 그러한 인식을 통해 또 다른 인식으로의 변화가 가능해진다. 이것이 우리가 자서전적 작업으로부터 기대할 수 있는 기본적인 정신분석학적 전제다.

이 구체적인 텍스트-상황의 관계로부터 우리는 '일반적인 지적인 작업'과 '그 지적 작업을 하는 사람'과의 본질적인 구조적 관계에 주목해야 한다. 한 사람의 지적 관심은 의식적으로 혹은 무의식적으로 그 사람의 전기적 이슈들의 특질에 따라 구성된다. 그리고 그 이슈들은 반대로 그 개인의 지적 이슈들의 내용에 의해 구성된다. 쿠레레의 방법을 적용함으로써 개인은 하버마스가 이야기하는 지식과 인간의 관심과의 관계 속에서 자신의 관심과 상황에 대해 더 잘 인식할 수 있게 된다. 그리고 그러한 인식은 그 개인의 관심과 상황의 변화를 가져온다. 어떻게 보면 이 방법은 교육과정 이론가들이 자신의 지적 발달을 위해 도움을 받을 수도 있는 방법이다. 만일 한 개인이 지적으로 체포되어(정체되어) 있다고 느낀다면, 아마 그 사람은 전기적으로도 그럴 것이다. 만일 한 개인이 자신의 관심에 초점을 맞추고자 한다면, 그 사람이 자신의 그러한 관심이 어디서부터 기인했으며 그것이 낳은 결과가 무엇인지와 관련한 상황에 관심을 기울이지 않고서는 이를 이룰 수 없다.

인식과 변화는 결코 완전하거나 최종의 적일 수 없다. 그리고 물질적 환경은 변하지만, 기본적인 전기적 이슈(행복이나 관계와 같은)들은 여전히 남아 있을 수 있다. 한 개인의 삶에 있어서 어떤 이슈에 대한 상대적 중요성을 이야기할 때 전경-배경(figure-ground)[6]을 생각하면 이해하는 데에 도움이 된다. 한 사람이 관계에 대한 것을 완전하게 이해하는 것은 거의 불가능하다. 하지만 지금까지 잠복해 있던 어떤 다른 이슈들이 지금의 전기적 상황의 중심으로 떠오를 때까지 충분히 탐구할 수는 있다. 우리가 지금

6) [역주] 심리학에서 사용되는 기본 개념의 하나로 흔히 가운데 회색의 술잔(혹은 모래시계)이 있고 양쪽으로 두 얼굴의 측면이 보이는 그림으로 소개되곤 한다. 게슈탈트의 심리치료에도 등장하는 것으로 대상을 인식할 때 관심을 가지는 부분은 시작의 중심으로 떠오르고 그렇지 않은 부분은 배경으로 물러나게 된다. 배경에 관심을 가지면 현상은 반대로 일어난다.

까지 논의한 것에서 알 수 있듯이 이러한 이슈들을 탐구하고 인식한다는 측면에서 그리고 지적인 관심에서의 그것들의 표현(작용)을 고려한다면, 여기에는 분명히 발달적 측면이 있다. 이것은 '이 사건에서 저 사건으로 옮겨가는' 차원의 것이 아니다. 하나의 이슈는 그 이전에 일어난 어떤 것에 의한, 그리고 한 개인이 그것을 경험함으로써 생기는 어떤 결과적인 것이다. 위의 이야기가 발달적 경험을 설명하기에 어찌 보면 다소 직선적인 경향이 있지만 이해하는 데에 어느 정도 도움이 되리라 생각한다. 이 작업의 성공은 변화와 가려져 있던 지적 작업의 전기적 기능과 이슈들에 대한 인식으로 그리고 그것들의 변화로서 나타난다. 개인은 지적, 전기적 변화를 경험한다.

어떤 면에서 이 작업은 출항을 하는 것처럼 느껴질 수 있다. 익숙하고 습관적이고 당연시되는 것에서 익숙하지 않고 좀 더 자연발생적이며 의문의 여지가 있는 것으로의 출항이다. 이러한 실험적 자세가 우리에게 던지는 가장 중요한 의미는 알려지지 않은 것에 대해 열린 자세를, 즉 결과를 예측할 수 없는 어떤 행동을 기꺼이 하고자 하는 마음, 그 마음자세를 가지는 것이다. 이러한 지적이고 전기적인 위험을 감수하는 능력은 여기에 소개된 방법을 통해 길러질 수 있다. 이는 교육에 몸담고 있는 우리가 반드시 기르고 가져야만 하는 능력이다.

참고문헌

Apple, M. (1978). Ideology and form in curriculum evaluation. In G. Willis (ed.), *Qualitative Evaluation* (495-521). Berkeley: McCutchan.

Foucault, M. (1978, Summer). Interview in *Telos*.

Levy, B-H. (1979). *Barbarism with a human face*. Trans. G. Holoch. New York: Harper & Row.

Reid, W. A. (1978). *Thinking about the curriculum*. London: Routledge & Kegan Paul.

Sartre, J-P (1963). *Search for a method*. New York: Knopf.

Walker, D. F. & W. A. Reid (1975) (ed.). *Case studies in curriculum change*. London: Routledge & Kegan Paul.

Woolf, V. (1920). *The Voyage out*. New York: Harcourt, Brace, & Co. Copyright by the Geourge H. Doran Co.

젠더 텍스트로서의 교육과정 이해: 재생산, 저항, 남성–남성의 관계

(Understanding Curriculum as Gender Text, 1981)

도입: 아버지 재생산

사회/정치/경제적 지위의 재생산 기능을 지적함으로써 교육과정의 상황적 맥락, 구조, 경험을 설명하는 재생산이론은 이미 초월당했다. 그것의 기계적인 이해, 개인을 수동적 존재로 격하시키는 경향, 구조적 모순과 저항의 불명료화 등 재생산이론은 여러 에세이[1]와 학술대회[2]에서에서 비난을 받아 왔다. 별로 예외랄 것도 없이 좌익의 교육과정 이론가들은 저항에 경험적 실제를 기록하고 이해하는 것뿐만 아니라 정치적인 행동 또한 필요로

---

1) 헨리 지루(Henry A. Giroux)의 '헤게모니, 저항 교육개혁의 역설(Hegemony, Resistance, and the Paradox of Education Reform)' Interchange, vol. 12, nox.2-3, 1981, pp. 3-26, 그리고 마이클 애플(Michael W, Apple)의 '재생산, 논쟁, 그리고 교육과정: 자기 비평의 에세이(Reproduction, Contestation, and Curriculum: An Essay in Self-Criticism)' , Ibid., pp. 27-46.

2) 필립 웩서(Philip Wexler)의 '몸과 영혼(Body and Soul),' Journal of Curriculum Theorizing, vol, 4, no. 2, 1982, pp. 166-180. 노트 1에 소개된 글들은 1980년 11월 토론토 대학의 '온타리오 교육 연구 센터' 에서 열린 학술대회, '수동적인 분석을 넘어서(Beyond Passive Analysis)' 로 명명된 학술대회에서 발표되었다. 참으로 '수동적인 분석을 넘어서' ….

한다.

나는 재생산이론과 저항이론을 외디푸스적 관점에서 이해하고자 한다. 여기서 그 이론들의 지위와 기능을 외디푸스 콤플렉스 수준으로 낮추고자 함이 아니다. 나는 이 관점의 접근을 통해 현재 그 형성의 단계에 있는 페미니즘과 성(gender) 문제(재생산이론과 저항이론이 단지 그 상태를 알리는 것에 그치고 있는)를 다시 조명해 보고자 한다. 물론 그 상황들을 인식하는 것만으로도 가치 있으나 그것만으로는 충분하지 않다. 재생산이론과 저항이론은 그것을 경험하며 살아가고 있는 사람들이 가진 분노와 행동까지도 포함하는 성 문제의 영역과 심각함을 모두 고려하고 있지 못하다. 더구나 나는 페미니즘과 성 문제를 그것에 수반되는 정치적, 경제적 문제 수준으로 치부하기 때문에 좀 더 광범위한 역사적, 이론적 저항의 정치적 과업이 이루어지지 못하고 있다고 생각한다.

그렇다면 재생산이론의 외디푸스적 상태, 그것이 낳은 이론, 저항이론 등의 상태는 어떠한가? 한마디로 나는 이것을 *'아버지의 권위가 어떻게 재생산되고 저항받는지를 주시하는 이성애자 아들의 분석'*으로 간주한다. 그 이론들의 외디푸스적 기능은 (언젠가 아버지를 대체하는) 이성애자 아들의 행동과 매우 유사함을 보인다. 이성애자 아들은 아버지가 되고, 아버지는 아들, 딸, 아내(하위 계급을 상징하는 은유)를 필요로 한다. 형제관계, 자매관계와 같은 수평적 사회관계의 수사학과는 상관없이, '아버지'는 재생산된다. 교육적으로 저항이론(시집 간 재생산이론, née reproduction theory)은 그것의 어떤 정치적 결과의 변화도 없이 교육과정의 내용만을 바꾸는 그들의 틀에 갇혀 있다. '아버지'의 대화내용은 바뀔 수 있을지 모르지만 저녁 식탁에서 그의 지위는 변하지 않는다. 이러한 점에서 학교교육은 아버지의 방식, (어떻게 보면 어머니의 공범적 용인하에) 평가 절하된 혹은 무보수의 어머니로서의 노동, 성적 노예의 문으로 들어가는 아들과 딸의 입문 과정이다. 가족 드라마는 작지만 구체적이고 실제적인 문화적, 역사적 드라마다.

교육과정과 교육과정 이론의 외디푸스적 이해는 우연한 것이 아니다. 페미니스트와 게이 운동[3]은 성의 근원, 정체성, 편견과 같은 이슈에 대한 관심을 불러일으켰다. 교육과정 연구에서, 급격한 이론적 변화가 현저하게 나타나고 있다.[4] 예를 들어, 매들린 그루메(Madeleine R. Grumet)는 19세기와 20세기 초 미국 공립 학교에서의 성 교육 역사를 추적 연구했다. 그녀는 증가하는 여 교사의 수(다시 말해 교직의 여성화)가 교육을 '가부장적' 상태에 머물게 하는 역할을 했다고 주장했다.[5]

그루메는 남자 관리자들이 여자 교사들로 하여금 그들의 방식으로 학생들을 가르치도록 요구했다고 주장한다. 그들이 원하는 방식이란 남자 아이들은 다루기 쉬운 효율적인 노동자로, 여자 아이들은 자발적이고 감사해하는 주부와 온전한 어머니로 기르는 것이다. 페미니즘 분석가들은 이 수동성과 공모를 비판함으로써 표면적인 것 이면의 문제에 대해 논의하기 시작했다.[6] 이러한 투쟁은 자신들 역할의 근원과 필요성에 대한 탐구를 거

---

3) 기오 캉갬(Guy Hocquenghem, 프랑스 작가이자 동성애 이론가, 1978)은 이 두 움직임이 동시에 일어난 것이 우연이 아니라고 했다. "미국과 유럽에서의 경험은 여성운동과 게이운동은 아주 비슷하게 동시에 일어났다. 사회는 여자들에게 요구되는 어떤 것들이 남자들에게서 나타나는 것을 용인하지 않는 것, 그리고 여성들을 지배하고 동성애를 억압하는 것이 같은 것인 양 나타났다" (p. 126) 동성애 욕구(Homosexual Desire). 런던: Allison & Busby. 여성혐오와 동성애 억압 또한 밀접하게 관련 있다.

4) 이 점에 대해 나의 글, '성(gender), 성적 특질(sexuality), 그리고 교육과정 연구: 논쟁의 시작' (*McGill Journal of Education*, vol. 16, no. 3, 1981, pp. 305-316)에서 깊이 논의했다.

5) Madeleine R. Grumet, 'Pedagogy for Partiarchy: The Feminization of Teaching,' Interchange, vol. 12, nos. 2-3, pp. 165-184.

6) 초기의 성차별주의에 대한 관심은 교과서 분석에서부터 시작했다. 특히 초등학교의 교과서에서 어떻게 성과 성 역할을 정형화하는지를 분석하고 비판했다. 최근 5년 동안 교육과정 분야에서 페미니즘은 좀 더 이론적인 토대를 갖추었다. 이는 매들린 그루메와 자넷 밀러(Janet L. Miller)의 글(feminism and Curriculum Theory: The Breaking of Attachments, *Journal of Curriculum Theorizing*, 4:2, pp. 181-186) 참조.

부하는 남자들의 방해를 받을 것이다. 페미니즘 연구는 역할을 여성의 관점에서 다룬다. 하지만 나는 여기서 남자의 관점에서 접근하고자 한다. *구제적으로 말해서, 남자-남자 관계가 어떻게 '남자-여자 억압' 관계와 연루되어 있는지 논의하고자 한다.* 나의 논의는 남자의 전-외디푸스(pre-oedipal), 외디푸스(oedipal), 후-외디푸스(post-oedipal) 경험의 관점에서(물론 이 측면만을 배타적으로 다루진 않는다) 논의하고자 한다. 나는 이 글이 최소한 페미니즘 이론과 그 투쟁에 의미 있기를 바란다. 하지만 이에 그치지 않고 그것과 정치적 맥락을 같이하기를 바란다. 하지만 남자의 분석이 여자의 분석과 (같은 기원을 가진다고 할지라도) 완전히 일치할 수는 없을 것이다.

나는 남자들이 페미니즘 이론 이해를 유용하게 사용하고 자신들의 것으로 만들 수 없을 것이라는 생각에 회의적이다. 우리는 삶의 역사 깊숙이 퍼져 있는 '한쪽 성에 국한된(gender-specific)' 사고 관념을 버리지 않는 한 오랜 기간 동안 혹은 진정한 의미에서의 '페미니즘 남성'이 될 수 없다. 페미니스트들이 자신들을 위해 지금까지 연구하고 알아냈듯이 우리는 우리에게 필요하고 우리가 사랑하고 (페미니스트들이 지금까지 논의한 것처럼) 침해한 그들(여자)과 우리 자신과 거리를 두어야만(관여하지 않아야) 한다. 여성들과 심리적 거리를 두는 것은 우리와 그들의 관계를 이해하는 것이다. 그들(여성)의 관점뿐만 아니라 우리가 지금까지 당연시하던 그런 관점에서 벗어나는 것 또한 포함된다. 우리(남자)는 페미니스트들의 이해와 비슷한 과정을 거칠 수 있지만 이 과정은 반드시 우리에 의해 이루어져야만 한다. 우리가 반드시 그 과정을 겪어야 한다. 더욱이 나는 몇몇 페미니스트 분리주의자들이 자신들의 억압을 부정하지 않고 우리를 도울 수 없다는 주장을 이해할 수 있다. 만일 그러한 억압을 인지하고 있다면 이 시점에서 그들이 우리를 돕고자 할 의지는 거의 없을 것이다. 전통적으로 여성들(구원자로서)에게 의지해온 남성들은 여성들의 도움 없이 어렵고 힘든,

어쩌면 잠재적으로 위험한 상황에 직면해 있다. 우리 남자들의 관계의 잠재성은 자라지 못하고 지체되어 있다.[7] 이와 같은 여성과 우리와의 친밀성이 우리를 위협하지만 우리와 다른 남성들과의 관계보다는 덜하다. 나는 여기서 여성에 대한 우리의 억압을 이해하기 위해 우리는 우리 서로(남자들)에 대한 억압을 이해하려는 노력을 해야만 한다. 거대한 문화적 관점에서 본다면 이러한 노력은 다양한 남자 집단에 의해 시작되었지만 피상적 수준에 머물고 있다. 이 문제에 대한 우리의 노력은 여성들의 노력에 비해 매우 뒤처져 있다. 이러한 점에서 나는 이 글이 남자-남자 관계에 대한 연구와 이해의 필요성을 증진하는 데 기여할 수 있기를 희망한다.

전-외디푸스(pre-oedipal)의 관계와 후-외디푸스(post-oedipal)의 왜곡

남자의 성(gender)을 역사적으로 이해하기 위해 그것에 영향을 미친 두 가지 요소에 관심을 가질 필요가 있다. 하나는 '어머니와의 전-외디푸스적 관계' 이며 다른 하나는 '부성의 추정적 특성(inferential character of paternity)' 이다. 낸시 코도로우(Nancy Chodorow)는 이 두 가지 모두를 저서 『모성애의 재생산: 성의 사회학과 정신분석학(The Reproduction of Mothering: Psychoanalysis and the Sociology of Gender)』[8]에서 설명하고 있다. 그녀의 작업은 어머니로서의 여성과 관련된 여러 가지 요소들을 세세하고 조심스럽게 다루고 있다. 그녀는 에고(ego)와 성 차이(gender differentiation)에 대해 당연해 보이는 사실들이 암시하는 것을 그려냈다.

---

7) 이것은 낸시 코도로우(Nancy Chodorow)의 The Reproduction of Mothering의 다소 정교화된 논의의 결론이다. Berkeley: University of California Press, 1978.

8) 여기서 나는 (이성애자) 어머니와 초기 전-외디푸스가 아들을 동성애적 위치에 놓이게 한다는 것을 보이기 위해 그녀의 주장을 약간 변형했다.

이 책은 여성들의 경험에 초점을 맞추어 적절하게 논의했으나 남성들의 경험에 대해서는 그리 깊이 논의하지 못했다. *나는 여기서 그녀의 논의를 참고로 남자로서의 경험이 어떤 것인지(경향이 있는지)에 대해 논의하고자 한다.*

먼저 두 번째인 부성(paternity)에 대한 논의부터 시작하고자 한다. 부성은 필연적으로 추정적이다. 남자의 씨는 이름이 없으며 쉽게 식별할 수 없다. 심지어 아이의 외모로는 아버지의 정체성을 식별할 수 없다. 우유 배달부(milkman)와 관련한 흔한 농담[9]이 본질적으로 모호한 부성의 특성으로부터 생기는 보편적인 남자들의 두려움과 근심을 잘 보여준다고 할 수 있다. 코도로우는 이 사실로 인해 남성이 친족관계를 밝힘으로써 어떤 것을 감추고 통제하려는 불안을 가지게 된다고 주장한다. 남자는 재생산의 계보를 밝히는 것에 지나치게 관심을 두게 된다. 대부분의 문화에서 남자의 성을 사용하여 자녀들의 친족관계를 밝힌다. 그러한 노력의 보상은 성공하는 것처럼 보인다. 이를 통해 부권은 모호하지 않은 것처럼 보인다. 대신에 아이들을 존재할 수 있도록 하는 것은 아버지이며(씨를 뿌리는 것은 아버지이며), 여자는 단지 그 남자의 아기를 기르는 것으로 여겨진다. 이것으로 보면 여자는 '남자가 뿌린 생명의 씨앗' 이 '배달' 될 준비가 될 때까지 '배양' 되는 누에고치가 된다. 이는 결코 여성들이 이야기하는 '분만(childbirth)' 이 아니다.[10]

남자들은 부성의 모호함을 용인할 수 없다. 왜냐하면 에고의 모호함이

---

9) [역주] 주로 남성인 우유 배달부는 매일 아침 가정에 들러 우유를 내려놓는다. 종종 집안의 가장이 없을 때도 들르는데, 우유 대금으로 돈 대신 어떤 이의 아내와의 관계를 우윳값으로 받아간다는 유머다. 이는 현대에 팽배한 불륜에 대한 염려와 그것에 대한 남성들의 근심을 드러낸다. 예를 들어 '여자가 아이를 낳으면 그 아이는 여자의 남편보다 그 지역 우유 배달부와 더 많이 닮았다' 와 같은 농담이다.

10) Grumet, '개념화, 모순, 그리고 교육과정(Conception, Contradiction, and Curriculum).'

거부되었기 때문일 것이다. 외디푸스 위기의 결과가 여기서 논의할 남자의 성 역사와 관련한 두 번째 문제다. 에고의 모호함은 에고 분화의 상대적인 선명도를 의미한다. 코도로우는 전-외디푸스 시기 초기에는 어머니-딸, 어머니-아들 관계가 분화되지 않는다고 주장한다. 다시 말해 차이가 없다고 주장한다. 임신 기간 동안 아기는 어머니 몸의 일부다. 그리고 출생 후 한동안 아기는 전적으로 어머니에게 의존한다. 이 시기 동안 아기에게는 그 어떤 방어나 내면화도 일어나지 않는다. 아기는 자신과 어머니를 동일시한다. 어머니의 부재 시에 아이는 서서히 자신이 별개의 존재라는 것을 인식하게 된다. 코도로우는 아이의 에고 분화가 이 시기에 시작된다고 주장한다. 에고 분화가 시작되면 소년과 소녀의 차이가 생긴다. 어머니-아들의 관계가 어머니-딸의 관계보다 분화가 많이 된다. 다시 말해 많은 변화를 겪는다. 어머니는 딸도 임신, 분만, 모유수유 등을 경험할 것이라고 생각한다. 그들은 같은 성을 가지고 있고 남자가 아니라 여자가 어머니가 될 것이기 때문에 어머니는 동일시된 에고가 지속되는 것을 허락하며 아이에게 '동일성(sameness)' 을 투사한다.

아들은 다른 반응을 나타낸다. 아들은 임신을 모를 것이고, 아마도 아기를 먹이고 기르는 데 있어서 어머니와 같은 경험을 하지 않을 것이다. 아들은 어머니와 다르기 때문에 어머니는 '다름(otherness)' 을 (때때로 성애적인 면을) 투사한다. 결과적으로 에고 분화의 과정은 딸보다 아들에게서 일찍 일어난다. 아들이 자신-어머니, 아버지-어머니 관계 속에서 아버지를 직면할 때 아들은 이미 어머니와 별개의 존재로 인식할 정도로 분리되며 어머니를 '욕망의 대상(object of desire)' 으로 인식한다. 어머니에 의해 아들에게 투사된 '다름' 으로 인해 아들은 아버지의 요구에 쉽게 순종하게 되고 어머니, 여성스러운 것, 남자의 일이 아닌 이상한 것, 집안일, 여자들의 세상으로부터 점점 멀어진다. 또한 그 다름으로 인해 '여성스러운 아이' 로부터 멀어지고 자신이 초기에 가졌던 어머니와의 동일시에 대한 억압이 더욱 강화된다.

코도로우는 아이 경험은 본질적으로 '어머니 성적인(matri-sexual)' 면이 있다는 점을 강조한다. 그녀는 어머니-아기 관계가 딸로 하여금 어머니에 대하여 동성애 상태(딸이 '외디푸스 위기' 시기에 버리고 극복해야만 하는)에 놓이게 한다고 주장한다. 아들은 이성애적 상태에 놓인다. 이는 아이가 나중에 인식하게 되는 아버지와의 관계에 의해 더욱 강화된다. *하지만 이 분석은 불완전하다. 왜냐하면 이 분석은 어머니가 욕망의 대상인 '타자'로 인식될 정도의 에고 분화가 일어나기 전의 사회적 경험의 근원적 측면을 간과하기 때문이다.* 어머니와의 초기의 관계, 상대적으로 분화되지 않았고 방어되지 않은 아이의 상태는 어머니에 대한 욕망을 체내화하도록 만들고 특히 이성애자 어머니의 경우 아버지에 대한 어머니의 욕망을 체내화한다. 이를 통해 다소 분화가 덜된 어머니-아기 관계를 통해 가라앉은 기억의 근원적 측면이 (이성애자 어머니의 경우) 여자 아이의 경우 이성애를 보이고 남자 아이의 경우 동성애를 보인다. 자신들을 어머니로부터 분리시키고 구별할 때만 그들은 어머니에 대한 욕망을 경험한다.

이러한 관점에서 남자 아이의 전-외디푸스 초기 경험(어머니, 여자와 관련된 물건과 느낌을 떨쳐버리라는 외디푸스적 충고)은 아버지에 대한 아이의 욕망을 억누르게 한다. 그러므로 아들의 외디푸스의 극복은 이성애의 승화(어머니에 대한 자신의 욕망을 보류하거나 그 대상을 바꾸는 것)뿐만 아니라 동성애의 억압(아버지에 대한 자신의 욕망 거부) 또한 포함한다. 이 억압은 이후의 사회적 경험을 통해 남자들이 자신들을 '감시' 함으로써 더욱 강화된다. 다시 말해 동성애로 이해될 수 있는 어떤 행동도 표현되게 하지 않게 하려고 노력한다. 더구나 어린 남자 아이들은 여성스러운 소년을 통해 자기 자신들의 억압된 동성애를 표출하기 위해(정확히 말해 탈구시키거나 대체하는 기회로 만들기 위해) 달려든다. 이로써 이성애적 남성 관계는 동성애에 대한 억압에 의해 더욱 복잡해진다. 그것은 손상되기 쉬우며, 쉽게 방해받을 수 있으며 대립적인 것이 된다. 현대 남성들의 이성애의 결과는 '여성 혐오' 로 나타난다. 그리고 이는 아버지에 대한 그들의 억압된 내면의 욕망과 이성애의 투쟁, 상징성 등을 수반한다. (하지만 이 관찰만을 놓고 보면 우리의 논점을 약간 앞서가는 면이 있다.)

상처받기 쉬우며 의존성에 대한 인식이 증가하는 전-외디푸스 시기는 아이에게 있어 아주 불안한(두려운) 시기로 볼 수 있다. 딸에게 있어 이 두려움은 어머니 속으로 들어감으로써 어느 정도 상쇄된다. 딸에게 있어 외디푸스 위기는 타자로부터의 구별/분화를 더하게 한다. 하지만 이는 종종 성인의 시기까지 이어지는 에고 정체성을 찾기 위한 투쟁이 된다. 어머니-딸의 공생은 매우 강력한 관계다. 많은 심리치료사들에 의하면 에고 정체성과 분화는 정신치료를 찾는 여성들이 가진 문제점들 중에서 (가장 흔하지 않을지는 모르지만) 매우 흔하게 나타난다.[11]

이미 언급했듯이 어머니-아들 관계의 공생은 어머니가 아들에게 투사하는 '다름' 으로 인해 약하게 나타나고, 어머니와 아들과의 거리를 만들게 된다. 이로써 남성으로서의 정체성 형성이 가능해진다. 생애 초기에 아들은 어머니에 대한 동일시를 억압하고 아버지의 방식을 관찰하면서 정체성을 형성해 나간다. 어머니에 비해 상대적으로 잦은 아버지의 부재로 인해 아들과 딸 모두 아버지에 대해 이상적인, 거의 상상적인 이미지를 가지게 되기 때문에, 아들은 아버지의 이야기에 전적으로 의존하여 어떤 것이 남성적인 것이고 그렇지 않은 것인지 알게 된다. 아들이 점점 남성화(공격적, 적극적, 경쟁적)되고, 아버지와 동일시되어 감에 따라 아내에 대한 욕망이 초기에 어머니에게 가졌던 욕망을 덮어버리는 것을 느끼게 된다.

---

11) William F. Pinar and Lee Johnson, 'Aspects of Gender Analysis in Recent Feminist Psychological Thought and Their Implications for Curriculum,' *Journal of Education*, vol. 162, no. 4 (Fall 1980), pp. 113-126.

우리는 아버지에 대한 아들의 욕망이 억압되고 아버지와의 동일시로 승화되는 외디푸스 콤플렉스까지 논의했다. 이제 아버지는 아들에게 있어 아들의 아내와 라이벌이 된다. 이제 아버지는 아들을 자신과는 비경쟁적인 위치(즉, 아들의 또래, 학교나 스포츠와 같은 다양한 종류의 사회 활동)로 그 경쟁심리를 돌린다. 아버지는 논리와 힘으로써 이 '소거(removal)'를 가능하게 한다. 명료한 의사소통이나 대화도 없이, 아버지는 '아들이 a) 약화된 어머니와의 동일시에 대한 억압을 완전하게 하고, b) 어머니에 대한 욕망을 끝낼 수 있는 보상을 받을 수 있을 것' 이라고 설득한다. 아들은 자신 속의 여성성을 거절하는 대가로 다른 여성의 사랑(아내)을 얻고, 성인이 된 아들은 어머니에 대한 욕망을 포기하는 대가로 관습과 법에 따라 조절(통제)할 수 있는 구체화되고 표면화된 여성인 아내를 얻는다. 여성의 지속적인 변화는 그녀 내부의 '환기(evocation)' 를 자극하기 때문에 그러한 조절(통제)은 남자들에게 심리적으로 반드시 필요한 것이다. 그럼에도 조절(통제)된 그녀의 존재는 아들이 억압해야만 했던 여성에 대한 욕구를 충족시킨다.

만약 아들이 아버지로부터의 보이지 않는 논리를 받아들이지 못하면 아버지는 '힘' 에 의지한다. 신중한 아버지는 아들이 최근에 얻기 시작한 남성적인 기질에 해를 끼칠 수 있기 때문에 힘의 사용을 자제한다. 하지만 어느 정도의 힘과 분쟁은 각인(imprinting)을 강화시키기 때문에 여전히 필요하다. 과도한 힘의 사용은 아들에게 패배감을 심어줄 수 있다. 아버지에게 전혀 저항하지 못하는, 혹은 그와 동일시하거나, 아버지의 자신에 대한 외디푸스적 태도에 배신감을 느끼게 할 수도 있다. 외디푸스 위기 시기를 성공적으로 보내는 아들은 여자에 대한 욕망 충족을 미루고, 아버지에 대한 동일시를 인지하게 된다. 이 두 결과 모두 거부와 억압의 기제를 수반하므로 이 시기를 거친 아들은 (이 시기를 거친 딸과는 달리) 과도하게 경직된 에고, 감성이나 잠재된 기억과는 거리가 먼 에고, 무의식의 내용이나 과정과는 거리가 먼 에고를 형성하게 된다. 과도하게 경직된 에고는 '잠재적으로 관계를 저해할 수 있는 가능성(stunted relational potential)' 이 있다. 분리의 느낌과 개성은 쉽게 외로움이나 분열을 느끼게 할 수 있다. 스스로의 힘으로 자립하고 남자가 되는 것은 억압을 약화시킴으로써 얻어진다. 특히 어른으로서, 여성과의 후기-외디푸스 친밀감(post-oedipal intimacy)은 억압되었던 전-외디푸스, 어머니로부터 분화되지 않은 동일시와 친밀감을 자극하는 경향이 있다. 다른 성인 남자와의 친밀감은 초기 전-외디푸스 시기에서부터 가졌던 아버지에 대한 억압된 욕망과, 어머니에 대한 외디푸스적 경쟁심을 잃음으로써 (다소 덜) 억압된 분노를 재생시킨다. 과도하게 경직된 자아로서 비난받고, 자신의 무의식의 내용과 과정으로부터 소외되며, 타자와의 약화된 친밀감 형성만이 가능한 이 문화 속 우리 시대의 남성은 출세 제일주의와 일 중독이 만연한 일터로부터 탈출하기 위한 피난처를 찾는 경향이 있으며, 쾌락, 난교, 약물, 학교 등을 통해 즐거움을 추구한다.

저항이 아닌 유혹

남성 에고의 중첩결정(over-determination)[12]은 부계의 모호함을 견딜 수 없도록 만든다. 남성은 자신의 모호한 캐릭터를 창조의 근원, 즉 제1원인(first cause)을 주장함으로써 확보하려 한다. 또한 남성은 친족관계(재생

12) [역주] '다원결정' 으로 번역되기도 하는 정신분석학 용어로, 프로이드가 처음 사용했다. 이는 어떤 하나의 증상을 일으키는 요인이 여러 개일 수 있다는 것을 의미함과 동시에, 그 증상이 일어나기 위해서 그것을 일으키는 모든 요인들이 모두 필요한 것은 아니라는 것 또한 의미한다. 다시 말해, 그 증상을 입증하기에 반드시 필요한 것보다 더 많은 요인들이 있다는 것이다. 여기서는 아들의 어머니에 대한 동일시와 아버지에 대한 욕망을 들 수 있겠다.

산의 계보)에 과도한 관심을 보인다. 이러한 점에서 교육과정에서의 재생산이론에 대한 최근 좌익의 관심은 사실 가부장적이다. 물론 미국 내에서 좌익의 정치적 위치를 고려하더라도 '아들' 이 가진 초기의 가부장제(아버지의 성숙하고 완전한 가부장제가 아니라) 양상을 띤다. 아들로서 극좌익 교육과정 학자들은 한 컨퍼런스에서 이야기한 '비재생산적[13)]' 교육으로의 저항을 추구한다. '수동적인 분석 너머' 로의 변화에 대한 감화는 폴 윌리스(Paul Willis)의 '싸나이들[14)]' 의 설명에서 유래한 것으로 보이며 외디푸스적 관점에서 매우 중요한 의미를 가진다. 아버지가 보기에 그의 권위에는 위협이 되지 않는 거의 평범해 보이는 십대 소년들의 저항에 대한 것이다.

재생산이론가들과 그들의 가장 최근의 변형인 저항이론가들의 위치는 자신의 지위를 재생산하는 아버지(힘과 이데올로기의 구체화)의 방법을 관찰하는 아들의 그것에 비유할 수 있다. 어리고 힘 없는 사춘기 이전의 아들은 자신의 힘을 합법적으로 재생산하는 것처럼 보이는 아버지의 분노에 직면하는 것을 두려워한다. 나이가 조금 더 든 아들은 아버지의 지위를 다소 우연한 것으로 보고 의무로서의 저항의 가능성을 본다. '동원(mobilization)' 과 모든 영역에서 분투함으로써 그는 아버지에게 저항할 수 있다. 그 저항의 결과를 보기 위해서는 그 아들의 뒤이어 일어나는 이야기를 알아볼 필요가 있다. 아들은 그 투쟁에서 거의 이기지 못한다. 그가 유일하게 아버지를 대신할 수 있는 방법은 아버지보다 오래 사는 것이다. 요점은 아들이 아버지의 자리를 대체한다는 것이다. 그렇다면 저항이 가부장제를 재생산하는 것이 가능한가?

---

13) Jean Anyon, 'Elementary Schooling: Distinctions of Social Class,' *Interchange*, pp. 118-132.

14) [역주] 폴 윌리스는 자신의 책 『학교와 계급재생산』에서 '싸나이' 로 불리는 소위 말하는 '불량학생들' 을 이렇게 표현했다.

나는 여기서 전통적인 방법과는 다른 외디푸스 전략 하나를 제안하고자 한다. 이 전략의 목적은 외디푸스 콤플렉스와, 그것과 관련된 가족, 사회, 경제적 구조를 용해시키는 것이다. 이 전략은 '비재생산(non-reproduction)' 과 같은 관점을 가지고 있다. 남자는 제1원인으로서 정치적 지위, 친족 유지에 필요한 유전과 힘에 대한 관심을 잃는다. 그는 쇠퇴한다. 그리고 더 이상 아버지에게 저항하려 하지 않고 그의 자리를 대체하려 한다. 이제 아들은 아버지와 함께 잠을 자려 한다. 이런 욕망은 사랑에서 시작되는 것이 아니다. 역사적으로 볼 때, 이는 저항을 가능하게 하는 '격노' 로부터 시작한다. 하지만 이제 아들은 어떤 면에서는 이 일에 가담할 준비가 되지 않은 아버지의 손에 달려있다. 아들은 할례(아들의 공모를 요구하는 아버지의 당연한 전제와 여성성을 거부하는)를 거부한다. 대신 아들은 아버지를 응시하며 이야기한다. "나는 남성성만을 위하며 내 안의 여성성, 나에게 생명을 준 어머니의 여성성을 부인하는 당신의 의식을 거부합니다. 나에게 삶을 주었으며, 내 생명의 근원이며, 그녀의 보살핌으로부터 내가 지금까지 살아온 나의 동료이자 나의 사랑인 나의 어머니, 당신의 의견에 동조한 나의 어머니의 공모 또한 나의 적입니다. 왜냐하면 어머니가 나를 당신에게 내맡겼기 때문입니다. 나는 어머니 편에 서 있으며, 그녀의 일부분으로 남아 있습니다. 나는 당신의 그 계약을 거부합니다. 나는 또한 어머니를 당신과 대체하는 것을 거부합니다. 어머니의 사적이며, 표현적이고, 친밀하며, 관계적인 어머니의 세상을 당신의 공적이고, 추상적이며, 성문화되었으며, 계급적이고, 위계적인 당신의 세상과 대체하고 싶지 않습니다. 내가 당신처럼 강해지면 어머니를 아내로 취하고 성적인 대상이나 무보수의 노동력으로 가질 수 있다는 당신의 거짓된 유혹을 거부합니다. 그리고 나는 어머니를 포기했습니다. 나는 당신의 '작은 남자' 가 아닙니다. 당신이 인식하지도 못하는 어떤 꿈을 이루기 위해 나를 유혹(조작)하려 당신의 애정을 내놓지만 나는 그것을 거부합니다. 그리고 나는 어머니를 잃는 고통을 모든 남성과 여성에 대한 당신의 속임에 대한 나의 분노로 대체하는 것을 거부합니다. 나는 모든 외디푸스적 계약을 거절합니다. 그럼으로써 나는 당신에 대한 동경을, 지금은 증오와 미움으로 엮인 동경을 가지고 있을 것입니다. 내가 지금 원하는 것은 당신의 힘이 아니라 바로 당신입니다."

남성중심주의는 외디푸스로 인한 남성성의 구체화된 이데올로기다. 속이고 속는 것이 동성애자 남성들이 늘상 하는 일이며, 이성애자들도 서로 상징적으로 하는 것이다. 한 형태의 성은 다른 것의 어두운 그림자다. 현재적 표현으로 하자면 양쪽 모두 잊혀진 전체로서의 인간의 파편으로서 분열되어 있으므로 사회적으로 왜곡되어 있다. 우리 남자들은 전쟁터에서, 회의장에서, 강의실에서, 아버지의 상처와 어머니의 거부로부터의 상징화와 추상화에서 우리들끼리의 전쟁을 하고 있다. 동성애는 구체적인 것, 육체적인 것의 정치성을 내포하는 것, 실제적인 통합과 상호 간의 이해의 잠재적인 정치성 논의의 장이 된다. 우리는 할례받은 상처받은 사람으로서 추상적인 사회적 역할이나 아버지의 정치적 볼모로서 전쟁터에서가 아니라 침대에서, 육체화된, 성적인 존재로서 지금까지 잊혀졌던 것과 증오와 분노의 기저에 있는 어떤 것을 느끼고자 갈망하며 서로를 직면해야 한다.

정치적 기구로서의 이성애

기오 캉갬(Guy Hocquenghem)은 19세기 이전에는 '동성애' 라는 개념이 없었다고 했다. 같은 성을 가진 사람과 잠자고자 하는 욕망과 능력은 사람에 따라 더 적거나 많이 가지고 있는 것으로 여겨졌으며 그것을 표현하고자 하는 욕망을 억제하는 정도나 양상도 그렇게 여겨졌다. 19세기 말에 사회적으로 비정상적인 것에 대해 의학적으로 진단하려는 시도가 시작되었을 때, 즉 사회적으로 부적절하다고 여겨지고 문화적으로 소외된 것을 설명하기 위해 의학적 용어들이 사용되기 시작했다. 이러한 문화적 영역에 대한 사회적 의료화는 산업화와 관료화를 등에 업은 문화적 동질성에 대한 정치적, 경제적 이익을 뒷받침했다. '병'으로 진단된 '동성애' 딱지를 붙임으로써 의료와 법 관련 집단은 주류에게 받아들여질 수 없는 삶을 사는 사람들을 위한 '서비스'라는 명목하에 그들을 식별하고, 기소하고 처벌할 수 있었다. 종종 같은 성을 가진 사람과 잠을 자는 것으로 판단된 사람들과 전형적인 남성성 혹은 여성성의 특질과 개성 어느 것과도 조화되지 않는 개성을 가진 사람들은 '병리학적'으로 분류될 수 있었다. 기오 캉갬은 증가하는 사회적 의료화의 역사성['동성애(homosexual)'의 개념이 19세기 말에 등장한 것을 알아낸 것을 포함하여]을 추적했다. 또한 일반적으로 알고 있는 것과 달리, 동성애는 그것이 감지하기 힘들다 할지라도, 더욱더 억압되고 있다고 했다.[15)]

딜루즈(Deleuze)와 가타리(Guattari)[16)] 이후에 기오 캉갬은 '동성애적 욕망'이 있다는 것은 거짓이며 단지 '욕망'이 있을 뿐이라고 주장했다. 프로이드도 가지고 있었을 유아기의 다양한 단계의 심술궂은 행위가 성기 성욕(genital sexuality)으로 자리잡았다. 이러한 점에서 외디푸스 이야기는 이성애의 생산에 관한 이야기이며 (비록 성공하진 못했지만) 동성애 근절에 대한 이야기다. 에이드리언 리치(Adrienne Rich)는 이성애를 강제적이며 의무적인 것, 정치적 상황으로 연구하고 인식할 필요가 있다고 이해했다.[17)] 정치적으로 이성애는 아버지의 지위를 강화하고 지위의 재생산을 담보한다. 현대 이성애의 양상은 남근중심주의적 경향이 있다. 남자

15) Hocquenghem, p. 48 ff.

16) Gilles Deleuze and Feliz Guattari, *Anti-Oedipus: Capitalism and Schizophrenia*. New York: Viking, 1977.

17) Adrienne Rich, 'Compulsory Heterosexuality,' Signs, vol. 5, no. 4 (Summer 1980), p. 637.

들에게 있어 '남근' 은 남자가 가지는 힘의 상징이다. 이성애자로 사회화된 여성은 페니스 선망(penis envy)을 경험하고 그것을 체내화한다. 남근이 남성의 자부심과 부끄러움의 이유가 되긴 하지만 남성은 그것에 성적 특색을 부여하지는 않는다. 이것은 마치 '여성이 갈망하는 것' 은 남성은 그토록 갈망하고 추구할 가치가 없다는 것으로 여기는 것과 같다. 남자는 구강성교(fellatio)나 항문성교(anal intercourse)와 같은 동성애적 관심과 행동을 경멸한다. 이런 남근중심주의적 문화에서는 극소수만이 남근에 대한 강력한 도취에서 벗어날 수 있다. 그 문화의 사람들은 힘과 같은 추상성으로 이성애적 성향과 도취를 더욱 강화한다. 두 부류 모두 자신들의 존재를 구체화한다. 그리고 두 집단 모두 자신들의 존재가 서로의 존재에 얼마나 밀접하게 관련되어 있으며 의존적인지를 제대로 이해하지 못하고 있다.

전통적인 남성성에 대한 많은 여성과 남성의 도취가 전혀 가치가 없는 것은 아니다. 이는 용기와 강인함과 같은 감탄할 만한 여러 특징들을 이룬다. 하지만 반드시 알아야만 할 것은 이것이 외디푸스에 의한 사회적으로 다행스러운 결과라는 것이다. 한편 보통 남성스러움을 과시하는 남자들은 그 힘을 강탈, 강간, 살인 등에 사용한다는 사실도 알아야 한다. 이 둘 모두의 원형을 볼 때, 이는 선택되는 것이 아니라 사회적으로 조건화되어 있다. 이는 어머니에 대한 전-외디푸스적 동일시의 억압과 완전히 성공적이지 않은 아버지의 권위에 대한 저항에 기인한 것이다. 남자들의 남자다움은 남자의 정신과 마음의 희생을 통해 그들의 육체로부터 나오는 경향이 있다. 남자들의 모성 억압—더 남자다운 남성일수록 억압도 완전해진다—은 대인관계에 있어서 그들을 지적으로 원초적이며, 감정적으로 네안데르탈인처럼 세련되지 못하게 만든다.

남성들의 사회화도 점점 변하면서 물리적 측면이 사회적, 지적 측면으로 대체된다. 청바지와 부츠가 조끼를 포함한 세 가지가 한 벌로 이루어진

스리피스 정장으로 (적어도 낮 동안에는) 대체되고, 남자들의 남성다움은 근육이나 남근의 크기가 아니라 은행계좌, 소유 주식, 사회 직업적 지위로 결정된다. 남자들의 육체적 강인함은 일에 대한 감각이나 사업적 기민함으로 대체되었다. 그리고 남자다움을 과시하는 남성들의 몸에 대한 자기도취적 경험은 잠자리를 같이하는 여성들의 몸을 통해 희석된다. 이러한 기질 특성적 원형은 섬세하고 명확하진 않지만 보편적이다. 아마도 학문적 다양성의 측면에서는 이러한 경향이 덜 나타날 수도 있다. 하지만 우리가 생각할 수 있는 하나의 예는 (완전히 장난스러운 표현이 아니라) 남성성을 과시하는 막시스트들일 수 있을 것이다. 그들의 몸과 은행계좌는 길게 나열된 책, 논문 등으로 대체되었으며, 육체적 강인함이나 사업적 기민함은 거친 논리, 재치 있는 말솜씨, 그리고 막스(Marx), 그람시(Gramsci), 브르디외(Bourdieu)의 거장으로 대체되었다. 그들은 자신들의 외디푸스적(敵)을 완파했다. 이는 단결하여 자신들의 주먹으로 이룬 것이 아니라, 자신들의 상대편에 있는 수정주의자와 몽매주의자적 경향에 대한 기술적인 논쟁과 설득력 있는 비난으로 이룬 것이다. 남성성을 과시하는 막시스트들은 변증법적 유물론을 상처받았으나 저항하는 행동가들의 고통스러운 얼굴과 분개한 냉소에 열을 올리는 운동가의 가면을 쓴 젊은 행정부의 마지막 미소와 같이 무신경하고 우둔한 것으로 대체한다. 인격의 내용과 그것을 나타내고 유지하는 사회적 관계의 내용은 사람마다 다르다. 하지만 인격과 그것의 사회적 관계(경쟁, 공격성, 과시행위)의 구조는 그렇지 않다. 개개인은 자신과 다른 사람의 남근 크기에 관심 있으며, 더 정확히 말하면, 개개인들은 추상화된 사회적 형태인 힘에 관심 있다. 모두 자신의 힘을 확장하고 강화하고 상대방(혹은 적)의 힘은 약화시킨다. 이러한 투쟁(분쟁) 후에는, 모두 위안을 얻고자 혹은 축배를 들고자 자신의 사랑하는 사람 혹은 보호하는 사람에게로 돌아가는 경향이 있다.

그들의 등급이 매겨진 그리고 체계적인 형태로 가부장제와 파시즘을 타파하기 위해서는 그것들이 얼마나 미미하건 간에 개인 속에 내재화된 그것들을 타파해야만 한다. 우리 남자들은 우리 아버지의 아들들이다. 나의 아버지는 내 안에 있으며, 아버지와 그의 아내와의 관계, 아버지와 그의 자녀들과의 관계 또한 거기에 있다. 우리는 우리 속에 있는 우리의 아버지에 저항해야만 할 뿐만 아니라 우리 속에 내면화된 우리와 아버지와의 관계 또한 극복해야 한다. 물론 확실히 한 사람과 여성(어머니)과의 관계를 탐구하는 것이 도움이 되며 중요한 작업이다. 그리고 한 남자는 '페미니스트 남성' 이 되기 위해 노력하고 분투할 수 있다. 하지만 때때로 우리가 직면하고 탐구하여 드러내야 할 것은 다름이 아니라 우리의 '강제적인 이성애' 와 함께 우리 속에 내면화된 아버지(남성)와 억압된 어머니(여성)다. 정치적 태도와 행동은 성격학상으로, 구조적으로 영향을 받는다. 정치적 상태와 더불어, 개인 내에 존재하는 계급적 관계와 같은 개별적인 정치성 또한 고려해야 한다. 만약 누군가가 남자이면서 이성애자라면, 그는 꾸며진 남성성과 자신 안의 아버지를 위해 자신 안에 있는 여성성을 부인한 것으로 볼 수 있다. 우리 안의 어머니를 포기하고 아버지를 내면화함으로써 우리는 (우리의 정치적 수사가 어떻든 간에) 우리 스스로가 아버지가 되고자 헌신한 것이다. 아버지가 되기 위해서 아내와 아이들을 가지게 되고, 그 속에서 아무리 의식적으로 거부하고 저항하더라도 힘의 위계가 생기게 될 것이다. 우리는 어쩌면 아버지가 되기를 거부할 수도 있을 것이다. 대신에 아버지를 열망하고, 유혹하고, 침대로, 마룻바닥으로 끌어내려, 더 이상 아버지-아들의 관계가 아니라 서로 사랑하는 사이가 될 수도 있을 것이다. 그러한 사랑하는 관계 속에서 우리는 형제가 될 수도 있을 것이다. 그리고 형제로서 어머니(여성)를 우리의 누이가 되게 할 수도 있을 것이다. 반외디푸스(de-oedipalization)는 남녀평등주의(pro-feminist) 지지자(현재의 역사적 시점에서는 동성애자)가 되는 것일 수 있다. 이는 욕망을 해독(이해)하는 것이며 힘의 위계를 허무는 것이다. 이는 리비도(libido)를 반사회화[18]하는 것이고, 개인 자신의 소유를 버리는 것이다. 동성애적 욕망을 표현하고 발견함에 있어 우리는 억압의 심리적, 정치적 댐을 부순다. 이때 스며 나오는 어떤 것들이 사회 구조를 물들인다. 비록 그것이 다시 통합된다고 할지라도.

궂은 일/남이 하기 싫어하는 일

기오 캉갬은 "법은 명백히 도발과 관음증이 확고히 자리하고 있는 욕망이 체계화된 것이다"라고 이해했다.[19] 학교의 교육과정과 같은 지식의 생산과 분배의 체계 또한 법과 마찬가지의 측면 즉 욕망이 체계화된 것이다. 학생들을 위해 우리가 선택하는 지식은 어떤 의미에서는 학생들이 볼 수 있도록 허락하는 우리의 일부분이다. 육체적인 몸이나 지식의 꾸러미 둘 모두 특별한 감정을 가진 것들이며, 학생들로 하여금 우리가 가진 구조와 욕망의 억압을 따르도록 하는 결정과 방침이다. 이것은 결코 소위 말하는 교육과정의 내부적 논리를 (그것의 구성과 제공되는 방식과 관련한 기술적 고려) 간과하고자 하는 것이 아니다. 그리고 그것의 정치적, 경제적, 사회적 측면을 무시하고자 함도 아니다. 이 관점은 이러한 기능과 관점을 외디푸스적으로 이해하고자 열망하는 것이다. 이렇게 함으로써 교육과정이 어떻게 강제적인 이성애와 동성애의 억압을 재생산하는지(욕망의 중첩결정 혹은 과다결정) 탐구할 수 있다. 교육과정은 자녀에 대한 아버지의 금언, 대화, 공표다. 어머니를 할례의 공범으로 만들고, 여성 교사들을 통해 아들

18) [역주] 기존 문헌들에는 '탈영토화'로 번역되어 있지만 역자는 '반사회화'라는 용어로 번역했다. 이유는 사회와 개인 속에 깊이 내재화되고 사회화된 문화적, 정치적, 성애적 요소들을 없애려는 노력이므로 '탈영토화'보다 '반사회화' 혹은 '역사회화'가 더 적절한 해석이라고 보기 때문이다.

19) Hocquenghem, p. 52.

과 딸은 아버지에게 맡겨진다. 아들의 경우, 어머니를 완전히 거부하게 되는 것이 그리고 이성애 남자의 무리 속으로 들어가는 경계를 넘는 상처(상처입은 남근, 과다결정된 에고)를 받아들이는 것이 그들의 할례의식이다.[20)]

대부분의 사람들은 전-외디푸스 시기의 경험을 기억하지 못한다. 그것은 '침강(sedimentation)[21)]' 된 채로 남아 있다. 이 기억의 한 측면은 사람이 '세상을 어떻게 알게 되는가' 이다. 그루메(Grumet)가 이미 주장했듯이, 구분(분화)되지 않은 어머니와 유아의 관계는 인식론적으로 주체와 객체 호혜성, 상호 결정성으로 새겨져 있다. 어머니나 아이는 '타자' 이거나 '객체' 다. 하지만 그 객체간의 경계는 희미하다. 만일 유아기의 남자 아이가 말을 할 수 있다면 이렇게 이야기할 것이다. "어머니와 나는 하나다. 내가 울면 어머니는, 가끔 귀찮을 때도 있겠지만, 나를 달래준다. 내가 웃으면 어머니는 미소를 짓는다. 어머니는 가끔 화를 내고, 피곤해하기도 하고, 다소 참을성을 잃을 때도 있지만 나를 위한 어머니의 사랑에는 어떤 장벽도 없다. 나는 이것들을 어머니 몸 속의 기관과 피부를 통해 나오는 모유를 먹음으로써 느낄 수 있다." 세상에 대한 태초의 기억은 '어머니' 다. 그리고 그것은 점점 아기가 누워 있는 침대, 자신이 누운 방의 벽 등으로 옮겨간다. 어머니를 통해, 어머니와 아이에 의해 변화되면서, 아이의 세상 경험은 점점 확대된다. 외디푸스 위기 시기에, 어머니가 아들에게 투사해온 '타자' 와 어머니의 부재와 관련한 아들의 경험을 통해, 아들은 점착되어

---

20) 필리스 체슬러(Phyllis Chesler)는 아버지의 상처에 대하여 깊이 있게 논의하면서, 이성애의 난교는 어쩌면 모성의 추구를 의미하는 것이 아니라 실패한 것이 자명한 동성애의 금기를 고려할 때 부성을 추구하는 것일 수도 있다고 주장했다. 이 점에 대해 여성 혐오는 그녀가 남자가 아닌 것에 대한 남성의 분노라고 했다. '왜 여성은 더 남성처럼 될 수 없나?'

21) [역주] 세상의 본질에 대한 태초의 기억.

뒤섞여 있는 '자아'와 '타자' 그리고 '주체'와 '객체'로부터 자신을 분리한다. 그는 어머니를 부정하게 되는데 이로써 어머니는 자신이 아닌 '타자'가 된다. 부재중이며 추상적인 아버지와의 동일시보다 관찰을 통한 아버지가 되기 위한 나의 모방 그리고 아버지가 나에게 이야기하는 것이 더욱더 깊이 나에게 영향을 미치므로 아버지는 외부의 어떤 '타자'가 된다. 나는 객관화되고, 비주관화되고, 대상화된 그 타자가 되고자 한다. '아버지'와 '나'는 다르며 분리되어 있어 아버지가 누구인지 내가 누구인지 구별할 수 있다. 영속적인 상호 구성 과정 속에서 나의 주관성이 객관적 실제와 혼합되어 있기보다는 나의 주관성과 객관적 실제는 별개로 존재한다. 이로써 나의 주관성은 내가 알고 있는 '아버지'와 그가 나에게 이야기하는 '세상'과 대치된다. 나는 만일 내가 외부 세계를 변형하지 않고 그대로 재현하려 한다면 내 감정과 상상은 지워서 없어져야 할 '거울 위의 얼룩'이라는 것을 안다. 외디푸스적 경험들을 통해 아들은 20세기 주류 사회과학의 인식론적 가정들과 관련한 성(성역할)의 토대를 형성한다. 이러한 가정들에는 관찰, 양화, 분석 등의 고도로 제련되고 체계화된 방법들을 통한 인간 삶의 실제적 본질의 발견, 가치 추구, 정치적 중립성 등이 있다. 외디푸스적으로 이것은 자신의 아버지를(이미 없어졌지만 발견 가능한 그의 세계, 아버지는 아침에 그 세상으로 사라졌다가 매일 밤 그 세상으로부터 어떤 이야기를 듣고 돌아오는) 이해하려는 이성애자 아들의 노력이다. 아버지에 대한 태초의 외디푸스적 경험은 구별된, 지금은 모르지만 알아야 할, '타자'인 아버지에 대한 경험이며, 발견할 수 있고 알게 될 수 있는 어떤 외계의 세계(현대 주류 사회과학에 의해 그리고 학교 교육과정을 통해 매우 정교하게 상징화된)에 관한 경험이다.

이미 논의했듯이 딸의 경험은 아들의 경험과는 다르다. 딸은 어머니로부터 다소 분화되지 않은 상태로 남아 있다. 딸의 세계관은 아들의 세계관보다 비교적 유연하다. 직관적으로 딸은 그 경험들이 유동적(끊임 없이 변화)이라는 것(어떤 것은 말로 표현할 수 없는 것이며, 대부분의 경험은 숫자로 표현할 수 없다는 것)을 이해한다. 딸은 상황에 영향을 미치는 어떤 한 요소가 다른 모든 것에도 영향을 미칠 수 있음을 이해한다. 그리고 '양화'는 그러한 유동성을 저해하기 때문에 경험을 얼어붙게 하는 경향이 있다는 것, 단지 한 수준의 개념화로서의 경험적 측면만을 나타낸다는 것을 이해한다. 외디푸스 기간 동안 딸은 어머니에 대한 욕망을 느낄 수 있도록 어머니와 거리를 두면서, 자신에 대한 아버지의 욕구에 순응한다. 어머니와의 동일시를 억압해야만 하는 아들과 달리, 딸은 어머니에 대한 동일시와 양쪽 부모 모두에 대한 욕망을 가지고 있다. 그러므로 딸의 태초 경험에는 이러한 삼각 구도가 고스란히 스며들어 있다. 아버지, 세계, 객관적 실제는 다소 경직되고, 힘겨우며, 강력하며, 유혹적이다. 반면에 어머니, 자아, 주관성은 좀 더 유연하고, 유순하고, 직관적이다. 이들은 서로가 서로에게 영향을 미치고, 서로가 서로의 변화에 기여한다. 구성주의자들의 인식론은 이 전-외디푸스와 외디푸스 기간의 경험에 기반을 둔다.[22)]

아들에게서 볼 수 있는 원인과 이유에 대한 좀 더 직선적인 관점에 주목하지 않을 수 없다. 아들은 어머니와의 동일시를 거부하면서 가지고 있는 '어머니'에 대한 경험과 다소 구분되지 않은 그리고 상호 구성적인 세계를 부정하게 된다. 이는 부성의 추정적 특징을 부정하려는 노력에서 나타난다. 수정 과정에서의 자신의 모호한 인과적 지위를 부정하며, 그는 자신을 원인으로 그리고 여성을 중개변수로 간주한다. 자신이 가진 아버지로서의 추정적 지위와 자신의 의식적 에고 속의 여성성의 손실에 대한 보상은 거의 한계를 보이지 않는데 이는 친족 계보에 대한 욕망(결혼을 함으로써 여성의 성을 자신의 성으로 바꾸고 아이들의 성 모두 자신의 성을 따

---

22) 이 부분의 논의를 위해 나는 그루메의 글 'Conception, Contradiction, and Curriculum'을 주로 참고했다.

르게 하는 것은 재생산에 대한 일반적인 강박을 나타낸다), 성적 노예화(강제적인 이성애와 동성애의 억압), 인식론을 통해 나타난다.

이 후자의 지위에서 아들은 본질적으로 잘못된 개념인 두 갈래로 나누어진 객관적 세계에 관한 지식 생산을 위해 체계화된 최고의 시스템을 만든다. 이때 주관적인 세계에 관한 지식과 그것의 상호 연관성은 외면되거나 마지못해 받아들여진다. 우리는 흔히 '경성' 과학(정확성과 객관성을 추구하며 철저하게 통제된 시험이 가능한 과학)과 '연성' 과학으로 이야기하기도 한다. 이러한 성적 가치는 학문의 지적 위계에만 있는 것이 아니라 학문들 간의 위계에도 구조적으로 나타난다. '과학자' 들이 가장 높은 보수를 받으며 예술을 하는 이들이 가장 낮은 보수를 받는다. 이 절정의 가부장제가 이 과학의 시대에 있다. 예술과 인문학 또한 남성화되어 있다. 이는 역사 연구에의 컴퓨터 프로그램 사용(물론 유용할 수도 있지만, 관습적으로 꼭 필요한 것이 되면서 결국 이데올로기가 되기 때문이다), 문학과 미적 비평에서의 형식주의적 문제를 통해 알 수 있다.

우리는 이 남성화 과정 중 역사적으로 어디에 있는가? 남성화의 추상화된 형태는 구체적으로 말하자면 성(gender) 형성을 저해하는 어떤 모순된 경향을 보여준다. 남성에게서 미묘하지만 알아차릴 정도의 반남성화(demasculinizateion)를 찾아볼 수 있다.[23] 이는 남성들의 증가하는 외모

23) 이 문제와 관련해서 다음과 같이 생각해보는 것이 도움이 될 수 있다. 여성평등 운동의 한 결과로서 이성애 여성들의 성적 선호와 남성에 대한 그들의 이해를 대단히 솔직히 드러낸 것을 (잡지 Playgirl에서) 들 수 있다. 많은 남성들 특히 중산층의 남자들은 외모에 점점 더 많은 관심을 가지게 되고 여성에게 성적 매력을 더 드러내기 위해 자신을 가꾼다. 몸을 가꾸고 몸을 여성들을 유혹하는 수단으로 이해하는 것이 작은 발걸음이라면, 보다 큰 발걸음은 (물론 논란의 여지는 있지만) 자신의 '몸(one' s body)' 만을 성적인 목적으로 이해하는 것에서 '남자들의 몸(men' s bodies)' 을 성적인 대상으로 이해하는 것으로 옮겨가는 것이다. 여성의 성적 선호와 관음(voyeurism)을 벽장으로부터 꺼내 나오도록 하는 기능을 한 여성운동의 하나의 결과적 측면이, 남성들의 남성에 대한 성적 이해를 촉발시켰다고 하면 아이러니할 것이다. 이러한 맥락에서 여성운동은 남성 동성애를 전-기독교적 그리스

에 대한 관심(본질적인 것을 벗어나는)에 잘 나타나 있다. 구체적으로 말하자면 전통적으로 남성성은 겉으로 보이는 외모와는 전혀 상관없었다. 다양한 계층과 문화, 민족에 따라 이들에 대한 성적 역할의 기대가 다름에도 불구하고 사람을 아름답게 가꾸는 미는 '여성들'의 전유물이었다. 잘생긴 남자들은 거칠고 둔탁하지만 '여성들이 콧수염, 달라붙는 청바지, 혹은 깨끗한 피부 때문이 아니라 남성들의 힘 그리고 단지 남자인 것만으로도 남성들을 사랑할 것' 이라는 것을 아는 남자들보다 어떤 면에서 덜 남성스러웠다. 나는 의복뿐만 아니라 화장에 이르기까지, 커다란 바퀴가 달린 지프차, 새로운 의미의 건강한 몸매 등에 관한 모든 남자다운 것에 대한 관심, 어쩌면 직업 전선에서 점점 더 높아지는 외모와 스타일의 중요성과 같은 변화된 시장 환경 때문에 생겼다고도 볼 수 있는 정통적 남성성의 소실, 남자의 몸을 에로틱하게 만드는 몇몇 여성들의 솔직함(Playgirl과 같이)을 포함하는 여성운동이 전통적 남성성의 손실을 의미한다고 생각한다. 내가 이 글을 쓰고 있는 1981년 12월 지금 남성성을 재확인하려는 노력으로 나타나는 남성성은 여성운동의 어떤 반작용적 반응이다. 이러한 과정에서 남자들은 패배를 근본적으로 인정하진 않지만 은연중에 드러낸다. 남성과 여성 사이의 연약하고 변화하는 어떤 균형은 이제 명백히 뒤집혔다.

위와 같은 반남성화 현상이 있음에도 불구하고 남자들은 그것을 인식하지 못한다. 페미니즘에 대한 이러한 반작용적 반응은 아마 쉽고 빠르게는 아닐지라도 어쨌든 지나갈 것이다. 남성과 여성의 평등을 이루기 위해 남자들이 이루어야 할 깊은 구조적 변화는 아주 천천히 이루어질 것이다. 이는 부분적으로는 몇몇 여성들이 그러한 변화의 추구를 두려워하기 때문일 것이고, 주된 이유는 대부분의 남자들이 이러함 변화를 시작하거나 시작된 변화를 유지할 수 없거나 그러려는 노력을 하려 하지 않기 때문이다.

시대와 로마 시대 이후로 보여지지 않은 어떤 수준에 이르게 할 수도 있다.

대신 남자들은 표면적인 어떤 변화들을 만들어낸다. 아내나 파트너의 집안일, 육아, 의사결정의 공유에 대한 요구를 순순히 명백히 따르는 중산층 남자들은 말 그대로 대체로 그 요구를 따른다. 사회적으로 유발되고, 외디푸스적으로 만들어진 가부장제를 향한 욕망인 성차별주의의 본질적 구조는 변하지 않는다. 이를 의식하지 못하는 남자들과 거의 의심하지 않는 여자들로부터 어떤 분노가 생겨난다. 단기적으로 우리는 이러한 변화를 추구하는 여성에 대한 격렬한 범죄를 예상할 수 있다. 또한 전통적인 남성성의 소실에 대한 보상적 발달을 확대하고 강화하고자 하는 개념적 형식주의와 같은 추상적인 남성성의 형식이 생겨날 것이라는 것을 예측할 수 있다.

이러한 경향이 강해지면 남성들의 기대와 기준을 만족시키는 직업(같은 일을 하고 다른 보수를 받는)에서 일하는 여성들이 더욱 억압받게 된다. 예를 들어, 학문 직종에 종사하는 몇몇 여성들 역시 주류의 연구 패러다임을 따르도록 압력을 받는다. 대부분의 교육과정 학과에서 여성 현상학자로서 자서전적 연구자가 되는 것은 양쪽에서 동시에 공격을 받는 것과 같다. 이러한 순응적 기대(예상)는 종종 자신의 에고를 어머니로부터 분화 강화하고자 노력하는 많은 여성들의 발달적 과업과 교차한다. 분화를 이루고, 공생적 대상관계(symbiotic object relation)를 부정(거부)하기 위해 대부분의 학문 영역에 있는 많은 여성들이 완전한 논리와 개념적 정교함을 기꺼이 받아들인다. 아마도 시작할 때에는 정교하지 않을지 모르지만 경험의 다차원성과 유동성을 좀 더 전체적으로 묘사하는 해석학적 연구방법을 재발견하고 재구성하는 어떤 여성운동가들에 동참하는 우리 남자들(가부장적 사회 재생산의 참여를 거부하는, 적어도 거절하고자 노력하는)이 있을 수 있다. 이러한 재개념화를 위한 노력은 단지 지적인 수준에서만은 이루어질 수 없는 것이다. '어머니' 로부터의 분화를 상대적으로 덜 이룬 사람(그 혹은 그녀)들의 지성은 웅성화(雄性化, masculinization)되지 않고, 타잔적이지 않으며, 도구적 지능이 아니다. 이는 카프카의 소설 『소송』에 조셉 K의 삶으로 풍자되어 있다.[24] 대신 그 지성은 행동, 감정, 생각의 동시성을 가지고 있다. 분자화되어 산산이 부서진 개인이 아니라 여전히 연결되어 있으며 서로 어우러져 있으며 어떤 공동체가 될 수 있는 가능성을 가진 것이다. 그것이 버지니아 울프(Virginia Woolf)의 지성이다.[25]

---

24) Joseph K의 합리성은 도구적인 것이다. 자신이 처한 상황을 이해하기 위해 그가 던지는 질문들은 '어떻게, 왜, 무엇이' 로 시작된다. "이 사람들은 누구인가? 저 사람들은 무슨 이야기를 하고 있는가? 그들이 가지고 있는 권위는 뭔가?" (p. 4) 그는 재판이 이루어지는 내내 그런 질문들만을 반복한다. 소설의 중반이 지나서도, 많은 질문을 하면서도 자신이 어떤 곤란한 왜곡된 상황에 처해 있다는 것 이외에 재판에 대해 거의 이해하지 못한다. 그리고 그는 질문을 계속한다. "나는 수많은 질문을 가지고 있었다. K는 단지 질문을 할 뿐이었다. 그는 자신이 가진 질문의 전체 목록을 만들 수 있다고도 생각했다." (p. 114) K는 결코 자신이 어떻게 인지하고 있는지 그 방법에 대해 비판적으로 탐구하지 못한다. 그는 사형집행관에게 끌려가면서도 말한다 "내가 할 수 있는 유일한 것은 나의 지성은 차분하고 분석적인 태도를 끝까지 유지하는 것이다" (p. 225) Kafka, Franz (1968). *The Trial*, New York: Schocken.

25) 경험의 동시성과 다차원성을 보여주는 Woolf의 글은 다음과 같다.

> "그럼, 정말이고 말고. 내일 날씨만 좋다면야." 램지 부인이 말했다. "하지만 아침 일찍 일어나야 해." 그녀가 덧붙였다.
>
> 이 말을 들은 그녀의 아들은 기분이 좋아 어쩔 줄 몰랐다. 마치 결정이라도 된듯 이 원정을 꼭 하게 될 거라는 느낌과, 오늘 하룻밤 자고 나서 내일 하루 종일 배를 타고 가면 그렇게도 오랫동안 기다렸던 곳으로 가게 된다는 생각에 가슴이 마구 설렜다. 여섯 살이나 먹고도 이런저런 감정을 구분하지 못해서가 아니라, 기쁨과 슬픔이 뒤섞인 미래가 바로 코앞에 닥칠 것을 떠올리면 맘이 우울해지는 부류의 아이라서, 이른 유년 시절에 그런 아이들은 감정의 수레바퀴 속에서 기쁘거나 슬픈 감정을 숨기지 못하고 바로 구체화하여 드러내는 성향이 강해서, 마루에 앉아 아미앤네이비 백화점(런던에 있는 백화점)에서 가져온 카탈로그 속 냉장고 사진들을 오리던 제임스 램지는 어머니의 그 말을 듣고 기쁨에 마구 들떠버렸다. 기뻐 흥분한 탓에 제대로 오리지 못한 냉장고 사진의 가장자리가 삐뚤삐뚤했다. 감정을 노골적으로 드러내는 바람에 모양새가 엉망인 사진을 이맛살을 찌푸리며 푸른 눈빛으로 얼어붙은 듯 사납게 째려보았지만 이미 아이의 맘속에는 외바퀴 손수레와, 잔디 깎는 기계와, 바람에 스치는 포플러나무 소리와, 비 오는 것을 미리 알리듯 하얘지는 잎사귀와, 까악까악 울어대는 까마귀 소리와, 마당을

이와 비슷하게 학교에서 우리는 모든 여성들이 관료제, 표준화, 그리고 많은 교실에서 일어나는 가짜의 개별화에 대항하여 싸울 것을 기대하거나 그것에 의존할 수 없다. 그루메(Grumet)는 다음과 같이 이야기한다.

> 남자 교육자들은 여성들을 학교로 들어오게 함으로써 자신들의 어머니를 회복하기를 바라고, 여성들은 그 초대를 받아들여 학교에 들어옴으로써 자신들의 아버지와 동일시하기를 기대할지도 모른다. 그럼으로써 여 교사들은 산업화 시대의 문화가 도시에 스며들어 있는 것과 같이 지금의 학교에 팽배해 있는 합리화와 관료화에 순응하게 된다. 여성들은 어머니와의 지속적이고 확장된 관계를 모방하거나 성숙해 가는 한 아이를 오랜 시간 돌보기를 선택하기보다, 학년으로 나뉜 학교(한 학년의 학생들과 1년씩 생활하는)로 묵인하며 들어왔다. 개개인의 학생들과 오랜 기간 동안의 관계를 유지하는 그런 부담을 선택하기보다는, 또래 집단의 힘이 적어도 어머니의 유대만큼 센 큰 집단을 가르치는 것에 동의했다.[26)]

> 쓰는 빗자루 소리와, 스윽스윽 스치는 옷자락 소리가 너무나도 뚜렷한 색채로 환하게 다가와, 이미 혼자만의 비밀 언어, 혼자만의 암호를 가진 듯했다. 그러자 어머니는 냉장고 사진의 가장자리를 깔끔하게 가위질하라고 일러준 후 아들을 물끄러미 쳐다보면서 법복을 입고 판사석에 앉은 아들 모습을 상상하다가 또 공무를 보던 중 나라가 위험에 처하자 중대한 계획을 단호하게 결정한 뒤 명령을 내리는 아들 모습을 상상하기도 했다.
>
> "하지만 날씨가 좋을 것 같지 않은데." 응접실 창문 앞에 선 아버지가 말했다.
>
> 아버지의 심장을 찌를 수 있는 무언가가 있었다면 그것이 도끼든 날카로운 나뭇가지든 상관없이 제임스는 당장 집어 들었을 것이다.

물론 버지이나 울프의 문학적 성취(업적)는 내가 여기에서 논의하는 논점을 훨씬 뛰어넘는다. 교육과정 이론가들에게 경험의 복잡성과 즉흥성을 아주 설득적으로 보여주는 그녀의 소설은 방법론적인 면에서뿐만 아니라 심미적인 면에서도 아주 중요한 의미를 지닌다고 하겠다. 게다가 그녀는 위의 글에도 잘 나타나듯이 성의 정치학에 대해서도 아주 기민한 관찰력을 보여준다. *To the Lifhthouse*. New York: Harcourt, Brace & Co, 1955, pp. 9-10.

26) Grumet, Madeleine, 'Pedagogy for Patriarchy: The Feminization of Teaching.'

그루메는 이 공모를 남자와 여자가 자신들의 내면화된 대상관계를 반박(부정)하는 '교차로'에서 아버지가 해야 할 의무(문제)에 비추어 이야기했다. 남자는 자신에 대한 그녀의 존재를 가능하게 함으로써(관리자, 교육행정가, 교과서 저자, 출판가 등으로서 교육과정을 통제하고 조절함으로써) 자신 속에 억눌린 '타자'를 회복하고자 노력한다. 남자의 정치적 통제는 아버지의 공적인 영역으로 들어감으로써 어머니와의 공생 관계에서 벗어나려는 여성의 노력과 교차한다. 그루메가 결론 내리듯이, 가부장적 교육은 가르치는 일(직업)을 여성화함으로써 이루어졌다.

교실 문화는 개인적이지도, 친밀하지도, 심리적이지도 않고 경쟁, 과정수행 중심, 성취에 대한 환상에 젖은 가부장적인 문화다. 남자의 과다결정된 에고(overdetermined ego)는 (결과적으로 남자다운 성격을 가지게 하는) 학교의 교육과정을 통해 그대로 나타난다. 이는 또한 궂은 일을 하는, 그 교육과정을 전달하는 교사들의 요구를 받아들이기 위해 필요한 것이기도 한다. 그녀들은 자신의 의지로 이야기하는 것이 아니라 남자들의 권위로 이야기한다. 그리고 그녀가 교실에서 학생들에게 들려주는 인간에 대한 이야기들은 교실 문화의 재생산을 담보한다. 물론 윌리스(Willis)가 이미 이야기했듯이, 자서전적 연구자들이 이미 알고 있었고 재생산이론가들이 최근에 보여준 것처럼, 그 곳에는 '저항'이 있다. 하지만 그것은 외디푸스에 의해 만들어진 아들의 저항이다. 그 저항은 다른 것들로 흡수될 수 있으므로 용인된 것이다. 그 아들은 짓눌려 파괴되어서는 안 되고, 단지 억눌려 있을 뿐이다. 남자는 공격성과 분노를 더 강화함으로써 자신 속의 여성성으로부터 완전히 벗어나려 할 것이다. 물론, 그것에 의해 감당할 수 없게 되지는 않을 것이다. 급진적인 흑인운동가들이 이미 알고 있듯이, 적의 성은 '남성', 바로 남자다. 저항은 '아버지'를 기쁘게 하는 것이다. 왜냐하면 그것은 자신이 원했던 것을 아들 또한 원한다는 것을 보여주기 때문이다. 그것은 힘이며 지위다. 아버지를 향한 아들의 강한 욕망은 육체적인 것에서 정치적으로 파생된 것으로 옮겨 갔다. 강력한 욕망은 궁극적으로 아버지의 체제와 어머니의 가정적임 그리고 어찌 보면 (노예로서의) 고역을 위한 아들의 공모를 더 확실하게 보여준다.

아버지의 권위는 가식적인 진지함, 정력, 그가 해야 한다고 판단하면 타자를 억압하고 반대하는 차가운 능력, 제한된 물자를 쟁취해서 얻는 것으로 나타난다. 뿐만 아니라 경찰, 병사, 관료, 반란자 노릇을 하는 아들을 통해서도 나타나며, 그의 업적을 칭송하고, 그의 상처를 치료하고, 그의 궂은 일을 해주는 여성들에 의해서도 나타난다.[27] '아버지' 의 권위는 그에게 복종하기를 거부하고, 그를 기쁘게 하는 복제본이 되기를 거부하고, 그의 적에게 눈살을 찌푸려 위협하기를 거부하는 아들에 의해서 침식된다. 권위는 그를 약간은 은밀한 미소로 응시하며 윙크하는 아들에 의해 훼손된다. 아버지 권위의 추상적인 형태로서가 아니라 구체적인 실제로, 정치적 통일체가 아니라 몸 그 자체로, 인식되면서 아버지 권위의 신비함은 벗겨진다. 아들의 눈은 순간적으로 아버지의 권위를 바라보고는 재빠르게 그의 입 주위나 그 아래를 맴돈다. 어머니를 아직 부정하지 않은 아들은 아버지가 어떻게 어머니를 대상화했는지, 그리고 아버지가 자기 반대편에 있는 지식을 어떻게 이용했는지를 안다. '아버지' 의 권위는 더 이상 없다. 그는 한 명의 멍청이일 뿐이다. 어머니의 눈빛이 어쩌면 아버지의 오만함, 어머니를 짓누르는 그의 힘에 대한 오만, 자신을 독재자로 생각하는 그의 오만

27) 물론 이것이 여성들이 하는 모든 것이 아니다. 또한 이 분석이 여자들이 남자들을 통제하기 위해 남자들이 여자들에게 의지하는 것을 어떻게 이용하는지를 보여주기 위한 것도 아니다. 'The Second Sex' 의 두 번째 장 로맨틱한 사랑에서 시몬 드 보부아르(Simone de Beauvoir)는 남자의 독립, 자립, 독자적인 성향이 어떻게 여자들의 관심을 끌었으며 여자들이 그것을 조종하기를 원하게 되었는지를 자세히 보여준다. 그것이 성공적일 때, 남자는 처음 여자를 자신에게로 이끈 그 매력을 잃게 된다. 그럼으로써 여자는 '노예화됨(being enslaved)' 과 '노예화함(being enslaving)' 사이에 갇히게 된다. 출구도 없이.

을 더할지도 모른다. 하지만 아들의 도발적인 응시, 외디푸스적 투쟁적 분노, 상처받고 부족하나 잊혀지지 않은 사랑을 담은 아들의 응시는 '아버지' 를 조롱하게 된다. 그 시선은 아버지를 욕망의 대상, 노리개로 변화시킨다. 뿐만 아니라 아버지의 진지함을 공황 상태에 빠뜨린다. 공모한 이성애자 아들이 상징적으로 한 일을 그대로 하면, 다시 말해 아버지에게 펠라치오(fellate)를 하면 아버지의 힘이 그의 몸으로부터 아들에게로 흘러간다. 붉게 잔뜩 부풀어 오른 남근은 오르가즘을 지나 이내 구부러진다. 이때 아들은 이성애 여성들이 이미 알고 있었던 것이 무엇인지를 알게 된다. 아버지의 힘은 순간적인 것이며 소비되는 것이며 한순간 사라지는 것이다. 이제 구부러져 절둑거리며, 연약하며, 멈춘다. 아버지가 아들에게 침투해 들어가면 마찬가지의 힘의 분해가 일어난다. 어떤 사랑이 생기든 간에 사랑이 생긴다. 아버지는 연인이 된다. 프로이드 또한 이야기했다. "다른 남자에게서 잠재적인 사랑의 대상을 찾는 남자에 대한 남자의 일반적인 행동은 다른 남자를 무엇보다도 여성에 대한 경쟁자로 여기는 남자들의 그것과는 반드시 다르다."[28)]

'뒤에서 보면 우리는 모두 여성'

가부장제는 남성중심주의다. 남자가 가진 힘의 위치와 그들 사이의 위계적 배열을 위해서는 리비도가 음경으로 증류되어야 한다. '사회가 최고 권력자를 중심으로 모이듯 몸은 음경을 중심으로 모인다.'[29)] 음경은 수직적으로 구성된 힘을 상징한다. 기오 캉갬이 주장했듯 이 구조는 '질투와 경

28) Sigmund Freud, 'Some Neurotic Mechanisms in Jealously, Paranoia, and Homosexuality.' In *The Complete Phychological Words of Sigmund Freud*, vol. 18, p. 232.

29) Hocquenghem, p. 82.

쟁' 의 체계다. 음경에 관해 그는 "그것은 우리 사회의 성적 취향에서 자본주의 경제에서 돈이 하는 것과 같은 역할을 하는 분리된, 완전한 대상, 성적 취향(fetish) 즉 모든 행동(활동)에 대한 일반적인 판단 기준이다. 이는 부재(소녀의 페니스 선망)와 존재(소년의 거세불안)의 배열에 관여한다" 고 했다.[30)]

이에 음경은 대중적(public)인 기관이다. 탈의실에서 남자들은 음경의 크기를 비교한다. 그리고 공원에서 전시라도 하듯 음경을 드러낸다. 이는 여자들을 놀래키고 그렇게 함으로써 자기 자신을 안심시키기 위함이다. 이것은 우리에게 '아버지의 작은 딸(the little girl of Daddy' s power)' [31)] 을 상기시킨다. 그 딸이 궁극적으로 상기시키는 것은 강간(rape), 자신의 개인적 육체와 정신으로 강제적으로 들어가는 것이다. 음경은 힘을 상징한다. 그리고 힘과 같이 공격적이다. 어딘가 쓰일 수 있는 곳, 즉 희생자를 찾는다.

음경이 사회적인 반면에 애너스(항문)는 개인적이다. 이는 엉덩이에 가려 대중의 시선을 받지 못한다. 이는 억압된 에고에 의해 심리적 관점에서 가려져 있는 것이다. 이 억압은 경쟁 속에서 외디푸스 콤플렉스를 가진 개인을 만들기 위해 반드시 필요하다. 만일 음경이 초월적이고 그것을 중심으로 한 사회의 구성이 가능하다면, 애너스는 반드시 개인적인 외디푸스 콤플렉스를 가진 사람들 속에 비밀스럽게 남아 있어야 한다.[32)] 남근중심주의는 역으로 항문 에로티시즘과 관련되어 있다.

프로이드는 성 발달에서 항문기를 정체성 형성과 관련하여 이해했다. 이와 관련한 프로이드의 이론은 간단하지도 직선적이지도 않다. 하지만

30) *Ibid.*, p. 81.

31) [역주] 서양에서 Daddy' s little girl은 아버지의 보호와 그늘에 가려져 지나치게 바르게 살려는 여자 아이를 약간은 냉소적으로 일컫는 말이다.

32) *Ibid.*, p. 82.

자세히 살펴보면 시사하는 바가 있다. 항문기는 생식기의 성적 취향(genital sexuality)을 가지기 위해 반드시 거쳐야 한다고 이야기한다. 남근중심주의로 가기 위해 항문 에로티시즘은 반드시 승화되거나 억압되어야 한다. 항문의 기대된 기능은 거의 배타적으로 배설에 국한된다. 항문을 배설을 위한 것으로만 격하시키는 것은 개인적인 것과 대중적인 것을 분리하는 것이며 주관적인 것과 객관적인 것을 분리하는 것이다.

이러한 가식적인 구분은 자신의 개인적인 삶이 대중적인 삶과 비밀스럽게 분리된 사람들의 양상과 밀접하게 관련되어 있다. 개인적인 심리적인 것들은 사회에서의 효과적인 직무 수행을 방해하지 않도록 집에서 배설한다. 기오 캉갬은 다음과 같이 이야기한다. "모든 남자는 사회적 역할을 보장하는 음경을 소유한다. 그리고 모든 남자는 오로지 자신만의 항문, 오로지 자신만의 가장 깊은 비밀스러운 것을 소유하고 있다. 항문은 오로지 개인적인 것을 구성하는 것이므로 대중적인 관계에서는 존재하지 않는다. 이로 인해 사회와 개인의 단절이 가능해진다. 개인이 걸어 잠근 문 뒤에 있을 수 있는 화장실이 개인이 홀로 있을 수 있는 유일한 공간이다. 항문은 사회로부터 완전히 가려져 있기 때문에 반대로 개인적으로 과도하게 보호되어 있다."[33]

한 사람의 개인적인 삶은 사회로부터 분리되어 있고 '사적인' 것으로 간주되기 때문에 매우 감성적이다. 에너지가 음경으로, 다시 말해 의식적 에너지가 대중적 영역으로 증류되는, 사회로부터의 이러한 침잠은 기업 경제와 중앙집권적 체제 속 힘의 수직적 구조를 수반한다. 사적인 것을 비밀스럽게 신비스러운 것으로 만듦으로써 사람(남자와 여자)은 정치적으로 약해지고 경제적으로 조종당할 수 있게 된다. 프로이드가 말하기를 "모든 외디푸스 콤플렉스는 항문과 관련 있다."[34]

---

33) *Ibid.*, p. 83.

34) Freud, 'On Narcissism: An Introduction, in *op. cit*, vol. 14, p. 101.

심리 성격학적으로 볼 때, 잉여자본 축적은 항문 억압을 통해 가능해진다. '저 사람은 아주 조그만 엉덩이를 가졌어(He has a tight ass)' [35]와 같은 농담이 의미하는 바가 있다. 사실 자본주의의 특징적 구조 속에서 애너스는 소멸된다. 에고에 공감하고, 유보할 수 있는 개인적인 자아는 사회 조건화의 가면(persona, 즉 다른 사람 눈에 비치는 개인의 모습) 아래에 가려져 억압된다. 지금 우리가 처한 역사적 상황에서 애너스는 그 자체보다 더 많은 의미를 가진다. 다시 말해, 애너스는 몸(body)을 상징한다. 항문애는 리비도를 음경 속에서의 과잉투여로부터 끌어낸다. 그리고 온몸에 걸쳐 다양한 형태로 변화시킨다. 이로써 성적인 것뿐만 아니라 힘까지도 탈영역화(de-territorializing)한다. 애너스는 그것 자체를 비교나 경쟁으로 내몰지 않는다. 그렇다면 이러한 관점에서는 어떤 평가기준이 적용될 수 있는가? 성(sexuality, 성에 대한 관심)은 동성뿐만 아니라 이성 사이에서도 서로 동등하며 다양하다. 결국, 기오 캉갬이 이야기하듯이, "뒤에서 보면 우리는 모두 여성이다." [36]

애너스의 과잉조절은 남성 에고의 과다결정을 수반한다. 생명의 묘약[37]을 육체적으로 블로킹(blocking)[38]하는 것은 엄밀한(어떻게 보면 강제적인) 남자의 성격 형성에서 심리적 생명력을 억제하는 것과 같다. 타자와의 획일적인 관계를 부정함으로써, 우리 남자 개개인의 에고는 '지금 내가 가진 내 것이 내 것인 양' 그 자신을 착각하게 만든다. 이에 기오 캉갬은

---

35) [역주] 서양에서 이 농담은 대범하지 않고 소심하거나 쇠약한 어쩌면 여성스러운 남자를 비꼬는 은어적 표현이다.

36) Hocquenghem, p. 87.

37) [역주] 프랑스 철학자 Henri Bergson이 그의 저서 『Creative Revolution』(1907)에서 사용한 용어로, 영어로는 'vital impetus' (그의 의견에 반대되는 주장을 하는 사람들에 의해서는 'vital force')로 번역된다. 이는 유기체와 비유기체의 매우 복잡하며 지속적인 형성(변화를 의미)을 가능하게 하는 어떤 힘으로 이해할 수 있다.

38) [역주] 바람직하지 않은 상념에 의한 연상 중단을 의미하는 심리학 용어.

주장한다. "애너스를 통제하는 것은 재산을 소유하기 위한 전제조건이다. 잠시 미루거나 저지하고, 혹은 배설할 수 있는 능력, 이것이 곧 자아가 만들어지는 순간이다. '개인을 망각하는 것' 은 가장 어리석으며 비참한 사회적 재난이고, 인간 본질에 대한 최악의 침해(폭력)다."[39]

따라서 공적인(공개적인) 대화에서 개인적인 것이 배제될 때 어떤 이들은 '자신이 잊혀짐' 으로 인해 당혹해하거나 거부감을 느낀다. 그는 공적 공간에서 개인적인 것을 '배설' 한 것이다. 애너스(항문)를 자기 조절이나 배설로 격하시키는 것은 자아의 상업화를 가능하게 한다.[40] 이때 우리의 주관성은 억압된다. 그러므로 그것은 문화적 사보타주(sabotage)의 한 형태로 나타난다. 자서전적 기술이 상식적이고 일반적인 수준을 벗어날 때 비로소 자유 연상적, 순수한 의미의 자기 고백적이 되며 이로써 다른 이들에 의한 통제를 물리칠 수 있다. '리비도적으로, 집합적으로 애너스를 회복하기 위해서는, 작게는 가정 내의, 크게는 사회의 위계를 무의식적으로 지배하고 있는 그 거대한 음경의 상징성을 그것에 비례해 약화시켜야 한다. 최소한으로 수용 가능한 바람직한 방법(정확하게 이야기하면 가장 '승화적' 인 방법)은 애너스로 향하는 것이다.'[41]

정신분열적으로 개인적인 것과 사회적인 것의 구분을 유지하고자 하는 경향을 거부하고, 사회에서 상업화가 우리의 아내, 사랑하는 이, 혹은 정신과의사를 위해 우리에게 요구하는 것, 그 사회의 구조를 해하는 것을 '배설' 해야 한다. 저녁 식탁에서의 아버지의 진지함, 너무나 당연한 것으로 되어버린 사회적 삶은 농담과 흐느낌 그리고 주관성을 가진 사람들의

---

39) *Ibid.*, p. 85.

40) Philip Wexler. "Commodification, Self, and Social Psychology," in *Psychology and Social Theory*, vol. 1, no. 2, 이 글에서 개인의 상업화 과정에 대한 중요한 설명을 찾아볼 수 있다.

41) Hocquenghem, p.89.

솔직한 이야기 속에서는 존재할 수 없다. 여러 학문 분야에 걸쳐 우리의 주관성은 지적으로 억압되어 있으며 항문 에로티시즘 또한 억압되어 있으며 남성적인 어떤 기관으로 인식되어 있다. 아버지는 음경의 우월성을 내세우며, 적어도 '힘의 논리' 로서 우리를 설득하며, 지위를 지키고자 한다. 그는 엉덩이를 가리고 앉음으로써, 자신의 개인적인 것을 사회 속 다른 이들이 알아채지 못하도록 숨기며(아마 자신에게도 숨기며) 지위를 지키고자 한다. 그는 동성애가 자신의 항문을 사회로 드러내도록 하기 때문에 그것을 없애려고 한다. 그의 통치력은 그것(anus, 항문)의 부재를 전제한다.

항문의 억압은 그 기관이 (무의식적인) 감시와 통제를 받고 있으므로, 상대적으로 높고 지속적인 긴장으로 인해 어떤 특징적 구조를 수반한다. 항문을 춘화화(春畵化, eroticization)하는 것은 그러한 구조 형성을 위협한다. 그리고 이런 사실들이 항문 성교를 남자가 다른 남자에게 할 수 있는 가장 잔혹한 처벌로 간주되게 한다. 남자다운 남자의 정체성 형성의 특징적인 면들은 에고가 그 속의 여성성을 억압해 왔으므로, 그 에고가 얼마나 과다결정되는지에 따라 결정된다. 억압되었다는 것이 사라진다는 것을 의미하지는 않으며, 남자들은 자신들의 여성성이 의도하지 않게(달갑지 않게) 부상하는 것을 원하지 않기 때문에 조절한다. 남자다움의 정체성은 어머니와의 전외디푸스적 동일시와 상대적으로 부재한 아버지와의 동일시에 대한 억압에 의존하기 때문에 사실 연약하며 쉽게 위협당한다. 남자들 사이에 존재하는 강하고 만연한 동성애 혐오를 통해 우리는 '자신을 기억해내는' 지속적인 노력이 필요하다. 이러한 점에서 동성애는 경험과 정체성 형성의 상업화 이전으로 돌아갈 것을 요구한다. '동성애적 욕구는 그것이 욕망의 일종이므로 정체성 소실의 두려움과 관련 있다. 동성애적 욕망의 직접적인 명료화는 정체성의 관계(사회의 재생산을 위해 외디푸스 콤플렉스에 의해 주어진 필수적인 역할)와 대조를

이룬다.' [42)]

외디푸스에 따른 욕망의 체계화는 개인과 사회의 지위를 동일시하는 것과 같다. 종족 번식을 위한 생물학적 욕구는 지위를 지키고자 하는 사회정치적 욕망과 얽혀 있다. 이성애 아들의 저항은 처음에는 '아버지'의 분노를 사지만 결국 아들의 관심이 아버지가 바라는 힘에 있다는 것을 안 아버지는 그것에 기뻐한다. 이성애자 아들의 저항은 특정한 아버지를 물러나게 할지 모르지만 그 아버지가 우리가 지금까지 이야기한 그 '아버지의 원형'은 아니다. 승리를 거둔 아들은 자신이 저항하고 거부해온 아버지가 자신 안에 있다는 것을 알게 된다. 저항을 통해 아버지는 폐위되지 않는다. 대체될 뿐이다. 수직적 사회관계는 지속된다. 자본주의자들이 노동자가 필요한 것처럼 여전히 아버지는 아내와 자녀들을 필요로 한다. 수평적 사회적 관계를 의미하는 개념인 형제와 자매 관계는 이성적인 관계가 아니다.

결론: 할례로서의 학교교육, 성문화된 욕망으로서의 교육과정

여기서 논의한 관점에서 볼 때, 그루메가 이미 지적했듯이, 학교는 여 교사가 자신들의 아이들을, 특히 남자 아이들을, 그들의 '아버지'에게 경제적, 사회적, 지적인 삶의 위계 구조로 보내는 '성 의식(gender ceremony)' 이다. 할례(포경수술)는 아들이 그 위계적 집단의 한 구성원이 됨을 인정하는 의식이다. 상처를 입은 음경과 남아 있는 흉터는 소유권과 성 정체성을 나타내는 소인(消印, cattle brand)[43)]과도 같다.

42) *Ibid.*, p. 92.

43) [역주] 우연의 일치인지는 모르겠으나 흥미로운 것은 파이너가 이야기하는 할례로서 남게 되는 상처와 한국어(한자도 마찬가지)의 '소인'의 의미가 상통한다. '지우는 표시로 인장을 찍는' 것으로 정의된 소인은 파이너의 해석으로 보면 '외디푸스의 경험 중 어머니와의 동일시를 지우는' 표시로서 도장을 찍는 것과 매우 유사하다.

교실의 문화는 가부장적이다. 할례는 상징적으로 일어나며 그 상처는 심리적이고, 정치적인 동시에 경제적인 것이다. 먼저 심리적인 것으로는 비대해지는 가상의 삶, 타인에 대한 자아의 소실, 억압자의 내면화, 다시 말해 잘못된 자아 체계의 발달을 들 수 있다.[44] 정치적으로 아들은 사회 계층의 멤버십에 따라 나뉘는 '시기-경쟁 체제'에 순응하도록 조건화되고 길들여져 있다. 뿐만 아니라 남자다움의 성 의식으로서의 지금의 학교교육은 이성애를 강요한다. 이는 복잡한 구조적 틀 속에서 서구사회에 해를 끼치는 원인의 하나다. 지금의 동성애 또한 그것에 연루되어 있다. 정치적 권리 획득 초기 단계에 있는 대부분의 억압받는 집단과 마찬가지로 많은 동성애자들은 자신들의 적이 자신들에 대해 이야기하는 것을 믿는 경향이 있다. 많은 동성애자들은 어떤 면에서 자신들을 결국 '제3의 성', 아주 독특한 혹은 '기묘한 혹은 괴상한(queer)'[45] 성을 가진 사람들이라고 믿는 경향이 있다. 그들은 '동성애'가 자신들을 억압하기 위해 만들어진 것이 아니라 실질적인 분류라고 믿는 경향이 있다.

그리고 이성애자들이 게이 사이에서 가학피학성(加虐被虐性) 변태 성욕의 성향이 상대적으로 현저하게 나타난다고 생각하는 이성애자들의 생각을 그대로 인정하는 경향이 있다. 동성애자들은 자신들 또한 구체적이

---

44) William F. Pinar, "Sanity, Madness, and the School," in W. Pinar (ed.), *Curriculum Theorizing*: The Recomceptualists (359-383). Berkeley: McCutchan.

45) [역주] '퀴어'로 영어 발음 그대로 쓰이기도 하는 용어다. 역자가 처음 캐나다 대학에 갔을 때 퀴어 학자들 모임, 퀴어 대학원생, 학부생 모임이 있는 것을 보고 사실 적잖게 놀랐다. 더구나 대학과 학과 수준에서 그 모임을 지원하는 것은 어찌 보면 조금 충격적이었다. 또한 역자의 아들이 다니는 학교의 한 포스터에, (정확한 문구가 기억나진 않지만) 인간의 평등한 권리에 관한 것으로 기억되는데, '남자이거나 여자이거나, 장애가 있거나 없거나, 유색이거나 그렇지 않거나' 마지막으로 '이성애자이거나 동성애자이거나(straight or queer)'라는 문구를 보고 이 사회가 성 지향성에 대해 얼마나 개방적인지를 알 수 있었다. 독자들에게 나는 queer를 '이상한' 것을 넘어, '병적인' '장애가 있는' 혹은 '비정상적인' 것으로 받아들이지는 않는지 자문해보기를 권한다.

고 개인적으로 '이성애자 남성들이 사회적 공간에서 서로에게 추상적으로 하는 것' 을 자신들도 한다는 것을 알아차리지 못한다. 가정과 직장에서와 마찬가지로 학교에서도 남자들은 여자들로 하여금 자신들의 궂은 일을 하게 만든다.

외디푸스 콤플렉스와 같이 교육과정은 욕망이 체계화(성문화)된 것이다. 이는 리비도가 본질적으로 가부장적인 기호로 상징화되는 것이고, 분기된 인격 형성에 기여하며, 개인의 주체성에 남아 있는 외디푸스로부터의 경험을 억압하는 것이다. 교육과정 이론과 교육에서의 사회학 이론들은 완곡하게 교육과정을 '아버지의 대화' 로 만들어왔다. 교육과정이 문명의 재생산에 기여한 것과 같이 그것에 대한 저항 또한 그것에 기여한다. 하나의 개념으로서뿐만 아니라 정치적 행동으로서의 저항은 의심의 여지 없이 '수동적인 분석 이상' 의 어떤 것을 요구한다. 하지만 또한 우리가 간과하지 말아야 할 것은 그 순간의 변증법적 이해와 행동이다. 그것의 외디푸스적 상관성과 기능을 드러냄으로써 또 다른 어떤 순간을, 우리 아들들과 아버지가 형제와 애인이 되기 위해 서로 노력하는 그 순간을 기대하고 제안한다. 이러한 고투는 거리와 교실에서뿐만 아니라 잠자리에서도 이루어져야 한다. 그 고투의 장에서 교육과정은 결국 아버지의 욕망에 대한 칭송인 그 힘을 반위계화하는 장이 될 수 있을 것이다.

10 페미니즘의 기업적 생산과 보이 조지[1]

(The corporate Production of Feminism and the Case of Boy George, 1983)

먼저, 장난기 있어 보이는 이 장의 제목에 대해서 언급할 필요가 있다. 이는 복잡하고 중요한 사회적 정치적 변화인 페미니즘이 어떻게 보면 기업적 요인들에 의해서 꾸며져 왔다고 볼 수 있다는 것을 시사한다. 간단하게 이야기해서 사회 변화는 경제적 요인들로부터 그 기원을 찾아볼 수 있다는 무시할 수 없는, 하지만 논란의 여지가 없지는 않은, 가정을 고려해 볼 필요가 있다는 것이다. 어찌 보면 장난스러운 제목과 이 가정으로부터 흥미 있는 논의를 시작할 수 있다.

지난 100년 동안 일어난 두 가지의 큰 역사적 변화에 대한 논의로 성 역할, 정치학, 직업의 현대적 위치에 관한 논의를 시작할 수 있다. 이 기간 동안 '직업(업무 현장)의 본질' 에 대한 상당한 변화 그리고 '가족의 본질' 에 대한 상당한 변화가 있었다.

경제적 측면의 논의를 위해, 말기 봉건사회와 서구의 초기 자본주의 시

1) [역주] 1980년대 새로운 로맨티시즘(New Romanticism)을 이끈 미국의 가수, 작곡가, 작가. 1980년대 미국의 새로운 대중적 아이콘으로 떠올랐던 그는 독특한 의상과, 남성이지만 여성스러운 매혹적인 목소리로 주목을 받았으며 지금도 여전히 활동을 하고 있다.

기에 대해 생각해 볼 필요가 있다. 이 시기의 직업과 일은 거의 모두가 '육체적' 인 것이었다. 상업과 자본주의의 발달과 더불어 이루어진 도시의 발달이 토지에서 공장으로의 대 이동을 불러일으켰음에도 불구하고 여전히 농업과 기초적 수준의 기술을 이용한 생산이 후기 봉건 시대를 지탱했다. 농장에서 하루 종일 고된 노동을 하던 사람들이 공장에서 하루 종일 고된 노동을 하게 된 것이 19세기 후반 미국에서 일어난 변화다.

디켄즈(Dickens)와 드레이저(Dreiser)가 명료하게 설명한 것과 같이 산업화가 토지를 비우고 공장을 채우기까지 경제활동의 단위는 거의 '가족' 중심이었다. 우리가 상식적으로 알고 있는 가족의 개념이 아니라 부모님, 삼촌, 고모, 사촌들, 그들의 아이들 등을 포함하는 확장된 개념의 가족을 말한다. 이들이 경작하던 토지는 아마도 그들의 소유가 아니었을 것이다. 하지만 조직적 노동과 경제적 생산은 이 확장된 가족과 다른 가족들 사이에서 일어났다. 산업화 시대와 지금의 기업화 시대에서와 마찬가지로 그 가족 개념과 상관없이 일어난 변화가 아니다.

산업화는 중산층의 형성을 가속화했으며, 그 중산층 내에서 관리와 서비스(회계, 은행, 등 모든 경제활동 조직의 구성과 경영에 필요한 서비스들)가 공장 조립라인에서의 육체노동을 대체하기 시작했다. 중산층이 기대하는 삶의 질이 올라감에 따라 '대가족' 은 줄어들었다. 점점 더 많은 가족들이 자기들만의 주거공간에서 살게 되고 20세기에 와서는 이른바 '핵가족' 이 보편화되었다.

Job은 Career가 되었고[2)], 쉴 곳이 없거나 음식이 궁핍해졌을 때 일하던

---

2) [역주] Job은 돈을 벌기 위해 하는 어떤 일, 쉽게 말해 일자리나 일거리, 석탄을 이리 저리 가져다 놓는 류의 일을 의미했으며, Career는 시간이 흐르면 책임도 커지는 일종의 직업/직장 생활, 옛 영어로는 '잘 닦아 놓은 길' 을 의미했다고 한다. 따라서, 커리어는 상대적으로 긴 시간 동안 전문성을 기르는 조직 속에서의 직업 생활을 말하므로, 파이너는 여기서 산업사회에서 후기 산업사회로의 변화를 설명하고 있다고 볼 수 있겠다.

것이, 누가 그 날 돈이 필요하건 그렇지 않건 간에, 일상적인 에토스(ethos)로서의 일이 중산층과 노동계층에 퍼져나갔다. 특히 중산층의 여성들은 거의 직업을 가지지 않고 남자들은 주로 가장으로서 '생계비를 벌어오는 사람의 역할'을 담당했다. 가족 역사학자 크리스토퍼 래쉬(Christopher Lasch)와 성 사회 이론가 낸시 코도로우(Nancy Chodorow)는 이 경제적 발달이 가족과 성 정체성의 측면에서 본질적으로 의미하는 것이 무엇인지를 상세히 논의했다.

어머니로서의 역할은 거의 신성스러운 일이 되었다. 다른 보편적인 일과는 달리 그것은 한 개인의 어머니로서의 역할을 수행하고 만족시키고 건강한 아이를 길러내기 위해 끊임 없이 증가하는 복잡한 심리적 소명이 되었다. 보다 많은 가족 구성원이 아이와 친밀한 접촉을 가졌던 이전의 관계에 비해 엄마-아기, 엄마-아이의 관계는 매우 강화되었다. 20세기까지 취학 전 아동의 대부분은 그들과 어머니 혹은 여전히 집에 있는 다른 형제자매들과만 접촉했다. 아버지는, 코도로우가 이야기하듯, 간헐적으로 나타나고 그 가정이 돌아갈 수 있도록 하며, 가족 내에서 그의 존재는 어쩌면 과장되고 왜곡된 '상징적 존재'가 되었다.

이러한 변화가 성 정체성에 낳은 결과는 무엇인가? 우리는 어렵지 않게 짐작할 수 있다. 중산층의 한 여인을 예로 들면, 남편이 전근 온 큰 도시의 한 아파트 단지 내에 (고립되어) 있는 젊은 어머니를 생각할 수 있다. 그리고 그녀의 정체성이 자신이 기르고 있는 아이에게 어떻게 막대한 영향을 미치는지를 짐작할 수 있다. 여자 아이에게 '여자다움'은 보다 특별하고, 심리적으로 양식화되고, 어떤 직업적인 요구로 받아들여진다. 일례로 1920년대, 미주리(Missouri) 주의 컬럼비아에 있는 스테판 대학교의 모든 여학생들을 위한 교육과정 개발 프로젝트에서 그 대학에 등록되어 있는 모든 여학생들이 현대의 훌륭한 '아내'와 '어머니'가 되기 위해 필요한 700가지 이상의 활동들을 남자들의 시각에서 찾아내었다. 남자 아이에게 '남자다움(masculine)' 은 여성적이지 않은 것, 그가 매일 보는 것이 아닌 것이었으며, 남자가 되는 것이 무엇인지는 아버지와의 대화로부터 알게 되었다. 아버지는 어떤 것이 '남자' 이고 어떤 것이 남자가 아닌지, 남자로서의 일이 무엇인지를 이야기해 주었다. 아이가 집 안에서만 지낼수록, 남자로서의 성 정체성은 현실이 아닌 가상적이고, 잠정적인 것이 되었고, 여자다움의 성 정체성은 보다 실제적이고, 일상적인 것이 되었다.

여기서, 이 시대의 보편성을 고려하며 경제와 가족의 역사에 대해서 간략하게 살펴보자. 농업과 생산직 일자리는 매우 많이 줄었다. 레이건 정부 때 많은 공장들이 문을 닫았다. 다시 말해 육체적 노동을 요구하는 직업의 수는 (비율로 따져 보았을 때) 급감했다. 그렇다면 오늘날의 직업이 요구하는 것은 무엇인가?

첫째, 우리 모두가 이미 잘 알고 있듯이, 많은 직업에서 복잡한 기술 훈련을 요구한다. 사실 우리 학생들 중 많은 이들이 대학에서의 복잡한 훈련과 준비과정이 졸업과 함께 복잡한 기능들을 요구하는 직업으로 이끌어주지 않을 것이라는 것을 알고 있다. 이것은 또 다른 이슈가 되니 접어두도록 하자. 여하튼 대부분의 직업에서 대부분의 학생들이 학부과정에서 배우는 한 분야에 특성화된 능력을 기대하지 않는다. 하지만 절대 다수의 직업(회사, 공립/사립 교육기관, 연구기관, 정부 등)이 관료제와 밀접하게 관련되어 있다. 이 직업들 중 많은 부분이 사무직이거나 사무직 관련 직업들이다. 이 모든 직업들에서 요구하는 것은 최소한의 글을 읽고 쓸 수 있는 능력과 어느 정도의 정신적인 능력이다.

물론, 관료제와 기업 사회의 대부분의 직업은 사회성 기술을 필요로 한다. 판매, 관리 혹은 연구 개발 어느 직종이건 간에 동료들뿐만 아니라 상급자와 하급자와도 잘 어울리는 것이 매우 중요하게 되었다. 또한 개인은 반드시 다양한 집단 활동, 위원회, 연구 팀, 판매 팀 등에서 다른 이들의 감정, 인지, 어쩌면 무의식적 동기 등도 민감하게 인지하고 반응하며 참여할 수 있어야만 한다.

더욱이, 신문의 칼럼이나 여러 연구 결과에서 보여주듯이 좋은 외모, 적절한 옷차림, 활달한 성격 등 이 모든 것들이 여자뿐만 아니라 모든 이들의 직업적 성공과 직접적인 상관관계가 있다. 잘생긴 남성이 못생긴 남성보다 (보통 그렇듯 상사가 남자일 때도) 승진을 빨리 한다.

기업적 관료적 형태의 직업에서 요구되는 마지막 전제 조건은 (물론 이것이 완벽하고 확정적인 것은 결코 아니다) 상상력과 직관이다. 지위가 낮은 관리직이나 사무직에서도 상상력은 과업을 수행하고 조직하는 데 반드시 필요하다. 정책이나 기업의 사업 방향이 결정되는 보다 높은 관리직에서는 자신들의 능력, 나아갈 방향, 경쟁력, 새로운 상품의 잠재적인 판매량, 사업의 다음 단계, 연방 정부의 정책, 이윤의 흐름 등을 직관할 수 있어야 한다. 물론, 이러한 부분들에 대해 광범위하게 많이 아는 것이 필요하다. 하지만 그 정보에 기초해서 무엇을 어떻게 할지를 결정하는 데 있어서는 상상력과 직관이 중요하다.

이러한 오늘날의 직업장에서 필요로 하는 것은 무엇인가? 첫째, 문해 능력과 다양한 형태의 감정 통제 능력과 특별한 훈련, 둘째, 사회적 기술, 다른 사람과 관계를 맺는 능력, 민감성, 공감, 셋째, 보다 매력적으로 보이고, 예뻐 보이고, 남자/여자에 상관없어 더 날씬해 보일 수 있도록 자신을 변화시키는 것, 넷째, 상상력과 직관이다. 이들 중 첫째를 제외한 모든 요소들이 남성보다는 여성과 더욱 관련이 깊다. 지금까지 여성이 물리적 위치(집)로 인해 가지지 못한 것(훈련, 논리적 기술)들을 지금 배우고 있다.

기업의 관점에서, 페미니즘은 남녀 모두가 전통적으로 남성의 직업이었던 자리에 여성들이 들어오는 것, 남성의 남자다움의 여자다움으로 변화의 필요성을 받아들일 수 있는 이론적 장치를 제공한다. 물론 이로써 개별 여성들이 이룬 성취와 그들의 용기를 폄하하고자 함은 절대로 아니다. 페미니즘은 남자들을 변화시켰으며 이 때문에 많은 여성이 가진 용기와 재능에 비해 더 큰 보수적인 남성들의 저항을 불러일으켰다. 오늘날 기업의 이윤 창출이 여성들의 참여와 남성화 그리고 남성들의 여성화에 달려 있음에도 불구하고 남자들은 여전히 그것을 알아차리지 못하고 있다.

사실 남성들에게는 페미니즘과 같이 자신들에게 어떤 일들이 일어났으며 또 일어나고 있는지를 알려줄 이론적 장치가 없다. 남자들의 단체가 있지만 발달되어 있지 않고 어찌 보면 약간 피상적이다. 남자들은 여성들의 변화된 지위, 개성과 육체적 전제 요건들의 변화를 경험하고 있으며, 이러한 변화를 이해하고, 받아들이고, 그들을 위해 합리화해 줄 아무런 이론을 가지고 있지 않다. 이러한 여성의 움직임은 종종 남성들을 표면적으로는 그것에 순응하도록 하지만, 그들 내부로는 분개하게 만든다. 이로써 강간, 포르노 등 간접적인 여성 혐오 현상들이 적지 않게 지속적으로 나타난다. 증가한 남성 동성애 또한 남자들을 불편하게 하는 것은 마찬가지다. 나는 남자들이 염려스럽다. 특히 많은 능력 있는 사람들이 이미 여성을 염려하고 있기 때문에 더욱 그렇다.

이렇게 우리는 경제 분야와 가족 부분에서 모두 상응하는 변화를 경험했다. 우리는 학교에서도 이와 비슷한 경향을 볼 수 있다. 학교에서는 훈련, 사회적 기술, 관료적 형태의 학습과 사회적 상호작용 등이 강조된다. 가족 내에서도 여성적인 것이 익숙한 것이고 남성적인 것은(전통적인 핵가족 내에서) 상징적인 것에 의존하여 점점 더 양식화되어 간다. [최근에는 핵가족 내에서, 성 역할의 변화(남자가 육아를 하고 여자가 직장을 다니는)가 일어나고 있으나 그 변화의 정도는 여전히 미약하다.]

가족, 직장, 학교와 같이 사회를 구성하는 요소들과 예술과의 관계는 절대로 간단하거나 자명하지 않다. 여러 관점들 중 하나는 현대 예술은 인간 삶의 숨은 실제적인 면들(반무의식적인 면들, 어쩌면 일상 생활에서 도덕성, 관습 혹은 효과성의 관점에서 받아들여지지 않을 측면들)을 보여준다는 것이다. 이러한 관점에서 예술은 사회적으로 인식되지 않으나 실제적으로 우리의 일상에 깔려 있는 실제적인 면을 보여준다. 내가 지금까지 숙고해온 성 정체성의 거대한 변화의 많은 부분이 변화하는 직업적 요구들, 학교와 가정의 변화된 심리적 구조, 페미니즘의 이론적 정치적 힘 때문이다. 이러한 영향과 결과는 현대의 어떤 음악 양식과 음악가들에 의해서 나타난다. 여성의 경우 많은 예들을 쉽게 찾아볼 수 있다. 그 대표적인 예로 유리스믹스(Eurythmics)의 애니 레녹스(Annie Lennox)[3]를 들 수 있다. 나는 또한 더 고고스(The Go-Gos)[4]와 더 웨이츠리스(The Waitress)의 뮤직 비디오에서 전통적인 여성상을 패러디한 모습이 떠오른다. 우리는 보다 전통적인 여성상을 보여주는 스티븐닉스로부터도 1950년대 비버의 온화한 어머니의 모습과는 현저하게 다른 명백한 힘과 자기 과시를 볼 수 있다.

그럼 남자들은 어떤가? 마이클 잭슨(Michael Jackson)은 존 웨인(John Wayne)이나 믹 재거(Mick Jagger)와는 거리가 멀다.[5] 특히 믹 재거는 그의 천박한 이성애에도 불구하고 어떤 양성적인 캐릭터를 표출했지만 이 또한 마이클 잭슨과는 사뭇 다르다. 하지만 여기서 나의 관심을 끄는 사람은 이 시대의 문화적 아이콘으로서, 다소 극단적이기는 하지만, 성 재조명의 방향을 제시한 보이 조지(Boy George)다. 나는 여기서 그의 음악에 초점을 두고자 하는 것이 아니다. 물론 그의 음악이 훌륭하지 않다는 것이 아니

---

3) [역주] 우리 모두에게 익숙한 반지의 제왕 3, 왕의 귀환 OST를 부른 애니 레녹스는 가수로서 노래를 부르는 것 이외에 다양한 평화적 활동을 하여 2009년에는 노벨평화상 평화여성상을 수상했다.

4) [역주] 1978년에 여성들로만 결성된 락 그룹으로서 곡을 직접 쓰고 직업 연주한 최초의 여성들만의 그룹이었다.

5) [역주] 1990년대 미국의 팝음악에 심취하지 않은 한국인이라도 마이클 잭슨과 그의 몸, 외모, 목소리, 그의 노래에서 느낄 수 있는 여성성과 남성성의 오묘함을 알 것이다. 반면에 존 웨인이나 믹 재거는 그 시대의 미국 서부영화에 등장하는 강력하고 과격한 아주 남성적인 캐릭터다.

다. 나 또한 그의 음악이 여러 면에 뛰어나다고 생각한다. 나는 그의 뮤직 비디오, 그래미 상을 수상한 텔레비전 프로그램 등에서 보여준 그가 가진 상징성과 문화적 의미에 더 관심을 둔다. 그는 그가 어느 텔레비전 프로그램에서 밝힌 바와 같이 '평범한 남자 동성애자'가 아니다. 그의 독특하고 세련된 메이크업은 그를 여성으로 보이게 하는 환상을 만드는 것이 아니라 남자로서의 해부학적 실제를 표출한다. 그의 미소는 자신의 얼굴에 있는 남자의 아이러니를 보여준다. 그는 자신을 반영하는 물체에 혹은 욕구에 가려져 있었을지도 모를 자신만의 남성성을 만들어낸다. 이러한 관점에서 그는 여자이면서 남자가 된다. 그리고 한 사람의 성 그리고 다른 시대의 두 개인에게 분기되어 있는 어떤 인격적 특징이 동시에 한 사람에게 합체되어 나타난다.

이 시대의 이윤 극대화는 고도의 효율성, 높은 상상력과 직관적인 계획, 일상적인 직업적 삶의 구조화(연구조사, 개발, 생산, 판매, 인적 자원 배치 등)에 달려 있다. 이 고도의 효율성을 얻기 위해서 직장에서는 전통적인 여성성과 남성성의 재조명을 요구한다. 구체적으로 말하면 여성의 남성화, 남성의 여성화, 남녀 양성구유, 어떤 페미니즘 이론들에 의해 정당화되고 개념화된 정치적 사회적 변화를 요구한다. 그 징후는 어디에 있는가? 방송전파와 함께 공중에 떠 있다. 뮤직 비디오들을 보라. 보이 조지는 성 문화의 새로운 시대의 도래를 예고하고 있다. 새로운 또 하나의 컬처 클럽(Culture Club)[6]의 도래를 시사한다.

---

6) [역주] 보이 조지가 결성한 그룹으로 당시 큰 인기를 끌었다. 인터넷 동영상 검색사이트에서 보이 조지를 검색해보면 이해에 많은 도움이 될 것이다. 보이 조지가 처음 등장했을 때 그의 짙은 화장과 여성스러운 의상 때문에 여성 싱어로 소개되는 해프닝이 있었을 정도다. 하지만 (파이너가 이야기했듯이) 보이 조지는 그것을 자신이 여성을 흉내 낸 것이 아니라 자기 자신이라고 이야기했다.

11 종신 대학교수의 죽음

(Death in a Tenured Position, 1984)

모든 경제적 사건이 본질적으로 경제적 원인과 결과에 따른 것만은 아니다. 사건은 정치적이며, 사회적이고, 심리적이다. 사실 사건은 누군가 자신들의 영역이 격리되어 있다고 단언하더라도 그것과 상관없이 거의 모든 인간 경험 속에 스며들어 있다. 미국 교육과정 영역은 격리되어 있지 않다. 최근의 경제적 사건은 교육과정 분야에 경제적 논리와 방식으로 이해할 수 없으리만큼 큰 영향을 미쳤다. 이는 매일 학문을 하는 사람으로서의 특성을 바꾸었을 뿐만 아니라 우리가 하는 연구와 실행의 본질에도 영향을 미쳤다.

나는 여기서 연방준비제도이사회 의장을 맡았던 파울 볼허르(Paul Volcher)가 재임했던 과거 약 5년에 대해 이야기하고자 한다. 이 기간은 미국의 '통화주의(monetarism)' 기간이었다. 통화주의는 인플레이션이 연방정부의 재정(세제)정책보다 통화팽창에 더 많은 영향을 받는다는 관점을 가진다. 우리(교육과정)가 이 시기에 겪은 여러 상황은 특히 로날드 레이건(Ronald Reagan) 대통령 정부 기간 동안 불균형적으로 일어났다. 나는 여기서 경제, 심리, 정치적 영향과 더불어 미국 교육과정 분야에 미친

'통화주의' 의 영향에 대해 이야기하고자 한다.

배경

제2차 세계 대전 후 약 20년간 미국의 자본주의는 꽤 성공적이었다. 미국의 군부, 제3세계의 수동성과 고분고분한 국내 무역 조합들에 힘입은 경제적 탁월함, 이 모든 것이 미국의 '자유기업체제' 에 기여했다. 1960년대 들어 미국의 주도적인 경제적, 정치적, 군사적 국제 영향력은 도전을 받게 되었다. 원자재 공급자들은 공급에 대한 많지 않은 수익을 받아들일 수 없었다. 사회보장제도 입법에서부터 환경보고 문제까지, 1950년대의 가내공업제도 또한 도전을 받았다. 베트남 전쟁으로 인해 경제가 약간 부흥하는 듯했으나, 물가 상승, 생산성 저하, 실업률 증가와 같은 부수적인 문제들이 뒤를 이었다. 존 K. 갤브레이스(John Kenneth Galbraith)가 이야기한 '스태그플레이션(stagflation)' 이었다.

카터 정권(Carter, 1976~1980) 중에 시작하여 레이건 대통령 선출 이후에 더욱 증가한 (갤브레이스가 '전후 제3의 단계(third postwar phase)' 로 명명한 기간 중) 노동조합과 시민들의 커지는 영향력을 낮추기 위해 기업부문에서 사용한 전략이 바로 통화주의다. "통화주의자들의 접근은 상식과 딱 맞아떨어지게 작용한다. 돈을 가진 사람들은 통화량을 줄임으로써 그 가치를 높여 이득을 보고, 긴축통화는 돈을 가지지 않은 사람에게 불리하게 작용한다" (Bowles, Gordon & Weisskopf, in Galbraith)

통화주의가 결코 경제 정책의 기술적 측면이 아니라는 것은 명백한 사실이다. 또한 사회적으로 중립적이지도 않다. 통화주의는 가난하고 채무가 있는 부류의 사람들을 희생시켜 가진 사람들에게 유리하게 작용한다. 통화주의의 공장의 현대화를 위한 투자 자금의 부족을 그 근거로 든다. 따라서 국가 정책은 '공급자 중심' 이 된다. 즉, 균등 비율의 세율 인하를 적용하여 중상층과 부유층의 세금을 더 감면해주게 되고, 생산성 증가를 위한 시설 투자와 종업원 고용을 위한 값싼 자금을 공급하게 된다. 정부의 높은 세금은 시설투자, 연구, 발전을 위한 자금을 빨아들인다는 것이다. 하지만 갤브레이스는 "더 높은 세제를 적용하고 있는 스웨덴과 독일의 경제는 미국에 비해 상대적으로 안정적이다"라고 지적했다.

기업가들은 공장에서 일하고자 하는 노동력의 부족을 문제라고 이야기한다. 갤브레이스의 『국가의 부(The Wealth of a Nation)』에서 보울즈 등(Bowles et al)은 "기업들은 일에 대한 노동자들의 흥미와 동기를 북돋우는 것에 적극적이다. 하지만 그들은 자신들의 기득권과 편중된 권력을 유지하는 데 더 많은 관심을 보인다. 대부분의 기업들은 어떤 관리와 통제를 포기하기보다 더 많은 노동력을 포기하는 것을 선호해왔다"고 주장했다. 갤브레이스는 이 의견에 반대하며 궁극적인 힘은 결국 자본과 자본가들에게 있다고 했다. 갤브레이스는 거대한 자본의 영향을 부정하지 않으면서 "현대 경제의 많은 문제점은 자본가들의 계산된 고안책이라기보다 '기업의 관료적 성향'에 기인한 것일 수 있다. 우리는 거대한 조직의 예측할 수 없는 영향력에 붙들려 있다. 그 역학적 영향은 우리가 사회주의, 공산주의 세계와 공유하는 어떤 '종속'과도 같은 것이다"라고 주장했다.

전경

레오나드 실크(Leonard Silk)가 뉴욕 타임즈를 통해 이야기한, '대정체(great repression)'는 학교와 대학과 같은 교육기관이 가진 문제점을 더욱 악화시켰다. 이미 대부분 학교의 교육학과 입학생이 줄고 있다. 이것은 단지 교사의 과잉 공급(수학, 과학 분야와 남부의 일부 학교들을 제외하고), 증가하는 공립학교의 어려움, 교사라는 직업이 쉽지 않은 동시에 금전적으로 부유해질 수 있는 직업도 아니라는 것에 대한 대중의 정확한 인지 때문만은 아니다. '대정체'가 단순히 경제적 요인에 의한 것만이 아니기 때문에 이는 더욱 교육학과와 사범대학의 위기를 악화시켰다. 그것은 정치적 요인과 심리적 요인에 의한 것이기도 하다. 미국의 레이건(Reagan), 영국의 대처(Thatcher), 독일의 콜(Kohl) 정권 등 거의 모든 나라에서 보수주의자들이 주도권을 잡았다. 대학 내에서는 예술과 과학대학의 보수집단이 교육에서의 학문에 대해 자신들이 가진 보수적 편견을 더욱 강력하고 적극적으로 나타냈다. 이러한 경향은 공립보다는 사립학교, 상대적으로 서열이 낮은 학교들보다는 높은 학교들에서 더욱 두드러지게 나타났다. '문화 자본(cultural capital)'을 가진 자들은 그것을 '대여하는 자(borrowers)'들이 쉽사리 가지지 못하도록 한다. 가난하고 빚이 있는 사람들에 빗댈 수 있는 '교육학'과 같은 학문을 경시하는 것이 그것의 좋은 예라고 할 수 있다.

사범대학 내에서는 재정 문제를 중시하는 교육행정과 인지적 지식과 학습 장애를 다루는 교육심리학과 같이 정치적으로 우위에 있는 분야들이 교육적 근간이라고 할 수 있는 교육철학, 교육과정, 교사교육, 교육과정 이론 등과 같은 '힘없는' 분야들에 비해 득세하고 있다. 교육과정 부서 내에서도 "기본으로 돌아가라(back to basics)"라고 주장하는 보수주의자들이 득세하고 동종의 혹은 상위의 학문을 한 학생들이 채용된다. 학장이나 학과장들은 등록한 학생 수에 관심을 가지는 정도를 넘어 강박적으로 되어가고, 대학의 학과 간 관계는 경쟁, 의혹, 두려움, 분개 등으로 악화된다. 종신직 교수들은 이 같은 상황에 더욱 개탄하고 분개한 얼굴로 퇴직한다. 새로 임용된 젊은 교수들은 자동화된 기계 장치처럼 두 명, 세 명, 네 명 혹은 그 이상의 교수들이 공동 저자로 하여 전혀 위험성이 없는 주제, 다시 말해 새롭거나 개혁적이지 않은 주제에 대한 많은 논문들을 써낸다. (이 점에 대해 예외로 든다면 *The Journal of Curriculum Theorizing*에 실린 몇몇 우리 동료들의 글이 있다.) 지난 5년간 결여되고 억제(억압)된 것은 금전적 지원, 일반적인 경제적 상황, 특히 교육과정 전문가들을 고용하지 않은 것뿐만 아니라 우리의 상상력(창의력), 지적인 실험, (설사 우리에게 해가 된다 할지라도) 학문적 관용이다.

교육과정 분야의 재개념화로 알려진 움직임 또한 이러한 현상에서 예외일 수 없다. 1970년대 후반에 시작된 이 재개념화에서 가장 선구적인 역할을 했으며, 자신을 교육과정 이론가가 아니라 사회학자로 칭하는 한 학자가 있다.[1] 그는 자신의 작업을 교육과정 이론으로서가 아니라 사회학 이론으로서 발전시키기 시작했다. 사회학적, 경제학적 관점을 가진 다른 여러 교육과정 전문가들이 그의 뒤를 따라 '시내의 중심에서 교외'로 옮겨갔다. 도심에 남아 있는 즉 이 분야의 중심에 남아 있는 교육과정 학자들은 자서전적 연구자, 성 분석가, 페미니스트, 그리고 사회계층에 덜 강박적이며 앞서 언급한 이들을 따라 교외로 옮겨가지 않은 몇몇 사회학적 경제학적 관점을 가진 젊은 교육과정가들이다. 하지만 교육과정 분야 내의 재개념화로서의 (재개념주의자들의 집단과 그들의 목표는 여전히 존재할지 모르지만) 그러한 움직임은 더 이상 보이지 않는다. AERA B 분과의 내용을 살펴보면 교육과정 재개념화는 어떤 면에서 이루어졌다. 비이론적이고, 비역사적이며, 실제적이지 않았던 1960년대의 교육과정은 방법론적으로 막시즘의 영향뿐만 아니라 해석적, 현상학적, 문학적 이론과 방법들 즉 자서전적 연구, 후기 구조주의 등의 영향을 받은 사회적, 경제적, 성 역할 분석 등으로 이루어진 복잡한 패러다임으로 응결된 학문 영역으로 재개념화되었다. 이 분야에서 소위 말하는 전통주의자들이 여전히 존재하고 교육과정 분야를 통찰하는 어떤 이도 슈왑(Schwab, 1970), 휴브너(Huebner, 1976) 혹은 파이너(Pinar, 1978)가 특징 지은 것처럼 이 분야를 이해하지

1) [역주] 파이너 교수는 이 책 전체에 걸쳐 Michael Apple과 같은 마르크스주의 사회학자들의 견해를 비판한다. 그들의 관점이 틀렸다는 것이 아니라 그것에 대한 지나친 강조가 더 깊이 있는 탐구를 방해한다는 입장이다. 여기서 언급한 사람이 누군지 역자의 지도교수인 파이너에게 직접 물어보아 확인했다.

않는다. 이 분야는 더 이상 소멸직전(moribund)이거나 체포(arrest)되어 있지 않다.[2] 하지만 삶/생명력과 움직임, 변화에 대한 징후는 아주 희미하며 제한된 대학의 교수직의 상황은 여전히 암울하고 이는 곧 새로운 움직임의 불꽃마저 꺼지게 만든다.

이 생명력의 삶의 징후는 어떤 것인가? 이제는 재개념주의자들의 저널이라고 할 수 없지만, *The Journal of Curriculum Theorizing(JCT)*의 독자들이 서서히 증가하고 있다. 이 저널에서 주관하는 컨퍼런스에서는 AERA나 ASCD와 같은 큰 컨퍼런스에서는 볼 수 없는 이슈들과 대화가 지속적으로 생명력 있게 이어지고 있다. 현상학적 관점과 비판을 보여주는 앨버타대학교의 학자들(Aoki, Carson, Jacknicke)이 있으며 퀘벡(Quebec)의 가티어(Clermont Gauthier)와 다이그놀트(Jacques Daignault)는 재개념화된 교육과정 이론에 대한 새로운 이해들에 관한 흥미로우며 오묘한 글을 쓰고 있다. 미국에는 시어스(James Sears), 레이놀즈(William Reynolds), 파가노(Jo Anne Pagano), 그루메(Madeleine Grumet), 밀러(Janet Miller) 등 새로운 시대의 이론가들이 있다. 하지만 최근 대학원 과정을 마친 학자들 중 교육과정 이론과 실제의 발전에 전도유망한 이들은 몇 되지 않는다. 설상가상으로 이 몇몇 학자들은 낮은 보수, 단기간의 계약직, 과도한 업무량, 기존 세대에게서 인정받지 못하는 것 등과 같은 어려운 현실을 견뎌내고 있다.

이러한 생명력의 징후들이 미약하게나마 있음에도 불구하고, 전체적으로 볼 때, 지금은 이 분야의 쇠퇴기 어쩌면 소멸기로 보인다. 1960년대는 결국 완전히 끝났다. 최근 먼데일(Walter Mondale)과 1984년 민주당 대통

---

2) [역주] 1969년 파이너의 논문 'The Practical: A Language for Curriculum' 에서 슈왑은 교육과정 분야의 위기상태를 moribund(소멸직전)으로 진단했고 이에 따라 많은 이들이 논의에 동참했다. 그리고 파이너는 정신분석학적 이해를 교육과정으로 옮겨와 사회적 요구와 역할에 체포(arrested)되어 있는 자신을 잃어버린 개인들이 처한 상황/위기를 지적했다.

령 후보들의 약속에도 불구하고 교육의 모든 분야에 대한 적절한 자금지원에 대한 희망도 없다. 아만다 크로스(Amanda Cross)의 추리소설 『종신교수의 죽음(Death in a Tenured Position)』은 부지불식간에 이 분야가 처한 작금의 상황을 상징적으로 보여준다.

그 소설은 하버드대학교 영문학과의 딜레마와 함께 시작된다. 영문학과는 여자 교수 고용에 써야 할 자금 백만 달러를 받는다. 영문학과의 모든 남자 교수들은 마지못해 미혼 여성 교수를 고용하는 것에 동의한다. 결국 그 여 교수는 남자 화장실 한 칸에서 숨진 채 발견된다. 화장실에는 그 지역의 레즈비언 사회가 연루되었을 수도 있을 단서가 있다. 캠프리지 경찰이 조사하는 동안 뉴욕 한 대학의 영문학과 교수이자 아마추어 탐정인 케이트 팬슬러(Kate Fansler)가 명백한 자살의 증거를 찾아낸다. 결국 팬슬러는 살인자는 레즈비언도 그 학과의 어느 누구도 아니라는 것을 밝혀낸다. 그것은 타살이 아니라 자살이었다. 첫해뿐만 아니라 여러 해 동안 받은 냉대, 그 학과의 남자 교수들로부터 은연중에 받은 모욕감, 이런 것들이 여 교수의 절망과 자기 파괴의 원인이었다.

지금까지 교육과정의 재개념화를 주장해온 우리가 어쩌면 환영받지 못한 그 여 교수일지도 모른다. 표면적으로 드러나지 않지만 완곡하게 표현된 적대감으로 인해 우리의 삶은 힘들어지고 의기소침해진다. 이 소설은 우리에게 어쩌면 교육의 개혁을 이루고자 노력하는 우리의 가장 위험한 적은 교육행정가나 관리자들이 아닐지도 모른다는 것을 시사한다. 그리고 지배계급, 경제적 보상 구조, 직장의 본질적 특성 또한 우리의 노력과 영혼을 가로막고 있음에는 분명하지만 이것들 또한 우리의 가장 위험한 적이 아니다. 레이건 대통령 선거결과로부터 나타날 파시즘(fascism)에 대한 좌익의 우려에도 불구하고 지금 우리가 처한 위험은 살인이 아닐 수도 있다. 그 위험은 살인이 아니라 '자살' 일지도 모른다. 이 시대의 위기는 정치적, 경제적인 것만이 아니다. 이는 믿음의 위기이며 영혼의 위기다. 우리의 열망과 작업이 어떠한 형태를 취하든 간에 중요한 것은 반드시 '우리의 노력을 위협하는 것은 경제적, 정치적 사건들뿐만 아니라 어쩌면 우리 내부의 개인적인 것일 수도 있다' 는 것임을 지속적으로 인식하는 신중함과 강인함을 가져야 한다.

고투의 장

오늘날의 이와 같은 역사적 상황에서 살아 남는 길은 곧 변화의 전망을 안고 있는 개인의 삶 속에서 이 역사적 순간을 구체화하는 것이다. 이는 우리 개인들이 우리가 공유하는 사회적 영역에 적극적으로 참가하여 노력해야만 한다는 것을 의미할 뿐만 아니라, 역사적인 영향과 그 갈등 속에서 우리가 정말로 고투해야 할 '장' 은 우리 '개인들의 삶' 이라는 것이다. 이는 정체되고 응결된 정치적, 경제적, 사회적 영역이 아니다. 더 이상 어느 누구도 교사들이 노동 운동과 동맹을 맺으라고 합당하게 주장할 수 없으며, '사회주의' 를 북미 개혁의 주된 전략으로 받아들여서도 안 된다. 그때에야 비로소 그 변화의 때는 그것이 일어나기에 합당할 때 다가올 것이다. 하지만 지금은 아니다. 그리고 내가 생각하기에 가까운 미래도 아니다. 이 시대에는 개인 간, 관료주의 계층 간의 정치적 분쟁이 과도하게 일어난다는 데에 아마 갤브레이스도 동의할 것이다. 물론 관료주의의 정치적 문제들을 다루지 말아야 한다고 말하는 것이 아니다. 내가 의미하는 것은 정치적 관료주의에서의 정치적 승리에 대한 외골수적 신념이 '승리' 를 가져다줄지 모르지만 이는 곧 우리 내면으로부터의 노력과 분투의 씨를 꺾어버릴 수 있다는 것이다. 나는 우리 삶의 일상화와 단순화, 삶의 유동성을 소멸시키는 것에 굴복하지 않는 것, 주어진 기계적인 역할에 굴복하지 않는 것과 주류에 있는 관료주의적 생각과 행동의 틀을 깰 수 있는 우리의 능력을 인식하고 그것을 높이려는 지속적인 노력을 이어가는 것이 우리가 해야 할 가장 강력한 투쟁이라고 생각한다. 현재로서는 응결되었고, 경직되었으며, 생각이 절차화된 관료주의적 통제와 관료주의적 형태의 삶을 탈피해야만 우리의 실제적 생각과 행동이 가능하다. 주류 사회과학은 그와 같은 역사적 경향의 또 다른 형태의 추상화다.

현재의 권위주의적 시점에서, 정치적 보수주의가 인간으로서의 우리의 영혼을 도덕성이나 올바른 삶 등의 형태로 고착시키기 때문에 표준화, 생산성, 규격화와 같은 경향을 좇는 주류를 탈피할 수 있는 우리의 능력과 가능성은 그리 밝아 보이지 않는다. 하지만 나는 이 암흑기에 아주 작더라도 희망의 빛을 비추기 위해 어떤 인간적인 삶의 불씨를 붙여야만 하고 그럴 수 있다고 생각한다. 자기 탐구, 관료주의적 정의/역할을 넘어 그 밖에 존재할 수 있는 자기 확대가 이를 위한 하나의 방법이 될 수 있다. 그루메를 비롯한 여러 학자들이 주장하고 탐구해온 자서전적 연구는 우리에게 주어진 관료주의적 역할과 사회적 정의(즉 우리의 자기 소외)의 벽에 있는 틈을 찾을 수 있는 도구를 제공해줄 수 있다. 자서전적 연구는 나로 하여금 축적된 내면화의 좁은 공간을 통해 나 개인의 이전의 역사적인 순간들로 들어갈 수 있도록 해준다. 하지만 지난 3년 동안의 자서전적 연구는 이 어려운 시기의 고통, 죽은 것이나 다름없는 과거의 승리의 힘, 처참한 상황, 그 죽음의 악취가 풍기는 것을 줄여줄 만한 어떤 것도 보여주지 못했다. 우리는 비참하게 움츠려 울고 있으며, 절망하고 있다.

하지만 여전히 희망을 가져야 할 이유가 있다. 어떤 이들은 몬데일(Mondale)을 선출하면 최소한 금전적 측면에서라도 우리의 노력에 도움이 될 수 있을 것이라 생각할 수도 있을 것이다. *The Journal of Curriculum Theorizing*에서 보듯이, 교육과정 분야는 생명력을 가지고 있다. 하지만 현재 나는 희망을 느낄 수가 없다. 내 주위에, 그리고 내 속에는 어둠만이 내려앉아 있을 뿐이다. 나는 다른 '때'를 기다리고 열망한다.

참고문헌

Cross, A. (1981). *Death in a tenured position*. New York: Dutton.

Galbraith, John Kenneth. The Wealth of a Nation. *New York Review of Books*, vol. 30, no. 9, pp. 3-6.

Huebner, Dwayne (1976). The Moribund Curriculum Field: Its Wake and Our Work. *Curriculum Inquiry*, vol. 6, no. 2.

Pinar, William F. (1978). Notes on the Curriculum Field 1978. *Educational Researcher*, vol. 7, no. 8.

Schwab, J. J. (1970). *The Practical: a language for curriculum*. Washington: National Education Association.

12

윌리엄 파이너와 교육과정이론

자서전 그리고 자아의 구성

(Autobiography and an Architecture of Self, 1985)

과연 진정한 자아(authentic self)가 존재하는가? 융에 따르면 이것은 거의 종교적 관점에서의 영혼에 해당하는 단어다(Jung, 1939). 융은 자아(Self)를 에고, 개성, 아니무스와 아니마(animus, anima)[1] 와 같은 요소들이 이루는 전체라고 했다. 개성이라는 것은 사회 속에서 구성되고 표현되는 것이다. 이는 자아와 합쳐지기도 하고 분리되기도 한다.

자아와 개성의 분리와 결합의 변화에서 무엇이 실제이고 그렇지 않은지가 관건이 된다. 개성이 자아와 분리되어 있다면 (예를 들어 부정, 왜곡, 혹은 자아의 어떤 복잡한 형태로 나타나면) 우리는 그 자아(혹은 개성)는 진짜가 아니라고 판단할 수 있다. “그는 자기 자신을 몰라”라는 판단은 그 사람이 자기 자신으로부터 가려져 있다는 말이며 자신과 모순된다는 말이다. 반대로 어떤 사람의 행동이 부드럽고, 평화롭고, 자아와 합치된다면 진짜라고 판단할 수 있다. 하이데거(Heidegger)는 그의 많은 철학적 탐구에

1) [역주] animus는 융의 심리학에서 여성의 무의식 속에 있는 남성적 요소(적의, 미움, 의지, 의향) 등을 의미하고 anima는 남성의 무의식 속에 있는 여성적 요소(영혼, 정신, 생명 등)를 의미한다.

서 이 평화로움[2)]을 추구했다. 자아와 실제/비실제와 관련한 논의들이 활발하기 때문에, 특히 교육과정 이론이 대륙철학과 문학이론들을 점점 더 차용해옴에 따라, 이러한 이슈들에 대한 탐구와 이론화가 더욱더 절실해 보인다. 하지만 이 이론화는 그것들의 철학적 기반을 차용해온 철학의 영역에서가 아니라 우리가 논의하고 있는 현재의 교육과정 담론의 영역에서 이루어져야 한다.

자아의 고고학

푸코(Foucault)가 자주 이야기한 사회적 개인적 침전의 형상화는 자료가 아니라 문학적 기법이다. 묘사의 한 방법으로서 형상은 전체적인 전경(즉 관점)을 보여준다. 잠깐 동안 다음 이야기를 마음 속에 그려보자.

융보다도 더 프로이드(1917)는 "에너지는 만들어지지도 없어지지도 않는다"고 하며, 유아기, 아동기에 일어난 모든 것들은 숨겨져 있어 거의 보이지 않을 수도 있지만 분명히 존재하며 그대로 남아있다고 했다. 개인, 에고, 수퍼에고, 이드 안에 쌓인 사회적, 개인적인 다양한 양식들과 범주들의 침전, 축적된 경험이 자아를 구성한다. 융에게 있어서 무의식의 영역 혹은 이러한 개인적인 측면들의 과정은 전개체적인(pre-individual), 다시 말해 개인적인 것임과 동시에 전체적인 (어떤 종 안에서) 것이다.

자아 형성의 개인적 특성 대 사회적 특성은 여기에서 문제 되지 않는다(Jacoby, 1975). 중요한 것은 소위 말하는 가족과 개인에게 영향을 미치는 결정적 요소들(구체적으로 사회계층을 포함하여)이다. 성 그리고 자아 형

2) [역주] 하이데거의 평화로움이 의미하는 것은 과학화와 근대성이 인간에게 가져온 '근심, 불안, 소외, 전복, 참사' 등이 없는 상태를 말한다. 이는 인간의 감성적인 부분, 어쩌면 영적인 부분들이 과학적 놀이에 의해서 소외됨으로써 나타나는 것이다.

성의 정치적인 요인들 또한 핵심적인 논제다. 여기서 문제가 되는 논점은 교육과정과 수업을 이해하고자 노력하는 이들(우리들)에게 이 복잡한 요인들이 미치는 영향이다. 이에 대한 구체적 논의를 위해 이전에 언급한 것을 다시 자세히 들여다보자.

> … 그리고, 매번 던져지고
> 이런 저런 실수들을 하며
> 그럼에도 나를 진실의 가운데로 가까이 데리고 왔다
> — E. B. 브라우닝, *Aurora Leigh, Book First*

그 중심 진리(central truth)는 아마도 내가 어떻게 형성되었는지 그리고 그것에 따라 어떻게 살고 있는지를 말하는 것이리라. 하지만 그러한 성취를 위해서는 어떤 정신적 균형이 있어야 한다. 하지만 이는 쉽게 얻어지지 않는다. 그러한 성취에 이르는 것도 힘들뿐더러 이른다 할지라도 다른 어려움에 직면하게 된다.

물론, 이 실제적 자아의 목적지는 학교에서 지속적으로 변화한다. 대부분의 공립과 사립 학교의 학생들에게 있어서 그들에게 제시되는 '학습자' 의 본보기는 그들이 누구인지에 따라 그리고 그들이 가정에서 기대받는 정체성과 상충된다(Pinar, 1975). 사회 계층이 이동함에 따라 심리적인 왜곡 또한 일어난다. 개성의 형성과 인지를 포함한 사회심리적 과정을 상업화하는 경향을 보이는 자본주의 경제 또한 자기 소외를 일으키는 데 기여한다. 이 자본주의 시대에 교육 기관 내에서 실제적 존재(authentic being)와 실제적 자기 이해(authentic self-knowledge)를 찾아보기란 힘들다. 따라서 '본질로 돌아가라' , '실제적인 목소리를 탐구하라' 는 요구는 정치적임과 동시에 인식론적이며 교육적 내용을 포함하고 있다. 이러한 노력은 정치적/문화적 비판을 가능하게 하는 괄호치기(bracketing)와 거리두기를 필요로 한다. 토레거(Troegger)와 같은 설교주의자들(Homeleticians) (Pinar, 1988 참고)은 '실제적인 목소리' 를 효과적인 설교의 '전제조건' 으로 본다. 그것은 또한 현 상황에서 다른 교육적 형태의 전제조건이기도 하다.

'중심진리 가까이 다가가는 것' 은 무엇을 의미하는 것일까? 하이데거가 이야기하는 잘못된 가치나 거짓 자기(false-self)의 세계에서 길을 잃은 사람에게는 아마 '집으로 돌아가는 것' 일 것이다. 하이데거에게 이 말은 크게는 베를린이나 뮌헨과 같은 복잡하고 큰 도시의 대학에서 가르칠 기회를 물리치고 집에 머무는 것이다. 그는 자신이 태어난 곳 근처의 작은 도시 프리베르크에 남아있고자 했다. "철학적 탐구는 그것을 인간의 냉담한 사업과 같은 과정으로 분리시키지 않는다. 그것은 소작농의 작업과도 같은 것이다. 어린 일꾼이 무거운 썰매를 언덕 위로 끌고 올라가 그 위에 밤나무 목재를 한가득 쌓아 올린 후 위험한 내리막길을 지나 집으로 가져오는 것, 천천히 걸으며 생각에 잠긴 목동이 소떼를 언덕 위로 몰고 올라가는 것, 그리고 헛간에 있는 소작농이 지붕을 덮을 수많은 널빤지 지붕을 준비하는 것, 나의 작업 또한 그런 것이다. 그것은 소작농의 삶과 가깝고도 깊게, 너무나도 친밀하게 연관되어 있는 것이다" (Heidegger, Megill 재인용, 1985)

물론, 또 달리 생각해보면, 집으로 돌아가는 것이 도시가 될 수도 있을 것이다. 지형학적인 이동(혹은 머묾)은 심리적 여행에 가변적으로 영향을 미친다. 후자가 더 적절할 것이다. 집으로 돌아오는 것은 근원에 대해 더 깨어 있는 것, 무의식적인 것(꿈을 통해서나, 환상을 일깨우는 등)이 표출될 수 있도록 '열린' 마음으로, 그 근원적인 것을 현재의 상황에 통합하는 것을 의미한다. 자신이 태어난 곳 근처에 머무는 것이 어쩌면 이것을 가능하게 할 수도 있을 것이다. 하지만 이것은 단지 그 가능성만을 의미한다. 집과 자신이 태어난 곳에 대한 하이데거의 경의(숭배)는 어떤 '향수(nostalgia)' 로 간주될 수도 있다(Megill, 1985). 많은 사람들에게 있어서 '집으로 돌아오는 것' 은 멀리 떠나는 것일 수 있다.

집으로 돌아오면 그럼 문제가 해결된 것인가? 어쩌면 '실제성' 은 그럴 수도 있지만, 교육적인 문제가 남아 있다. 지금까지 형성된 나 자신으로 나는 무엇을 할 수 있는가? 다시 말해, 알려지는 것에 대한 아는 사람과의 관계(the relation of the knower to the known)는 무엇인가? 만일 지금까지 형성된 내가 동성애혐오주의자, 인종주의자, 여성혐오주의자라면 어떠한가? 인종주의를 경험하는 것이 어쩌면 심리적인 치료 혹은 일시적인 자기 수용을 가져오게 할 수도 있을 것이다. 하지만 이러한 행동은 이해하는 부분적인 의식으로는 충분하지 않다. 그러한 특정한 과거의 유산을 극복하기 위해서 개인은 논리적으로, 기도나 혹은 다른 종교적인 방법으로, 그리고 어쩌면 학습을 통해 부단히 노력해야 한다. 여기서 중요한 점은 '자기 이해와 실제성이 시사하는 바가 큰 만큼, 이 방법을 통한 심리적인 최종상태를 알고자 함과 동시에 예증하려는 노력이 교사들에게 중요하다는 것이다. 즉, 자기 이해를 위해서 어떤 태도와 행동이 적절한가?' 라는 질문을 하기 위한 장을 마련하는 것이다.

푸코(Foucault)에게 있어서 이 질문은 반드시 주변화된 다양한 집단들, 즉 소위 말하는 미친(정상이 아닌), 결핍된, 혐오스러운 집단을 식별(확인)함으로써 이루어져야 한다고 주장한다(Megill, 1985). 사르트르(Sartre)에게 있어서 그 답은 글쓰기는 본질적으로 철학적이면서 정치적임과 동시에 거리에서의 정치력 행사와 같은 전통적인 정치적 행동이다(Cohen-Solal, 1987). 푸코에게 있어서 그러한 구분은 없다. 글쓰기는 그 자체로 정치적 행동이며 이론이 곧 실제다. 정치는 많은 담론(세계관, 세계표현)들 간의 힘겨루기다. 따라서 담론을 통한 투쟁(분투)은 피할 수 없이 정치적이다.

사회의 주변화된 집단을 찾아내고자 하는 선택(결단)은 정신 내부적으로 이루어질 수 있다. 그리고 이는 '자아의 구성(architecture of self)' 에 의해 암시되는 생각과 행동의 어떤 경향을 보여줄 수 있다. 물론 사회 집단과 일대일로 상응하는 정신적 요소들이 있는 것은 아니며 전자(사회집단)에 의한 고통이 후자(정신적 요소)에 의한 억압에 상응하지도 않는다. 존재론적으로 비교할 수 없는 측면이 있음을 이해하고, 개인은 '정치적 행동은 한 개인 안에서 일어나야 하고 일어날 수 있으며, 집단이나 개인의 성향을 넘어서도 일어날 수 있으며 일어나야 한다' 는 것을 받아들여야 한다. 라이히(Reich, 1961)와 래쉬(Lasch, 1984)는 '성격 구조' 와 '정치적 성향' 과의 연관성에 대해 논의했다. 그 연관성이 설명적이라기보다 시사적이며, 그 두 관심 영역의 연결(그것이 아무리 복잡할지라도)이 적절하다는 것을 보여준다.

래쉬는 세 번째 요소를 추가했는데 그것은 '역사적 순간' 이다. 래쉬는 저서 『최소한의 자아(The Minimal Self)』(1984)에서 20세기의 두 가지 사건(홀로코스트와 최근의 핵 위협 그리고 이미지즘 문화의 발달)[3]은 승화된 자아(self)와 사회적 영역(public sphere, 인간을 포함한 그 속의 객체들 모두)과의 승화된 관계를 침식시킨다고 했다. 이에 자아는 쇠약해지고 자만하거나(self-involved, 자기에게만 몰두하거나) 자기 도취적으로 된다. 이로써 현재중심주의(presentism)와 정치적 수동성이 강화된다. 현재중심주의는 그것이 독아론(solipsism)적이거나 공생(symbiosis)적이건 간에 이 둘 모두 같은 심리학적 경향성을 가지고 있다. 학교에서 이러한 문화적 성향은 아노미를 일으킨다. 승화로의 능력과 가능성을 위축시키는 극단적으로 직선적인 시대에 뒤떨어진 교육과정은 생명력을 잃고 시들어간다. 학문적 노력의 문화적 특성적 기반이 없기 때문에, 학교 관리자와 학부모들은 외적 보상이나 벌에 더 의존해야만 한다(Lasch, 1984). 집으로 돌아오는

---

3) [역주] Holocaust는 제2차 세계대전 중 독일 나치에 의해 자행된 유대인 대량학살을 가리킨다. Imagism은 20세기 초에 등장한 (반낭만주의 성향을 띠는) 문학사조의 하나로 사물을 구체적으로 묘사하여 보다 명확한 이미지를 전달하고자 하는 움직임이다.

것, '중심 진리' 를 찾는 것, 자신을 발견하는 것, 이 같은 작업들은 단지 시작에 불과하다.

> 누군가 이야기하는 것
> 그 모든 것은 다른 무언가를 이야기하기 위한
> 성공하지 못한 노력들이다.
> – 버트런드 러셋, *letter to Lady Ottoline Morrell*, August, 1918.

정신분석학은 한 개인이 이야기하지 않은 것, 알지 못하는 것, 과거에는 어떤 사람이었었는지를 참구하는 하나의 체계적인 방법이다. 정신분석학이 과학적인지 아닌지는 이미 진부한 논의가 되어버렸지만 그것은 과학적 근원을 가지고 있다. 이 방법이 과학적이거나 그렇지 않거나, 가다머(Gadamer)가 이야기하듯이 과학적 움직임과 접근방법이 인간과 그들의 문화적 영역을 연구하는 방법으로서 전체적으로 얼마나 부적절한지를 보여줄 수 있을 것이다. 이에 가다머는 구성적(피아제의 구성주의가 아니다)-미학적 인식론을 주장했다. 이것은 발견보다는 창조에 중심을 두는 지식습득이론(theory of knowing)이다.

니체(Nietsche)는 그것이 철학적이든 과학적이든 간에 시스템, 다시 말해 체계적인 것을 반박(비난)한다(1974). 그는 『우상의 황혼(The Twilight of Idols)』에서 "체계적인 것에 대한 의지는 진실성의 결여와 같다"고 했다. 그는 '생각의 체계화' 를 혹독하고 혼란스러운 인간 존재의 본질로부터 우리를 단절시키는 '내적인 장막(veils of maya)' 으로 보았다. 반성과 체계화가 개인과 그들의 일상적인 삶의 유연성과 동요 사이에 만들어내는 거리는 곧 아폴로신의 꿈(Apollonian dreaming)과도 같은 것이다. 그런 꿈은 '행복한 환상의 치유적인 향유' 로서 우리를 위로하므로 '아름다운 베일로 그 부조화를 가려 우리로 하여금 화려한 환상' 을 갖게 한다(Nietzsche, 1974).

니체는 아폴로적인 동향(Apollonian movement)과 디오니소스의 자극(Dionysian impulse)(이론화와 체계화로 만들어진 장막에 대한 예리한 비판 혹은 정적이고 안정적인 것에 대한 비판)을 대비시킨다.[4] 그러한 안정성은 디오니소스의 '도취된 현실(intoxicated reality)' 에 의해 도전을 받는다. 이러한 도전이 (아폴로의 꿈보다) 실제에 대한 보다 '진실된' 경험으로의 접근을 필요로 하지만 니체는 이것이 어떤 절제되거나 제약받지 않는 것이며, 이러한 자극은 순식간에 초월적인 것으로 혹은 열광적인 것으로 나아간다고 했다(Megill, 1985).

니체의 대조 혹은 대조의 성향은 아주 간단한 자기 체계를 보여준다. 아폴로의 흥미는 그것의 '안정성 추구' 보다는 징벌 지향적이지 않지만, (다소 제한적이기는 하지만) 프로이드의 이드와 수퍼에고의 비유와 매우 유사하다. 다른 역사적 시기에는 사회계층, 민족, 계층이나 민족집단 안에 있는 개인들에 따라 어떤 자극이나 충격들이 증가하고 다른 것들은 줄어들 것이다. 래쉬는 현 시대의 (특히 남성의) 자아는 정체성의 지속성과 고정성에 대한 아폴로의 환상이 깨짐에 따른 디오니소스적 모순의 자비(금욕이나 자기 혼돈과 같은 나르시시즘을 포함한 증상들)와 더불어 약화된다고 했다. 여기서 흥미로운 것은 언어에 있어서의 디오니소스적 영향에 대한 니체의 설명은 공생(symbiosis, 자아를 외부세계에 표출하는 나르시시즘의 한 형태, 개인의 독립적 정체성이나 존재를 부정하는 것)에 대한 래쉬의 설명과 매우 관련 깊어 보인다. 디오니소스는 '신비한 원초적인 결합'

---

4) [역주] Apollonian과 Dionysian은 그리스 신화에 근거한 철학적 문학적 이분법적 개념이다. 아폴로와 디오니소스는 모두 제우스의 아들로서 아폴로는 태양, 꿈, 논리의 신이고, 디오니소스는 술(wine), 황홀경(ecstasy), 흥분(intoxication, 혹은 도취)의 신이다. 고대 그리스에서는 이들 둘을 상대적이거나 적대적인 것으로 보지 않았지만 많은 다른 분야에서는 이 둘을 그렇게 대비시켜 논의한다. 자료출처: http://en.wikipedia.org/wiki/Apollonian_and_Dionysian

으로 이끄는 '어머니 존재' 의 발견을 추구한다. 대상관계이론(object relations theory)에서 이는 '과다결정된 에고' 로의 갈망(어머니와의 전외디푸스적 동일시로부터 극도로 멀어진, 원자화된 물질 세계에서 하나로 꼬여 있는, 어떤 의미나 위안도 없이 소용돌이 치는 그렇게 과다결정된 에고)을 의미한다(Chodorow, 1978). 이는 곧 래쉬가 말하는 유아론자(solipsists)들의 '소외 혹은 무기력' 이다.

지금의 미국 학교교육은 다양한 문화가 유입되던 시기를 거치며 부흥을 이루었다. 1890년에서 1930년 사이 이민자가 증가할 때 몇몇 사람들은 미국의 정체성이 위협을 받을 것이라고 염려했다. 인종주의 단체들은 미국교육학회(National Education Association)와 같은 주류 교육단체에 영향력을 행사했다(Selden, 1988). 아마도 이 디오니소스적 발달 절정에서 관리, 사업, 교육 행정의 조상들에 의해 표준화 확대와 강화를 위해 교육과정 분야가 탄생했을 것이다. 그것은 문화적으로 이민자들의 자녀들을 그들의 부모와 그들 부모의 근원으로부터 멀어지게 했으며, 그들을 위해 극도로 가부장적인 과다결정된, 전형적인, 믿을 만한 어떤 특정한 미국의 정체성을 심으려는 노력으로 작용했다. 교육과정의 강조점은 언어, 문화적 기대와 표준에 맞는 의복, 예절 등과 같은 요소들, 대량생산을 위한 노동자 직업교육, 사업을 위한 산술 등이었다.

문화화로서의 교육과정, 정치적 사회화로서의 교육과정은, 니체의 관점에서, 힘에 대한 인간 의지의 형이상학적 표출이다. 이런 관점에서 교육과정은 미스터리에서 진리를 찾고 혼돈에서 질서를 만들어 내려는 인간의 교만이다. 니체가 말하기를 "그것은 변함 없는 끊임 없는 현상이다. 그 탐욕스러운 만족할 줄 모르는 의지는 항상 삶 속에서의 생명력을 저해하는 방법을 찾고, 어떤 환영을 만들어 냄으로써 그 속에서 살도록 강요한다" (Nietzsche, 1956). 학자, 이론가, 지성인들은 정보를 찾아내고, 상상적으로 해석하며, 설득적으로 주장하는 정보들 덕에 어떤 특권적 관점을 가졌다고 믿는다. 니체는 이러한 믿음은 환상이라고 말한다. '정신의 삶(the life of the mind)' 을 사는(사유하는) 학자들뿐만 아니라 다른 사람들은 '경험의 상처' 를 향유하고자 분투하는 단지 남자 여자와 같은 사람들이다. 형식적 작용에 대한 피아제의 발달적 성취(이해) 또한 이러한 환상의 또 다른 진술이다. 니체는 인간의 추상적인 생각은 '서툴고, 덧없고, 목적이 없으나, 강력하다' 고 했다. 인간의 생각은 실제의 변조(falsification of reality)다. 니체는 또한 "모든 개념은 불일치를 일치시킴으로써 만들어진다" 고 했다. 니체가 말하는 세상은 질서가 없고, 분자화된 물질과 환경으로 이루어져 있으며, 어떤 형태의 결론이나 일반화도 이루어낼 수 없는 세상이다. 과학은 이러한 실제를 부정하고 왜곡하는 현 시대의 종교와도 같은 것이다. 니체는 기독교의 신은 어쩌면 죽었을지 모르지만 '그' 가 또 다른 형태로 대체된 것이 바로 '과학' 이라고 주장했다. 과학자들은 현대 사회의 가장 높은 목사(설교하는 사람)다. 그들은 오늘보다 더 나은 내일의 삶을 질병, 고역, 무지가 없는 그런 내일을 약속한다. 니체에게 있어서 이러한 약속은 기독교에서 공식적으로 제시되는 그것, 입증할 수 없으며 십일조를 내도록 만드는 그것과 다르지 않다.

이러한 '구조(scheme, 윤곽 혹은 개요), 어쩌면 반구조(anti-scheme)' 속에서 인간의 인지는 어떤 기능을 하는가? 간단히 말해 개념은 진실(실제에 대한 진정한 지식)을 나타낸다고 이야기될 수 없다. 반대로 그것들은 실제의 다양성, 풍부함, 생명력을 앗아가는 텅빈 구조들이다(Megill, 1985).

니체는 우리를 어디로 안내하는가? 디오니소스의 즉시성과 관능성? 답은 YES 그리고 NO. 그는 양쪽 모두를 갈망하면서, 즉시성과 관능성을 추상성 속으로 초월함으로써만 우리 인간은 어느 정도의 인간다움을 이룰 수 있다고 했다. 멕길은 이 문제에 대해서 "…니체는 개념적인 세상의 파괴가 아니라 그것의 해체를 예상한다. 그 개념은 개념적 세계를 파괴하는 것이라기보다 그 세계를 심미적 환상과 놀이의 어떤 영역으로 옮겨가는 것을 의미한다"[5](Megill, 1985, p. 53)고 했다.

과학은 신화작가(myth-maker)로서, 모든 예술적인 창조로서, 칭송받는다. 니체는 저서『인간 모두가 인간(Human, All-Too-Human)』에서 '과학의 정신', '과학적 방법', '논리적 사고', '엄밀한 생각, 신중한 판단, 논리적 결론', 그리고 '계몽 정신'이 '이상주의(Romanticism)'에 상대적인 것이라는 것에 동의했다. 이와 관련해 멕길(1985)은 다음과 같이 이야기했다.

> 니체가 말하기를 예술가들은 지적능력이 그렇게 뛰어난 사람들이 아니다. 예술가들은 '계몽과 인류의 문명화에 앞장서지 않는다' 그는 그의 일생 동안 어린아이인 채로 남아있기 때문에 그의 발달은 '그의 예술적인 자극에 의해 매료된' 그 시점에 머물러 있다. 예술가들은 '항상 필연적으로 에피고니(epigoni)'적인 면을 가지고 있다. 그들은 자신들의 고단한 삶을 비춘다. 그들의 치유는 오로지 순간적인 동시에 인간을 '자신들의 상황에서의 순수한 의미의 발달로의 노력을' 저해하는 의도하지 않은 결과를 낳기도 한다. 그들의 퇴보, 그들의 어린아이와 같은 상태는 신 혹은 악마에 대한 믿음, 자연의 영성화, 과학의 혐오를 낳는다. (p. 67)

하지만 이러한 실증주의적 관점은 '예술과 같이 과학 또한 허구다'라는 것을 더욱 명확하게 보여준다. 과학에서 칭송할 만한 것은 곧 예술에서 칭송할 만한 것과 같다. 다시 말해 그것은 우주의 질서를 만들고, 필수적인

---

5) [역주] 파이너는 여기서 니체가 이야기하는 심미적 환상과 놀이의 영역(a realm of aesthetic illusion and play)은 데리다의 해체(deconstruction)와 같다고 이야기한다. 어떤 대상이나 현상을 그대로 표현(representing)하는 것이 아니라, 부분으로 나누었다가 다시 합치는(분해하고 다시 조립하는, 하지만 이전의 것과는 다르게 되는, 장난감과도 같은) 그래서 그것들의 비정형성, 창의성, 구성성을 보여주는 것이다. 파이너는 언어, 생각, 개념 이 모두를 지속적으로 떼어내고 다시 합치는 (마치 장난감 레고처럼) '게임'을 해야 한다고 이야기한다.

거짓을 만들고, 신화로서의 기능 그리고 신화가 만들어지고, 상실되고, 다시 만들어지는 수단으로서의 기능을 하는 허구의 능력이다. 니체에 따르면 현대과학에서의 악마는 신화의 파괴, 합리성에 기반을 두며 강박적으로 회의적인 서구 문화의 탄생이다. 니체는 이것을 재앙으로 보았다. 니체에게 있어서 신화는 건강한 문화를 위해서 반드시 필요한 것이다. "신화가 없는 문화는 그것의 창의적 생산을 위한 건강한 힘을 잃는다. 단지 신화에 따른 영역(범위)만이 전체 문화운동을 통합하고 완성한다. 신화는 아폴로의 꿈과 상상력을 가진 이들을 목적 없는 배회함으로부터 지켜준다. 그러면 문제는 신화를 회복하는 것 다시 말해 잃어버린 문화의 생명력을 회복하는 것이다" (Megill, 1985, p. 75)

물론 문화적 신화는 개인적 신화와 얽혀있다. 어떤 면에서 자아의 구성은 신화적 요소 특히 그것의 문학적 하위 분야인 이야기와 함께 이루어진다. 우리는 가족, 학교의 역사 등에 관한 이야기들을 한다. 우리의 개인적 이야기들은 우리가 속한 문화의 이야기 안에서 일어나거나 함께 일어나기도 하며, 간혹 문화적 이야기를 부정하거나 반박하기도 한다. 여기서 중요한 점은 니체의 관점에서 보면 자아는 '마음에 그려지는 전경에 의해서 만들어지는 어떤 가공의 것이라는 점이다. 그것은 심미적인 창조다. 자아는 '이야기하기(story-telling)' 그리고 '신화 만들기(myth-making)' 를 통해 만들어진다.

교사와 학생의 해석을 거부하고 그들을 주변부로 내모는 교육과정은 자아를 단지 하나의 구성요소로 무너뜨리거나(백과사전과 같은 지식은 가지고 있으나 자신들의 생각은 거의 없는 전형적으로 복종적인 교사와 학생) 멀어지게(소외된 자신으로 물러나게) 한다. 즉 처음 그대로의 에고로 돌아가도록 한다. 이 에고는 과다결정되고 응결된 에고, 실제적인 문제들과 통합되려 하거나 할 수 없는 따라서 실제적인 것에 이를 수 없는 에고다. 자아의 구성을 위한 실제를 구성하는 것을 포함한 교육과정의 가능한 교육적 기능은 '신화 만들기'와 '이야기' 과정과 분리될 수 없다.

> 논리(reason)…는 생각(thought)을 가로막는
> 가장 거만하고 고집 센 적이다.
> — 하이데거

어쩌면 자아의 구성에 관한 이미지가 정해진 계획, 고정적인 정체성, 진실된 자아 혹은 거짓된 자아를 의미할지도 모른다. 어떤 경우든 이는 지속적이고 어떤 경계가 있는 정체성을 의미한다. 물론 그 이미지가 어떤 고정성을 내포하고 있다고 할지라도 그 계획은 변할 수 있으며 변하는 것이다. 하지만 확실히 계획 혹은 현재의 구조는 (물론 쉽지 않다고 하더라도) 창작의 행동, 즉 니체가 이야기하는 심미적인 사건이다. 계획되고 구성된 것은 해체될 수 있는 것이다.

이 두 순간(계획, 해체) 모두가 자아의 구성에서 어쩌면 동시에 일어나지 않을지 모르지만 어쨌든 그 속에 일어난다. 언제 어떤 것이 의식적으로 구성되는지는 현재 구조의 특질에 달려있다. 래쉬의 '최소한의 자아(minimal self)'는 (자아가 헬스 클럽과 같은 요즘의 관심으로 보다 명확하게 이끌거나, 타자와 뒤섞여 덜 명확하게 나타나건 간에, 자신에 의해 사로잡힌 자아) 안정된 자아(개인적인 심리적인 자아에서 공적인, 사회적인, 정치적인 자아로의 신축성을 가진)를 만드는 데 의식적으로 주의를 기울일 것을 권유하는 것처럼 보인다. 과도하게 사회화된 개인들, 과다결정된 자아, 법인격의 과장된 에고(특히 남자)들은 '해체'의 순간을 추구해야 한다. 오로지 이 해체를 통해서만이 자아의 재구성이 시작될 수 있다. 이 자아는 심리적, 사회적으로 얼어 붙은, 과다결정된 자아가 아니라 실제, 과거, 미래에 대한 생각(관념)을 끊임 없이 조절함에 따라 새로운 정보를 처리하고 수용할 수 있는 자아다.

인간 삶 연구의 과학적 방법들, 특히 주류 사회과학에서 사용하고 있는

방법들은 서구의 두 개의 중요한 역사적인 발달과 관련 있다. '많은 이민자들의 유입에 따른 동종 문화 추구를 위한 결연한 노력' 그리고 사무직과 노동직 모두에서 어떤 동종성이 중요한 '대량생산' 이 그것이다. 그렇게 '만들어진' 개성(주체성)은 그 발달의 구조와 비슷하게 정적이고, 예측가능하며, 보편적인 것이다. 래쉬가 말하는 본질적으로 정적이지 않고 불안정하지만, 결국 종종 숨김없는 불안으로 인한 '최소한의 자아' 는 여전히 문화적으로 동질의 어떤 형태를 추구한다. 학교는 여전히 문화의 표준화 추구를 주된 목표로 하고 구성된다. 일반적으로 미국 대부분의 학교에서 이러한 문화 표준화는 성공적으로 이루어지고 있다.

과학으로서의 사회과학은 부분적인 성공을 거두었지만 인간의 삶에 대한 과학적 일반화가 가능하다는 문화적 환상의 선전은, 특히 심리학과 사회학과 같은 학문영역에서는 성공적으로 이루어졌다(Bauman, 1978). 하이데거는 인간에 관한 연구의 과학화에 반대했는데 그 이유는 정확히 그러한 접근의 몰개성화와 반주지주의적인 결과 때문이었다. 그는 학계에서 생겨나는 의문 탐구심은 점점 줄어들고, 그것들은 수치화된 탐구 방법으로 제한된다고 했다. 그는 연구방법적 일반화와 진부화로 향하는 그 시대의 학문 풍조에 반대했다(Megill, 1985).

하이데거는 또한 인지의 특질이 바뀐다고 보았다. 인지는 오로지 결론이나 결과에만 관심을 둔 '계산할 수 있는 것' 이 되었다. 경험과의 관계인 앎보다도 지식이 더 존중받는다. 하이데거는 결론으로서가 아닌 '활동으로서의 생각(act of thinking)' 에 관심을 가졌다. 그는 '열정적인 생각' 을 주장했는데 이는 계산적인 것이라기보다는 다소 명상적인 생각이다. 계산적인 생각은 도덕성을 사회과학으로, 윤리를 기술로 대체하는 현 시대 과학적 관념의 유산이다. 우리 현대인들은 우리의 내부적 삶을 살지 않고 어떤 공적인 삶을 산다. 멕길(1985)은 이야기했다. "하이데거는 가장 넓은 의미에서, '우리가 곧 대중의 기대를 만족' 시킬 때 우리를 이끄는 진부하며 피상적인 삶은 '우리가 소외된 존재'라는 사실을 볼 수 없도록 하며 대중(사회, 공적)적 공간에 있을 때 '집에 있는 것'처럼 느끼게 한다고 했다." (p. 118)

한때 하이데거의 작업은 향수를 나타내는 것으로 이해된 시대(비실제성, 조작, 허구적-공적 자아에 의해 손상되지 않았던)가 있었다. 발달적, 역사적으로, 이러한 시대를 다시 경험하는 것은 보다 기원적인 바로 그 '장소'로 돌아가는 것을 의미한다. 이 점에서 하이데거는 래쉬의 최소한의 자아가 내포한 공생적 지향점을 열망한다. 그 지향점(혹은 목표)은 합이성, 기만, 산업화와 후기 산업화 경제에 대해 의구심을 가지는 것이다. 멕길(1985)은 "간단히 말해 하이데거의 향수는 '근원에 대한 당면한(즉시적인) 디오니소스적 존재성을 열망하는 것으로 이해될 수 있다. 이 원초적인, 본능적인 디오니소스적 존재성은 모든 구분, 분리, 그리고 모든 다름이 허물어지는 것이다" (p. 125)라고 했다.

존재하는 것은 완전히 개인적인 경험이 아니다. 그러면 개성, 자아는 사라진다. 우리가 그러한 개인적인 경험이나 지식에 관심을 두어야 함은 당연하다. 하지만 그것들이 우리의 일상적 실제적 흥미를 얻기 위해서는 우리가 반드시 그것들을 공적인 공간으로 가지고 와야만 한다. 과다결정된 공적인(주로 남성) 에고 해체를 위해, 근원과 결합하는 전-개인적인, 전-외디푸스적인 하이데거의 회귀가 발달적으로 유용하다. 어쩌면 반드시 필요할 수도 있다. 이 해체를 통해서만이 묻혀진 실제적인 자아가 회복될 수 있다. 랭(1960)은 실패(breakdown), 심지어 광기가 어떤 면에서는 분별(sanity, 온전한 정신 상태)을 얻기 위해 반드시 필요한 방법을 보여줄 수 있다고 이해했다. 자아의 구성을 위해서 개인은 자신의 자아 구성을 모호하게 만드는 다시 말해, 자신을 알지 못하게 하는 현재의 구조를 판단(이해)해야만 한다. 그러한 탐구를 숙고해야 한다. 이미 쇠진한, 완전히 망가진 자아를 위해서는 또 다른 적절한 연구가 있어야 한다.

사회가 원하는 인간

푸코(Foucault)는 인간의 개성이 제도적 구조 속에서 어떻게 생산되는지를 탐구했다. 감옥, 정신병원, 학교에서는 어떤 특정한 형태의 실제가 나타나는 반면 어떤 다른 것들은 가려진다. 하지만 푸코는 '감시와 처벌' 을 유도하는 제도화의 틀 속에서 흐려지고 왜곡된 자아는 실제적인 자아가 아니라고 했다. 개인이 돌아가야 할 집은 어디에도 없으며 이미 형성된, 각인된 개성(주체)과 동일할 가능성은 없다. 지금까지 존재해온 개인은 그/그녀로서의 존재가 '아니었던 그리고 지금도 아닌 어떤 자아' 또한 포함하고 있다. 그리고 개인이 의식적으로 받아들이고 통합해온 자아만큼, 그 개인에 의해서 거부되고 억압된 것 또한 완전히 그 자아를 (분명히) 밝힐 수 있다. 개성에 있어서 자아, 자아 구성의 형상화에 의해 나타난 모든 과정과 가능성, 이 모든 것들은 정치적인 선택이다. 어떤 충동은 용인된 표현, 즉 합의된 지위를 가지고 있으나 어떤 것들은 그렇지 않다. 푸코에 의하면 힘은 '가리고', '숨기고', '검열하며', '추상화' 한다. 그 힘은 또한 '실제를 만들어내고, 물질의 영역을, 그리고 진실의 의식' 을 만들어낸다.

힘은 언어와 담론을 통해 그 형태를 갖는다. 사실 사물의 질서(The Order of Things)에서 존재하는 모든 것은 '언어이고 담론(discourse)' 이라고 했다. 이 세상이 곧 언어이고, 언어가 곧 세상이다. 예를 들어, 이론이 곧 실제다. "이론은 실제에서 적용하기 위한 것, 변형되는 것, 실제로 표현되는 것이 아니라 그것이 곧 실제다" (Megill, 1985, p. 195). 정신병적, 교육적으로 만들어진 언어에 의한 감시는 배제된 집단과 가능성에 대한 억압을 영속시키는 작용을 한다. 푸코는 배제된 집단의 투쟁이 어떤 형태의 인간적 가능성을 살아있게 한다는 것을 시사하며 그 집단 소외의 유인이 무엇인지에 대해서 이야기한다.

타자와 사물과의 관계 속에서 자아의 구성은 '배제' 를 필요로 한다. 구성을 위해 요구되는 배제는 정체와 체포를 대가로 하여 거부된다. 자아의 구성은 그것이 어떤 면에서는 안정성을 열망함에도 불구하고 개혁(재구성)을 추구한다. 여기서 중요한 점은 배제된 것을 '중지' 하는 것이지 '없애는' 것이 아니다. '배제' 에 있어서 주변화된 요소들은 없어진 것이 아니라 살아있다. 살아있음, 그것들은 수용된 어떤 요소들의 생명력을 가지고 있다. 치료를 통해 광기를 없애는 것은(그것의 경험을 형식적인 기호화의 틀에 맞추어 넣는 것은) "광기와 논리 간의 교환이 일어나는 확고한(불변의) 구문론이 없는 불완전한 말, 더듬는 말들을 망각 속으로 밀어넣는 것이다"(quoted in Megill, 985, p. 199). 만일 내가 나의 모든 관계에서 공적인 정확성이나 무미건조함만을 고집한다면 나는 현재로서 계획할 수 없는 미래의 전조가 되는 '내적 언어' 를 말살하는 것이다.

푸코는 가능성, 배제, 억압에 대해 깊은 관심을 가지고 논의했다. 그 방식은 언어와 담론을 통해서였다. 만일 실제가 본질적으로 논변적(discursive, 論辯的)이라면 그것은 논변적으로 변화할 수 있다. 이론이 곧 실제다. 푸코는 현존하는 질서의 모호성과 그것이 지닌 배제(exclusion)를 설명하고자 노력했다. 하지만 푸코가 이야기하는 광기, 감금, 성도착은 일시적인(잠정적인) 것이다.

> 만일 동성애가 주류 담론이 된다면 푸코는 그것으로부터 등을 돌릴 것이라는 것을 우리는 생각할 수 있다. 왜냐하면 어떤 새로운 주류 또한 새로운 배제의 체제를 만들어낼 장을 제공할 것이기 때문이다. 따라서 그가 관계를 맺고 있던 다양한 행동단체들에 대한 푸코의 태도가 역설적이며(ironical) 모호하다(double-edged)는 것은 놀라운 일이 아니다. 그는 그 집단들이 현존하는 질서에 도전하고 공격할 수 있기 때문에 그들과 기꺼이 함께하고자 한다. 하지만 만일 그 집단이 새로운 이른바 해방적 질서를 만들어내고자 한다면 그들에 대해 '매우 의심스러운 태도' 를 가진다. 푸코가 주

> 장하는 것은 현재의 어떤 질서이건 간에 그것에 대한 '체계적인 의혹의 도구', 다시 말해 그 도구는 어떤 모든 '논변적 결과 혹은 생성' (푸코 자신이 현재 결연해 있는 담론이나 행동집단 또한 포함하여)에 대항하여 사용될 수 있는 분석적 도구를 말한다.(Megil, 1985, p. 239)

푸코는 전복적인 정치적 입장을 취한다. 만일 사회(혹은 개인)의 질서가 항상 임의적이라면 지성의 역할은 그것이 무엇이건 간에 배제를 대변하는 것이다. 사회가 필요로 하는 인간(물리적 인간, 개성, 정치적 인간)은 푸코가 소외된, 주변화된 것으로 유혹하고, 전복하고, 재건하고자 하는 인간이다. 학교교육에 대한 그의 관심은 우리가 잠재적 교육과정으로 부르는 것(그는 이것은 명백히 있으며 단지 진술되지 않았을 뿐이라고 할 것이다)이 아니라 언어와 관계성의 실제와 가능성이 언뜻 보기에는 상상(생각)할 수도 없는 것이다. 예를 들어, 그것은 계산적이기보다 명상적, 합리적이기보다 직관적, 개념적이기보다는 사상적인 것이다. 푸코의 관점에서는 수학이나 과학이 아니라 예술이 교육과정적 중심에 놓일 것이다. 소외되고 주변화된 것이 중심이 된다. 지금의 정치적 논변적인 상태는 왜곡된다.

상업화된 주관성(사회가 필요로 하는 심리적 상태의 인간)은 와해될 것이다. 자아는 집중한다기보다 멍하게 된다. 주어진 순간에 얽매이지 않고 시간의 연속선상에 젖어 든다. 자아는 존재의 가장자리에 있는 하나의 인간, 물리적 객체들 사이의 존재로서의 인간을 경험한다. 과업 완수와 같은 효과를 위해 자아를 조작하는 것, 그리고 상호작용의 질은 공격받고, 유혹된다.

데리다(Derrida)는 푸코보다 더 풍자작가에 가깝다. 간혹 패러디 작가의 태도를 취할 때도 있다. 그는 어떤 주장을 하지 않고, 독자를 설득하고자 어떤 관점에 대한 증거들을 주의 깊게 구성한다. 때때로 그는 자신이 쓴 것을 의미하지 않는다. 바꾸어 말하면 그가 의미하는 것은 그가 쓰지 않은 것이다. 멕길(1985)은 이야기한다. "데리다가 정교화하는 모든 관점들은 찬성과 반대적인 측면 모두를 포함한다. 데리다가 취하는 모든 부분들은 그것을 취하는 즉시 무가치하게 된다"(pp. 261, 266) 푸코와 마찬가지로 데리다 또한 어떤 현상학적 본질, 어떤 존재의 결정적 본질, 어떤 실제적 자아도 취하지 않는다. 임의적인 배제와 강조가 존재할 때만 어떤 진실이 있다. 데리다는 하이데거의 관념 중 향수를 불러일으키는 주제들을 공격한다. 그렇게 하기 위해서 하이데거가 필요한데도 말이다. 멕길(1985)은 또한 이야기한다. "하이데거의 전망은 본질적인 드러나지 않은 의미들로 돌아가기 위해 전통을 파괴한다. 데리다의 관점에서 '파괴'는 '해체'가 된다. 이는 역사주의자들의 형태가 아닌, 근원에 주어진 어떤 특권도, 유지를 위한 어떤 전통도 없이 무너트림과 창조가 동시에 일어나는 것이다"(pp. 269-270)

어떤 의미에서, 내재적인 비안정성과 활력이 있는 데리다의 관점은 니체의 관점이나 의미가 없는 혼돈과 닮았다고 볼 수 있다. 하지만 다른 의미에서 데리다는 생각의 방법, 자아의 구성으로 나아가는 방법, 끊임 없이 변하는 니체의 혼돈의 질서를 복잡하게 만드는 생각의 방법을 제공한다. 이것은 구성하면서 해체하고, 상업화하면서 비상업화하는 방법이다. 데리다는 헤겔의 변증법적 개념을 차용하지만 그것에 네 번째 단계를 덧붙인다. 종합 이후에 오는 해체 단계다. 데리다의 사고와 역사에는 어떤 필연적으로 진보적인 것도 존재하지 않으며 카뮈(Camus)의 시시포스(Sisphus)[6]처럼 우리는 어떤 정적인 순간에 얽매여 있지 않다. 데리다의 우주관에는 정체와 동시에 움직임이 있다. 절주와 함께 중독이 있다. 유머와 함께 심오함

6) [역주] 그리스 신화에 나오는 인간 가운데 가장 교활한 것으로 알려진 시시포스는 사후에 지옥에 떨어져 큰 바위를 산 위로 밀어올리는 벌을 받아 이를 한없이 되풀이했다고 한다.

이 있다. 이들은 서로를 서서히 쇠퇴시키고 결국 왜곡시킨다. 물론 그 과정은 정치적이며 인식론적이다. 데리다는 푸코처럼 주변화된 것을 지지하는 것처럼 보인다. 하지만 이는 그것의 내재적 가치 때문이 아니라 그것이 주변화되어 있기 때문이다. 이러한 관점에서 데리다의 유대인은 푸코의 동성애자와 같다(Megill, 1985).

담론의 어떤 순서 또한 주변화되어 왔다. 데리다는 서구의 역사에서 글쓰기는 낮은 위신을 가지고 있으며 저자세를 취해 왔다고 본 것 같다. 연설이나 담화가 더 중요시되었다. 데리다에게 있어서 연설은 즉시성, 명료함, 진실의 표현과 경험 즉 '상징화된 초월성' 이다. 글쓰기는 부차적인 것, 소원한 것, 추상적인 것이다. 데리다는 "글쓰기(분별 있는 명문)는 서구적 전통에서는 정신, 호흡, 연설 그리고 이성 외부의 어떤 것으로 간주되어 왔다" 고 했다. 멕길(1985)은 연설은 즉시성을 내포하고 있으나 글쓰기는 그것을 부정하는 것이라고 했다. 목소리는 말함과 동시에 그 즉시 사라지지만 글쓰기는 하나의 중재다. 글쓰기는 그것의 근원으로부터 분리되고, 그 근원이 사라진다고 할지라도 생명력을 잃지 않는다 (pp. 285, 287). 데리다는 "글쓰기는 중재, 이성(logos)으로부터 떠나는 것이다. … 글쓰기는 자연적인 것(원초적인 것) 그리고 이성 속의 새로움에 대한 즉시적인 감각적 존재의 위선이다" (quoted in Megill, 1985, p. 287)고 했다.

니체나 하이데거가 추상화를 생세계(Lebenswelt)로부터의 왜곡이나 산란으로 본 것과는 달리 데리다는 경험과 존재의 중재를 실제의 이해를 위해 본질적인 것으로 이해했다. 연설(말하기)이 간과할 수 없는 중재의 기능을 흐리게 하고, 이를 통해 감각적인 것과 논변적인 것의 거리를 줄이지만 그것이 세상을 완전히 변화시키지는 않는다. 푸코와 데리다는 이 중재 인식론의 이중성을 지적했다. 예를 들어, 형상, 놀이, 신체의 결합은 논변적인 형태들이다.

예를 들어 푸코와 데리다는 특정한 짝짓기 형태가 자연적인 것이고 그렇지 않은 것은 비자연적인 것이라는 접근의 생물학주의적 향수를 부정한다. '자연적인 것' 에 대한 경험과 판단은 논변적인 것이며, 정치, 경제, 문화, 역사의 중재 속에 놓여 있다.

어떤 해부학적인 부분과 타자에 대한 혐오의 결합, 해부학적 윤곽을 그리는 것 그 자체[실제적인 예로 살이 찌다와 야위다]는 논변적인 중재를 상징한다.

자서전과 자아의 구성

데리다의 관점에서 글쓰기는 공간과 주고받는 중재의 움직임이 그 형체를 잃어가는 어떤 건축(구성)과도 같은 것이다. 만화경의 자극, 직관, 기억, 꿈이 드러나고, 이론화되며 이야기로서 들려진다. 자서전 또한 이러한 작업을 심도 있게 추구한다. 이는 자아의 구성이자 변형, 학습이자 반학습이다. 시나 음악과 같은 양식의 말하기(연설)는 하이데거의 '존재의 근거(the ground of being)' 가까이서 맴돈다. 하지만 글쓰기, 자서전 작업은 날아올라 높은 곳에서 새로운 전경, 새로운 구조, 특히 정부, 주, 학교의 선언에서 배제된 이들을 구별(발견)할 수 있다(Megill, 1985).

래쉬는 과거 홀로코스트에 의해 그늘진 현재의 삶의 테러가 자아를 정치적 수동성으로 최소화함으로써 염려하던 일이 벌어지게 했다는 것을 암시한다. 최소화된 자아는 예언적인 심리적 경험 위를 맴돈다. 그리고 그것이 처한 '조건(환경)' 에 사로잡힌 채 정치적인 세계가 소멸시키고자 위협하는 '건강' 을 지키고 발달시키고자 지속적으로 노력한다. 최소화된 자아는 그 자신으로부터 벗어나 (사실상) 자신이 희미해진 그 세상, 그 세상의 신비한 융합으로 나아간다. 공적인 영역과의 관계의 소실, 개인적인 자아의 공적 자아로의 확대는 중재의 공간, 글쓰기의 부차적인 것, 소외되고 주변화된 것에 대한 공감과 동일시를 의미한다. 래쉬는 우리에게 유대-기독교 전통(Judaic-Christian tradition)을 상기시킨다(Lasch, 1984). 이러한 움직임이 '공적인/사회' 영역과의 관계된 자아의 구성을 뒷받침하고, 니체가 이미 지적한 달콤함으로 포장된 악의(증오)인, 전통 속의 이데올로기로 침식되지 않으려는 움직임, 이것이 팽창이 아니라 '극대화' 다.

자서전은 중재의 영역을 만들고, 확보하며, 또한 확대하는 방법이 될 수 있다. 자서전은 기억의 한계를 확장하고, '잊혀졌었던' 억압받아 왔던, 그리고 거부되었던 것들을 드러냄으로써 영역을 확장한다. 그렇게 하기 위해서는 우리의 이야기가 우리의 뒤를 잇는 비행기 여행객이나 AERA에서 만나는 동료들을 위해 우리가 간직하는 것이 되지 말아야 한다. 그 이야기들은 기대된 효과를 거두기 위해 과거나 현재를 꾸미거나 숨기기 위한 것이 아니다. 자아의 구성을 보다 복잡하게 만드는 자서전은 자기 방어를 뿌리치고 기억의 아래로 내려간다. 이 방법은 감각적 경험을 불러낸다. 하지만 이렇게 하는 것이 과거의 현재의 관점으로 묘사하고자 함은 아니다. 대신 자서전은 위로와 재미를 위해 우리가 들려주는 이야기들을 탐구함으로써 우리가 그 과거 속으로 다시 들어갈 수 있도록 해준다. 그것의 다차원성과 비순서성을 가지고 어쩌면 현재에 존재하는 과거를 다시 경험할 수 있도록 한다. 이제 기억의 경계는 물려지고 경험의 수분과 공기가 스며들어 우리 기억의 항아리를 더 크게, 깊게 그리고 더 복잡하게 만든다.

자서전적 탐구에 있어서 그 과정 자체를 더 명료화하는 것, 빌딩의 소유주와 세입자를 명확히 하는 것과 같은 변하지 않는 조직의 구성을 경계해야 한다. 노만 홀랜드(Norman Holland, 1980)의 작업은 독자들 사이에 어떤 통일성이 있다고 주장한 점에서 이전에 언급한 위험성을 내포한다고 볼 수 있다. 그는 "텍스트에는 객관성이나 통일성이 없지만 독자들의 전기적 주제에는 통일성이 있다" 고 주장했다. 그것과 상관없이 문학적 텍스트(여기서는 교육과정이 될 수 있다)는 독자들의 삶의 주제들이 투사되어 있는 로호사르 테스트(Rorschach test)다. 텍스트의 통일성은 없다. 동일성에 대한 환상은 삶 주제들에 내재한 통일성에 의해서 만들어진다.

물론 그런 주제들이 있으며, 진실된 혹은 거짓된 자아들이 있다. 하지만 홀랜드의 작업은 그 주제들 속의 진실은 타자를 배제함으로써 생긴다는 사실을 모호하게 한다. 그 배제나 부재 또한 진실이다. 개인 삶 주제의 모호성과 편파성을 부정함으로써 개인은 거짓된 안정성과 자아의 통일성을 텍스트의 거짓된 통일성과 대체한다.

자서전적 연구방법이 흥미로운 것은 그것이 우리에게 풍부한 자료를 제공해주기 때문이 아니다. 이러한 고정관념은 또 다른 형태의 자기 상업화나 구체화로 나타날 수 있다. 자서전이 흥미로운 것은 그것이 들려주는 이야기가 그 이야기하고 듣는 양쪽 모두를 더욱 복잡하게 넓혀주기 때문이다. 우리는 우리가 들려주는 이야기가 암시하는 타자와의 관계, 우리가 이야기한 것뿐만 아니라 하지 않은 것에 의해 암시된 관계인 것만큼이나 '우리는 우리가 하는 이야기가 아니다'.

데리다가 이야기하는 있음(presence)으로서의 연설, 부재(absence)로서의 글쓰기는 라캉(1977)의 관점에서 본 '빈 주체(empty subject, 관계에 의해서 정의되고 주제적 통일을 이룰 수 없는)'를 시사한다. 라캉에게 있어서 자아는 빈 공간, 복잡한 기능, 가능성, 목소리, 타자를 구성하는 '질문(대답)'에 대한 '대답(질문)'이 교차하는 공간이다.

그렇다면 과연 진실된 목소리, 진실된 자아는 존재하는가? 텍스트를 이야기하고 텍스트 혹은 자아를 부인하는 것은 지속적으로 수없이 일어날 수 있다. 그 안에서 양식화되고 그것 자신들만을 가리키는 텍스트에 대해 데리다(1981)는 다음과 같이 이야기했다.

> 모든 요소는 그것이 속한 고리나 시스템 안에 있는 다른 요소들 속의 그것 자신에서 그것이 만들어낸 자취에 따라 영향을 받는다. 이로 인해 모든 요

> 소(음소, 서기서)는 그것이 속한 고리 혹은 시스템 안에 있는 다른 요소들 속에 있는 그것을 기초로 하여 구성된다. 이러한 뒤섞임으로 인해 텍스트는 다른 텍스트의 변화 안에서 생겨난다. 어떤 것도(그 시스템 안의 어떤 것도 그 속의 요소들 중 어떤 것도) 단순히 존재하거나 부재하지 않는다. 단지 자취의 자취와 다름만이 모든 곳에 있을 뿐이다. (p. 26)

자아-자아, 자아-타자, 자아-물체 관계가 승화/탈승화가 번갈아 일어나는 자서전은 학교로부터, 일반적으로 공적인 영역으로부터 배제된 것이다. 자서전적으로 자아가 타자와 적극적으로 관계를 맺는 것은 개인 간 관계를 탈상품화(de-commodify)시킴에 따라 최소화된 심리적 자아를 공적인 정치적 영역과 연결시킨다. 만일 이 작업이 배타적으로 이루어지거나 말하기(대중문화의 순간성인 즉시적 존재)를 통해서만 이루어진다면 이 작업은 (평가절하) 타락의 위험성이 있다. 이 구성(건축)은 글쓰기의 '부차성(secondariness)' 을 통해 개인은 홀로 (키에르케고르가 이야기하는 '자신과의 독백) 자아에 대한 개인의 존재, 타인에 대한 자아의 존재를 구성하고 해체할 수 있다. 니체의 짜라투스트라(Zarathrustra)와 같이, 개인은 '모든 단어, 모든 영혼의 가장 긍정적인 것을 부정하고, 자신 안에 새로운 통합으로 점철되어 있는 모든 반대되는 것들을 부인하며' (Neitzsche, 1979) 자신을 구성하는 요소들을 재구성할 것이다. 자아의 구성은 실제적인 인간성을 구성하는 것이다. 이러한 점에서 자서전은 역사의 재구성임과 동시에 생애사의 재구성이다. 이점에 대해 니체는 다음과 같이 이야기한다.

> 자신의 역사와 인간 역사 전체를 경험하고자 하는 누구라도 (매우 일반화된 방식으로) 건강을 염려하는 병약자, 어린 시절의 꿈을 생각하는 노인, 사랑하는 사람으로부터 사랑받지 못하는 사람, 이상이 수그러져 가는 순교자, 친구를 잃고 상처를 입은 것 이외에는 아무것도 얻지 못한 전투를 마친 영웅이 그 날 밤 느끼는 그런 모든 이들의 비애를 느낄 것이다. 하지만 만

> 일 누군가 감내한다면, 누군가 전투를 치른 다음 날 새로운 새벽과 자신의 운명을 기다리는 영웅으로서, 자신의 지평을 수천년의 과거와 미래로 넓힌 사람으로서, 과거의 모든 영혼의 고귀함을 이어 받은 상속자로서 이 갖가지 무한한 슬픔과 비애를 견뎌낸다면, 가장 오래되고 가장 새로운, 손실, 희망, 인간미의 승리를 가져오는가. 만일 누군가 이 모든 것을 자신의 영혼에 담고 하나의 감정으로 채울 수 있다면, 이것이 결국 지금까지의 인간이 알지 못한 어떤 '행복'으로 이끌 것이다. 이 행복은, 자신의 마르지 않는 풍요로움을 끊임 없이 내주는, 그것을 태양에 쏟아 붓는, 저녁의 태양과도 같은 것이다. 태양의 그것과도 같은 풍부함을 느끼고, 궁핍한 어부조차도 금빛의 노를 젓는 것이다! 이 거룩한 느낌, 이것이 곧 '행복'일 것이다. (Nietzsche, 1979)

교육과정은 과목들로 이루어진 것이 아니라 주체들(subjects), 주관성으로 이루어진다. 코스 달리기(the running of the course)는 자아 즉 주체들의 생경험을 구성하는 것이다. 자서전은 자아, 즉 우리가 읽고, 쓰고, 이야기하고, 들음으로써 만들고 구현(구체화)하는 자아의 구성이다. 그 자아는 세상 속에서 구체화된다. 아무리 실제적이고 학습되었다고 하더라도, 우리는 그 자아를 확실히 알 수 없다. 왜냐하면 그것은 항상 시간에 따라 변화하고 그것이 존재하지 않는 것, 그것이 아닐 때, 그것이 아닌 것에 의해서도 부분적으로 정의되기 때문이다. 새벽을 맞이하는 자아는 그것이 두려워하고, 저항하는 것 또한 그것이 갈망하는 것을 수용하기 위해 끊임 없이 팽창하는 자아다. 황금 노를 저어가는 자아는 중력을 잃고 떠올라 창공으로 날아오르며 끊임 없이 대립하는 자아다. 우리가 가르치고 배우는 것이 어쩌면 눈물로 가득 차 있을 수도, 어쩌면 웃음으로 넘쳐날지도, 우리가 우리 삶의 신이 될 수도, 다른 이들의 노예가 될 수도 … 정말 그렇다!

참고문헌

Bauman, Z. (1978). *Hermeneutics and social science*. New York: Columbia University Press.

Chodorow, N. (1978). *The reproduction of mothering*. Berkeley: University of California Press.

Cohen-Solal, A. (1987). *Sartre: A life*. Trans. Anna Concogui. New York: Pantheon.

Derrida, J. (1981). *Positions*. Chicago: University of Chicago Press.

Foucault, M. (1973). *The order of things*. New York: Vintage.

Freud, S. (1917). *Introductory lectures on psychoanalysis*, SE, Vols. 15 & 16, pp.3-476. London: Hogarth.

Holland, N. (1980). In S. R. Suleiman and I. Crossman (eds.), *The reader in the text*. Princeton: Princeton University Press.

Jacoby, R. (1975). *Social amnesia*. Boston: Beacon Press.

Jung, C. K. (1939). *The integration of personality*. New York: Farrar & Rinehart.

Lacan, J. (1977). *Ecrits: A selection*. London: Tavistock.

Laing, R. D. (1960). *The divided self*. New York: Patheon.

Lasch, C. (1984). *The minimal self*. New York: Norton.

Megill, A. (1985). *Prophets of extremity*. Berkeley: University of California Press.

Nietzsche, F. (1956). *The birth of tragedy*. Trans Francis Golffing. Garden City, N.Y.: Doubleday.

Nietzsche, F. (1974). *Twilight of the idols, in the complete works of Fri edrich Nietzsche*. Oscar Levy (ed.). New York: Gordon Press.

Nietzsche, F. (1979). *Ecce homo*. Trans. R. J. Hollingsdale. New York: Penguin.

Nietzsche, F. (1979). *The gay science*. Trans. Walter Kaufman. New York: Penguin.

Nietzsche, F. (1984). *Human, all too human*. Trans. & intro, by Marion Faber with Stephen Lehmann. Lincoln: University of Nebraska Press.

O' Hara, D. T. (n.d.) The prophet of our laughter: or Nietzsche as educator. *Boundary* 2, pp. 1-79.

Pinar, W. (1975). Sanity, madness and the school. In W. Pinar (ed.), *Curriculum theorizing: The reconceptualists* (359-383). Berkeley: McCutchan.

Pinar, W. (1988). Time, place, and voice: Curriculum theory and the historical moment. In W. Pinar (Ed.). *Contemporary curriculum discourses* (264-278). Scottsdale, AZ: Gorsuch, Scarisbrick.

Ray, W. (1984). *Literary meaning: From phenomenology to deconstruction*. New York: Basil Blackwell.

Reich, W. (1961). *Character analysis*. New York: Noonday Press.

Sartre, J-P. (1974). *Between existentialism and marxism*. New York: Pantheon.

Selden, S. (1988). Biological detenninism and the normal school curriculum. In W. Pinar (ed.), *Contemporary curriculum discourses* (50-65). Scottsdale, AZ: Gorsuch Scarisbrick.

Wexler, P. (1988). Body and soul: Sources of social change and strategies of education. In W. Pinar (Ed.), *Contemporary curriculum discourses* (201-222). Scottsdale, AZ: Gorsuch, Scarisbrick.

Wilder, A. (1975). Lacan and the discourses of the other. In J. Lacan, *The language of self*, ed. & trans. by A. Wilder. New York: Delta.

13 교사교육의 재개념화

(A Reconceptualization of Teacher Education, 1988)

교사교육 교육과정 재개념화(reconceptualization)를 위한 이론적 토대가 이루어졌고, 학교가 재개념화의 두 번째 장이 되게 하기 위해서는 교사교육이 매우 중요한 역할을 담당할 것이다. 이 장에서는 재개념화와 관련한 정치적 교육과정적 이슈들에 대해 숙고해 보고자 한다.

교육과정 연구의 재개념화는 타일러의 원리(Tyler Rationale, 1949)로 대표되는 교육과정의 전통적 관점에 대한 비판으로부터 시작되었다(Pinar, 1975). 교육과정 개혁 움직임에서 교육과정 전문가들은 점차 설 자리를 잃어 갔고 각 학문 분야 전문가들이 그 자리를 대체했다. 결국 그 분야는 비판의 대상이 되었다(Pinar & Grumet, 1988). 1969년 슈왑(Joseph Schwab)은 그의 십수 년에 걸친 비판을 시작했는데 그의 비판이 낳은 결과들 중 중요한 하나는 타일러 패러다임의 붕괴를 가속화한 것이다(Brown, 1988). 그것은 '교육과정 개발' 과 더불어 '교육과정 이해' 를 위한 노력이었다. 그 노력은 역사, 정치이론, 미학, 현상학, 성 연구, 자서전적 연구, 페미니즘 이론의 영향을 받았다. 1970년대 교육과정 분야는 학교 그리고 학교에서의 지식 혹은 교육과정을 통해 복잡하게 변화되고 재생산되는 문화와 개인에 초점이 맞추어졌다. 재개념화는 중요한 두 가지 강조점을 내포하고 있다. '학교는 사회의 축소판' 이며 '개인에 의해 경험되는 것' 이라는 것이다. 재개념화는 교육과정 연구 분야 내의 사회적 지적 움직임으로 이루어졌다. 결국, 말하자면 교육과정 이론 분야에서의 재개념화는 이루어졌다(Pinar, 1988a).

교사교육 프로그램에서 나타날 수 있는 다차원적이고, 복잡하고, 발전하는(진화하는) '교육과정 이해(understanding of curriculum)' 의 양상은 학교가 속한 지역사회의 정치적 환경과 같은 외부 요인과 학교 내 개인들의 다양한 관점(그들 모두가 재개념주의자라 할지라도)과 같은 내부 요인에 따라 다양하게 나타난다. 나는 이 장에서 교사교육 프로그램의 재개념화를 위한 가능한 질적 측면들에 대해 논의하고자 한다. 나는 여기서 논란이 되고 있는 홈즈 그룹 보고서(Holmes Group Proposals)[1]를 통해 논의하고자 한다. 나는 이 보고서의 주장이 어느 정도 수정을 통해 교사교육을 현저하게 발전시킬 수 있을 것이라고 생각한다. 그 보고서가 제기하는 가장 중요한 세 가지 이슈는 다음과 같다. 1) 교육 전공 학부과정 없애기 2) 교사교육 과정들의 재개념화 3) 교사교육 프로그램과 학교와의 연계.

우리의 관심

정치적으로 홈즈 그룹 보고서는 교육학과의 입장에서 볼 때 정치적으로 이익이 된다. 만약 우리가 진지한 태도로 단호하게 재개념화를 받아들인다면 '패배' 를 '승리' 로 바꿀 수 있는 한 방법을 보여준다고 하겠다. 현재 학교교육의 실패에 대한 비난은 교육학자들이 받고 있다. 그 실패가 교육학

1) [역주] 홈즈 그룹(The Holmes Group)은 1983년 미국의 전 지역에 걸친 다양한 교육 연구소의 실무자들 교사교육 학과나 기관의 책임자들이 모인 컨소시엄이다. 이 모임의 목적은 교사교육과 교사의 전문성 신장을 위한 개혁의 구체적인 방안을 모색하는 것이었다.

자들의 잘못만은 아니라는 것을 우리 모두가 알고 있지만, 우리를 향한 대중의 비난은 쉽게 수그러들 것 같지 않다. 더구나 비난을 받는 사람들에 의해 그렇게 되기란 더욱 기대하기 힘들다. 학부과정에 대한 책임이 예술이나 과학 분야에 있는 동료들에게 전가되고, 그 분야에서 공부하고 교육학으로 들어오는 학생들의 학습의 질에 대한 정치적 책임이 우리에게 전가된다. 학교에서 방법론을 가르치고 '예비교사'를 지도할 임상 교수를 교수들 중에 선발하는 것은 정치적 책임을 기존의 교사들에게로 옮기는 것이다. 사범대학의 이수과정을 줄임으로써 교사교육자들의 책임 또한 낮아진다.

그 차별적인 교사채용 아이디어는 정치적, 경제적으로 매우 뛰어난 발상이다. 하지만 적지 않은 위험성을 내포하고 있다. 가장 큰 문제점은 '가장 뛰어나고 전문적인 교사들을 승진시키고 많은 보수를 줌으로써 내부의 관료적이고 정치적인 문제점들을 최소화'한다는 것이다. 만약 가장 박식하고, 경험이 많으며, 헌신적인 교사들이 승진대상으로 추천되고 그들에 의해 중요한 결정이 내려진다면 그것은 하나의 '희망'이나 '기회'가 될 수 있다. 만일 교장과 같은 현재 관리자들이 행동주의적 접근을 사용한다면 상황은 그리 희망적이지 않다. 예술이나 과학 분야의 학사 학위를 가지고 있으나 교육학 분야의 교육을 전혀 받지 않은 사람들을 대상으로 한 강사 양성 과정을 만드는 데 있어서도 짧게 본다면 그런 위험을 감수할 수는 있을 것이다. 만일 교육에 상당한 양의 재정적 투자가 더 이루어지지 않는다면(대부분의 지역이 이 같은 상황이다), 신규교사의 보수를 낮게 유지함으로써 높은 지위의, 전문가적 경력을 가진 사람들의 보수를 높게 유지할 수 있을 것이라는 가정이 가능하다. 로체스터(Rochester, New York)에서 최고 보수가 약 7만 달러라고 한다면 다른 모든 지역에서 그것보다 더 주고자 할 것이다. 그러면 교육당국이 더 이상의 예산을 주지 않는 한 그 지역의 신규교사의 보수는 로체스터의 3만 달러를 훨씬 밑돌 것이다. 만약 초임 역사 교사의 봉급이 2만 달러라면 경력 있는 높은 지위의 교사는 그보다 상당히 높은 보수를 받을 것이다. 이러한 인센티브 보수 규정이 실현되지 않는 한 모든 교육개혁 노력은 약해질 것이다. 그리고 눈에 띄거나 괄목할 만한 교육개혁이 이루어지지 않는다면 추가적인 교육 재정 지원을 원하지 않을 것이다.

정치적 관점에서 본다면 홈즈 보고서는 교사의 질에 대한 책임 소재를 다양화함으로써 그것에 대한 교사교육자들의 책임 비중을 낮춘다. 그 보고서는 각 학과 학부과정에서의 교육적 경험을 필수로 한다. 마지막으로 교사교육 프로그램에서의 줄어든 시간을 고려할 때 우리 교사교육자들은 그 과정들에서의 학문적 엄밀함과 복잡성을 고려하여 교사교육 프로그램을 재개념화해야 한다. 지금부터 논의할 교육과정적 스케치가 그 재개념화를 위한 하나의 예가 될 수 있을 것이다.

인문교육

학부 교육과정에서는 예술과 과학을 충분히 심도 있게 가르치지 않는다. 그것이 아무리 복잡하다고 하더라도(대부분의 대학에서는 매우 복잡하지 않다), 교수, 학습, 교육과정에 관한 과정은 어떤 면에서는 항상 예술, 과학, 인문학 분야에 그 기초를 둔다. 이 학문 분야들은 '엄밀한 교육과정과 수업' 이전의 어떤 인식론적 정보와 경험에 기초를 이룬다. 본질적인 관점에서 교육과정은 항상 예술, 인문학, 과학 분야의 연장선상에 있다. 따라서 예비교사의 예술, 인문학, 과학 분야의 지식을 낮추는 것은 교사가 자신이 가르칠 교실로 가지고 갈 지식을 줄이는 것이다.

예술과 과학 분야에서 단지 한 가지의 '대표적인 교수' 만이 존재할 수는 없다. 대부분의 연구중심 대학에서는 학부과정을 대학원과정의 준비단계 정도로 여기는 '직업교육 중시주의' 가 만연하다. 예술, 인문학, 과학 분야의 학사학위가 학생들을 가르칠 수 있는 전문성을 절대로 보장해주지 않는다. 그리고 차별된 교사채용은 특정 교사들을 '하위의' 혹은 '강사'의 지위에 영구적으로 묶어둘 가능성[2)]이 있다. 하지만 방법, 기술, 기본과정에 국한된 학부과정을 이수한 학생들은 종종 몇몇 주에서 치러진 최소한의 능력 검증 시험을 통과할 수도 없었으며 사회적으로도 그렇게 인식되지 않는 것으로 나타났다. 게다가 홈즈(Holmes), 카네기(Carnegie), 교사교육인증평가(National Council for Accreditation for Teacher Education)도 우리 학교교육의 학문적 파산상태에 대한 사회적 평가를 잘 보여준다. 물론 이러한 파산상태의 원인이 복잡하고 교사교육자나 교사들과 같은 특정한 한두 집단의 잘못으로만 치부할 수는 없다. 하지만 여기서 중요한 점은 교사교육과정의 본질적인 재구조화를 위한 정치적 노력이 필요하다는 것이다. 설사 이 파산상태에 대한 평가가 잘못된 것이라고 할지라도 대부분의 교사들이 그렇게 믿는 것처럼 보이며, 대부분의 대중 또한 그렇게 믿으며, 정치가들과 고등교육 종사자 대부분도 그렇게 믿고 있다.

예비교사를 위한 수업과정

홈즈 보고서에서 제시하고 있는 '지식에 기초한 교수'에 대한 톰(Tom, 1987)의 비판은 매우 타당하다. 교수과학(교수법)을 발달시키기 위한 노력은 실패로 돌아갔다. 혹자는 '재개념주의자들이 그 잘못된 신념을 잠재우기'를 희망할지도 모른다. 그것은 인간 행동에 대한 기계적 관점에 기초를 두고 있기 때문이다. 만일 인간 행동이 예측 가능하고 재현 가능하다면 사실 교수과학조차도 필요하지 않을 것이다(Pinar, 1988b). 사이비과학과 실무중심 교사교육은 교사로서의 전문적 판단력을 기르는 것이 아니라 단지

2) [역주] 한국에서도 초등교사의 수급 위기가 왔을 때, 영양교사들이 교사가 된 경우, 중등교사의 초등 임용, 몇 개월만의 교사교육을 통해 교사로 임용된 사례가 있다. 홈즈 그룹 보고서가 제시한 차별화된 교사 임용과 보수 시스템이 낳을 수 있는 문제를 지적하고 있다.

편협한 '직업교육 중시주의' 만을 강조할 뿐이다.

전문적 판단력과 현명함은 예술, 인문학, 과학, 교육과정 이론의 진지한 탐구에서 비롯될 수 있다. 학문적 교육과정과 직업적/기술적 교육과정의 일반적이지만 중요한 차이는 아래의 '미시건 법대의 공고문' 에 잘 나타나 있다.

> [법학 대학]은 매우 전문적인 교육기관이다. 하지만 절대로 직업만을 위한 학교가 아니다. 학생들은 졸업 후 요청받게 될 어떤 직무 수행을 위해 훈련받는 것이 아니다. 또한 졸업과 동시에 모든 법적 서비스를 제공할 수 있기를 기대받지도 않는다. 그들은 실무적인, 실제적인 기능을 익힐 수도 있다. 그리고 법률가로서 직무를 수행할 수 있는 일정 수준의 자신감과 능력을 기를 수도 있다. 우리의 실무중심 과정과 강습은 필요한 기능을 소개하고 다년간의 경험으로 차차 알게 될 실제적인 책무의 틀을 제공한다. 대부분의 졸업생들은 법률 자문회사에 취업한다. 그 회사에는 경험 있는 법률가들의 조언을 받으며 실제적 기능을 익힐 충분한 기회가 있다. 다른 어떤 법학 대학들보다 우리 대학은 학생들에게 더 반성적이고 보람된 교육 경험이 될 수 있도록 지적이고 이론적인 토대를 마련해주는 것이 목표다. 여러 법률 상황에서 제기될 수 있는 폭넓은 이론적 토대 없이 직업적 기능을 지나치게, 성급하게 강조하는 것은 기술자를 기르는 것이지 전문가를 양성하는 것이 아니다.(p. 15)

그러한 기술자 양성은 학부에서의 교육적 경험과 직업교육을 양분화하기 때문에 문제의 소지가 있다. 교육에서의 대학원 과정은 학부의 교양 교육과정과 단절되어서는 안 된다. 대학원 과정은 학생들의 이전의 경험과 이해를 증진시키고 뛰어넘을 수 있도록 해야 한다. 석사 과정에서의 '교육과정 이론' 과정이 학부과정과 동시에 가르쳐질 수는 없지만 교차될 수는 있을 것이다. 그렇게 된다면 학생들은 학부 경험을 더 잘 이해하고 증진시킬 수 있을 것이다. 5년째 학생들이 배울 교육과정 이론 수업은 '학생들에게 과학과 수학의 역사, 지식의 사회학, 학문 분야에서의 성 분석, 교육적 경험에서의 현상학, 앎의 미학, 학교 지식의 정치학 등 전문가들이 추천하는 교육과정적 지식'에 근거해 이미 배운 예술적, 과학적 지식을 분석할 수 있는 기회를 제공할 것이다. 이러한 교육과정을 통해 학생들은 기술자나 관료적 역할 수행자가 아닌 '변화하는 지성인'으로 성장할 수 있을 것이다(Giroux, 1988).

위와 같은 상호 관련된 영역들은 간학문적 내용을 다루는 여러 과정에서 가르쳐질 수 있다. 예를 들어, 전통적인 아동 발달 심리학 과정 대신 학부과정에서 배운 예술과 사회과학 분야에 기초한 '어린 시절의 경험'이라는 과정을 개설할 수 있다. 이 과정에서 학생들은 '발달 심리학' 뿐만 아니라 '어린 시절의 역사와 현상학', '소설과 시에 나타난 성장', '가족 아이 그리고 학교교육에 대한 정치적 경제적 분석'과 관련한 읽기를 할 수 있다. 또 간학문적 과정은 예술, 과학, 인문학의 특징적인 인식론을 다루는 '지식의 본질'과 같은 강좌를 만들 수 있을 것이다. 특히 여기서는 각 영역에서 특히 강조하거나 많이 사용되는 특징적인 교수법 또한 강조될 수 있다. 비유럽적 지식과 주변화된 계층이나 집단의 지식 또한 반드시 포함되어야 한다.

지식의 주제중심 구성이 그리 새롭거나 참신한 것은 아니지만(Barnes, 1987), 동시대의 교육과정 이론에 근거한 교사교육은 학부에서의 교양과정과 실제적인 기능을 강조하는 제도적 요구 사이의 교차점을 찾을 수 있을 것이다. 만약 경제적 상황이 문제라면 이러한 과정들은 다시 큰 수업의 형태로 진행될 수 있다. 하지만 더 집중적인 소집단 워크숍이 반드시 포함되어야 한다. 이 과정들은 다양한 영역에 걸친 학부과정에서의 지식과 교육과정과 수업 관련 지식이 통합적으로 구성되는 엄밀한 학문적 경험이 되어야 한다. 실제적인 기능들에 관한 염려는 간학문적 교육과정 이론 프로그램에 있는 박사과정 학생이나 임상 교수(clinical faculty)[3)]가 가르치는 방법론 과정에서 다루어질 수 있을 것이다. 이러한 프로그램을 통해 익힌 임상 교수들은 강의실에서의 학습과 실제 현장에서의 경험을 더 일관성 있게 지도할 수 있을 것이다.

교사교육 초기의 과정들은 학문적 경험에 집중하고 이후에는 점차 집중적인 실제적 경험 위주로 구성해야 할 것이다. 다시 말해, 방법론 과정들은 이미 이론적 준비과정을 거친 현장 교사들에 의해 가르쳐질 수 있다. 예비교사들의 감독이나 지도에 있어서는 학생을 지도할 수 있는 교사들과 최소 한 사람의 대학 교수로 이루어져야 한다. 해당 학생의 교사 실습 시 학생, 학부모, 지도교사, 교수의 관찰이나 진술이 그 학생의 포트폴리오에 포함되어야 한다. 학생은 이러한 자료로부터 자신을 반성적으로 분석하거나 비평할 수 있어야 하며 지도교수나 교사도 이 자료를 활용할 수 있어야 한다(Garman, 1986). 기계화된 교수법만을 강조하는 표준화된 도구들의 사용은 지양되어야 한다. 아이스너의 '심미적' 평가가 바람직할 것이다. 학생들이 실제로 공립학교와 사립학교 그리고 다양한 환경에서 가르치는 경험을 할 수 있어야 한다.

석사 과정 동안, 학생들은 지속적으로 경험을 현상학적으로 기록해야 한다(Grumet, 1988). 각각의 학생들은 자신의 프로그램 동안 최소 한 명의 교수나 박사과정 학생과 정기적으로(일주일에 한 번) 만날 수 있어야 한다. 자서전적 연구나 저널 학습에 익숙한 그 사람들은 학생들이 경험을 반성적으로 이해하고 분석할 수 있도록 도와주어야 한다. 이 사람들은 해당 학생의 옹호자가 될 수 있을 것이다. 하지만 그들이 반드시 학생의 평가자

---

3) [역주] clinical faculty는 해당 분야의 학문적 지식뿐만 아니라 실제적 경험까지 갖춘 교수진으로 트레이닝 과정 중에 있는 학생들의 상담이나 학문적 실제적 멘토의 역할까지도 하는 교수를 의미한다.

가 되어야 한다는 것은 아니다. 학생들의 프로그램 마지막에 그 사람들은 해당 학생의 '석사 학위 심사' 에 참여해야 할 것이다.

학교

홈즈 그룹은 교육학과와 학교와의 좀 더 긴밀한 관계와 학교의 재구조화가 필요하다고 주장한다. 교육학과에 몸담고 있으며 학교와 밀접한 관계를 갖고 있는 임상 교수들이 대학과 학교와의 연결을 도울 수 있을 것이다. 소위 말하는 '전문성 발달 학교' 가 정해질 수도 있으며 그를 통해 대학 교수들과 현장 교사들 사이의 거리를 좁힐 수도 있을 것이다. 교육학과의 교수들뿐만 아니라 예술 혹은 과학 분야의 교수들도 때때로 그 관계에 참여할 수 있을 것이다.

물론 이러한 관계 또한 무비판적으로 추구되어서는 안 된다. 정신 없이 바쁜 학교 일과 속에서 '이론' 은 그야말로 블랙홀에 빠지는 것처럼 사라질 수 있다. 살아남기 위해서는 상황을 무비판적으로 있는 그대로 받아들이게 될 수도 있다(Baldwin, 1987). 우리와 우리의 학생이었던 교사들은 여전히 친밀감을 가지고 있지만 우리는 반드시 서로 경원(敬遠)해야 한다. 우리는 여전히 그들에게 쉽게 조언하거나 교육할 수 있다고 생각할 수 없다. 교사교육자들을 위해 학교는 연구 대상으로, 성공을 위한 공간으로 남겨져야 한다(Pinar & Grumet, 1988).[4)]

---

4) [역주] 파이너는 그루메와 1988년에 발표한 '이론과 실제의 관계에 관한 논문(Socratic Caesura and the theory-practice relationship)' 에서 이론과 실제는 일정한 틀에 의해 특징지어지는 관계가 아니며, 완전히 분리될 수도 경직되게 연결될 수도(이론이 구체적인 방법을 제공해야 한다는 주장처럼) 없는 것이라 주장한다. 왜냐하면 이론이 실제를 위한 구체적 안내에 국한되는 순간 그 이외의 가능성을 잃어버릴 수 있기 때문이다.

경고

홈즈 그룹 개혁안으로 소외된 집단 출신들의 교사 지원이 더욱 어려워질 것이라는 염려가 있다(Martinez, 1988). 이 염려는 진지하게 받아들여야 하지만 더 큰 경제 상황의 관점에서 고려해야 한다. 교직에 사회적 지위(존경)와 어느 정도 수준의 보수가 보장되면 그들은 교직으로 돌아올 것이다. 더 거시적인 관점에서 이는 시장 지향적인 태도다. 교직을 전망 있고 적절한 대우를 받는 직업으로 만들면 소외된 계층의 학생들을 교직으로 유인할 수 있어야 한다. GRE 점수, 편협한 문화적 관점, 표준화된 도구들이 입학 결정에 중요한 요소로 작용한다면 이 입학 기준은 조정될 필요가 있을 것이다(Barone, 1987). 소외계층 출신 교사 지원자 수를 유지하기 위해서는 그들에게 적합한/적절한 '인지 유형' 을 입학 기준에 포함시키려는 노력이 필요할 것이다(Anderson, 1988). 교사교육 프로그램에서 다양한 문화, 인종, 사회계층, 민족적 요소들을 반영하는 것은 교육과정 이론의 관점에서 매우 중요하다.

교사교육 기관의 다양성은 아마도 줄어들 것이다(Tom, 1987). 이것이 반드시 나쁜 일인 것만은 아니다. 연구중심 대학이 아닌 작은 규모의 학교들은 교사교육에 투자할 충분한 자원을 가지고 있지 않다. 작은 규모의 대학들에서는 두 명 혹은 네 명의 교수가 백 명 혹은 그 이상의 학생들을 지도한다. 학문적 흐름을 따라가고, 각종 전문적, 학술적 모임에 참여할 시간의 부족과 제도적, 구조적 지원의 부족으로, 그 교수들은 지적 능력, 경쟁력 있는 경험, 헌신에도 불구하고 연구중심 대학에서 예비교사들에게 제공하는 것만큼 제공하지 못할 것이다.

결론

홈즈 그룹 보고서는 승리로 묘사된 양보이다. 그리고 그 승리의 일정 부분은 교육과정 이론가들의 것이다. 왜냐하면 우리는 때때로 교사교육의 주류를 이루던 공허한 사이비과학에 비판적이었기 때문이다. 행동주의적 목표들, 교수 상호작용 분석, 표준화된 평가 이 모든 것은 교육을 단순하며 종속적으로 만들었을 뿐만 아니라 미국 공교육을 전체적으로 악화시켰다. 홈즈 보고서는 교사의 자율성과 보수를 높이는 것을 강조한다는 점에서 교육과정 이론화의 과제와 교차된다고 할 수 있다. 교사의 모집뿐만 아니라 교육과정의 내용에 있어서도 여성과 소외된 집단에 대한 관심 또한 교육과정 이론과 홈즈 그룹 보고서의 중요한 본질적 요소다.

교사교육의 재개념화가 일어날 것인지에 대한 실제적인 '싸움'은 끝나지 않았다. 하지만 정치가들과 대중의 인식 속에서는 이 싸움이 끝났다. 이 논쟁의 쟁점은 교사교육의 다섯째 해 혹은 더 장기간의 프로그램이 필요한지, 교사 교육과정의 내용이 일반화되고, 행동주의적이며, 기술적인 채로 남아 있을 것인지 아니면 더 악화될 것인지, 혹은 그것이 최근 교육과정 연구 분야에서 보이는 재개념화의 비판적이고 반성적인 내용과 목표를 가지게 될 것인지에 관한 것이다. 교육과정 이론가들은 전문 학술지를 통해, 학과 회의에서, 입법 공청회에서, 실질적으로 간학문적이고 비판적인 엄밀한 교사교육 프로그램으로의 재개념화를 주장함으로써 이 논쟁에 참여해야 한다.

감사의 말

미시건 법대의 공고문을 소개해준 토니 윗슨(Tony Whitson)에게 감사의 말을 전한다.

참고문헌

Anderson, J. A. (1988). Cognitive styles and multicultural populations. *Journal of Teacher Education*, 39 (1), 2-9.

Baldwin, E. E. (1987). Theory vs. ideology in the practice of teacher education. *Journal of Teacher Education*, 38(1), 16-19.

Barnes, H. L. (1987). Conceptual bases for thematic teacher education programs. *Journal of Teacher Education*, 38(4), 13-18.

Barone, T. E. (1987). Educational platforms, teacher selection, and school reform. *Journal of Teacher Education*, 38 (2), 12-17.

Brown, T. (1988). How fields change: A critique of the "Kuhnian" view. In W. Pinar (Ed.), *Contemporary curriculum discourses* (16-30). Scottsdale, AZ: Gorsuch, Scarisbrick.

de Martinez, B. (1988). Political and reform agenda' impact on the supply of black teachers. *Journal of Teacher Education*, 39 (1), 10-13.

Garman, N. (1986). Reflection, the heart of supervision. *Journal of Curriculum and Superuision*, 2 (1), 1-24.

Giroux, H. A. (1988). Liberal arts, teaching, and critical literacy. In W. Pinar (Ed.), *Contemporary Curriculum Discourses* (243-263). Scottsdale, AZ: Gorsuch, Scarisbrick.

Pinar, W. (Ed.) (1975). *Curriculum theorizing: The reconceptualists*. Berkeley, CA: McCutchan.

Pinar, W. (1988a). Introduction. *Contemporary Curriculum Discourses* (1-13). Scottsdale, AZ: Gorsuch, Scarisbnck.

Pinar, W. (1988b). "Whole, bright, deep with understanding:" Issues in qualitative research and autobiographical method. In W. Pinar (Ed.), *Contemporary Curriculum Discourses* (134-154). Scottsdale, AZ: Gorsuch, Scarisbrick.

Pinar, W. & Grumet, M. (1988). Socratic caesura and the theory-practice relationship. In W. Pinar (Ed.), *Contemporary Curriculum Discourses* (92-100). Scottsdale, AZ: Gorsuch, Scarisbrick.

Tom, A. (1987). *How should teachers be educated? An assessment of three reform reports*. Bloomington, IN: Phi Delta Kappa Education Foundation.

Tyler, R. (1949). *Basic principles of curriculum and instruction*. Chicago: University of Chicago Press.

University of *Michigan Law School Announcement (1986-7)*. Ann Arbor: University of Michigan.

14 ‘타자’에 의해 표상된 교사의 정체성: 교육과정 이론과 학교 개혁

(Dreamt into Existence by Others, 1991)

아마도 모든 사람들은 자신이 다른 사람들에 의해 이해되고 인식된다는 것을 알 것이다. 그 사람 또한 다른 사람들을 때와 장소를 결정하는 힘을 가진 남편으로 혹은 아버지 존재로 인식하거나, 오갈 데 없는 출생신고도 되지 않은 사생아로 인식한다. 모든 변혁의 순간, 모든 성(sex), 이 모두가 잠정적으로 분만, 실체가 없는 분만, 어떤 야망으로(어떤 이들에게는 태어나지 않은 아이/유령에 대한 희망, 다른 이들에게는 내버려진 미래에 태어나지도 않을 아이에 대한 기대) 다른 이들을 인식한다. 이러한 ‘기대의 향연(ceremony of expectations)’ 속에서 우리는, 비록 어쩌면 우리의 야망이 실제이거나 이루어질지에 대해 비관적이라는 것을 알면서도, 그 사실에 대해 슬퍼한 자, 하지만 매일 밤, 매일 낮, 일상 속에 살아 있는 어떤 운명(숙명)과도 같이 일어난다(Harris, 1975, p. 44).

기대의 향연

우리가 가지고 있는 부담감은 그야말로 상당하다. 학생, 교사, 행정가, 교육학과 교수들은 모두 더 열심히 더 많이 노력하고 일하도록, 더 많은 '성취' 를 거두도록 강요받는다. 이러한 정치적 요구 중에는 '교사의 자율성 신장' 도 포함되어 있지만, 국가 수준의 성취기준을 만들고 그것에 의한 표준화된 시험이 주로 강조된다. 학교는 그 시험의 결과에 의해 비교될 것이다. 표준화된 시험을 중심으로 한 이런 노력은 교사의 자율성을 신장하는 것이 아니라 오히려 교사들의 자율성(다시 말해 학문적 자유)을 '약화(혹은 소멸)' 시키는 작용을 할 것이다. 우리가 오늘날 느끼는 이러한 정치적 요구(혹은 기대)의 기저에는 '경제적 논리에 의한 교육적 성과 평가' 가 있다. 여기서 작용하는 것은 교육에 대한 회계적 관점과 해석이다. 손익계산서의 두드러진 양상 즉 '높은 시험 점수' 가 가장 의미 있는 것이 되며, 이 수치들은 GNP(국민총생산)의 일부로 환산될 수 있는 문화적 자본의 축적을 의미한다.

물론, 세계 경제 속에서의 미국의 파워 내지는 역할 약화를 공교육의 실패와 관련 짓는 양 정당의 주장과 정치적 노력이 완전히 터무니없는 것은 아니다. '교육' 또한 이러한 문제와 책임 소재에 있어 완전히 자유롭지 않다는 것이다. 특히, 우익의 정치적 노력은 민간인들의 비난을 피하기 위한 어찌 보면 이기적인 노력에 불과하다. 다시 말해, 미국 회사의 정책에 관한 많은 분석 보고서에 나와 있듯이, 단기적 이익을 추구하고, 특정 임원들의 과도한 급료와 복지, 인적 자본에 대한 잘못된 투자(경기가 하락하고 적자를 기록하자 가장 먼저 한 일이 유능한 직원들을 해고한 것) 등이 그 예라고 할 수 있다.

미국 경제의 하락에 대한 비난을 교육의 실패로 돌리는 것은 공화당의 잘못된 정책(소득세 감면, 과도한 국방비 지출 등)을 감추기 위한 것이기도 하다. 그 잘못된 정책으로 인해 은행과 보험회사의 붕괴를 낳은 1980년대의 빚잔치(debt binge)로 이어졌고, 회사, 산업, 개인 채무자들에 대한 신용규제로 이어졌으며, 특히 중산층을 압박하는 결과를 초래했다

(Uchitelle, 1991). 역사적, 사회적으로 '좋은(쉬운) 사람' 으로 인식된 교사들이 그 비난의 화살을 대신 받아왔다.

물론 미국 공교육 시스템에는 잘못된 부분이 많이 있다. 교육과정 전문가들은 지금까지 70년이 넘도록 부적절한 교육과정, 부족한 교사교육, 잘못된 평가, 비효율적이며 제 기능을 발휘하지 못하는 관료제의 문제점들을 지적해왔다. 공교육 내에 존재하는 문제들이 미국의 약화된 경제적 지위에 영향을 미쳤음에는 틀림없을 것이다. 하지만 학교와 교사들이 그 문제에서 가장 중요한 '피의자' 는 절대로 아니다. 일본이나 독일과 비교해서 현저하게 약화된 미국의 경제적 위치는 학교보다도 회사들과 정치적 요인들(일본과 독일의 이율, 자연 재해, 국제 무역 협약의 어려움, 미국의 영향 밖에 있는 국제 경제 발달)에 의해 초래된 것이다(Frontline, 1991).

학교 교육 개혁을 촉구하는 여러 가지 요인들에 의해 우리가 경험했던 1957년 스푸트니크 쇼크가 공화당 정부로 하여금 '희생양' 을 찾아 비난한 것보다 더 큰 압박(높은 시험 점수만을 추구하는 압박)을 경험하고 있다. 당시에도 구소련이 우주 탐사에 있어 미국을 앞지른 것을 교육 탓으로 돌린 것은 우익만이 아니었다. 1960년대 케네디(Kennedy)와 존슨(Johnson) 정부에 의해 대규모의 교육과정 개혁이 이루어진 것을 보면 민주당에서도 학교를 그 '피의자' 로 여긴 것은 다르지 않았다.

오늘날 빈약한 재정상황이 여전하기 때문에 학교에서 어떤 새로운 프로그램들은 거의 없다. 래쉬(Lasch, 1984)가 주장했듯이 최근 우익에서 취한 전략들이 정치심리학(본질적으로 '초자아')적인 것이다. '무조건 아니다' 라고 말하는 것이 복잡한 경제적, 사회적 문제에 대한 대답으로 여겨질지도 모르는 일이다. 대학 교수들도 관여한 학교 개혁을 통해 더 많은 과제, 수업 일수 연장, 학생과 교사에 대한 더 빈빈하고 계량화된 평가, 전문연구학교를 비롯한 교사교육 프로그램 평가 등의 처방이 쏟아졌다(Pinar, 1989).

정치적 속내를 감추고 있는 현재의 학교 개혁 움직임과 그 핵심이 위와 같음에도 불구하고, 나는 이것이 소중한 가회가 될 수 있다고 생각한다. 때문에 시저(Sizer, 1984)와 같이 현재 변혁의 시기를 기회로 삼아 학교와 긴밀하게 관련되어 교사, 교사교육자, 학생들의 이상향이 무엇인지 인식하기 위한 노력을 기울이는 이들에게 찬사를 보낸다. 나는 교육적으로 합당한 변화가 이루어질 수 있을 것이라고 생각한다. 지난 20년간 학교에서 있었던 보수적인 대응(반응)을 어느 정도 와해시킬 수 있다면, 우리의 노력이 정당하다는 것을 알 수 있을 것이다. 하지만 정치적 의도의 영향을 받은 지금의 학교 개혁과 그에 대한 인식이 계속되는 한 이것은 아마 '희망사항'에 불과할 것이다. 시험과 그 결과에 대한 지나친 강조를 고려할 때, 교육과정에 있어 교사에게 주어지는 재량권이 실제로 교사에게 재량권을 더 주는지는 의문이지만, 교사들은 수업의 방법적 측면에서만 상당한 재량권을 가질 수 있을 것이다. 약간의 선택권과 유연한 학교의 일정과 같은 약간의 변화로 어느 정도의 진보를 이룰 수도 있을 것이다. 물론 여기서 말하는 '진보나 발전이' 1960년대의 그것과 다름없지만 말이다.[1)]

지난 20년간의 정체와 숨막힐 듯한 압박이 너무나 심했던 탓에 어떤 조그만 변화라도 크나큰 위안이 될 것 같다. 그 변화는 대학에서 학교를 연구하는 우리 같은 사람들이 기대감을 가질 수 있는 것이어야 한다. 하지만 많은 교사들에게 지금의 학교 개혁은 또 한 번 그들을 괴롭히고 그야말로 '봉 혹은 동네 북' 으로 취급받는다고 느껴질 수도 있을 것이다. 지난 25년간 학교와 교육을 연구하면서 나는 지금처럼 많은 교사들이 낙담한 모습을 본 적이 없다. 물론 모두가 실의에 가득 차고 침울한 표정은 아니다. 일부

---

1) 지금의 학교개혁과 1960년대의 개혁에는 서로 다른 측면들이 있다. 지금의 개혁이 '기업간의 경쟁' 으로 은유될 수 있다면 1960년대의 개혁은 우익 측면에서는 국제적인 군사력 경쟁, 좌익 측면에서는 민주화와 자유에 대한 측면이었다. 이외에도 교육을 위한 컴퓨터의 도입, 학교 경영, 학교 선택 등과 같은 구조적, 관리적 측면이 있다.

교사들은 여전히 얼굴에 미소를 머금고 있다. 하지만 그 미소는 기쁨과 만족에 의한 것이 아니라 '저항'을 의미하는 냉소적인 것이다.

많은 교사들은 이미 단련된 듯하나 무뚝뚝하며 어쩌면 분개해 보이기도 한다. 학교에서 어떤 희망적인 상당한 변화가 생길 수 있다는 기대를 놓은 것은 벌써 오래전 일인 것 같다. 그들이 모든 학생들을 가르칠 수 있다는 희망을 버린 것도 오래전인 것 같다. 만약 이 상황이 사실이라면, 이것은 단지 1960년대 이후의 거대한 개혁의 소용돌이 때문만이 아니라 학교에 대한 기대나 열정을 찾아보기가 힘들어진 변화된 청소년 문화, 교사라는 직업적 특성과 변화(여전히 교사에 대한 낮은 존중과 인식, 다른 전문직종과 비교해 낮은 급여, 따라서 뛰어난 학생들이 비즈니스, 법, 의학과 같은 교육 이외의 학과에 관심을 가지는)에서도 그 이유를 찾을 수 있다.

교육학과 코스의 학력 인플레이션이 심해짐에 따른 학생들의 실제적인 학업 성취를 묻지 않음에도 불구하고, 교사지원자들의 학력 지표들이 다른 학과와 비교했을 때 현저하게 낮은 위치에 있다. 홈즈 그룹의 제안과 같은 교사교육 개혁이 어떤 '무담보배서'와 같은 발전을 전제로 하지만 교사지원자들과 교사교육의 질을 현저하게 향상시킬지는 의문이다(Pinar, 1989). 시장 상황(다시 말해 보수와 근무 조건)이 대학에서 이루어지고 있는 교사교육 수준을 더 증진시킬 것이라고 생각하지 않는다. 평화봉사단(Peace Corps)[2)]의 전통을 보면, 일류 대학의 예술, 과학 전공자들의 극소수만이 'teach for America'[3)]에 자원봉사를 지원한다.

---

2) [역주] 1961년 케네디 대통령이 창설한 연방 프로그램으로, 미국의 자원봉사자들을 개발도상국에 보내서 기술을 배우거나 봉사하도록 하는 프로그램이다. 차후에 ACTION이라는 기관 산하로 들어갔다.

3) [역주] 1990년 웬디 콥(Wendy Sue Kopp, 1967~)이 설립한 교육봉사 비영리법인이다. 한국에서도 최근 들어 이 아이디어를 본받아 '교육기부'에 대한 관심이 높아지고 있으며, 교육기부 박람회도 개최된 바 있으나, 애석하게도 그 핵심 역할이 '교육 기업'으로 넘어가는 경향을 보이고 있어, 본질적 의미를 퇴색시킬 수 있다는 우려를 낳고 있다.

일반적으로 작금의 교육 개혁을 보면 다소 '암울한 상황'으로 보인다. 그렇기는 하지만 특정한 곳의 어떤 이들은 때때로 이 속에서 희망을 보기도 한다. 얼마나 본질적으로, 진보적으로 이루어질지는 미지수지만 교육 개혁은 일어날 것이다. 만약 지금의 교육 개혁 움직임이 실패로 돌아간다면 그 결과는 어떻게 될 것인가? 만약 그렇게 된다면 이번에는 1960년대와 같이 정치가들과 민간 기업체들에게 면죄부를 주었던 것과 같은 상황을 벌이지는 못할 것이다. 만약 우리의 비판이 과도하다면, 대학 중심의 교사교육이 붕괴되고 대신 덜 비싼 학교에서 수습하는 시스템으로 바뀔 수도 있을 것이다. 하지만 대학 중심 교사교육을 없애는 것이 본질적이며 진보적 교육 개혁으로 이어질 수 있을지 또한 의문이다.

교육과정에 대한 근본 생각

미국의 공교육은 100년 전 시민들을 산업경제로의 변화기에 필요한 노동자로 기르기 위해 만들어졌다. 민간 부문(기업체)은 그러한 직업 준비 교육을 위해 기꺼이 투자했으며 정부 또한 그들에게 '투자' 하도록 설득했다. 이 점에 있어서는 지금 상황도 100년 전과 비교해 달라진 것이 거의 없다. 교육을 말할 때 '민주주의' 혹은 '정치적 의식을 가진 시민 육성' 과 같은 공허한 미사어구들이 여전히 사용되지만, 학교는 여전히 직업 준비를 위한 기관으로 인식되고 있다.

학교는 그다지 많이 변하지 않았지만 학교 시스템을 지탱하는 경제에는 상당한 변화가 생겼다. 30년 전의 산업사회와 비교해볼 때 미국 경제는 고도로 정보화되었으며, 서비스 지향적으로 변했다. 소위 말해 세계화, 국제화되었다. 산업화 초기의 자동차 조립 라인의 경제가 아니라 상징, 기호, 정보 등을 생산하는 '기호학적 경제' 로 변화되었으며(Waxer, 1987) 이 같은 '생산' 은 공장에서 일어나는 것이 아니라 어떤 위원회의 회의나 사무실의 컴퓨터 스크린을 통해 일어난다. 하지만 학교는 여전히 조립공장에서 특정 제품을 수백 수천 개 만들어내듯 동일한 '인간'을 생산하듯 같은 일을 반복하도록 요구받는다. 소위 말하는 '스마트 스쿨(smart-school)'이 요즘 시대의 산업화 모델 학교라고 볼 수 있다(Fiske, 1991). 하지만 학교의 '경제적' 역할은 변하지 않았으며 이런 기업 학교들에서 요구하는 인지적 유형은 일반적으로 알려진 '지능'보다 훨씬 좁으며 얕은 것이다(Gardner, 1983). 학교 문화와 조직이 경제와 밀접하게 관련되어 있으므로, 학교는 교육과정 논의를 위한 가장 이상적인 곳이 아닐지도 모른다. 멀지 않은 미래에 교사들은 '사회 공학자'로 훈련받아 기업의 작업장에서 이루어지는 것처럼 학습을 관리/경영하는 것을 배우게 될 것이다. 아마 분명히 교육과정 분야의 일부 혹은 어떤 이들은 이 기업화 모델을 적용하는 데 참여하게 될 것이다. 하지만 1970년대의 비이론적이고, 비역사적인 분야의 재개념화(Pinar, 1975)에 노력을 기울여온 이들은 '교육과정 분야의 복잡성'을 인식하고 관심을 가지고 있다(Pinar, 1991). 이 학문적 노력의 이론적 측면은 이 분야의 이해를 외부로부터 억압받는 교실에 두는 것이 아니라 오늘의 학교만을 생각하는 것이 아니라(역사적 관점의 필요성), '이윤의 극대화'와 관련된 기업적 접근이 아닌 다른 측면들, 도구적이지 않으며 계산될 수 없는 어떤 삶으로서의 교육과정에 관심을 둔다.

이러한 압박과 수단화된 학교교육은 지난 밤 잠을 자지 못했거나, 아침을 굶고 왔을지 모르는 학생들의 시험 성적만을 높이라는 요구에 잔뜩 지친 교사들에게는 무가치하게 느껴질 것이다. 우리 교육과정 학자들이 현장의 우리 동료들을 돕는 데 쇠약함을 느끼는 만큼, 혹은 매일 매일 학교에서의 실용적 질문에 대한 해답을 찾는 것을 도와주는 것 이상의 노력, 그보다 더 진정한 도움을 위한 노력이 필요하다. 길게 보면 우리의 존재 자체가, 새로운 세계로의 변화를 주장할 가치가 있을 수도 있을 것이다. 그 세계는 학교의 동료들이 일상으로부터 평화를 느낄 만한 충분한 거리를 가질 수 있도록 그리고 가르침에 대한 창의적이고 자기 확신적인 전략을 고안할 수 있도록 하는 것이다.

만약 이론이 실용적인 질문에 대한 답을 제공하기 위해서가 아니라면 무엇을 위해 존재한다는 말인가? 약 십 년 전에 매들린 그루메(Madeleine Grumet)와 나는 이 질문에 대한 답을 하고자 했다. 이론-실제 관계에 대한 서구의 세 가지 중요한 관점(고대 그리스, 기독교, 과학)에 대한 탐구를 통해 우리는 다음과 같이 논의했다.

> 너무 자주 교육과정 이론은 '지위를 유지하거나 확장하려는 기득권과 관련한 실제적인 활동들' 을 무시하며, '학문적 노력에서의 자기의식의 복잡성' 에만 관심을 둔다는 비난을 받아왔다. 이 분야의 상황이 이론과 실제를 서로 대립의 관계에 놓이도록 하고 있지만 우리의 목적은 그 둘의 차이를 줄이는 데 있지 않다. 오히려 우리는 이론과 실제가 서로 맞서서 탐구되고 작용하여 서로의 '한계' 를 줄일 수 있기를 바란다. 또한 그렇게 함으로써 둘 모두의 능력을 확대하고, 그 둘의 핵심 측면을 더욱 강화하고자 노력한다.(Pinar & Grumet, 1988, p. 991; 1981, pp. 37-38)

우리는 고대 그리스의 관념인 '사색(contemplation)' 에 관심을 가지고 그것을 이론화하고자 했다. 이때 우리는 그것이 경제적 관점으로 차용된 성차별주의와 노예(신분)제로의 적용은 거부했다. 우리는 사색이 특권을 지키기 위한 것이 아니라 그것을 녹이기 위해 누그러뜨리는 작용을 해야 한다는 데 동의했다. '이론' 은 실제적인 활동들에 대한 압력을 받는 곳과 거리를 둘 수 있어야 한다. 거리를 둠으로써 정부, 교장, 학부모, 학생들의 요구들을 더 잘 볼 수 있고, 이해하며, 재조직할 수 있어야 한다. 당연시되는 일상과 거리를 둠으로써 더 강렬하고 지적으로 그 일상적 삶에 참여하고 이해할 수 있다.

공장의 조립라인 모델에서 기업 모델로 변화시키는 학교 개혁이 시험 점수를 높이고, 학생들의 학교 생활을 질적으로 개선한다면 환영받을 수도 있을 것이다. 그것이 우리가 원하는 참된 성취가 될 것이다. 만약 '이론'이 '실제'와 같은 방의 같은 침대에서 멀리 있지 않고, 정책입안자들이나 정치가들이 흥분, 기쁨, 실망 혹은 좌절을 느끼며 계획을 구상하기 위해 씨름하는 동안 다른 방에 머물러 있지 않는다면, 정체성, 정치, 경험과 같은 더 심오한 문제들은 간과될 것이다. 우리 이론가들은 과거의 산업화 모델(사회구조의 경제적 측면뿐만 아니라), 지능, 경험 등을 볼 수 있기 위해 지속적으로 우리의 다른 방을 만들어야 한다. 이것을 함에 있어 결코 교만해서는 안 된다. 우리 자신들 또한 다른 이들에 의해 인식됨을 명심하고 겸손함을 잊지 말아야 한다.

타인에 의해 인식되는 존재

표준화와 효과만을 강조한 공장모형은 교사의 자율성을 약화시킨다. 조립공장의 컨베어 벨트 위에 있는 부품과 같이 교육과정을 부분별로 계획하고 가르치는 것은 부분을 하나씩 쌓아 논리적인 '전체'를 만들면서, 공장모형은 암기, 계산뿐만 아니라 문제해결, 비판적 사고, 창의성 등과 같은 지능을 희생시키며 '사회를 통제'하게 된다. 일상적이고 반복적인 수업(즉 교사 중심적이며, 암기 위주)을 견뎌내는 학생들은 어쩌면 패턴화된 유사한 문제를 해결할 수도 있을 것이다. 하지만 공장모형의 구체적 과업기능 중심 교수의 다른 과업이나 상황으로의 '전이 가능성'은 의문의 여지가 있다.

기업모형은 '기본 원리' 학습을 학교교육의 목표로 받아들이며 그 목표의 성취를 위해 많은 교수 전략을 사용한다. 동료학습(peer teaching), 다른 형태의 협력학습, 학생과 교사가 그들만의 교수학습 방법을 찾아내기 위해 교육과정을 어느 정도 변형하는 것 또한 허용한다. 무엇보다 이

기업모형은 다양한 지능이 있다는 것을 받아들이고 그 속에는 직선적이고, 논리적이며, 좁은 의미의 인지적 능력뿐만 아니라 심미적, 직관적, 감각적인 것들과 그것들의 작용까지도 포함시킨다. 기업모델의 교실 조직을 보면 소규모 그룹 활동이나 짝 활동을 하는 등 지능의 사회적 측면을 강조하는 것을 볼 수 있다. 이 환경에서 교사는 매니저나 코치(Sizer, 1984)의 이미지를 가진다. 이 이미지들은 공장모형의 교사와 비교해볼 때 매우 덜 권위적이다.

하지만 기업모형에서도 수업 목표는 질문의 여지 없이 지식 습득, 후기 산업사회에서 요구되는 경제적 생산성을 위해 필요하다고 여겨지는 지능의 습득이다. 여기서 지능은 어떤 결과(목표)에 도달하기 위한 수단으로 이해된다. 다시 말해 기업 상황에서 사용될 수 있는 기능의 습득이다. 공장모형과 다르지 않게 기업모형에서도 최대의 이윤 추구가 여전히 그 본질적 목표로 자리잡고 있다. 여기서 나는 학교가 그 사회의 경제 활동과 교육의 관계에 관심을 가지지 말아야 한다고 주장하는 것이 아니다. 이 시대의 자본주의는 지식은 물론이고 지능의 습득 또한 필요로 한다. 이는 공장모형에서보다 기업모형에서 더욱 강조된다. 그리고 가까운 미래에 이러한 경제적 목표에 얽매이지 않은 학교시스템을 만들 수 있을 것이라고 주장하는 것 또한 아니다. 내가 여기서 진정으로 주장하고자 하는 것은 지능을 본질적으로 개발시키고자 한다면 '기업모형의 목표' 조차도 자유롭게(완전히 유연하게) 두어야 한다는 것이다. 오해하지 말아야 할 것은 이 접근이 도구적 논리, 계산, 주요 인지 상태로서의 문제 해결을 배제하는 것은 절대로 아니라는 것이다. 이러한 인지적 자유는 명상적, 사색적 상태의 인지, 당장의 실용적 보상이 주어지지 않는 과목(영역), 표준화된 시험으로 측정/평가될 수 없는 영역 또한 고려하는 것을 포함한다.

지능을 타인들에 의해 미리 주어진 질문에 대한 답을 찾는 것, 미리 주어진 목표에 도달하는 방법만을 찾는 것으로 이해한다면 그것은 좁은 의미의 낮은 수준의 지능으로 이해하는 것이다. 지능의 계산적 개념은 현재 기업모형의 경제 구조에서는 유용할 수 있지만 경제 발달이나 생산성 향상과 같은 개념으로는 직접적으로 설명되지 않는 인간 경험의 본질적인 의문점들에 대한 탐구에 있어서는 그리 유용하지 않다. 그러한 본질적 의문점에 대한 탐구는 학교에서 치러지는 시험 문제들에 대한 답을 찾는 것이 아니다. 그것은 지금의 경제적 목록에는 포함되어 있지 않은 어떤 목표지점을 향한 '지적인 항해'다. 이미 언급한 바와 같이 그것은 과학에서 말하는 기초 연구 즉 목적지가 미리 정해지지 않은 어떤 것에 대한 열망이다. 교육에서 그것은 일상적 학교생활에서 당연시되는 요구들과는 거리가 있는 이론적 탐구가 될 것이다. 그러한 탐구가 될 수 있는 하나의 예로서 교육과정 이론 분야의 새로운 범주에 대해 간단히 논의하고자 한다. 이 정체성은 다문화주의(multiculturalism)의 등장과 그에 대한 논의 속에서 등장하지만 그뿐만이 아니라 우리의 관심을 다른 분야들과 연관시키기도 한다. 예를 들어 '교육에서 타인에 의해 인식된다'는 것이 어떤 의미인지를 탐구하는 것이 포함될 수 있다.

정체성

정체성에 대한 탐구는 정치, 인종, 성, 자아(self)와 관련된 여러 질문들에 대한 탐구를 포함한다. 이 자아는 보수주의자들이나 많은 막시스트들에 의해 묘사된 계급적 중산층의 개인이 아니라 라캉(Lacan), 프로이드(Freud), 푸코(Foucault)에 의해 이론화된 사회심리학적으로 그리고 종잡을 수 없는 관계의 소용돌이 속에 있는 자아다. 정체성 탐구를 통해 우리는 정치적 힘들이 '외부에서, 그리고 우리가 속한 사회 속에서' 어떻게 작용하고 있는지, 그것이 우리에게 어떻게 영향을 미치고 우리가 그 속에서 어떻게 살아가고 있는지(우리의 몸, 정신, 일상적 대화, 행동 등)를 명확히 할 수 있도록 도와준다. 물론 그러한 정치(정치적 견해)는 단순하게 재생산되지 않는다. 우리가 사회적 추세나 정치적 요구에 저항할 때도 우리는 그 사회적 추세와 그것에 대한 우리의 저항과의 논쟁 속에서 우리 자신을 재구성(변화)한다. 정체성의 정치학 탐구를 통해 '우리가 누구인지'는 예외 없이 언제나 '다른 이들이 누구인지', '우리가 누구였었는지', '우리가 어떤 사람이 되기를 열망하는지'와의 관계 속에서 찾을 수 있다.

현재 교사의 정체성은 공장의 작업감독에서 회사의 관리자로 인식되고 있다. 말하자면 이것을 '승진'으로 생각할 수 있을까? 하지만 여전히 교사들은 '지능의 신장(배양)'적 측면을 본다면 그 어느 때보다 더 곤란한 입장에 처해 있다. 만약 우리가 다른 사람들에 의해 인식된(혹은 기대된) 정체성 속으로 빨려 들어간다면 우리가 이야기하는 본질적 지능의 신장은 제한되며, 그 노력은 쇠약해질 것이다. 물론 우리 교사들은 고용계약에 나와 있듯이 교육과정과 수업에 대한 의무를 이행해야 한다. 그렇다고 하여 우리가 무비판적으로 필수적으로 모든 것을 믿고 따라야 한다는 것을 의미하는 것은 아니다. 교육과정 이론가들은 교사들이 일상적 요구의 소용돌이 속에서 자신의 이상을 잃어버리지 않도록 도와줄 수 있다. 우리는 직업적 역할에 의한 교사의 정체성뿐만 아니라, 학생들과 비도구적 방법으로 대화하고 존재하는, 즉 교육을 마음속에 품는(이해하고, 꿈꾸고, 계획하는) 다른 관점들이 있다는 것을 주장함으로써 교사의 '다른' 정체성을 지지할 수 있다(van Manen, 1991). 자서전적 연구(autobiography)는 교육적 '주체'를 탐구하는 중요한 방법이다(Biography and life history, 1990 참고).

정체성의 정치학 탐구를 통해 우리는 사회적 관계로서의 교육과정과 수업을 이해할 수 있다. 예를 들어, 지금까지 '정전'으로 당연시 여겨져온 것이 무엇인지, 우리의 문학적 지적 유산이 무엇인지를 국가적 정체성에 대한 논의를 통해 이해할 수 있다. 다시 말해 우리는 정체성의 정치적 관점으로부터 '다문화주의 속에 스며 있는 새로운 교육과정적 이슈'들을 다시 생각해볼 수 있다. 그렇게 하기 위해 우리는 미국 시민으로서의 개인의 정체성에 대해 생각해볼 필요가 있다. 만약 우리가 정체성에 대한 질문을 던지기 위해 우리의 논의를 다문화주의(어찌 보면 정전과도 같은)와 연관 지어 본다면 우리가 누구이며 우리가 되고자 열망하는 존재가 어떤 것인지에 대한 실제적인 질문을 이해하기 시작한다. 게다가 우리를 다른 이들에 의해 인식되는 존재로 이해한다면, '나는 누구인가(Who am I)?'라는 질문은 '나는 누구의 나인가(Whose am I)?'로 바뀐다. 이 질문에 대한 대답은 이론적, 실제적 질문으로서 '다가오는 월요일에 다문화주의 인종주의와 관련하여 나는 무엇을 할 것인가?'라는 물음을 이해하고자 하는 교사들을 위한 '이론의 가치'를 보여줄 것이다.

사회 정신분석학으로서의 교육과정

우리는 일반적으로 '우리는 우리가 알고 있는 존재다'라고 이야기한다. 하지만 또한 '우리는 우리가 모르는 존재이기도 하다'. 만약 우리가 자신에 대해 알고 있는 것(우리의 역사, 우리의 문화)이 거부, 삭제, 부인 등에 의해 왜곡되었다면 우리의 정체성(개인으로서 또 한 나라의 시민으로서) 또한 왜곡된 것이다. 우리는 왜곡된 자아를 부분적인 자아, 소설화되고 타자화된 자아 즉 억압된 자아로 이해할 수 있다. 이러한 자아는 자신뿐만 아니라 그/그녀가 존재하는 세계로의 자유로운 접근이 결여되어 있다. 지능을 발휘할 개인의 능력이 억압되어, 개인의 책임 있는 분명한 행동이 결여되고, 단순한 기능적 능력에 머물게 된다. 이러한 캡슐 상태, 이는 지금의 다문화주의 논쟁과 관련한 하나의 관점이 될 수 있으며 또한 지금의 교육적 위기상황을 고민해볼 관점이기도 하다.

전통적인 학교 교육과정(유럽중심의 교육과정)에 대한 보수주의자들의 주장은 아프리카계 미국인들(African-Americans)의 자아를 부인할 뿐만 아니라 유럽계 미국인(European-Americans) 학생들의 자아 또한 부인한다. '백인' 학생들은 '역사적, 문화적 관점에서 미국인의 자아는 유럽계 미국인들만의 자아로만 이루어져 있지 않다'는 것을 이해하지 못한다. 그것은 필수불가결하게 '아프리카계 미국인들'과 관련 있다. 이는 인구학적 통계뿐만 아니라 미국의 역사와 동시대의 미국 대중 문화 속에 잘 나타나 있다. 거시적 관점에서 미국은 그들, 즉 '아프리카계 미국인들'에 의해 만들어졌다. 미국 문화에서 그들의 문화는 다양한 측면으로 스며들었을 뿐만 아니라 근본적이고 핵심적인 부분이다. 유럽계 미국인 학생들이 자신들이 누구인지 이해하고자 하다면 자신들이 필수 불가결하게 아프리카계 미국인들과 얽혀 있으며, 그들의 존재에 입각해 있으며, 상호 밀접하게 연관된 자신들의 존재를 이해해야만 한다(Goldberg, 1990).

많은 미국 학교 교육과정의 아프리카계 미국인들과 관련된 지식의 소회는 결코 단순한 우연이나 실수로 일어난 것이 아니다. 이것은 학문적 인종주의를 보여주는 단적인 예라고 볼 수 있다. 그들은 미국 사회에서 시민으로서의 권리만 박탈당해온 것이 아니라 학교에서 그들의 역사와 문화로의 접근, 우리가 말하는 '교육과정적 권리(curricular right)' 또한 박탈당해 왔다. 이로써 교육에서 아프리카계 미국인들만 부인된 것이 아니다. 왜곡되고 불완전한 미국 역사를 가르침으로써 유럽계 미국인들도 그들의 역사로부터 소외되어 왔다. 이러한 진실의 부정은 거의 무의식적으로 일어나는 것처럼 보인다. 사회적 정신분석학으로서 교육과정을 이해하는 것은 '과거의 부정(실수, 소외)'을 진보적 관점에서 드러냄으로써 현재의 변화를 꾀하는 것을 의미한다. 지식은 항상 변한다. 지식은 인지적 은행 계좌에 쌓아두거나 어떤 작업장에서 쓰이는 단순한 기능이 아니다. 지식은 우리가 누구인지, 우리가 살고 있는 세계가 어떤 것이며 어떻게 '되어가고 있는지'를 알 수 있도록 도와주는 것이다.

과거 10년 동안 우리 미국인들에 대한 이미지는 '기업의 경영진' (적어도 미국의 주류 대중 문화 속에서)의 이미지다. 이러한 전형적인 미국인 상은 리 아이아코카(Lee Iacocca), 도날드 트럼프(Donald Trump), 마이클 밀켄(Michael Milken)과 같은 '백인 남성' 이다. 백인, 남성, 통찰력 있으며, '자신에게 이익' 이 되는 방향으로 현실적인 미국인의 이미지는 아프리카계 미국인들을 단순한 쾌락을 추구하며, 운동이나 일부 예술에 재능이 있는 사람들로 타자화한다. 이 사회의 문제점은, 공화당이 조롱하듯이, 모든 사람들이 밀켄과 같지 않다는 것이다. 공화당 대통령인 레이건(Reagan)이 마약(just say 'no'), 게으름('do more work'), 빈곤(정부 보조 프로그램이 줄었다), 여자와 아이들, 성 소수자들에 대한 전쟁을 선포했다. 더욱이 우익은 미국을 '백인' 의 사회, 백인 남성의 사회로 '공상화했다.' 그리고 그 이외의 사람들(여성, 어린이, 소수민족, 성 지향성이 다른 사람들) 모두 주변화시켰다. 이러한 '타자(다른 사람)' 에 대한 억압은 오로지 '자기 억압(self-repressed)' 에 의해 이루어진다.

사실 유럽계 미국인과 아프리카계 미국인은 미국 문화라는 '한 동전의 양면' 과도 같다. 이는 미국 역사 깊이 연관되어 있으며, 미국의 정체성 문제에 있어 어느 한쪽도 간과하거나 소외될 수 없다. 프란츠 파농(Frantz Fanon)이 이야기했듯이 서구 자아(western self)는 타자로서 억압된(미국의 경우 아프리카계 미국인들) 사람들 존재에 의해 이해된다(1963, 1967, 1970). 제임스 볼드윈(James Baldwin)과 마찬가지로 파농은 " '백인(White)' 은 '흑인(Black)' 의 개념 형성에 따라 복잡하게 얽혀 있다" 고 이해했다. 'Black' 이 없으면 'White' 도 없으며 그 반대도 마찬가지다. 개인은 자신과 타자의 관계성에 대한 이해 없이 자신의 정체성을 이해할 수 없다.

따라서 유럽계 미국인들은 자신들이 '타자' 혹은 '다른 사람' 으로 만들고 여겨온 이들을 이해하지 않고서 자신들을 이해할 수 있기를 기대할 수 없다. 도시의 일부 지역에서 자신들끼리 살고 있는 백인 학생들이 자신들이 누구인지를 이해하기 위해서는 '자신들 또한 문화적으로, 역사적으로, 심리적으로 아프리카계 미국인' 이라는 것을 이해해야 한다. 왜냐하면 '백인(White)' 은 '흑인(Black)' 을 떠나 별개로 존재할 수 없으며 그 둘은 상존(常存)하며 서로 얽히고 섞여 있다. 이러한 사실(지식)을 간과하는 것은 우리 자신들을 '기형' 으로 만드는 결과를 낳는다. 특히 우리 백인들에게는 더욱 그러하다. 모든 미국인들은 인종화된 존재다. 우리가 누구였으며, 누구이며, 누가 될 것인가 하는 문제는 우리가 하는 이야기, 우리가 만들어내는 텍스트(text)다. 이러한 점에서, 학생들과의 대화를 위해 우리가 구성하고 재구성하는 교육과정은 하나의 '사회적 정신분석학' 적 양상을 띠게 된다(Kincheloe & Pinar, 1991).

실패한 미래의 환영/아이들

사회 정신분석학적 관점에서 이해하면, 우리 교사는 타자들 즉 학생의 기대, 학부모, 행정가, 정책 수립가, 정치가들의 요구에 의해 이해되고 형성된다. 때때로 우리는 그들 모두로부터 '타자(others)' 가 된다. 뿐만 아니라 우리(교사)는 그들과 우리들 자신의 '내면화된 역사(internalized history)' 에 의해 형성된다. 이러한 다양한 형태의 자아 구성(self-constitution)은 '탐구' 를 필요로 한다. 우리의 앎의 과정을 '정체성의 정치학' 속에서 이해하기 위해 우리는 타자에 의한 요구와 압력의 소용돌이로부터 벗어날 필요가 있다. 소용돌이 속에서 차분함을 유지할 수 있는 능력은 '다른 세계의 지식' , '다른 실제' 들을 인식함으로써 가능할 수 있다. 이때 결코 직업의 세계와 분리되는 것은 아니다. '분리되었으나 연관되어 있는(separate but connected)' 상태는 우리로 하여금 우리에게 타자로부터 주어지는 어떤 역할보다 훨씬 크며, 복잡한 세계로 들어갈 수 있도록 해준다. 이는 또한 우리가 다른 이들에 의한 우리 정체성의 나락으로 떨어지거나 그 사회의 표면으로 추락하지 않도록 도울 수 있다.

우리는 아마도, 교육적 희망과 열망을 포기하지 않으며, 학생들에게 어떻게 이 사회의 억압적 요구에 굴복하지 않고 살아갈 수 있는지를 보여주는 모범이 될 수 있다. 교사들은 '지능과 학습이 (무참한 착취가 아니라) 우리를 다른 세계로 이끌 수 있다는 것' 에 대한 증인(신학적 의미에서의 '간증' ; Pinar, 1988)이 될 수 있다. 지식은 '본질적 종교주의자' 들에 의해 신성시된 성서의 내용이나 절대 어길 수 없는 조립라인의 절차(과정)로 간주될 필요는 없다. 오히려 지식과 지능은, 자유로운 탐험으로써, 우리를 날 수 있도록 해주고, 다른 세계를 탐험할 수 있도록 해주어, 결국에는 우리들 자신의 세계로 돌아와 우리가 살고 있는 지금의 세계보다 더 나은 세계로의 변화에 다른 이들을 초대할 수 있도록 해주는 '날개(wings)' 가 된다. 우리가 다른 이들에 의해 주어진 직업적 역할에 파묻힌다면(잠기거나, 체포되거나), 우리는 일상, 우리와 다른 이들과의 관계, 우리 개인과 시민으로서의 정체성의 정치학, 창조와 탄생의 역할을 인식할 수 없는 '실패한 가능성' 이 되고 만다.

그러면 지금까지 20년이 넘도록 보수주의자들에 의해 고통받아 온 교사들에게 '이론' 의 가치란 무엇인가? 어쩌면 아무런 요점이 없어 보일 수 있다. 특히 기업모형 학교에서 효과적인 문제 해결력을 기름으로써 더 나은 보수를 받고자 하는 젊은 교사들에게 흥미는 있을 수 있지만 다소 공상적으로 들릴 수도 있을 것이다. 지금 학교에는 이론가들을 지지하는 지지층이 없을지도 모른다. 하지만 만약 우리가 가르칠 수 있고, 학교의 일상에서 고전하고 있는 교사들과 '친구' 가 될 수 있으며, 이론과 실제 사이에 연결 다리(다시 말해 이곳에서 저곳으로 여행한 후 이 여행으로 더 넓어지고, 깊어지며, 생동감을 가지고 돌아올 수 있는 통로)를 놓을 수 있다면 우리는 미묘함 혹은 예민함과 통찰력을 가지고 학교 개혁에 참여할 수 있을 것이다. 어쨌든 이론가가 된다는 것은 단절되거나 비효율적이 되는 것을 의미하는 것이 아니다. 이론가가 된다는 것은 현실적인 문제에 대해 그야말로 순진한 태도를 가지게 되는 것을 의미하는 것이 아니다. 또한 이론가가 기업모형 학교에 조언과 지원을 성공적으로 할 수 없는 것을 의미하지도 않는다. 이론가가 된다는 것은 이 역사성, 정치성, 그리고 우리들 자신 속에 놓인 동시대의 교육과정 조직과 그것이 필요로 하는 인지적 관점을 잠시 '괄호치기' 하는 것을 의미한다. 이론은 우리로 하여금, 현실을 실체화함으로써가 아니라 우리의 노력과 그 역할에 대한 이해를 가능하게 하여 학교개혁에 참여할 수 있도록 해줄 것이다. 다시 말해, 정신분석학에서 참여자의 자신에 대한 인식과 자각이 더욱 깊어지고 넓어지도록 하는 역할과 유사하다.

결론

현재 학교 개혁 움직임의 보수적인 관점에도 불구하고 어떤 본질적인 교육적 변화가 지금 이 시기에 일어날 수 있다. '공장모형에서 기업모형' 으로의 학교 변화가 일어나고 있다. 기업모형에서 '생산의 개념' 은 산업화시대의 개념이 아니라 점점 더 기호화(semiotic)되어 가고 있다. 교사의 역할은 공장의 감독관에서 기업의 관리자로 재인식되고 있다. 하지만 이러한 '승진' 이 가져올 '개선' (그리고 그것이 필요로 하는 인지적 상태)에도 불구하고 학교는 여전히 '경제' 와 연결되어 있다. 교육과정 분야의 중요한 부분들이 교육 개혁과 밀접하게 연관되어 있지만 학교의 일상적 문제들에 대한 교육과정 이론들의 적용이나 역할은 민감하거나, 현명하거나, 신중하다고 보이지 않는다.

이론은 공장모형과 기업모형 어느 것과도 연결되지 않는 어떤 지식과 앎의 양상을 자유롭게 이론화하기 위해 현재의 개혁 움직임과 하나의 침대

위에 놓여서는 안 된다. 현장 교사들의 이론은 그들이 직면한 실제적인 문제에 당장 적용할 수 없을지도 모르지만, 그들은 실제적 문제를 위한 근본적인 이론의 '자의성(arbitrariness)'이 일상으로부터 적절한, 사색 가능한, 거리를 두게 함으로써 더 자기 긍정적이고 비판적이며 창의적인 교육과정과 가르침으로의 기회를 제공한다는 것을 발견할 수 있을 것이다.

실제와 타협하지 않는 이론의 가치를 설명하기 위해 우리는 정체성의 개념을 간략하게 살펴보았다. 교사의 전문적 역할에 대한 재개념화를 위한 정체성의 잠재적 가치는 현재 교육과정 논쟁의 중심에 있는 다문화주의를 통해 살펴보았다.

교실의 문제들과 다소 거리를 둔 이론은 어떤 이국적인 현상이 아니다. 이는 과학적 연구의 본질적 개념과 유사한 것이다. 학교와 교육학과의 지적인 활동들이 학교 개혁과 직접적으로 연결되어야 한다는 주장은 역사적으로 이해되고, 비판되어야 한다. 더 심오하고 강화된 이론은 더 지적이고 강화된 실제 측면을 뒷받침할 수 있다.

참고문헌

Baldwin, J. (1971). Author' s notes, in Blues for Mister Charlies. In J. Glassner & C. Barnes (eds.), *Best American Plays* (49-50). New York: Crown.

Baldwin, J. (1985). White man' s guilt. In J. Baldwin, *Price of the Ticket* (409-4 14). New York: St. Martin' s/Marek.

Biography and life history in education. [Special issue.] (1990). *Cambridge Journal of Education*, 20 (3).

Fanon, F. (1963). *The wretched of the earth*. New York: Grove Press.

Fanon, F. (1967). *Black skin, white masks*. New York: Grove Press.

Fanon, F. (1970). *A dying colonialism*. Harmondsworth: Pelican.

Fiske, E. (1991). *Smart schooLs, smart kids*. New York: Simon & Schuster.

Frontline (1991, November 19). Public Broadcasting Service (television), 9 p.m.

Gardner, H. (1983). *Frames of mind*. New York: Basic books.

Goldberg, D. T. (1990). *Anatomy of racism*. Minneapolis: University of Minnesota Press.

Harris, W. (1975). *Companions of the day and night*. London: Faber & Faber.

Kincheloe, J. & W. Pinar (1991) (Eds.). *Curriculum as social psychoanalysis*. Albany: State University of New York Press.

Lasch, C. (1984). *The minimal self Psychic suivival in troubled times*. New York: Norton.

Pinar, W. (1975 (Ed.). *Curriculum theorizing: The reconceptualists*. Berkeley, CA: McCutchan.

Pinar, W. (1988). Time, place, and voice: Curriculum theory and the historical moment. In W. Pinar (Ed.). *Contemporary curriculum discourses* (264-278). Scottsdale, AZ: Gorsuch, Scarisbrick

Pinar, W. (1989, January-February). A reconceptualization of teacher education. *Journal of Teacher Education*, 50, 9-12.

Pinar, W. (1991). The white cockatoo: Images of abstract expressionism in curriculum theory. In G. Willis & W. Schubert (Eds.), *Reflections from the Heart of Educational Inquiry* (244-249). Albany: State University of New York Press.

Pinar, W. & M. Grumet (1988, 1981). Socratic caesura and the theory-practice relationship. In W. Pinar (Ed.), *Contemporary Curriculum Discourses* (92-100).

Scottsdale, AZ: Gorsuch, Scarisbrick. Earlier version printed as Theory and practice and the reconceptualization of curriculum studies. In L. Barton Sc M. Lawn (Eds.), *Rethinking curriculum studies* (20-42). New York: Halsted Press.

Sizer, T. (1984). *Horace' s compromise*. Boston: Houghton Mifflin.

Utchitelle, L. (1991, November 17). Trapped in the impoverished middle class. *The New York Times*, section 3, pp. 1-10.

van Manen (1991). *The tact of teaching*. Albany: State University of New York Press.

Wexler, P. (1987). *Social analysis of education*. London: Routledge.

15

윌리엄 파이너와 교육과정이론

두루미의 잃어버린 언어: 쿠레레 회귀 단계의 '창'과 '거울'

(The Lost Language of Cranes, 1992)

"'잃어버린 언어'가 정말 너의 박사논문이 의미하는 것이니?" 라고
필립(Philip)이 물었다.
제렌(Jerene)은 어깨를 으쓱 하며, 미소를 머금고
"거의 그래요" 라고 대답했다. "거의 그래요!"
— 데이비드 레빗(1986, p. 52)

사실 나는 이 제목의 힌트를 조 앤(Jo Anne Pagano)의 연구(the window of which has a lovely view of the surrounding upstate New York countryside)에서 얻었다. 조 앤(Jo Anne), 밀러(Jarmet Miller), 엘스워스(Liz Ellsworth), 웬송(Wenk-Song Hwu)과 나는 1992 버가모(Bergamo) 컨퍼런스를 위해 모였었다. 그 모임에서 우리는 두루미(cranes)가 우리가 받아들인 지원서 두 개에서 언급되었음을 알 수 있었다. 나는 '두루미는 참 아름다운 새' 라고 생각했다. 두루미. 곧바로 나는 '두루미' 를 나의 발표 제목에 넣고 싶어졌다. 그래서, 어떤 장난스러운 동기에서가 아니라, 또 다른 '두루미' 의 의미를 추가하고 싶은 욕구에서 나의 발표 제목에

도 '두루미' 가 들어오게 되었다. 나는 버가모에서의 '두루미' 가 참 멋질 것이라고 생각했다. 독자는 여기서 내가 얼마나 열정적인지 감지할 수 있을 것이다. 이후에 나는 조 앤과 밀러에게 '두루미' 를 컨퍼런스 타이틀로 넣자고 제안했다. 하지만 금새 나는 두루미는 그 해 컨퍼런스의 주제인 '협력(collaboration)' 과는 별 상관이 없다는 것을 지적했다. 그리고 밀러의 책이 모두 협력과 관련된 것을 감안한다면 그녀를 약간 괴롭히고 있었다는 점도 지적했다.

두루미, 흰두루미, 동양으로부터 온 두루미. 내 친구 웬송은 중국 문화권에서는 두루미가 장생(長生)을 의미한다고 했다. 한 쌍의 두루미가 만나 짝을 이루면 그들은 생이 다하는 날까지 서로에게 파트너로 남아 있으므로 '결혼' 을 상징하기도 한다고 했다. 한 쌍의 두루미는 거의 함께 죽는다고 한다. 그래서 두루미는 결혼, 결합, 장생을 의미한다. 두루미. 두루미의 언어.

지난 7월 조 앤의 집에서 있었던 버가모 컨퍼런스 준비를 위한 모임에서 이 제목에 대한 아이디어를 얻었지만 사실 이것은 1986년 뉴욕 크누프(Knupt)에서 출간된 데이비드 레빗(David Leavitt)의 소설에서 따온 것이다. 레빗의 소설은 『두루미의 잃어버린 언어(The Lost Language of Cranes)』다. 그 소설이 각색되어 지난 여름 미국에서 텔레비전 드라마로 방영되었다. 그 소설은 한 가족(아들, 아버지, 어머니)의 이야기다. 약 스무 살 정도 된 아들은 독립하여 혼자 살아간다. 그의 이름은 필립(Philip)이고 한 출판사에서 로맨스 소설의 교정을 보고 있다. 그 소설이 출간되었을 때 필립 또한 사랑에 빠져 있었다. 하지만 곧 엘리엇(Eliot)은 필립을 더 이상 사랑하지 않게 되고 얼마 지나지 않아 필립을 떠난다.

필립의 아버지 오웬(Owen)은 영어에 대한 박사학위를 가지고 있다. 하지만 잠시 학자로서의 경력을 뒤로하고 부유한 사립학교의 입학 사정관으로 자리를 옮겼다. 오웬은 동성애를 느끼지만 아들이 '커밍아웃' 을 하고

성 정체성에 도전을 받을 때까지 그것을 비밀로 해오고 있다.

필립의 어머니 즉 오웬의 아내 로즈는 매우 절제된 다시 말해 훈육을 잘 받은 여성이다. 로즈는 무엇에 대해 너무 깊이 알려고 하지 않으며 적당한 거리를 둘 줄 아는 사람이다. 하지만 로즈의 절제는 '남편이 게이' 라는 그녀에게 있어 매우 중요한 정보 또한 가릴 정도다. 로즈는 자신의 세계가 있는 그대로 있어주기만을 바라지만 그렇게 되지 않는다. 로즈와 오웬은 자신들이 오랫동안 살아온 아파트가 공동주택으로 바뀔 것이기 때문에 곧 이사해야 한다. 그리고 아들, 실망스럽게도, 아들은 게이다. 로즈가 알고 싶어하는 것 이상으로 성 정체성에 대해 어머니에게 이야기하고자 하는 아들에게 로즈는 "살다 보면 어떤 비밀을 지키는 것이 굉장히 중요하단다. 삶의 어떤 균형을 지키기 위해서…"(p. 173)라고 말한다. 또 로즈의 '절제' 는 늦은 밤까지 남자와 있다가 돌아온 남편과 그녀와의 관계에서도 잘 나타난다. 매우 늦은 시간임에도 불구하고 로즈는 오웬이 어디에서 누구와 있었는지를 캐묻지 않는다. 대신 "어떤 질문도 하지 않겠어요. … 어떤 것에 대해서도 알고 싶지 않아요. 하지만 한 가지만 약속해 주었으면 해요. 만약 다음에 새벽 두 시 반까지 들어오지 않을 계획이면 전화해서 알려주세요. 그래야 무슨 큰일(사고, 혹은 죽음)이 난 건 아닌지 걱정을 하지 않죠. 여보, 알겠어요?" "미안하오. 앞으로는 그러리다"(pp. 241-242) 오웬이 대답한다. 로즈는 심지어 자기 자신과도 어떤 거리를 둔다. 하루는 집에 돌아오는 길에 "그녀는 한 가게의 대형 유리에 비친 자신의 모습을 응시한다. 근심이 가득 찬 얼굴, 중년을 넘긴 여인, 삶이 평화로웠을 때 길거리를 지나치며 안타깝게 생각했을 법한 그런 여인의 얼굴, 자신이 아님을 다행으로 여겼을 그런 여인의 얼굴"(p. 220)

로즈는 많이 궁금해하지도 않고 오웬도 애써 밝히려 하지 않는다. 오웬은 로즈와의 결혼을 유지하기 위해 자신의 성 정체성을 밝히지 않는다. 물론 그 자신만을 위해서가 아니다. 오웬은 자신의 동성애가 없어지기를 바라기도 하지만 그렇게 되진 않는다. 이것은 게이 영화관을 잠시 들르는 것을 포함한 오웬의 일요일 산책길에서도 잘 나타난다. 아마도 '일요일 오후 부분' 이 그가 자신의 아들에게 이야기하고자 하는 것인지도 모른다. 아들은 그것을 비밀로 지킬 마음이 전혀 없다.

오웬은 욕망을 감추며 지낸 여러 해 동안 매우 심약해졌다. 결국 그는 자신이 새장 속에 갇혀 있다고 느끼는 만성적 불안 증세까지 보인다. 이러한 상태는 소설에서 이렇게 묘사된다.

> 오랫동안 그는 오직 로즈와 함께 있는 아파트에서만 평온함을 느꼈다. 하지만 지금은 모든 것이 정반대가 되어버렸다. 이제 그 아파트는 불안과 초조함을 느끼는 공간이 되었다. 알 수 없는 위험이 벽 구석구석에 웅크리고 있어 언제라도 튀어나올 것만 같다. 온 벽면과 소파, 침대 위에서 정전기가 느껴진다. 그는 작은 위험을 감수하지 않는다면 집에 있는 어떤 물건에도 손을 댈 수가 없다. 무엇보다도 그 위협들은 모호하여 알 수 없다. 마치 비겁자처럼 숨어서 얼굴을 드러내지 않는다. 그래서 어떻다고 이야기할 수조차 없다. 너무나 불안해진 나머지 그는 도시의 열린 공간으로 나가 떠돌아야만 했다. 그곳이 안전한지는 알 수 없지만, 최소한 그 자신처럼 불안을 느끼는 동료, '이방인' 들이 있는 곳을 찾는다. 일요일 오후를 거니는 중년의 남성이 있다. 둘은 길 건너에 있는 서로를 신중하게 바라보지만 서로 인사를 주고받지는 않는다.(pp. 20-21)

로즈(절제하는 아내)는 알거나 묻기를 두려워하고 오웬(불안한 남편)은 무언가 밝히기를 주저한다. 이 둘은 남편과 아내로서 부부다. 하지만 이 결혼은 멀리서 서로를 바라보고, 두렵게 하며 서로를 멀게 하는 비밀과 절제로 휩싸여 있다. "매일 밤 그들은 잠든 척 침대의 양 끝에 누워있지만 잠들지 못하고 깨어 있다" (p. 11)

그것이 문제다. 방해받지 않는 절제, 방해받지 않는 주저함. 서로 잠든 척하며 침대의 가장자리에 누워있는 그들. 그들의 아들 필립은 침대의 가장자리에 누워있지 않는다. 필립은 침대의 가운데 누워서 사랑하는 사람을 껴안고 싶어한다. 필립은 욕망을 감추려하지 않는다. 게다가 그의 욕망은 자유롭게 삶에 나타난다. 그의 욕망은 전복된 트럭으로부터 뛰쳐나온 실험용 쥐와 같다. 필립과 엘리엇이 택시를 타고 가던 어느 날 그들은 트럭 전복사고를 목격했는데 그 트럭에는 연구 목적으로 컬럼비아 대학교로 이송되던 실험용 쥐들이 잔뜩 실려 있었다. 한겨울 눈 덮힌 커브길에서 트럭이 미끄러져 전복된 것이다.

> 필립이 창 밖을 내다봤을 때 그 사거리는 온통 실험용 흰쥐로 덮여 있었다. 수천 마리의 쥐들. 주들은 마치 14세기 지옥에 관한 이야기에나 나올 법한 분별할 수 없는 이재민들처럼, 놀란 무리가 온 거리를 기어다니고 있었다. 쥐들은 인도로 기어오르려는 듯 쏟아져 나와 서로에게 부딪혀 하수도로 떨어지고 있었다. 하얀 눈 위의 흰쥐들은 눈에 잘 띄지도 않아서 무언가 꾸물거린다는 것만 알아차릴 정도였다.(p. 29-30)

조그맣게 꼬물거림. 누군가의 집에서 느끼는 작은 정전기와 같은, 잠든 척 깨어 있는 배우자가 잠에서 깰까 봐 조심스러운 움직임. 조그만 떨림, 희미한 극장 안에서의 은밀한 성 행위들. 20세기 지옥의 환상.

나의 아들, 나의 아버지

나는 지금까지 항상 아버지로서의 자리를 회피해 온 것 같다. 나는 아버지를 무척이나 사랑했다. 하지만 나는 원칙과 규칙을 만드는 그의 역할, 어머니의 남편으로서의 그의 역할은 싫어했다. 아버지는 저녁 식탁에서 너무나 많은 이야기를 했다. 했던 이야기들을 반복하고, 어머니의 말을 끊었다. 결국 어머니는 입을 다물고 말았다. 나는 내 나이 스물 아홉에 아버지가 되었다. 그리고 그것이 문제였다. 그녀를 사랑하고, 아들을 사랑하지만 아버지로서의 역할은 싫어했다. 그래서 떠나고자 했고 떠났다. 아들은 어머니와 캘리포니아에 살았다. 나는 아들을 여름마다 찾아갔다. 그리고는 매 달 그리고 대륙횡단 비행기 티켓이 99달러일 때는 매 주 찾아갔다. 이런 환경 속에서 아버지로서의 역할은 그리 나쁘지 않았다. 주말 아버지, 여름 아버지, 어머니로부터 떠난 아버지.

2년 전 나와 마이크는 같이 살게 되었다. 아들이 나의 집에 왔을 때 나의 아버지 또한 들어왔다. 나의 아버지는 1988년 6월에 돌아가셨다. 하지만 지금 여기에 내 안에 소생하셨다. 나의 집에서 나의 아들과 있을 때 나의 아버지는 나 자신으로부터 나온다. 물론 내 나름대로 그의 말을 바꾼다. 나는 아들이 내가 어렸을 때 겪었던 것을 그대로 겪기를 바라지 않기 때문이다. 하지만 나는 '나의 아버지의 잃어버린 말, 나의 어머니, 그리고 어린 시절의 나'로 가득 차 있다. 나는 루이지애나 베이튼 라운지에 나의 14살 된 캘리포니아 아들과 함께 있다. 마이크의 유년기 마지막을 어떻게 보낼지에 대해 그와 타협할 때 오하이오에서의 나의 유년기로 돌아간다. 가르치는 것과 같이 부모역할을 하는 것 또한 다시 말해 잃어버린 말을(소리가 없거나, 개인의 어린 시절의 삶일지라도) 되살리는 기회다.

마이크가 루이지애나에서 법적으로 운전이 허용되는 열다섯 살이 되던 해 문제는 더 심각해졌고, 마이크는 차를 몰고 밖으로 나갔다. 그의 아버지의 전통적인 십대에 대한 이미지와는 달리 그의 운전은 차분하지 않았다. 그는 자기 아버지의 귀에 거슬릴 만큼 자신이 할 수 있는 한 크게 타이어의 미끄러지는 소리를 내며 운전했다. 아버지의 역할을 회피하려던 나의 전략은 실패했다. 아버지의 역할 없이 아들을 가질 수 없다는 것이 명백해졌다. 가족을, 부모님이 만든 가족 그리고 우리 아이들이 부모가 되어 만든 가족 모두, 떠날 수 없다는 것이 확연해졌다. 한쪽 침대 끝에서 잠자는 척 할 수는 없는 일이다.

지난 8월 나는 런던에 일주일 정도 머물렀다. 일요일 저녁, 허기를 느낀 나는 호텔의 식당을 들렀는데 마침 손님이 아무도 없었다. 바 너머에는 20대 중반으로 보이는 잘생긴 청년 혼자 있었다. 아마 소설 속의 필립과 비슷해 보이는 나이며 매우 친절하고 활달하며, 단 한 명의 손님만을 대해서 그런지 여유롭고 행복해 보였다. 내가 술을 점점 더 마실수록 우리는 더 친근하게 느꼈다. 마이클은 뉴질랜드에서 자랐으며 고등학교를 졸업한 후 세계를 돌며 자신이 하고 싶은 일을 하겠노라고 결심했다고 했다. 당시 그는 런던에서 몇 달간 일하고 있었다. 대화를 이어갈수록 그는 점차 자신을 다소 과시하고 뽐내는 듯한 태도를 가지게 되었다. 물론, 그의 자세는 성적 매력을 풍기기에 충분했다. 하지만 그의 성적 매력은 그의 말을 통해 자신감, 남자로서의 독립심으로 승화되어 표출되었다. 그는 부모님의 어떤 경제적 도움도 없이 혼자만의 힘으로 살고 있었으며, 더욱이 즐겁고 행복한 시간을 보내고 있었다. 나는 나의 감정과 생각을 그때는 확실히 알 수 없었다.

그의 매력에 끌리는 것을 숨기고 단지 '친절한 손님'인 척한 것은 어쩌면 나의 속내를 감춘 것이었으리라. 그는 그런 분위기를 미리 알기라도 한 듯 전혀 동요하거나 기가 꺾이지 않았다. 얼마나 많은 중년 남자들이 바 너머에서 점잔 빼는, 약간 우쭐대는, 이 매력 있는 청년에게 끌렸을까 하는 생각을 했다. 마침내 술이 어느 정도 오르자, 나는 평상시와 같이 이야기했다. 다음날 그를 다시 만났을 때 나는 전날의 어떤 '자극'이 그 젊은이에 대한 걱정으로 바뀌어 버렸다는 것을 알아차렸다. 내가 전날 느꼈던 '성적 매력'은 이 순간 그에 대한 '부모로서의 걱정'으로 바뀌었다. '안심'을 되찾은 순간이었다. 어떤 금기(나이 든 게이 남성이 젊은 이성애자 남성에게 관심을 가지는 것)시되는 것이 사회적으로 용인할 수 있는 관계(자식을 염려하는 아버지)로 바뀌었다. 이때부터 나는 그에게 질문을 하기보다 뉴질랜드에 있는 부모님께 전화를 드리지 않는 것에 대해 꾸지람을 했다. 나는 적절하고 고상한 태도로 하지만 약간은 강압적인 태도를 취했다. 그 또한 그것을 느꼈으며, 약간의 죄책감이나 부끄러움을 느끼는 것 같았다. 나에게 그 상황은, 나는 호주에 있는 그의 아버지를 대신하고 그는 나의 아들을 대신하고 있다는 것이 명백해졌다. 나는 단호한 태도로, 그의 아버지로서의 태도를 취하며, 그에게 이야기했고 그는 조용히 수긍하며 들었다. 그 와중에 '마약' 도 언급되었으며, 나의 태도는 부모로서의 그것이었다. 나는 "너 스스로를 잘 돌보아야 해"라고 이야기해주었다. 이 상황에서 '승화된 성적 욕구가 부모로서의 태도로 바뀐' 것은 명확해졌다. 다시 말하면 부모로서의 사랑은 '근친상간의 승화된 어떤 측면' 이다. '승화' 는 나로서는 일종의 '안심' 이 되었다. 성애를 벗어난 모든 것은, (어떤 괴롭힘 없이) 어쩌면 어떤 유혹적인 측면에서 본다면 부모로서의 위치는 때때로 '힘을 추구하거나 휘두르는' 오랜 권위주의적 태도의 좋은 측면이라고 생각한다. 나의 아들과의 어떤(아주 약간의) 유혹적인 것에 대한 경계를 늦추지 않은 채 나는 때때로(특히 내 아들이 나와 함께 머문 두 번째 해에), 나의 아들은 완강히 거부했으나, 나는 나의 아버지에게 굴복하고 말았던 권위주의에 빠지곤 했다.

마이크와 함께 있을 때 나는 항상 행동, 애정 표현, 그리고 그가 원하지 않는 나의 어떤 부분을 드러냄에 있어 매우 조심스러워야 했다. 나의 아들이 열다섯 살의 성난 십대가 되었을 때 나는 그것을 즐길 만한(혹은 잘 대처할 만한) 준비가 되어 있지 않았다. 승화된 성애도 어떠한 유혹도 없이, 우리의 관계는 그야말로 단순한 일상적인 대면의 연속이었다. 아! 외디푸스(Oedipus)! 우리 둘 모두 마이크가 고등학교의 마지막 2년을 캘리포니아에서 보낼 것이라는 것을 알고 있었지만, (루이지애나 주 상원의원으로 출마한 데이비드 듀크(David Duke)[1)]의 캠페인은 두고볼 수도 용서할 수도

1) [역주] Duke는 KKK로 알려진 백인 우월주의 단체(Ku Klux Klan), 반유대주의, 인종차별, 동성애 반대 등을 표방하는 미국의 비밀 결사 단체다. 그는 이 단체의 수장으로서 여러 차례 상원, 하원의원, 대통령 출마에도 도전했지만 실패했다.

없었다) 우리 둘은 그야말로 사생 결단의 필사적 싸움을 피할 길을 찾지 못했다.

그 일은 바로 유명한 로드니 킹 사건(Rodney King beating)[2] 때 일어났다. 목요일 저녁 너무도 놀란 나는 집 안에 있었고, 아들은 이 사건과 관련해 고등학교에서의 파업(수업거부)을 준비하고자 전화에 매달려 있었다. 그는 파업을 알릴 전단지를 복사해야 했으므로 나에게 도움(결국 나의 금전적 지원)을 요청했다. 나는 마이크에게 그러지 말라고 했고 이는 결국 다툼으로 이어졌다. 나는 "학교의 책임자들이 너희들을 엄중히 처벌할 것"이라고 했고, 마이크는 캘리포니아에서 일어난 구타사건에 극도로 분개했다. 나를 향한 그의 외디푸스적 분노도 함께. 그 순간 나의 아버지도 나에게로 들어와 마이크가 하는 것을 허락하지 않았다. 그는 더욱 격분했다. 오! 영리한 아이, 그는 자신이 지금까지 나를 얼마만큼 존중해 왔는지에 대해 소리쳤고, 나의 정치적 신념이 바뀐 것은 아닌지에 대해 격분해서 이야기했다. 그는 알 턱이 없었다. 어떤 상황인지 독자들은 충분히 이해하리라. 사실 이때, 1968년 시카고 그랜드 공원의 민주당 정당 대회장에서 경찰이 내 또래의 아이들을 폭행한 사건에 대해 격분해서 나의 아버지에게 이야기하던 때가 떠올랐다. 24년 후 나는 이 부엌에서 나의 아들과 마주하고 서있다. 나는 나의 아버지에게 소리치고 나의 아들은 나에게 소리친다. 나는 돈을 주었고 다음 잔을 들이켰다.

다음날 마이크는 파업을 주도했고, 예견했듯이 학교는 진압부대를 투입하여 관련 학생들을 체포하고자 위협했다. 다행히 얼마간의 대치 후 마이크와 그의 친구들은 교실로 돌아갈 수 있었다. 물론 그것이 끝은 아니었

---

2) [역주] 로드니킹 사건은 1991년 미국 LA에서 일어난 경찰의 무자비한 구타장면이 나간 후 경찰들이 기소되었으나 다수가 백인이었던 배심원이 무죄판결을 내림으로써 폭동으로 이어졌다. 결국 LA경찰 국장까지 사임하는 등 미국 전역을 한때 충격으로 몰아 넣은 사건이다.

다. 당국은 주동자가 누군지 수사하여 찾아냈고 그들은 마이크를 (기말 시험 직전에) 퇴학시키려 했다. 그렇게 되었다면 그는 그 학기 전체를 다시 들어야 했을 것이다. 그 말을 들은 나는 교장, 교감, 교육청 직원 등을 찾아다녀야 했다. 교장은 나에게 다가와 쌀쌀맞은 귓속말로 "나는 이런 일들이 우리 주 모든 학교에서 일어날 줄 알았어요. 하지만 이것이 루이지애나 주에서 일어난 유일한 파업이었어요" '나쁘지 않았어 마이크' 라고 나는 생각했다. 내가 학과장 시절에 알고 지내던 오하이오 출신의 교육청 감독관이 중재해준 덕분에 우리는 한 학기를 벌 수 있었다. 학교당국에 대한 분노 속에서, 우리는 다시 일상으로 돌아왔고, 나는 '교장실 밖에서의 포옹이 아버지와 아들의 전쟁의 마지막을 의미하기' 를 바랐다.

마이크는 지난 여름에 자기 어머니 집으로 돌아갔고 나는 프렌치 쿼터(French Quarter)[3]로 이사했다. 여러 층의 잃어버린 언어, 여기서는 스페인어, 프랑스어, 아프리카어, 그리고 '회귀(regression)'. 과거의 이야기들을 지닌 도시의 뜨거운 여름 속에서 느끼는 나의 아들, 교장실, 거리 밴드들의 메아리.

뉴올리언즈의 프렌치 쿼터는 세 층의 유럽 세력의 지배를 받았다. 처음에는 스페인, 다음으로 프랑스, 그리고 미국. 엄밀히 말하면 유럽에 뿌리를 둔 미국인들일 것이다. 뉴올리언즈는 '아프리카계 미국(African-American)' 의 색채가 짙다. 하지만 느끼기로는 이 도시의 영혼은 캐리비안(Caribbean)으로부터 온 듯하다. 여기서 캐리비안은 휴양지나 남미와 북미 중간에 위치한 바다를 의미하는 것이 아니라 '서반구에 있는 아프리카 문화의 중심지' 를 의미한다. 문화적으로 뉴올리언즈는 미국 본토에 있는 캐리비안이다. 나는 본토에 있는 아이티(Haiti)에 산다. 다소 과장된 면이

3) [역주] 미국 루이지애나 주 뉴올리언즈에 있는 도시다. 18세기 초 프랑스인들에 의해 건설된 유럽풍이 감도는 곳이다. 큰 화재로 대부분 소실되었으나 스페인에 의해 재건된 도시로 항상 관광객들이 많아 활기가 넘치는 곳이다.

없진 않지만, 이곳에 스며 있는 프랑스 문화, 빈곤, 부두교(The Voodoo) 등을 감안한다면 완전히 틀린 이야기도 아니다. 나는 미국 아이티의 양 극단에서 고통받는 흑인들 속에 살고 있다.

뉴올리언즈는 다른 미국 지역들에 비해 '다른 곳' 으로 인식된다. 스쳐 지나가며, 술에 취하고 이런 저런 일들을 하지만 의식 있는 사람이라면 '다시 돌아올 집' 으로 삼지 않을 그런 곳이다. 이 점에서 뉴올리언즈는 미국의 '문화적 무의식' 이다. 이 곳은 이 나라의 잃어버린 언어, 스페인어, 프랑스어, 아프리카어들을 찾으러 돌아올지도 모를 그런 곳이다. 프렌치 쿼터는 또한 캐리비안에 있는 백인 게이들이 사는 곳이다. 블루스, 재즈, 락 밴드의 음악 소리가 더운 여름날의 거리를 가득 메우고 있다. 자신들을 주시하고 있는 매춘부들의 시선을 아는지 모르는지 술에 취한 관광객들이 게슴츠레한 눈으로 거리를 비틀거리며 다음 건수가 무언지 살필 때 다음 블록에는 한 십대가 마약 거래가 틀어졌는지 격분해 있다. 미국 본토 아이티에서의 블루스 음악은 항상 사이렌 소리와 함께 퍼진다.

피터(Peter)와 클레어(Clare)의 결혼식

이미 언급했듯이 나는 지난 여름에 일주일간 런던에 가 있었다. 친구들 벡스(Becks) 커플(Fran and Bill), 돌(Doll) 커플(Mary and Bill)과 함께 내 친구 피터 타우브만(Peter Taubman)의 결혼식에 참석하기 위해 아일랜드의 인섀논(Innshannon)에 갔을 때의 일이다. 피터는 뉴욕의 큰 법률 자문회사에서 일하던 총명하고 아름다운 아이리쉬 여성 클레어 오브라이언(Clare O' Brien)과 결혼했다. 혹자는 지난 성 패트릭 데이 퍼레이드 논쟁과 관련한 배턴 루지(Baton Rouge) 신문의 논쟁에서 그녀의 이름을 보았을 수도 있을 것이다. 아이리쉬 게이 그룹(ILGO)이 그 퍼레이드에서 '사인' 을 들고 행진할 기회를 얻고자 소송을 제기했을 때 그녀는 그 집단을 대변하는 대리인이었다. 그들은 패했지만, 상고했다.

1992년 8월 7일 금요일 오후, 밝은 태양과 아일랜드 기준으로 따뜻하며, 숨막힐 정도로 아름다운 오후였다. 미국인들을 제외한 모든 사람들은 검은색 정장을 입고 있었다. 미국에서는 장례식에 입는 옷을 그곳에서는 결혼식에 입는다. 많은 독자들이 알겠지만 피터는 교육과정 분야에서 성, 후기구조주의적 관점에서 두드러진 학자다. 우리는 1970년대 후반 로체스터(Rochester) 시절부터 가까운 친구로 지내오고 있다. 피터는 나를 결혼식에 초대했고 다른 이들처럼 간단한 축사를 요청했다. 한때 신학도(theology student)였던 나로서는 기꺼이 받아들였다. 피터와 클레어의 동의를 얻어 당시 나의 축사를 여기서 소개하고자 한다. 피터와 클레어는 나의 오른쪽에 있었고, 다른 친구들은 아주 오래된 아일랜드 천주교 성당에서 검은색 정장 차림의 아일랜드 사람들 사이에 앉아있었다. 나는 피터와 클레어에 대한 나의 애정을 전하고자 성심을 다했다.

> 우리 모두 알다시피 결혼은 어쩌면 벗어날 수 없으나, 신의 축복과 은혜로서 감내할 수 있는 삶의 고통에 사로잡혀 있는 우리 인간들에게 내려지는 신으로부터 축복받은 아주 성스러운 의식입니다.
>
> 결혼은 성스러운 것임과 동시에 세속적인 것이기도 합니다. 물론 이 둘은 떼어놓을 수 없는 것이죠. 그러므로 기독교적 삶은 신념과 열정을 가지고 이 세상에 온전히 들어가 사는 것을 말합니다. 본회퍼(Bonhoeffer)[4]는 "기독교인이 된다는 것은 어떤 특별한 방식으로 신앙을 가지는 것을 의미하거나 특정한 형태의 금욕주의를 기르는 것을 의미하는 것이 아니라 … 이는 '세상 속의 한 사람이 되는 것' 을 의미한다. 한 인간을 기독교인으로 만드는 것은 그들의 성스러운 행동이 아니라 '세상의 삶 속에서 하나님의 고통을 기꺼이 함께하는 것을 의미한다" (Bonhoeffer, 1953, pp. 166-167)

4) [역주] 나치에 의해 처형된 독일의 루터파 신학자.

고 했습니다.

피터와 클레어 둘 모두는 고통받는 성 집단의 삶을 위해, 그들을 대변하며 그들의 고통을 함께합니다. 클레어는 법과 관련한 전문 영역에서, 피터는 가르침과 영향력 있는(중요한) 학문을 통해 그 일을 해오고 있습니다. 각기 다른 영역에서 일하며, 다른 종교적 전통과 출신 국가를 가지고 있음에도 피터와 클레어의 이 사회에서의 참여 역할은 "우리는 더 이상 유대인이나 그리스인, 노예나 자유인, 심지어 남자와 여자가 아니라 우리는 모두 똑같은…" (Galatians 3:28) 기독교의 신념을 받든다고 할 수 있습니다.

다르지만 똑같습니다. 이 관점에서 남자와 여자는 엄연히 다르지만 그 '상대적 의미' 의 경계는 허물어집니다. 결혼 상태를 이렇게 묘사할 수도 있겠죠. 우리는 오늘 하나의 이상적인 인간 관계 의식인 결혼식에 초대받아 여기에 와 있습니다. 그러므로, 어쩌면 내가 나의 반대쪽에 서 있는 사람으로 인식할 수 있는(예를 들면, 흑인과 백인, 이성애자와 동성애자, 개신교와 가톨릭) 사람들은 나의 배우자가 됩니다. 이러한 영적인 결합 속에서 다른 사람과 산다는 것은 어쩌면 한 개인을 '도전 혹은 저항(defiance)'의 상황에 놓이게 할 것입니다. 우리가 살고 있는, 일상 속에서 경험하는 분리, 소외, 인종주의, 성차별주의로 고통받는 일상에 대한 저항과 도전입니다. 이 삶이 어쩌면 오늘날의 종교적 삶의 한 유형이지 않을까요? 몰트만(Moltmann)은 우리에게 이렇게 이야기합니다. "주 안에서 희망을 품는 자는 이 세상을 있는 그대로 더 감내할 수 있고, 그것에서 고통받고, 그것을 반박하고 … 주 안에서의 평화는 곧 세상에서의 투쟁을 의미한다" (Moltmann, 1967, p. 21).

클레어와 피터가 세상을 향한 그들의 희망을 계속해서 추구해 나감에 따라, 한 날 세상은 어쩌면, 그것이 원래 그런 것처럼, 사랑으로 하나 될 수 있을 것입니다. 이들의 결합이 신의 평화와 강건함 속에서 축복을 받는 것처럼 말입니다. 예수님의 이름으로 기도 드립니다. 아멘.

사랑과 행복

친구들은 모두 결혼했다. 적어도 내 친구들은 그렇다. 그들의 방식으로 그리고 나의 방식으로 나도 결혼했다고 생각한다. 세월이 흘러갔어도 나의 아들의 아버지로서 그리고 그의 어머니 데나(Denah)에게도 그러하다. 나의 일, 나의 영역, 사회적인 것, 지적인 것, 내 삶 속에서 이 두 측면의 구분은 뚜렷하지 않다. 오늘 밤 나는 결혼한 한 남자로 여러분 앞에 서 있다.

고백하건대 나는 항상 결혼 밖에서의 성적 관계만을 선호해왔다. 학교 밖에서의 배움도 그러하다. 마지 피어시(Marge Piercy)의 시는 나에게 큰 감동으로 다가온다.

불꽃의 그림자로부터. 듀어(Duir)[5)]

… 사랑은 우리가 먹는 진정제
사랑은 담배와 같은 죽음의 모유를 습관적으로 흡입하는 것
사랑은 사생아와 같은 잘못된 예술
내가 진저리 나도록 싫어하는 것은 로맨스
모든 졸때기들에게 불러주는 유월의 가냘픈 달의 노래

나를 다시금 온전하게 되돌려 놓는
다시 또다시 찾아오는 사랑
하지만 귀 밑에 엄지, 겨드랑이 속의 귀, 발 밑에 솟아나는 머리
나는 좋아함으로 시작되는 사랑과 우정을 존중한다

---

5) [역주] 오크나무를 의미하는 산스크리트(범어, 인도-유럽 어족의 하나로 기원전에 사용된) 어로서 문(door)을 의미하기도 한다. 고대 켈트족이 믿었던 드루이드교의 유물에서 나온 그림이나 기원전 2000년경에 사용된 동전을 보면 상하, 앞뒤의 문양이 동일한 것이 등장한다. 동전의 양면과도 같은 것들(하늘과 땅, 남자와 여자, 여름과 겨울)이 다르고 분리된 것 같지만 결국 뒤집어보면 같은 이미지를 보여준다. 영문 검색창에서 Duir로 검색되는 이미지를 참고하면 이해에 도움이 될 것이다.

하지만 내 몸은 내가 칭찬하고, 축복하고 축복받는 교회에
나의 강인함과 나약함은
하나의 자궁으로부터 난 쌍둥이
물 속에 비친 발레리나
어둡고 밝은 달의 양면

불꽃으로 들어오라, 들어오라
들어오라, 축제의 불꽃에서 춤을 추라
나를 통해 춤추라 나 또한 너를 통해 춤추니
… 우리의 몸은 불타오른다
태양에 의해 달궈진 조그만 용광로들
달은 우리의 피로 물들 바다를 당기니
이 밤 저 태양과 달은 춤을 춘다
그리고 당신과 나도 불꽃 속에서 춤을 춘다
우리 몸이 장작, 성냥 그리고 그 불꽃이다.(pp. 100-103)
예수님의 이름으로 기도 드립니다. 아멘.

크레인(crane)[6] 소년

데이비드 레빗(David Leavitt)의 데뷔 소설 『두루미의 잃어버린 언어』에 나오는 두 번째 인물의 이름이 제렌(Jerene)이다. 제렌은 논문(결국 '잃어버린 언어'로 탄생할)을 쓰고 있다. 그녀는 논문에만 몰두해 있다. 어느 날 오후 그녀는 도서관에 앉아 지식이 막혀 있는, 자신을 잃어버린, 더 이상 진도를 나갈 수 없는 힘든 상황에서 돌파구를 마련할 '어떤 연결 고리'를 찾기 위해 정신분석학 관련 저널들을 훑어보고 있다. 제렌은 한 저널의 어

6) [역주] 'crane'은 두루미와 기중기 모두를 의미한다.

떤 부분에 직면했다.

> 한 소년, 그 저널에서 마이클이라고 불리는 소년, 그 소년은 정신 지체를 가진, 강간을 당한, 어떤 십대로부터 태어났다. 약 두 살 때까지 그 소년은 어머니와 함께 공사장 근처의 한 셋방에서 살았다. 소년의 어머니는 정신 나간 상태로 하루 종일 집을 들락날락 거리며 돌아다녔다. 그녀는 아들이 있다는 사실조차 잘 인식하지 못했으며 어떻게 먹이고 길러야 할지 몰랐다. 주위의 이웃들이 종종 마이클의 울음 소리를 참다 못해 그 집을 찾아가면 그의 어머니는 종종 집에 없었다. 그런데 어느 날, 갑자기 조용해지고 울음이 멈췄다. 그 아이는 조용해졌고 다음 날도 울지 않았다. 며칠 동안 아무 소리도 들리지 않았다. 경찰과 사회복지사가 연락을 받고 달려왔다. 그들은 창문가의 덮개에 눕혀 있는 아이를 발견했다. 그는 여전히 살아 있었으며 그 아이가 그 동안 얼마나 심하게 방치되었을지를 고려하면 상태도 꽤 양호했다. 자신이 누워있는 그 보자기 속에서 조용히 놀고 있었다. 간간히 몇 초마다 창문을 바라볼 뿐이었다. 그 아이가 노는 방식은 그들이 본 어떤 경우와도 달랐다. 창문을 보노라면 두 손을 들었다가 획 젖기도 하고, 앙상하게 야윈 다리로 일어섰다가 다시 넘어졌다. 그리고 다시 구부리고 일어섰다. 아이는 목을 긁는 듯한 이상한 소리를 냈다. 그 사회복지사는 '이 아이가 무엇을 하고 있는지' 몹시 궁금해했다. 이러한 놀이(행동)는 도대체 무엇인가?
>
> 아이가 응시하고 있는 창 밖을 본 그들은 한창 건물을 짓고 있는 크레인을 발견했다. 그 아이는 창문에서 가까운 쪽에 있는 크레인을 뚫어지게 응시하고 있었다. 크레인이 대들보나 기둥 부분을 들어올리면 아이도 팔을 들어올렸다. 크레인이 구부리면 아이도 구부렸다. 크레인이 기어 마찰 소리를 내고 모터를 돌리면 아이도 이빨을 부딪혀 소리를 내고, 혀를 구르는 소리도 냈다.
>
> 그들은 아이를 사회복지시설로 옮겼다. 이때 아이는 병적으로 흥분해

> 소리를 질러댔고 한시도 조용히 있지 않았다. 이는 아이가 자신이 사랑하는 크레인으로부터 분리된 탓이었다. 몇 년 후 마이클은 정신지체아들을 위한 특별 시설에서 지내고 있었다. 그는 크레인처럼 움직이고, 크레인이 내는 소리를 냈다. 의사가 많은 장난감과 그림을 그에게 보여주었지만 그가 유일하게 반응하고 노는 장난감은 크레인이었다. 오로지 크레인만이 그 아이를 평안하고 행복을 느끼게 해주었다. 그 아이는 '크레인 소년'으로 알려졌다. 논문을 읽는 내내 제렌이 가지고 있었던 의문은 '도대체 그 소리는 어떤 것이었을까?' '과연 그러한 존재로서의 느낌은 무엇일까?' 였다. 이 세상에서 오로지 마이클 혼자만 가지고 있던 그 언어. 그 언어는, 그녀는 영원히 알 수 없는 것이었다. 자신이 누워있는 누추한 방안의 조그마하고 보잘것없는 다른 것들과 비교했을 때 마이클이 보기에 그 크레인은 얼마나 위대하고 거대한 것이었을까? 그녀는 둘 모두에게 있어서(마이클과 크레인) 자신이 사랑해야 할 것과 자신을 사랑하는 것을 찾았다고 생각했다. 그 창문은 거울이 된다. 우리가 무엇을 사랑하든지 간에 그것은 우리 자신이다.(pp. 182-813)

결론

라캉(Lacan)은 "유아기는 '타자에 대한 응시(gaze)'를 통해 자신의 에고(ego)의 일체(unity)를 찾고 형성하는 혼란스럽고, 단편적이며, 역동적인 시기"라고 했다. 라캉이 이야기하는 '거울 단계(mirror stage)'에서 저 깊은 곳에 숨겨져 있는 에고와 자아가 형성된다. 이 에고는 타자에 의해 형성된다. 두루미의 상징적인 의미에서 시작하여, 우리의 주제는 '에고'와 '성(성역할)'에 관한 것으로 굳어졌다. 우연하게도 우리는 '소외된 자아'를 우리의 주제로 가지고 왔다. 이때 본래의 주제는 무의식으로 가라앉았다.

그 문제는 'Crane' 에 관한 것이다.

제렌은 또한 "의사가 '횡설수설(여럿이 함께 내는 소리)' 한다고 진단하여 정신병원에서 48년 가량 지내야 했던 한 여성에 대한 이야기도 들려준다. 결국 그녀는 우크라이나(Ukraine)에서 온 이민자라는 것이 밝혀졌다. 그 병원에 있던 어느 누구도 그녀가 우크라이나어를 말하고 있었다는 것을 몰랐던 것이다" (Leavitt, p. 53). 어쩌면, 우리가 감금되어 있는 병원이 우리가 당연시 여기는 우리 자신들의 에고라는 점을 제외하면 우리 또한 그 여성과 같을지도 모른다.

이러한 점에서 쿠레레의 회귀(regressive)는 일상적인 광기와 세상으로부터 어떻게 보여지고 받아들여질지를 염두에 두며, 그 우크라이나 여인을 병원으로부터 풀어주는 것이다. 이는 결국 우리의 언어, 즉 우리가 처한 현실 그 진실된 현실 그 자체, 우리만의 역사와 의미다. 쿠레레의 회귀 단계는 그리스 신화에서 물에 비친 자기 모습에 반하여 빠져 죽어 수선화가 된 미모의 청년 나르시스(Narcissus)처럼 자기 집 거울 주위를 맴도는 것이 아니다. 이는 우리의 유아시절, 유년시절, 그리고 젊은 시절에 창문을 통해 본 '사람들' 과 '그것들' 로부터 받은 '언어' 를 기억해내는 것이다. 이 잃어버린 언어를 회복함으로써 우리는 과거, 자신 내부의 잊혀졌던 부분들, 아이로서 살았던 그리고 어른으로서 살고 있는 세상에 대해 알 수 있다. 세상과의 교육적, 법적, 불법적 관계(시민으로서의 저항)를 통해 우리는 시선을 창문 밖, 세상의 과거, 현재, 미래가 서로 얽혀 있으며 동시에 역사적인 현재에 차례로 놓여 있는 세계로의 창문으로 돌릴 수 있다.

필립은 자신을 숨기기로 결심한 아버지의 답에 대한 물음이다. 그의 아들은 자신을 숨기지 않는다. 필립의 게이로서의 성 정체성은 그의 아버지의 자신에 대한 사랑으로의 초대이자 오웬이 자신의 성 정체성을 억압함으로써 잃어버렸던 사랑으로의 초대다. 필립의 성 정체성은 자신의 아버지를 세상으로 불러내는, 아버지의 사랑을 좀 더 명확히 하는, 억압된 오웬의

성 정체성의 존재를 드러낸다. 15년 전에 매들린 그루메(Madeleine Grumet, 1988)가 처음으로 지적한 바와 같이 각 세대는 그 이전 세대의 교육과정을 반박한다. 우리는 아이들을 통해 우리 자신들의 집단 무의식(어쩌면 우리가 거부했던 혹은 거부하려 했던 우리들 자신의 어떤 부분일지도 모를)을 볼 수 있다. 우리가 모두 그들에게 전해준 것이다. 더욱이 우리는 '우리가 그들에게 말하고자 의도하는 것'을 이야기한다. 우리 아이들에게 우리는 아마도 마이클(크레인 소년)처럼 보일 것이다. 우리가 그들에게 이야기하는 언어는 그들에게는 아마 '기계적이고, 전혀 지적이지 않은' 언어로 들릴 것이다. 이 부당하고, 고통받는 세상이 우리가 공통적으로 가진 것이다.

과거로의 회귀, 과거 의식의 현재로의 통합으로 시작되는 쿠레레의 '회귀(regressive)'는 버가모 학술대회에의 Crane을 주제로 한 두 발표와 함께 조 앤(Jo Anne)의 파가노 연구에서 시작될 수 있다. 우리는 이러한 연상적인 노력을 통해 '어떤 모호한 흥분 혹은 기대감'을 '현재의 관심과 흥미가 무엇인지에 대한 상징적인 표현'으로 변화시킬 수 있다. 다시 말해 나는 '조 앤의 연구와 버가모 학술대회의 크레인(Cranes)'으로부터(내가 교육과정적 소재라고 말하는) '소설'로 옮겨갔다. 그 소설 속의 인물들과 그들의 상황은 (특히 그 시작에서는 명확히 알 수 없지만) 나와 나의 상황을 비추는(나타내는) 동시에 변화시킨다. 소설을 읽는 것은 나를 외부의 세계(즉 소설 속의 가상의 세계)로 이끈다. 이와 동시에 소설을 읽는 것은 나의 과거, 반성적으로 인식되지 않은 과거, 그 과거로 나를 인도한다. 소설을 읽고 난 후 나는 그 가상의 세계로부터 나의 현실로, 나의 현재의 아들로, 나의 이미 돌아가신 아버지로, 돌아온다. 나는 아들을 통해 돌아가신 아버지의 부활을 경험한다. 또한 나의 아버지를 다시 보내려고 할 때, 나는 우리가 고투하는 또 다른 곳에서 나의 아들을 마주한다. 오! 로드니 킹(Rodney King)과 이 사회의 부당함으로 인해 나와 아들, 서로에 대한 우리의 분노는 세상 밖으로 향한다.

아일랜드의 아름다운 어느 오후, 천주교회에서 개신교도로서, 나는 영원히 함께 함을 다짐한다. 피터와 클레어도 그들의 영원한 결합을 다짐한다. 이 세상에서 그들은 만나고 결혼했다. '타자' 로서 존재하는 이 세상의 격동과 격변은 그들을 세상으로 불러낼 것이다. 하지만 타인들을 위한 그들의 노력을 통해 그들의 사랑은 더욱 강해질 것이다. 결혼식 피로연이 열린 그 호텔의 창 밖에는 아주 아름답고 조그맣고 얕은 강이 흐른다. 그 강에서 한 사람이 낚시를 하고 있다. 와이트 섬에서 온 클레어의 친구 제인의 축사를 들을 때 나의 마티니 잔에 햇살이 비친다. 우리는 축사를 듣고, 피로연을 즐기기 위해 강둑에서 돌아왔다. 피터! 클레어! 당신들의 결혼을 진심으로 축하해요. 증오와 고통 속에서의 사랑과 행복. '내가 찬양하고, 축복하고, 축복받는 곳, 교회, 곧 나의 몸' . 그날 밤, 나는 프랜시스와 매리와 춤을 추었고, 우리의 친구 피터와 클레어의 결혼을 축복했다.

과거(the past)는 현재로부터 잊혀졌거나 영원히 가려지거나 무의식 속에 감추어진 언어가 아니다. 그것은 지금, 여기에 있다. 아버지가 되고자 하는 나의 아들 속에, 내가 축복하는 나의 친구들 속에, 내가 가르치는 학생들 속에, 내가 읽는 책과 내가 쓰는 글 속에 있다. 그것이 나의 '과거'다. 이 점에서 본다면 '자서전적 연구' 는 우리가 과거에 사랑했던 것을 다시 볼 수 있도록 해주는 창문과도 같다. 이를 통해 우리는 우리가 지금 사랑하는 것이 누구이며 무엇인지 더 명확히 볼 수 있다. 쿠레레(currere)의 회귀는 우리로 하여금 '잃어버린 크레인의 언어' 를 말하게 한다. 그 언어를 통해 우리는 '우리의 창문 밖에 무엇이 있었는지 알 수 있으며, 우리 자신과 우리 주위 사람들과의 결합(조화)을 이루어낼 수 있다. 과거 우리의 맹세를 되새기고, 현재에 있는 우리의 서약을 나누며, 우리의 방식으로 춤을 춘다. 새로운 새벽이 밝아올 때까지.

참고문헌

Bonhoeffer, D. (1953). *Prisoner for God*. Edited by Eberhard Bethge. Trans. by R. H. Fuller. New York: Macmillan Co.

Grumet, M. (1988). *Bitter milk*. Amherst: University of Massachusetts Press.

Leavitt, David (1986). *The Lost Language of Cranes*. New York: Knopf.

Moltmann, J. (1967). *Theology of hope*. Trans. J. W. Leitch. New York: Harper & Row.

Piercy, Marge (1984). Shadows of the Burning. Duir. In M. Percy, *The Moon is Always Female* (100-103). New York: Knopf.

역자 소개

__ 정정훈

진주교육대학교를 졸업하고 초등학교 교사로 약 십년 동안 근무하였다. 그 이후 진주교육대학교 교육대학원에서 교육과정과 수업 전공으로 석사학위를 받았다. 캐나다의 브리티시 컬럼비아 대학교(University of British Columbia)에서 교육과정이론 전공으로 박사과정을 수료하고 박사학위 논문을 쓰고 있다. 파이너 교수의 Research Assistant로 일하면서 그의 지도를 받고 있다. 연구분야로는 교육과정 이론화, 자서전적 교육과정 탐구, 질적연구, 다문화 교육이다.

〈미운 오리 새끼: 한국 초임교사의 일년 생활〉의 공동저자이며, 〈다문화 교육의 탐구: 다섯 가지 방법들〉을 공역하였다.

2012년에 AERA(미국 교육학화), AAACS(북미교육과정학회) 그리고 IAACS(세계 교육과정학회)에서 교육과정과 관련된 논문을 발표하였고 2013년에 AERA에서 쿠레레와 자서전적 탐구에 대하여 발표할 예정이다.

__ 김영천

1998년 이래로 진주교육대학교 교육학과 교수로 재직하고 있다. 한양대학교 교육학과와 대학원을 졸업하였고, 미국 The Ohio State University에서 교육과정과 질적연구 전공으로 철학박사학위를 받았다. 대한민국 학술원과 문화관광부에서 주최하는 우수 학술도서에 5회 선정되었다. 약 30권 이상의 저서를 출간하였고 질적 연구와 관련된 많은 논문들을 발표하였다. QSE(International Journal of Qualitative Studies in Education) 아시아 지역 편집장을 맡고 있고, 아울러 Sage 출판사에서 발행하는 SageOpen 학술지에 편집위원으로 활동하고 있으며, 그의 논문은 Curriculum Inquiry, Journal of Curriculum Theorizing, International Journal of Qualitative Studies in Education, Educational Studies에 게재되었다. 주재홍 교수, 그리고 이동성 교수와 함께 Pinar(2013)의 편저, Second International Handbook of Curriculum Studies에 Curriculum Studies as Reconceptualization Discourse: Tale of South Korea라는 논문을 게재하였다. 우리나라에서의 질적연구방법론의 이론화를 위한 다양한 연구작업을 하고 있으며 특히 한국의 교육적 현상에 대한 국지적/문화적 경험들의 표현 작업에 노력하고 있다.

윌리엄 파이너와 교육과정이론

발행일 2013년 1월 15일 초판 발행
편 역 정정훈, 김영천
저 자 William F. Pinar
발행인 홍진기
발행처 아카데미프레스
주 소 413-756 경기도 파주시 문발동 출판정보산업단지 507-9
전 화 031-947-7389
팩 스 031-947-7698
웹사이트 www.academypress.co.kr
이메일 info@academypress.co.kr
등록일 2003. 6. 18 제406-2011-000131호
ISBN 978-89-97544-21-9 93370

값 20,000원

* 역자와의 합의하에 인지 첨부는 생략합니다.
* 잘못된 책은 바꾸어 드립니다.